Guntram Koch

Albanien

Kunst und Kultur im Land der Skipetaren

DuMont Buchverlag Köln

Umschlagvorderseite: Die Festung von Kruja mit dem Skanderbeg-Museum
Umschlaginnenklappe: Durres, Mosaik aus dem 6. Jh. n. Chr.
Umschlagrückseite: Blick auf Apollonia
Frontispiz: Darstellung des Skanderbeg, aus dem ›Armamentarium Heroicum‹ Erzherzog Ferdinands II. (1601)

CIP-Titelaufnahme der Deutschen Bibliothek

Koch, Guntram:
Albanien : Kunst und Kultur im Land der Skipetaren / Guntram Koch. – Köln : DuMont, 1989
(DuMont-Dokumente : DuMont-Kunstreiseführer)
ISBN 3-7701-2079-5

Satz und Druck: Rasch, Bramsche
Buchbinderische Verarbeitung: Bramscher Buchbinder Betriebe

Printed in Germany ISBN 3-7701-2079-5

31

Kunst-Reiseführer in der Reihe DuMont Dokumente

Zur schnellen Orientierung – die wichtigsten Orte und kulturellen Stätten Albaniens auf einen Blick:

(Auszug aus dem ausführlichen Ortsregister S. 326):

In der vorderen Umschlagklappe: Übersichtskarte von Albanien

In der hinteren Umschlagklappe: Übersichtskarte der kulturhistorischen Stätten Albaniens

Epirum Geticis defendi solus ab armis,
Dum gladio fidens obuia quæq; meto;
Victorem placida tandem me morte tulerunt,
Non mihi, sed patriæ fata dolenda meæ,

Inhalt

Praktische Reisehinweise

Landeskundlicher Überblick

Vor Reiseantritt

Dieser Reiseführer ist den Freunden in Albanien gewidmet, die mit ihrer herzlichen Gastfreundschaft jeden Besuch im Lande zu einem unvergeßlichen Erlebnis werden ließen.

Vorbemerkung

Albanien ist noch nicht von Touristen überlaufen; bisher besuchen überhaupt nur relativ wenige Reisende das Land, was fast ausschließlich im Rahmen einer Gruppenreise geschehen kann. Einzelreisen sind für gewöhnlich nicht möglich, da man von einer offiziellen Stelle eingeladen werden muß, um ein Einzelvisum zu erhalten. Aber auch auf einer Gruppenreise werden dem Besucher die Vorteile des Reiselandes Albanien deutlich; die herrlichen Landschaften, das weitgehend saubere Meer mit seinen schönen Badestränden, das über große Teile des Jahres angenehme Klima, die ausgesprochen netten und gastfreundlichen Menschen und vor allem die zahlreichen Kulturdenkmäler.

Eine Fahrt nach Albanien wird also nicht nur den Reisenden anziehen, der einen Bade- und Strandurlaub in Durres verbringen, die großartigen Albanischen Alpen besuchen oder sich einen Eindruck von der eigenständigen Entwicklung des Landes nach dem verhängnisvollen Zweiten Weltkrieg verschaffen will, sondern ganz besonders den Kunstliebhaber. Ihm bietet das Land eine Fülle von Monumenten aus den verschiedensten Epochen, aus der Antike und Spätantike, dem Mittelalter, der nachbyzantinischen oder Türkenzeit. Auf relativ engem Raum blieben zahlreiche und bedeutende Bauten aus vielen Jahrhunderten der albanischen und damit auch der europäischen Geschichte erhalten.

Die albanische Denkmalpflege dürfte in vielerlei Hinsicht vorbildlich sein: Grabungen erweitern und vertiefen die Kenntnis der frühen Zeiten und des Mittelalters; die Bauten der Antike, der Spätantike, des Mittelalters und der Neuzeit werden sorgfältig restauriert, dokumentiert und wissenschaftlich erforscht; die Anzahl der Museen des Landes nimmt ständig zu, einige von ihnen verfügen über umfangreiche Bestände.

Die Erforschung der albanischen Geschichte – und damit natürlich auch der im Lande befindlichen monumentalen Zeugnisse, also der Bauten, Funde und sämtlicher kultur- und kunsthistorisch wertvoller Gegenstände von der Vorgeschichte bis ins 20. Jh. – wird für ganz besonders wichtig gehalten. Aus diesem Grunde erfreuen sich die historischen Wissenschaften in Albanien einer hohen Wertschätzung; sie widmen sich verständlicherweise mit besonderem Interesse den Hinterlassenschaften der Albaner. Diese fühlen sich als Nachkommen der Illyrer. Die Erforschung und Darstellung der Kontinuität über die Jahrhunderte, ja Jahrtausende hinweg bildet demnach einen Schwerpunkt der Untersuchungen. »Wir sind Nachkommen der illyrischen Stämme. In diese Gebiete unserer Vorfahren sind Griechen,

Römer, Slawen, Anjous, Byzantiner, Venezianer, Osmanen und zahlreiche weitere Eroberer eingedrungen, doch sie haben weder das albanische Volk und seine alte illyrische Kunst noch die Kontinuität seiner Geschichte beseitigen können«, erklärte der einstige Staatspräsident Albaniens, Enver Hoxha. Andererseits nimmt man sich aber auch der Reste der verschiedenen anderen Kulturen an, die in Albanien zu finden sind. Die Wissenschaftler folgen auch hierin den Worten Hoxhas, die im Jahre 1978 bei der Besichtigung von Butrint fielen: »Ihr Wissenschaftler, Archäologen müßt genaue Untersuchungen anstellen. Was illyrisch ist, ist illyrisch, was römisch bzw. griechisch ist, ist römisch bzw. griechisch... Unsere Kultur hat ihr eigenes Spezifikum und nimmt einen geehrten Platz unter den antiken Kulturen der Völker ein.« Es finden also auch Forschungen und Ausgrabungen in den griechischen Kolonien statt, Bauten der römischen Kaiserzeit werden untersucht (und teilweise wieder aufgerichtet, wie z. B. die Fassade des Rathauses in Apollonia), byzantinische Kirchen und osmanische Moscheen restauriert, denn alle diese Denkmäler versteht man als Zeugnisse der Geschichte Albaniens.

Deutschsprachige Wissenschaftler haben sich seit vielen Jahrzehnten mit Albanien beschäftigt und mit ihren Forschungen viele Details erhellt. Genannt seien hier aus dem Gebiet der Archäologie und Kunstgeschichte stellvertretend für viele andere J. v. Hahn, T. Ippen, C. Patsch, C. Praschniker und A. Schober. Dieser Beitrag wird heute auch in Albanien dankbar anerkannt: »Die deutsche Wissenschaft hat seit langer Zeit ein großes Interesse für die albanische Wissenschaft, Kultur und Sprache gezeigt.« (Ramiz Alia) Als Deutscher wird man daher besonders aufgeschlossen und freundlich empfangen, und für die Zukunft sind gemeinsame Arbeiten albanischer und deutscher Forscher zu verschiedenen Problemen geplant.

Historischer und kulturhistorischer Überblick

Einen selbständigen Staat Albanien gibt es erst seit 1912, doch reicht die Geschichte des Landes sehr viel weiter zurück. Auf die Vorgeschichte (Prähistorie; von der Steinzeit bis zum 7./6. Jh. v. Chr.) folgen fünf historische Phasen: die Antike (7./6. Jh. v. Chr. bis um 300 n. Chr.), die frühchristliche und frühbyzantinische Zeit – auch Spätantike genannt – (um 300 bis 8. Jh.), das Mittelalter (8. Jh. bis 1468), die Türken- oder nachbyzantinische Zeit (1468 bis 1912) und die Neuzeit (1912 bis heute). Die albanische Wissenschaft faßt die Zeit vom 8. Jh. bis 1912 als ›Mittelalter‹ zusammen.

Vorgeschichte (von der Steinzeit bis zum 7./6. Jh. v. Chr.)

In den Jahrzehnten seit dem Zweiten Weltkrieg haben die albanischen Archäologen sehr viele Ausgrabungen in prähistorischen Siedlungen und Gräberfeldern durchgeführt. Die überaus reichen Funde erschlossen eine bis dahin unbekannte Epoche menschlichen Lebens im Gebiet des heutigen Albanien. Der an der frühen Kunst interessierte Reisende gewinnt allerdings – da oberirdische Reste von Bauten fast ganz fehlen – nur anhand entsprechender Exponate, meist Kleinfunde, in den Museen (vor allem im Archäol. und Hist. Museum in Tirana; s. Farbabb. 11–13) einen Eindruck von den vorgeschichtlichen Perioden des Landes.

Das Gebiet des heutigen Albanien ist seit der mittleren Altsteinzeit (Paläolithikum, etwa 100000–30000 v. Chr.) besiedelt. Bei Grabungen in einer kleineren Siedlung bei Xara (ganz im Süden des Landes, südlich von Butrint) und in einer Höhle bei Gajtan (in der Nähe von Shkodra), hat man vor allem Klingen, Schaber und Bohrer aus Feuerstein entdeckt, wie sie auch aus einigen Streufunden bekannt sind. In der jüngeren Altsteinzeit (etwa 30000–10000 v. Chr.) kommen Werkzeuge aus Knochen hinzu. Die Menschen jener Zeit waren vor allem Sammler, aber auch Jäger, und zogen auf der Suche nach Nahrung durch das Land. Zu ihrem Schutz errichteten sie zeitweise kleine Hütten aus Geflecht oder zogen sich in natürliche Höhlen zurück.

Aus der Mittelsteinzeit (Mesolithikum, etwa 10000–6000 v. Chr.) sind bisher im Gebiet Albaniens keine nennenswerten Funde zutage gekommen. Das Land wird aber auch in dieser unzureichend dokumentierten Periode nicht menschenleer gewesen sein.

Einen Aufschwung nahm die Kultur offenbar in der Jungsteinzeit (Neolithikum; etwa 6000–2600 v. Chr.). Eine Klimaveränderung scheint die Lebensbedingungen damals entscheidend verbessert zu haben. Die Funde aus dieser Zeit sind in Albanien sehr reich. Man hatte es jetzt – im Gegensatz zur Altsteinzeit – gelernt, Ton zu bearbeiten und zu brennen; die Keramiken waren nicht nur zweckmäßig, sondern wurden auch künstlerisch verziert. Manche Gefäße bestechen geradezu durch ihre Form, ihre Dekoration und Farbgebung. Vervollkommnete Stein- und Knochenwerkzeuge erleichterten die Arbeit. Die Menschen wurden nun seßhaft, sie betrieben Ackerbau, züchteten Tiere, gingen jedoch auch weiterhin auf die Jagd. Feste Siedlungen und kleine Dörfer entstanden in der Nähe von fruchtbaren Gebieten. Die aus Weidengeflecht und Lehm errichteten Häuser waren in der Regel ebenerdig, in seltenen Fällen aber auch in Gruben angelegt (z. B. in Cakran). In Dunavec (Ebene von Korça) scheint man in Pfahlbauten gewohnt zu haben. Verschiedentlich dienten auch Höhlen als Unterkunft (z. B. in Tren, Blas, Benja).

Das Neolithikum läßt sich in drei Phasen untergliedern: Das Frühneolithikum (6.–5. Jt. v. Chr.) ist durch reiche Funde aus Podgori (Phase I) und Vashtemi im südöstlichen Albanien bezeugt; entsprechend wird die Kultur ›Podgori I – Vashtemi-Kultur‹ genannt. Sie ist charakterisiert durch eine rote Keramik, die teilweise mit weißen Mustern versehen ist (eine besonders schöne Schale im Archäol. Museum in Tirana; s. Farbabb. 13) und manchmal auch mit dem Fingernagel eingekratzten Dekor trägt. Gerätschaften aus Stein, Horn und Knochen gehören ebenso zum Fundbestand wie erste kleine Figuren (Idole) aus Ton. – Das Mittelneolithikum (4. Jt. v. Chr.) wird nach den Funden in Cakran, südlich von Fier, auch als ›Cakran-Kultur‹ bezeichnet. Keramische Leitform ist eine grauschwarze, schwarze und rötliche Ware, teilweise mit eingeritzten oder plastisch hervortretenden geometrischen Mustern (ein ungewöhnliches, ausgezeichnet erhaltenes ›Kultgefäß‹, das in seiner Form an

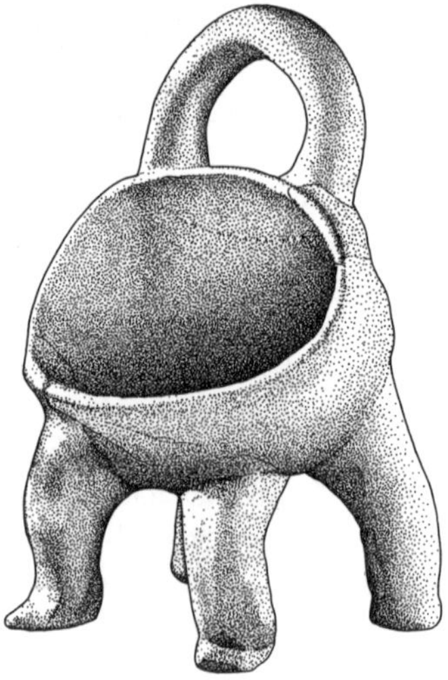

Kultgefäß aus Ton, Tirana, Archäologisches Museum, Mittlere Jungsteinzeit (5./4. Jt. v. Chr.)

einen Sessel erinnert, ist im Archäol. Museum in Tirana ausgestellt). Besonderes Interesse verdienen Idole aus Ton, die deutlich weibliche Formen zeigen, sowie Tonfiguren von Tieren. – Die Keramik des Spätneolithikums (erste Hälfte des 3. Jt. v. Chr.; nach den Funden in Maliq und Kamnik im südöstlichen Albanien spricht man auch von einer ›Maliq I – Kamnik- Kultur‹) weist vielfältige Formen auf und ist meist recht fein gearbeitet. Häufig heben sich auf hellem Grunde dunkle, teilweise zart linierte geometrische Muster ab; ungewöhnlich, ja ohne Parallele sind glockenförmige ›Kultobjekte‹ aus Kamnik mit zwei auskragenden Kugeln an der Oberkante, die wie aufgesetzte ›Ohren‹ wirken (Hist. Museum in Tirana; s. Farbabb. 12).

In der ersten Hälfte des 3. Jt. v. Chr. gelang es den Menschen des albanischen Raums, Kupfer zu gewinnen und zu verarbeiten. Erz wurde beispielsweise in Rehova im südöstlichen Albanien, nahe der Grenze zu Griechenland, abgebaut. Gußformen sind im benachbarten Kamnik und in Maliq (nahe Korça) zutage gekommen. Da Kupfer ein sehr weiches Material ist, verwendete man für Waffen, Werkzeuge und Geräte, die größeren Belastungen ausgesetzt waren, aber auch weiterhin Stein, Knochen und Horn als Werkstoffe. Die Periode wird deshalb Kupfer-Steinzeit oder Stein-Kupferzeit (Chalkolithikum; etwa 2600–2100 v. Chr.) genannt. Zu ihren Zeugnissen gehören erste Geräte und Schmuckstücke aus Kupfer, dazu verschiedene Siegel aus Ton, unter ihnen Rollsiegel. Für die Keramik sind schwarze und schwarzgraue Gefäße in vielfältigen Formen und mit glänzender Politur charakteristisch, häufig mit abstehenden kleinen Henkeln versehen und geschmückt mit geometrischen Ritzmustern sowie plastischen Ornamenten. Die chalkolithischen Siedlungen scheinen verhältnismäßig groß gewesen zu sein (Maliq, Tren, Kamnik, Benja, Nezir u. a.); manchenorts, z. B. in Tren und Benja, lebte man auch weiterhin in Höhlen. Siedlungsreste in Maliq (Phase II a) deutet man als die eines großen Dorfes in Pfahlbauweise.

Während der Bronzezeit (etwa 2100–1200 v. Chr.) entstanden neben den offenen Siedlungen in der Ebene an beherrschenden Stellen erste kleine Festungen. Die Menschen hatten es nun gelernt, das im Gebiet Albaniens vorhandene Kupfer besser aufzubereiten und durch Legierung mit Zinn sowie gegebenenfalls mit Zusätzen von Zink und Blei Bronze zu gewinnen; diese ist fester als reines Kupfer und für die Herstellung von Waffen und Geräten hervorragend geeignet. Anfangs behaupteten sich noch Gerätschaften aus Horn und Knochen, in der späten Bronzezeit, also seit etwa 1500 v. Chr., wurden diese Werkstoffe aber zunehmend durch Metall ersetzt. Zu den bronzezeitlichen Fundstücken gehören Schwerter und Dolche, Beile von teilweise eleganter Formgebung und vielfältiger Schmuck.

Die ersten Grabhügel (Tumuli) werden nun über einem Steinkistengrab in der Mitte aufgeschüttet und an der Basis mit einem niedrigen Steinkranz umgeben. An der Straße von Shkodra zur Brücke Ura e Mesit sind derartige Tumuli zu sehen. Wie die Grabfunde zeigen, sind die Toten in ihrer Tracht und mit ihrem Schmuck, die Männer auch mit ihren Waffen bestattet worden. Auch Gefäße gehörten zu den Grabbeigaben. Charakteristisch für die bronzezeitliche Keramik sind teilweise sehr schön geschwungene Formen mit weit abstehenden Henkeln; es finden sich zudem sogar Importe aus dem mykenischen Griechenland (zu sehen u. a. im Archäol. Museum von Tirana).

In der Eisenzeit (12. Jh.–6./5. Jh. v. Chr.) lernten die Menschen, Eisenerz zu gewinnen und immer besser zu verarbeiten. Die Aufbereitung dieses Metalls stellte viel höhere technologische Anforderungen als die von Kupfer und Bronze, die deshalb auch weiterhin hergestellt und eingesetzt wurden. Den Rohstoff fand man vor allem in den nördlichen Teilen des Landes, etwa im Gebiet des Mat und bei Kukes, ferner im Osten bei Korça. Aus den Edelmetallen Silber und Gold wurden Schmuckstücke gestaltet. Neben den offenen, unbefestigten Dörfern sind für die Eisenzeit in relativ großer Zahl Höhensiedlungen bezeugt, die mit recht grob aufgeschichteten, ziemlich dicken Mauern (die Stärke betrug etwa 3–3,5 m, die ursprüngliche Höhe ist nicht mehr festzustellen) ohne Verwendung von Mörtel befestigt waren. Da sie dem Verlauf des Geländes folgten, variiert die Form der Mauerringe bei den einzelnen Anlagen, die im übrigen eine Grundfläche zwischen 1 bis 5 ha besaßen. Gelegentlich hat man den Mauerring in einer zweiten und bisweilen sogar in einer dritten Phase erweitert, so daß Flächen von bis zu 15 ha umschlossen wurden. Die Befestigungen erhoben sich meist auf kleinen Hügeln in fruchtbaren Gebieten. Das kann dafür sprechen, daß sie einer Führungsschicht als Herrensitz dienten. Bei Gefahr boten sie aber auch den Bewohnern der umliegenden offenen Dörfer Schutz, die von dieser Führungsschicht abhängig waren. Gegen Ende der Eisenzeit ließen sich Bauern und auch Handwerker in den Höhensiedlungen nieder: Aus ›Adelssitzen‹ und Fluchtburgen wurden Dauersiedlungen, die allerdings noch kein städtisches Gepräge hatten und als ›proto-urbane Zentren‹ bezeichnet werden.

Charakteristisch für die Eisenzeit sind Bestattungen in Tumuli, die sich kaum von jenen der Bronzezeit unterscheiden. Schön geformte zweihenklige Gefäße, die eine Bemalung in matten, zarten Linien tragen, kennzeichnen die keramische Produktion. Besonders vielfältig sind die in Gräbern gefundenen Schmuckstücke: Nadeln, Fibeln, Schläfenspiralen, Ohrringe – darunter solche aus Gold und Silber –, Ketten, Arm- und Beinreifen, Gürtelbesatz und Anhänger von unterschiedlicher Form. Bei den Grabungen fand man die einzelnen Teile an den Stellen, an denen sie am Körper oder an der Bekleidung befestigt waren, so daß sich das Aussehen der Trachten zeichnerisch nachvollziehen ließ (Funde und Rekonstruktionsskizzen im Hist. und im Archäol. Museum von Tirana). In der späten Eisenzeit begegnen die ersten aus Bronze gefertigten Helme des sogenannten illyrischen Typus; häufig konnten ganze Rüstungen mitsamt Waffen aus den Gräbern geborgen werden.

Träger der eisenzeitlichen Kultur im Gebiet des heutigen Albanien dürften die Illyrer gewesen sein, die in griechischen historischen Quellen als ein Volk des westlichen Balkan genannt werden. Einige Forscher vermuten, daß sich die Illyrer bis in die Bronzezeit und in noch frühere Zeiten zurückverfolgen lassen. Als Hinweise darauf gelten Gefäßformen, die kontinuierlich von der Bronze- zur Eisenzeit auftreten und auf noch ältere Vorbilder zurückgehen, sowie vor allem die Sitte, Tumulusgräber anzulegen, die ebenfalls von der Bronze- in die Eisenzeit hinüberreicht. Die Illyrer sind zwar Indoeuropäer (Indogermanen), gehören aber nicht zu einer der großen in Europa ansässigen Sprach- und Volksgruppen (Slawen, Germanen, Romanen), sondern bilden, soweit sich das heute feststellen läßt, eine eigene, kleine Gruppe, aus der später die Albaner hervorgingen. Sie siedelten in einem ausgedehnten Gebiet auf dem westlichen Balkan, etwa von der Save im Norden bis in den Epirus im Süden (Golf von Ambrakia), von der Adria im Westen bis zum Tal des Wardar im Osten. Auch die Messapier und Iapyger im südöstlichen Unteritalien, also an der Albanien gegenüberliegenden Küste der Adria, sind zu den Illyrern zu rechnen, doch ist nicht bekannt, wann sie sich in Italien niederließen.

Die Herkunft der Illyrer ist bisher nicht eindeutig geklärt. In der späten Bronzezeit, im 13./12. Jh. v. Chr., durchzogen zahlreiche kleinere oder größere Stämme den Balkan (›Dorische Wanderung‹). Es läßt sich nur durch eine Untersuchung in größerem Zusammenhang klären, ob die Illyrer erst bei diesen Völkerverschiebungen in ihre Gebiete einwanderten oder ob der westliche Balkan – und damit auch das heutige Albanien – schon vorher von den indoeuropäischen Illyrern besiedelt war, ob sie also die autochthone Bevölkerung darstellen.

In der späten Eisenzeit, seit dem 7. Jh. v. Chr., führen die griechischen Kolonien – im Gebiet Albaniens sind es Dyrrhachion-Epidamnos, Apollonia und Orikos – und wachsende griechische Importe (aufwendig bemalte Tongefäße, Figuren aus Ton, Gegenstände aus Bronze) neue Elemente in die ältere illyrische Kultur ein. Die überlieferten Gefäßformen, die Eigenarten des bronzenen Schmucks und andere kulturelle Besonderheiten werden nun zurückgedrängt und geraten unter griechischen Einfluß. Damit beginnt jenes Zeitalter, das man gewöhnlich als ›die Antike‹ bezeichnet.

Die Antike (7./6. Jh. v. Chr. bis um 300 n. Chr.) – Illyrer, Griechen, Römer

Ausgehend von den Stadtstaaten des griechischen Mutterlandes wurden im 8. Jh. und vor allem im Verlauf des 7. Jh. v. Chr. zahlreiche Tochterstädte gegründet. Man wollte damit Raum für die wachsende Bevölkerung und zugleich Stützpunkte für den Handel mit der nicht-griechischen Welt gewinnen. Die nördliche Küste der Ägäis, die Westküste Kleinasiens, das Schwarze Meer, Unteritalien und Sizilien waren Ziel der griechischen Auswanderung. Im adriatischen Raum und damit im Gebiet des heutigen Albanien beginnt die griechische Kolonisation im späteren 7. Jh. v. Chr. Im Jahre 733 fassen korinthische Kolonisten auf der Insel Kerkyra (Korfu) Fuß, um 627 v. Chr. werden dann von Kerkyra und Korinth aus Dyrrhachion-Epidamnos (Durres) und um 558 v. Chr. Apollonia gegründet. Etwa zur gleichen Zeit entsteht, von der Insel Euböa her besiedelt, Orikos (oder Orikon). Über die Anfänge von Buthrotos (Butrint) sind wir nicht näher unterrichtet; die griechischen Quellen schweigen. Aber schon die Römer setzten die Gründung der Stadt in weiter Vorzeit an: Nach Vergil (›Aeneis‹ 3, 293) soll die Stadt vom trojanischen Seher Helenos als neues Troja geschaffen worden sein, nachdem seine Heimatstadt von den Griechen erobert und zerstört worden und er aus Kleinasien geflohen war. Die archäologischen Funde reichen aber nicht so weit zurück, sie setzen erst mit dem frühen 6. Jh. v. Chr. ein. Eine weitere schon im 6. Jh. v. Chr. bedeutende Stadt im Süden des heutigen Albanien war Phoinike, eine Siedlung einheimischer Epiroten.

Die griechischen Pflanzstädte lagen nahe am Meer auf niedrigen Hügeln, die durch Mauern befestigt waren. Da sie untereinander in Konkurrenz standen und es jederzeit zu kriegerischen Auseinandersetzungen zwischen ihnen kommen konnte, aber auch, weil sie sich gegen Angriffe der alteingesessenen Bevölkerung zu schützen hatten, dürften solche Befestigungsanlagen unverzichtbar gewesen sein. Die Kolonien verfügten über Häfen (Apollonia besaß einen Flußhafen) und über fruchtbares Land in der Umgebung, das die Lebensgrundlage der Einwohner bildete. In ihrer politischen Verfassung dürften sie den Städten des griechischen Mutterlandes ähnlich gewesen sein: Von der Adelsherrschaft (Oligarchie) ging man wohl im Laufe des 5. Jh. v. Chr. zur Demokratie über. Mit den Griechen kamen auch die griechischen Götter auf den Balkan; zu den Weihestätten, die man ihnen errichtete, gehört der Tempel für Apollon und Artemis in Apollonia.

Es begann ein reger Handelsverkehr mit den Illyrern. Die künstlerisch überlegenen Griechen lieferten bemalte Gefäße und Statuetten aus Ton sowie Metallgegenstände, sie erhielten dafür wahrscheinlich Rohstoffe und Nahrungsmittel. Viele Illyrer werden auch in die Städte gezogen sein und sich im Laufe der Zeit mit den – zahlenmäßig sicher relativ wenigen – Griechen vermischt haben. Bei den Illyrern entstanden zur selben Zeit ›proto-urbane Zentren‹, befestigte Siedlungen, die aber noch nicht die für Städte typischen öffentlichen Bauten besaßen. Dies änderte sich im Lauf des 4. Jh. v. Chr., als der allgemeine Hellenisierungsprozeß auch das Gebiet Illyriens erfaßte und Städte nach griechischem Vorbild angelegt wurden.

Da sich illyrische Schriftzeugnisse nicht erhalten haben, verfügen wir über keinerlei Originalquellen zur politischen Geschichte, zum Aufbau der Städte, den Städtebünden und der zeitweise übergeordneten Königsmacht, zur Verwaltung oder zur Religion. Wir sind ganz auf griechische und vor allem auf römische Texte angewiesen, die natürlich – vor allem bei den Römern – parteiisch urteilen. Diese Quellen berichten auch niemals ausführlich über Illyrien und die Illyrer, sie streifen das Gebiet vielmehr meist nur mit einigen Randbemerkungen. Da die Illyrer das Griechische als ›Kultursprache‹ verwendeten, finden sich in Albanien viele griechische Inschriften. Reste des Illyrischen blieben lediglich in den Bezeichnungen von Orten, Bergen, Flüssen sowie in Personen- und Stammesnamen erhalten. So ist denn auch eine offene Frage, in welcher Sprache man die Stücke in den Theatern von Nikaia oder Byllis aufführte. Vielleicht – so eine Vermutung – hat es illyrische Übersetzungen griechischer Tragödien und Komödien auf vergänglichem Schreibmaterial gegeben. Da wir nicht über schriftliche Äußerungen der Illyrer in ihrer eigenen Sprache verfügen, spielen die Monumente dieses Volkes für die Erhellung der illyrischen Geschichte eine besonders wichtige Rolle.

Die Illyrer errichteten ihre Städte in beherrschender Lage auf Felskuppen mit mehr oder weniger steilen Abhängen, so daß sie gegen äußere Feinde, aber auch gegen andere illyrische

Illyrische Stämme

Im Gebiet des heutigen Albanien siedelten verschiedene illyrische Stämme; ihre Wohngebiete sind allerdings nicht genau gegeneinander abzugrenzen. Von Norden nach Süden sind namentlich bekannt:

- die Labeaten: Gebiete im Norden Albaniens und im südlichen Montenegro; Hauptstadt war Scodra
- die Dardanier: Kosovo im heutigen Jugoslawien und nordöstliche Teile von Albanien
- die Albanoi und Parthiner: Gebiet vom Mat bis zum Shkumbin; es ist nicht sicher, ob es sich um zwei Stämme oder nur um einen handelt (lateinisch ›albus‹ = ›weiß‹ entspricht vielleicht dem illyrischen ›parth‹, das ebenfalls ›weiß‹ bedeutet, so daß ›Albanoi‹ die lateinische und ›Parthini‹ die illyrische Bezeichnung desselben Stammes sein könnten); der Hauptort, Albanopolis, wird einerseits mit Zgerdhesh (nördlich von Tirana, in der Nähe von Kruja), andererseits mit Persqop (südlich von Tirana an der Straße nach Elbasan – Scampa) geichgesetzt
- die Taulantier: Küstengebiet in der weiteren Umgebung von Dyrrhachion-Epidamnos (Durres)
- die Kandavier (oder Candavier): Land am und südlich des Shkumbin
- die Encheleer: östliches Albanien und angrenzendes Jugoslawien; eine ihrer Siedlungen war vielleicht Selca
- die Byllionen: Gebiet um Byllis, mit Gurzeza (nordwestlich von Byllis), Margelliç, Dimale (Dimallon)
- die Atintanen und Dassareten: Südosten Albaniens, etwa zwischen Seman (Apsus) und Vjosa (Aoos); vielleicht gehörte Antipatreia-Berat zu den Atintanen
- die Amanten oder Amantier: Gebiet östlich und südlich des Golfes von Vlora mit dem Hauptort Amantia sowie Treport (westlich von Vlora), Kanina (vielleicht das antike Thronion), Olympe; im Süden zeitweise bis Himara (Chimara) reichend
- die Parauaier: Gebiet zwischen Drino und Vjosa, unter anderem mit Molan (südöstlich von Gjirokastra) und Antigoneia
- die Chaonen: sie gehören schon zu den Epiroten, einer Stammesgruppe, deren Beziehung zu den eigentlichen Illyrern nicht ganz deutlich ist; Hauptort war Phoinike, dazu gehörte als Hafenstadt Onchesmos (Saranda)
- die Prassaiber: ebenfalls ein epirotischer Stamm, dessen Hauptort Buthrotos (Butrint) war.

Stämme und Städte leicht zu verteidigen waren. Wie in Griechenland so war auch in Illyrien jede Stadt der anderen ein potentieller Feind. Man wählte besonders hohe und schroffe Berge als Siedlungsplätze und stattete sie vielfach mit starken Verteidigungsanlagen aus.

Die ›proto-urbanen Zentren‹ entwickelten sich im Laufe des 4. Jh. v. Chr. zu Städten im eigentlichen Sinne, neben die zusätzlich städtische Neugründungen traten. Als Vorbilder dienten griechische Stadtanlagen mit großen zentralen Plätzen, in deren Nähe die öffentlichen Gebäude (Rathaus, Theater, Säulenhallen) lagen. Die griechische Polis (Stadt) übte in weiten Teilen des Mittelmeergebietes eine große Faszination aus; im 4. Jh. und auch noch im

3. Jh. v. Chr. scheint es den Illyrern wirtschaftlich so gut gegangen zu sein, daß sie ihre Siedlungen nach den bewunderten griechischen Vorbildern ausrichten konnten.

Die Illyrer werden in ihren kleineren und größeren Städten als Ackerbürger vor allem von der Landwirtschaft gelebt haben, und zwar vom Anbau von Getreide, Obst und Gemüse, Wein und Oliven, zudem von der Viehzucht, die im gebirgigen Landesinnern die Haupterwerbsquelle gewesen sein dürfte. Von den Bauern in den sicher einstmals zahlreichen Dörfern haben wir keinerlei Kenntnis. Zu den Bodenschätzen, die von den Illyrern abgebaut wurden, gehörten vor allem Kupfer, Eisenerz, Silber und Gold. Diese Metalle waren möglicherweise Grundlage des Wohlstands und damit der städtischen Blütezeit im 4. und 3. Jh. v. Chr. Die Bergbaugebiete werden – wie schon in früherer Zeit – vor allem im Norden und Osten des Landes gelegen haben. Metallurgische Untersuchungen, aus denen man die Verbreitung der in Illyrien gewonnenen Erze ersehen könnte, sind bisher nicht durchgeführt worden.

Silbermünzen des Königs Monounios, Tirana, Archäologisches Museum, 1. Viertel 3. Jh. v. Chr.

Über die Götterwelt der Illyrer und ihre religiösen Vorstellungen ist fast nichts bekannt. Man hat einen Gott Redon als Schutzherrn der Wanderer und Seefahrer erschlossen; das Kap Rodon ist nach ihm benannt. Medauros soll der illyrische Kriegsgott gewesen sein. Schließlich ist noch ein Gott Bindos bekannt. Andere illyrische Götter sind vollständig von den eingeführten griechischen Göttern überlagert worden, und wir wissen nicht, wer sich hinter den Darstellungen von Zeus, Aphrodite, Athena und vor allem der in manchen Gebieten sehr beliebten Artemis verbirgt. Anders als die Griechen errichteten die Illyrer für ihre Götter anscheinend keine aufwendigen Tempel, sondern verehrten sie unter freiem Himmel, vielleicht in kleinen abgegrenzten Heiligtümern. Nur in den griechischen Siedlungen Dyrrhachion und Apollonia gab es größere Tempel (eine große Säulentrommel im illyrischen Amantia könnte ebenfalls zu einem Tempel gehört haben).

Auch von der Verwaltung der illyrischen Städte und Stammesverbände wissen wir recht wenig. Es scheint drei verschiedene administrative Systeme gegeben zu haben, die sich teilweise überlagerten. Die Städte waren zunächst Stadtstaaten, zu denen auch umliegende

Dörfer rechneten, mit einer eigenen Verwaltung. In einigen Gebieten und zu bestimmten Zeiten, die bisher aber noch nicht genauer festzulegen sind, kam es zu einem Zusammenschluß (›Koinon‹) von Städten, wohl unter der Führung eines größeren Ortes. Vereinzelte Quellen nennen u. a. ein Koinon der Parthiner, eines der Byllionen, eines der Amantier (es läßt sich mitsamt seinen Grenzen besonders gut rekonstruieren), eines der Chaonen und schließlich eines der Prassaiber.

Durch eine relativ lange Inschrift auf einer Bronzetafel, deren genauer Fundort unbekannt ist (sie stammt aus Fier und ist jetzt im Archäol. Museum von Tirana zu sehen), sind wir über ein ›Koinon der Balaitoi‹ unterrichtet, das allerdings nicht lokalisiert werden kann. Man nimmt an, daß es östlich von Apollonia in Richtung Byllis lag. Vielleicht gehörte die bisher nicht ausgegrabene, aber sehr große illyrische Siedlung von Gurzeza in der Nähe der Vjosa zeitweise zu diesem Zusammenschluß. Obwohl diese Inschrift bisher historisch noch nicht vollständig ausgewertet werden konnte, gewährt sie schon jetzt einen Einblick in die Verwaltung einer illyrischen Stadtrepublik, die anscheinend weitgehend der griechischer Städte entsprach. Die einzelnen Institutionen und Ämter trugen griechische Bezeichnungen: Es gab einen ›Stadtrat‹ (Ekklesia) mit einem ›Bürgermeister‹ (Prytanis), einen ›Ältestenrat‹ (Presbyterion; vielleicht waren in ihm die einzelnen Orte vertreten, die zum Koinon gehörten), einen ›Schatzwart‹ (Tamias) sowie einen ›Peripolarchos‹ (Befehlshaber der Grenzwachen). Verstreute Hinweise lassen vermuten, daß andere illyrische Städte und Städtebünde eine ähnliche Verwaltung besaßen. Wir erfahren u. a. von ›Prytaneis‹ (einem Ratsausschuß), ›Demiourgoi‹ (vielleicht dem Rat eines Koinon), ›Strategoi‹ (Befehlshabern des Heeres), ›Hipparchoi‹ (Reiterkommandanten), ›Gymnasiarchoi‹ (zuständig für die militärische Ausbildung der Jugend) und ›Grammatikoi‹ (Schreibern). Die höheren Beamten wurden jährlich von den freien Bürgern gewählt. Vier Inschriften in Byllis und Nikaia sowie eine größere Anzahl in Buthrotos, die bisher noch nicht ausgewertet wurden, berichten von Freilassungen; so dürften – wie in Griechenland – im illyrischen Raum Sklaven gehalten worden sein.

Die Republiken wurden zeitweise von Königen beherrscht, die bestimmte Gebiete zusammenfaßten, aber wohl vor allem für die äußere Politik Verantwortung trugen. In das Leben der Städte konnten sie kaum eingreifen, zumindest teilweise waren sie zudem den Koina rechenschaftspflichtig. Von epirotischen Stämmen (z. B. den Molossern) ist bekannt, daß ein gewisses Gleichgewicht zwischen königlicher und demokratischer Macht gesetzlich festgelegt war. Für Illyrien erschließt man aufgrund einiger Hinweise ähnliche Verhältnisse. Eine im griechischen Raum undenkbare Besonderheit von Epirus und von Illyrien war es, daß auch Frauen den Königsthron besteigen konnten. Frauen scheinen also – und darauf ist man im heutigen Albanien besonders stolz – bei den Illyrern der Antike einen viel höheren Rang eingenommen zu haben als bei den Griechen und Römern; so durften sie beispielsweise auch an den Gelagen teilnehmen, die in Griechenland den Männern vorbehalten waren, und wahrscheinlich haben sie sich auch freier in der Öffentlichkeit bewegen können, als dies in Griechenland und Rom üblich war.

Im 4. Jh. v. Chr. bildeten die Illyrer größere Staatswesen aus. Den Taulantiern gelang es unter ihrem König Monun (Monounios), um die Mitte des 4. Jh. sogar Dyrrhachion einzunehmen. Offen bleibt, ob Lissos (Lezha) eine Neugründung des frühen 4. Jh. v. Chr. ist: Zwar nennen die Quellen (Diodor XV 13.4) ein ›Lissos‹, das Dionysios I., Tyrann von Syrakus, bei seinem Ausgreifen in die Adria 385 v. Chr. gründen ließ, doch könnte es sich hier auch um eine Verschreibung von ›Issa‹ handeln, einem Ort auf einer dalmatinischen Insel im heutigen Süd-Jugoslawien.

Im späten 4. Jh. v. Chr. geriet das Gebiet Albaniens unter den Einfluß des erstarkenden Makedonischen Reiches. Im frühen 3. Jh. v. Chr. gehörten die südlichen Teile zum Reich des Pyrrhos, der Antigoneia gründen ließ. Unter den illyrischen Herrschern sind Agron, König von Scodra (250–231 v. Chr.), und die Königin Teuta, die zur selben Zeit in Lissos herrschte, hervorzuheben. Während dieser Zeit erreichten die Konflikte mit den nach Osten drängenden Römern, deren Schiffe an der illyrischen Küste immer wieder von Seeräubern angegriffen wurden, einen Höhepunkt. Es kam zu den drei Illyrischen Kriegen zwischen 230 und 168 v. Chr., in deren Verlauf die illyrischen Staaten zerschlagen wurden. Zu nennen ist noch Genthios, der letzte illyrische König von Scodra, den die Römer 168 v. Chr. besiegten. Im Jahre 148 v. Chr. wurde die römische Provinz Macedonia gegründet, zu der auch das Gebiet des heutigen Albanien gehörte.

Unter Caesar und Augustus siedelte man an einigen Orten Illyriens römische Veteranen an, Städte wie Scodra, Dyrrachium, Byllis und Buthrotum rückten in den Rang von Coloniae auf, und Lissus wurde ›Municipium‹ mit römischem Bürgerrecht. Die Amtssprache unter den Römern war Latein. Es setzte eine gewisse Romanisierung ein; sehr tiefgreifend wird sie aber nicht gewesen sein, wenn man danach urteilt, daß die erhaltenen Inschriften auf albanischem Gebiet überwiegend in griechischer und nur eine verhältnismäßig kleine Zahl in lateinischer Sprache abgefaßt ist. Die illyrische Bevölkerung dürfte weiterhin ihre eigene Sprache gesprochen haben. Unter der römischen Herrschaft ist eine rege Bautätigkeit nachzuweisen, vor allem in der Friedensperiode des 2. und frühen 3. Jh. Unter Kaiser Hadrian wurde im heutigen Süd-Albanien die Stadt Hadrianopolis (Sofratika) neu gegründet (s. Abb. 20).

Für die Entwicklung der folgenden Jahrhunderte bedeutsam war das Jahr 297, denn bei der damaligen Neugliederung des Reiches unter Kaiser Diokletian fiel das Gebiet des heutigen Albanien an den Osten. Besiegelt wurde die Teilung des Römischen Imperiums im Jahre 395 mit dem Tode des Kaisers Theodosius I.

Für die Kunst der Antike im Gebiet des heutigen Albanien lassen sich die aus der griechischen Kunstgeschichte bekannten Epocheneinteilungen ohne weiteres übernehmen. Aus der archaischen Zeit (etwa 600–480 v. Chr.) sind uns nur wenige bauliche Reste überliefert: Teile eines Tempelfrieses von der Akropolis von Apollonia (Archäol. Museum in Tirana; s. Abb. 2), das Kapitell eines größeren Gebäudes, vielleicht eines Tempels, sowie qualitativ ausgezeichnete weibliche Terrakottaköpfe aus Dyrrhachion (Museum in Durres; s. Farbabb. 14), letztere wohl ebenfalls von einem Tempel, das später im Löwentor von Butrint wiederverwandte Relief (s. Abb. 4) sowie Reste der Befestigungsmauern verschiedener Orte. Zahlreich sind die Keramikfunde, die teilweise aus einheimischer, teilweise aus impor-

Helm des Monounios, Berlin, Antikenmuseum, Bronze, um 280 v. Chr.

tierter Ware bestehen, letztere in der frühen Zeit überwiegend aus Korinth, später aus Athen. Auch Terrakottafiguren und Bronzen wurden gefunden, von denen besonders die bronzene Statuette eines Speerwerfers (s. Farbabb. 15) und ein Bronzegefäß in der Form eines Delphins (Museum in Apollonia) sowie eine bronzene Kanne aus Belsh (Archäol. Museum in Tirana) Erwähnung verdienen.

Aus der Übergangszeit zwischen Klassik (etwa 450–330 v. Chr.) und Hellenismus (etwa 330–30 v. Chr.) sind die ersten öffentlichen Bauten erhalten (s. Abb. 7–10): Theater (Apollonia, Byllis, Nikaia, Phoinike, Butrint), Hallenbauten (Stoen; Apollonia, Byllis, Dimale, Buthrotos, Antigoneia), Tempel (Shtyllas bei Apollonia, Butrint, Phoinike, Amantia?), ferner ein Rathaus (Prytaneion; Butrint), ein Nymphäum (Apollonia) und ein Stadion (Amantia). Private Wohnhäuser dagegen wurden bisher nur in geringem Umfang ausgegraben (Apollonia, Nikaia, Byllis, Antigoneia, Çuka e Ajtoit). Von großer kunstgeschichtlicher Bedeutung ist das aus unzähligen farbigen Flußkieselsteinchen zusammengesetzte Fußbodenmosaik eines Hauses des späten 4. Jh. v. Chr. in Durres (jetzt im Hist. Museum in Tirana), das zu einer nur durch wenige Exemplare belegten Gattung gehört. Die Felsgräber des 4./3. Jh. v. Chr. in Selca zeichnen sich zum Teil durch aufwendige Gestaltung und prunkvolle Fassaden aus.

Befestigungsanlagen

Da sowohl die Griechen als auch die Illyrer sogar beim Bau von Verteidigungsanlagen Wert auf die ästhetische Gestaltung legten, sind diese Befestigungsmauern und Tore noch für den heutigen Betrachter von beeindruckender Wirkung. Mit großer Sorgfalt wurden die Steine behauen und dann ohne Verwendung von Mörtel – nur äußerst selten nahm man Metallklammern zu Hilfe – an- und aufeinandergefügt. Häufig errichtete man lediglich die unteren, bei Angriffen besonders gefährdeten Mauerpartien aus Quadern, die oberen dagegen aus luftgetrockneten Lehmziegeln. Der vereinzelt von der Forschung geäußerte Vorschlag, in Apollonia seien schon im 4. Jh. v. Chr. gebrannte Lehmziegel für die oberen Teile verwandt worden, erweist sich im Hinblick auf die allgemeine Entwicklung in anderen griechischen Städten als überaus fraglich.

In Albanien trifft man im wesentlichen vier verschiedene Techniken der Mauergestaltung, meist in behauenem Kalkstein, an, die sich aber nicht räumlich oder zeitlich abgrenzen lassen. Oft hat man sogar an einer einheitlich errichteten Befestigungsanlage die unterschiedlichen Techniken nebeneinander eingesetzt (z. B. in Amantia, Lissos, Buthrotos).

- Kurvenpolygonal: Eine altertümliche und relativ seltene Mauertechnik, die eine besonders exakte Bearbeitung der einzelnen Steine erfordert, sehr schön im Südwesten der Stadtmauer von Amantia erhalten (4. Jh. v. Chr.).

Mauerwerk illyrischer und griechischer Festungen: 1 kurvenpolygonal oder lesbisch 2 polygonal 3 trapezoid 4 Quadermauerwerk (isodom, Opus quadratum)

1
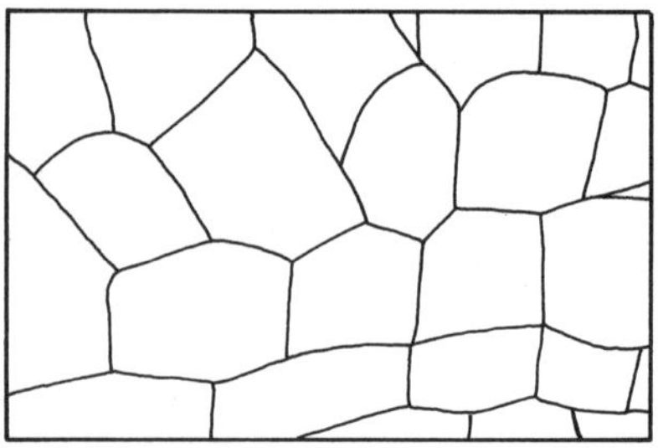

2
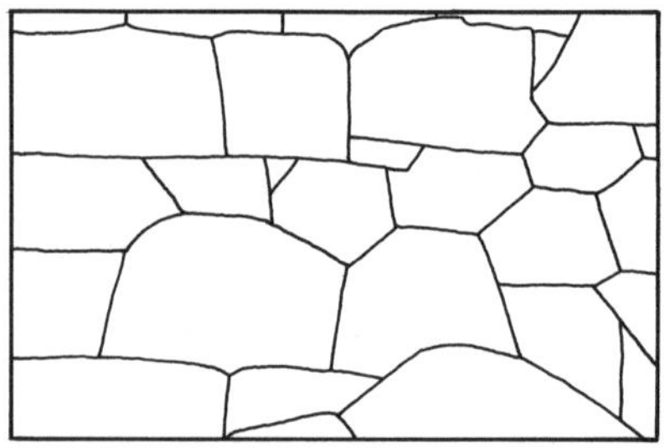

3
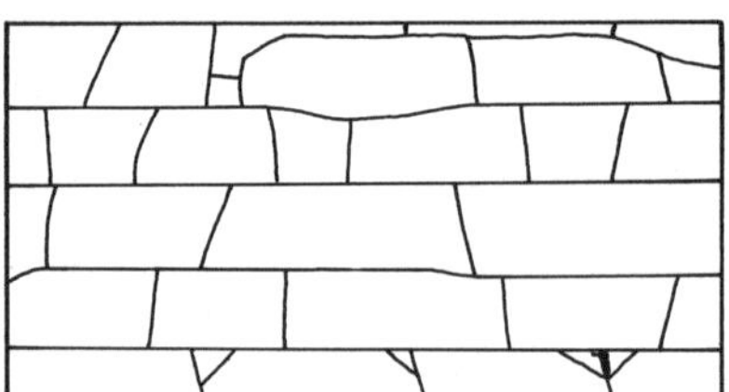

4
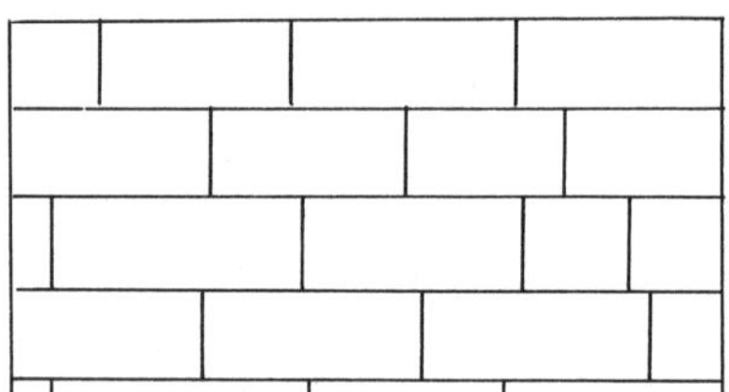

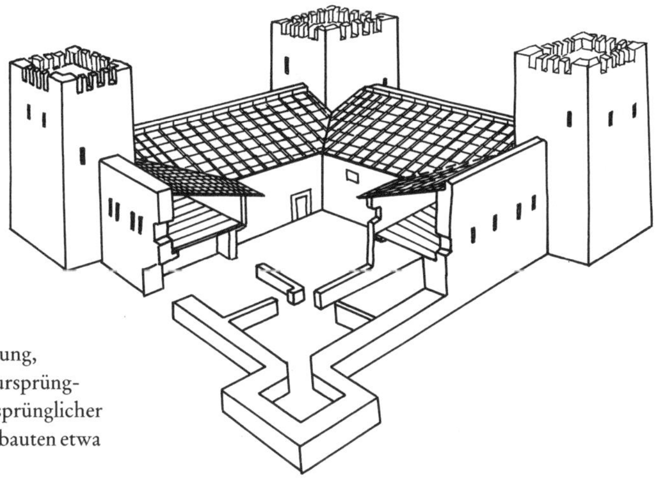

Malathre, kleine Festung, Rekonstruktion des ursprünglichen Zustandes (ursprünglicher Bau 3. Jh. v. Chr., Anbauten etwa 2. Jh. n. Chr.)

- Polygonales Mauerwerk: Die Steine besitzen unterschiedliche Größen und Formen, was ebenfalls sorgfältige Auswahl und Bearbeitung erfordert. Entstehende Lücken können allerdings mit kleineren Steinen gefüllt werden, so daß diese Mauertechnik – die einfachste der vier hier vorgestellten – häufig auftritt, sehr eindrucksvoll z. B. in Lissos-Lezha (4. Jh. v. Chr.) und Butrint (4./3. Jh. v. Chr.).
- Trapezoides Mauerwerk: Die Steine liegen in horizontalen Schichten, weisen jedoch keine rechten Winkel auf; ebenfalls sehr häufiges Vorkommen, z. B. in Lissos (4. Jh. v. Chr.), Zgerdhesh (4. Jh. v. Chr.) und Butrint (4./3. Jh. v. Chr.).
- Quader- oder isodomes Mauerwerk: Die Steine werden zu rechteckigen Quadern zugehauen, die sich in der Regel von unten nach oben verkleinern. Auch diese Technik erfordert große Sorgfalt bei der Zurichtung; sie ist sehr schön in Apollonia (4. Jh. v. Chr.), aber auch in Antigoneia, Amantia, Persqop oder Zgerdhesh zu beobachten.

Die Römer führten dann die Verwendung von Mörtel und gebrannten Ziegeln ein, so daß sich nun ein völlig anderes Bild der Mauern ergibt.

Auch die Tore der Befestigungsanlagen aus klassischer und hellenistischer Zeit weisen die vielfältigsten Formen auf. In illyrischen Städten findet man häufig die ›Tangentialtore‹. Zu den stärksten antiken Befestigungen überhaupt gehören solch gewaltige Anlagen wie das südwestliche Tor in Lissos-Lezha und das ›Tor mit Türmen‹ von Butrint. Die verteidigungstechnische Funktion von Türmen erfüllen bei diesen Befestigungen häufig einzelne, sägezahnartig vorspringende Mauerpartien. Man hat jedoch auch mächtige Türme errichtet, beispielsweise den Rundturm an der westlichen Mauer von Apollonia, der mit seinem Durchmesser von 16 m zu den gewaltigsten Turmbauten der Antike zählt. Ganz ungewöhnlich ist die riesige Bastion von etwa 60 m Länge in Persqop, die zur Aufstellung von Katapulten diente, sowie eine kleinere Anlage – wohl ohne Parallelen –, die quadratische, mit vier Ecktürmen versehene Burg von Malathre aus dem 3. Jh. v. Chr.

Aus der Zeit des Strengen Stils (etwa 480–450 v. Chr) und der Klassik ist eine Fülle von Kleinfunden erhalten, darunter Keramik – aus Athen und Unteritalien importiert oder nach solchen importierten Vorbildern lokal angefertigt –, Statuetten aus Ton und Bronze, bronzene Gefäße und prächtiger Goldschmuck. Meisterwerke des Strengen Stils sind die Bronzestatuetten eines blitzeschleudernden Zeus (s. Farbabb. 16) und einer stehenden Frau im Peplos, beide im Museum in Apollonia. Einige marmorne Grabreliefs der klassischen Zeit wurden aus Athen importiert (Museum in Durres), andere wahrscheinlich lokal gearbeitet (z. B. eines im Archäol. Museum in Tirana, das aus Berat stammen soll).

Während der Epoche des Hellenismus fertigte man in Apollonia eine größere Anzahl von Grab- und Weihreliefs sowie von anderen Grabdenkmälern aus lokalem Kalkstein. Diese ›Gruppe von Apollonia‹ zeichnet sich durch mehrere charakteristische Züge aus: die Darstellung vieler, bewegter Figuren, manchmal in mehreren Szenen übereinander; das Auftreten des Hermes Psychopompos, des Seelengeleiters, sowie generell von auf Tod und Unterwelt hinweisenden Motiven wie trauernde Sirenen, der Kampf der Griechen gegen die Amazonen, Schicksalsgöttinen oder Stiere reißende Löwen, aber auch Girlanden; die lebendige Ausarbeitung und reiche Wiedergabe der Gewänder (Museen in Apollonia und Fier, Hist. und Archäol. Museum in Tirana).

Weiterhin sind Terrakotten, Bronzen und Schmuck zu nennen. Für das Gebiet Illyriens sind zylinderförmige, in Basen eingelassene Grabmonumente typisch, auf deren kurzen Inschriften eine Reihe von illyrischen Namen überliefert sind (Museen in Durres, Apollonia, Tirana). Ob Beziehungen zu den ›columellae‹ (Säulchen) bestehen, die im Athen des späten 4. und des 3. Jh. v. Chr. auftreten, bedarf noch weiterer Klärung.

Zu den hervorragendsten Funden aus archaischer, klassischer und teilweise auch noch hellenistischer Zeit gehören jedoch ohne Zweifel die Waffen. Die Ausrüstung eines Kriegers bestand in der Antike aus Helm, Schild, Beinschienen, Schwert, Speer und weiteren Waffen, meist aus Bronze gearbeitet. Auch im Staatsgebiet des heutigen Albanien sind, meist aus Gräbern, viele Waffen zutage gekommen; von ihnen verdienen die Helme und einige der Schilde unsere besondere Aufmerksamkeit.

Makedonisch-illyrischer Schild, Skizze nach einem Grabrelief in Apollonia, 3. Jh. v. Chr.

Wie uns verschiedene Darstellungen auf Münzen und Grabreliefs (vor allem der ›Gruppe von Apollonia‹), auf dem Relief eines Gebäudes aus Byllis (Museum in Fier) oder auf dem Silberblech von Selca (Hist. Museum in Tirana; s. Farbabb. 29) beweisen, waren im Gebiet des heutigen Albanien Schilde mit einer ganz charakteristischen Dekoration verbreitet: Um den Schildrand laufen konzentrische Kreise, nach innen zu schließen sich konzentrische Halbkreise an, während die Schildmitte häufig noch durch ein gesondertes Motiv, beispielsweise einen weiteren Kreis oder einen Kopf, hervorgehoben wird. Parallelen zu dieser Dekorationsweise sind aus Makedonien bekannt; man spricht deshalb vom ›makedonisch-illyrischen Typus‹.

Antike Helme

Zum besseren Verständnis der in albanischen Museen ausgestellten Helme seien hier die wichtigsten Typen kurz beschrieben; sie haben sich natürlich im Laufe der Zeit weiterentwikkelt und auch gegenseitig beeinflußt, so daß es zu Mischformen gekommen ist.

- Korinthische Helme: Der Kopf des Trägers wird vollständig bedeckt bis auf einen schmalen, senkrechten Schlitz über dem Mund und Öffnungen für die Augen; von der Stirn herunter zieht sich ein Nasenschutz; die Augenbrauen sind häufig plastisch hervorgehoben. Diese Form wurde möglicherweise in der Stadt Korinth ›erfunden‹; sie ist die räumlich, zeitlich und zahlenmäßig am weitesten verbreitete Helmform (in Albanien jedoch verhältnismäßig selten). Schon seit etwa 700 v. Chr. läßt sie sich nachweisen, im 5. Jh. erwähnt dann der griechische Historiker Herodot einen ›korinthischen Helm‹.
- Illyrische Helme: Ein rechteckiger Gesichtsausschnitt und die längs über die Kalotte laufende Buschbahn zeichnen diesen Helmtyp aus. Zwischen den beiden Graten der Buschbahn, die vor allem zur Versteifung des Bronzebleches dienten, war der Helmbusch aufgespannt, befestigt an einem Nietstift über der Stirn und einer Drahtöse über dem Nacken. Der Name erklärt sich aus der Häufigkeit der Funde dieses Helmtyps im antiken Illyrien, seine frühe Form ist Ende des 8. Jh. v. Chr. aus dem Kegelhelm der geometrischen Zeit entstanden, wahrscheinlich auf der Peloponnes. Es lassen sich drei Entwicklungsstufen des illyrischen Helmes feststellen, die alle in Albanien bezeugt sind, besonders zahlreich sind Funde der Stufe III. Eine gute Vorstellung von ihnen vermittelt der silberne Gürtelbeschlag aus Selca, auf dem die Krieger Helme mit gewaltigen Büschen tragen, die leider an den Originalen nicht erhalten sind.
  - I. Altertümliche, geradlinige Form, manchmal aus zwei Teilen zusammengefügt; der Rand, meist abgesetzt und mit Nieten für die Befestigung des Helmfutters versehen, dient gleichzeitig als Schmuckelement (vom Ende des 8. Jh. bis zum späten 7. Jh. v. Chr.).
  - II. Die Form wirkt nun geschwungener; der Nackenschutz ist weiter heruntergezogen, der Wangenschutz läuft schräg nach vorn, so daß zwischen ihnen ein in etwa rechtwinkliger, dreieckiger Ausschnitt entsteht (vom späten 7. bis zur Mitte des 6. Jh. v. Chr.).
  - III. Der Wangenschutz ist schmaler und noch tiefer heruntergezogen als bei Gruppe II, ferner durch einen spitzen Winkel vom gerade verlaufenden Nackenschutz getrennt (von der Mitte des 6. bis zum 4. Jh. v. Chr.).

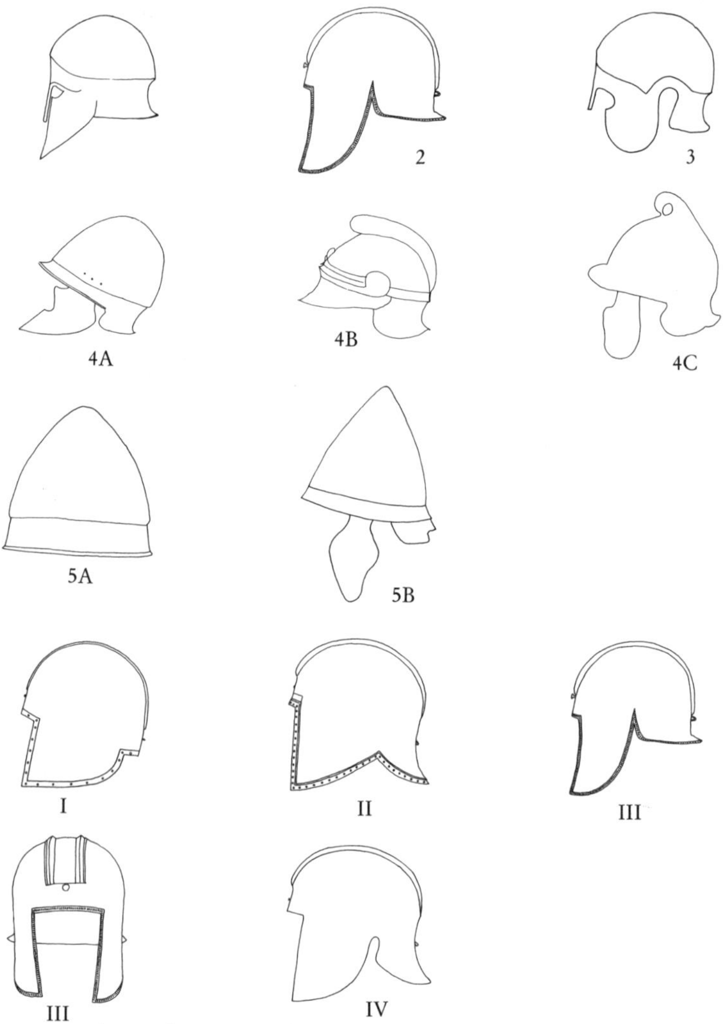

Formen antiker Helme (7.–3. Jh. v. Chr.): 1 Korinthischer Helm 2 Illyrischer Helm 3 Chalkidischer Helm 4A Attischer Helm 4B Attischer Helm auf dem Felsgrab Nr. 8 in Selca 4C Sonderform des Attischen Helms, in der Nähe des Ochrid-Sees gefunden 5A Pilos-Helm 5B Pilos-Helm mit Wangenklappen

Formen des Illyrischen Helms: I. Altertümliche Gruppe, Ende 8. bis spätes 7. Jh. II. Mittlere Gruppe, spätes 7. bis Mitte 6. Jh. III. Gruppe, Mitte 6. bis 4. Jh. v. Chr. IV. Variante der Gruppe III mit Ohrenausschnitt

IV. Diese Variante mit einem Ohrausschnitt, der von den chalkidischen Helmen übernommen wurde, kommt recht selten und zeitlich parallel zu Gruppe III vor.

- Chalkidische Helme: Sie gleichen den korinthischen, besitzen jedoch Ausschnitte für die Ohren, erweiterte Öffnungen für die Augen und gerundete Wangenklappen. Ihr Name entstand in Anlehnung an die Gattung der sogenannten ›chalkidischen Vasen‹ (die, wie man heute weiß, mit der Stadt Chalkis auf Euböa nichts zu tun haben), auf denen diese Helmform erstmals im 3. Viertel des 6. Jh. v. Chr. auftritt; entstanden ist der Typus vermutlich in Unteritalien. Die spezielle Form des Ohrenausschnittes hat korinthische und illyrische Helme beeinflußt. Aus Albanien ist kein chalkidischer Helm bekannt, dafür aber korinthische und illyrische Helme mit dem ›chalkidischen Ohrausschnitt‹.
- Attische Helme: Charakteristisch für diesen Typus sind Stirnschirm und Nackenschutz sowie die halbkugelförmige Kalotte, auf der meist ein Kamm von vorn nach hinten verläuft; darüber hinaus können auch Wangenklappen und ein zusätzlicher Stirnbügel vorhanden sein. Viele Darstellungen seit dem 6. Jh. v. Chr., darunter zahlreiche attische Reliefs und Vasen, von denen auch der Name stammt, bezeugen diesen Helmtypus. Aus Bronze, selten auch aus Eisen gefertigte Exemplare sind allerdings bisher nur vom späten 4. bis zum frühen 2. Jh. v. Chr. bekannt. In Albanien scheint ein solcher Helm auf einem Relief an dem Felsgrab Nr. 8 in Selca abgebildet zu sein: Man erkennt die halbkugelige Kalotte, den von vorn nach hinten verlaufenden Kamm, ferner Stirnbügel, Stirnschirm und Nackenschutz. Weiterhin ist vor vielen Jahrzehnten am Ochrid-See – da der archäologische Kontext dieses Zufallsfundes verlorenging, läßt sich nicht mit Bestimmtheit sagen, ob in Albanien oder in Jugoslawien – eine Sonderform zutage getreten; sie weist die attische Grundform auf, läßt jedoch mit ihrem nach vorn gebogenen Kamm auch Verbindungen zu den sogenannten ›phrygischen‹ Helmen erkennen (jetzt in Berlin, Antikenmuseum). Auf dem Nackenschutz trägt dieser Helm in griechischer Sprache die punzierte Inschrift »des Königs Monounios«; dieser illyrische König ist um 280 v. Chr. belegt, der Helm gehörte möglicherweise einem Soldaten seiner Leibgarde.
- Pilos-Helme: Typisch sind die konische, nach oben hin spitz oder abgerundet zulaufende Form und eine vom Oberteil abgesetzte untere Randzone – der Helm wird wie eine Mütze oben auf dem Kopf getragen. Er wurde nach der griechischen Filzmütze, dem Pilos, benannt, die ja für die Darstellungen des Odysseus so charakteristisch ist, und auch heute noch gehört sie in den mittleren Landesteilen Albaniens zur Volkstracht. Der Helmtypus ist seit dem 5. Jh. v. Chr. in weiter Verbreitung nachweisbar; im späten 4. oder frühen 3. Jh. v. Chr. kommen dann – vor allem in Makedonien – bewegliche Wangenklappen und ein fester Nackenschutz hinzu (Beispiele aus Apollonia); auch auf einem fragmentierten Relief des 2. Jh. v. Chr. (Museum in Durres) scheint ein Pilos-Helm abgebildet zu sein.

Während der römischen Kaiserzeit (etwa 30 v.–300 n. Chr.) entwickelte sich eine rege städtebauliche Tätigkeit, vor allem auf dem Gebiet der öffentlichen Bauten: Tempel (Buthrotum, wohl auch Dyrrachium), das Rathaus von Apollonia (s. Abb. 1), mehrere Bäder in Buthrotum, Nymphäen (z. B. Buthrotum), Amphitheater (Dyrrachium; s. Abb. 33) und das Odeion von Apollonia entstanden; man baute ältere Theater um (Buthrotum, s. Farbabb. 33; Byllis) und andere neu (Hadrianopolis-Sofratika; s. Abb. 20), führte Aquädukte auf (Dyrrachium) und setzte Stadtmauern instand (Lissus, Buthrotum; in Apollonia wurden wahrscheinlich die luftgetrockneten Ziegel der oberen Teile durch gebrannte Ziegel ersetzt). Die Römer bauten auch die Via Egnatia aus und errichteten neue Stationen wie ›Ad Quintum‹ (Bradashesh). Unter der ›Pax romana‹ nahm der Wohlstand überall im Römischen Reich erheblich zu, was dazu führte, daß auch große Privathäuser, mit Mosaiken und Statuen geschmückt, errichtet wurden (z. B. die Stadthäuser in Apollonia und die Landvilla in Qesarat, nördlich von Tepelena).

Die Statuen der Epoche sind in vielen Fällen Kopien berühmter griechischer Werke; so wurden in Apollonia u. a. Kopien der Athena Parthenos des Phidias (drittes Viertel des 5. Jh. v. Chr.) sowie einer Athena und eines Apollon, beide 4. Jh. v. Chr., gefunden. Zahlreiche Porträtstatuen standen an öffentlichen Plätzen und Straßen (z. B. Apollonia), in Theatern (z. B. Buthrotum) oder in Grabanlagen (z. B. Apollonia); Porträtbüsten sind in Grabbauten zutage gekommen (z. B. Apollonia; s. Abb. 26), werden aber auch in Privathäusern gestanden haben.

Grabreliefs erfreuten sich, wohl vor allem unter der einheimischen Bevölkerung, weiterhin großer Beliebtheit, daneben treten auch Grabaltäre, Aschenurnen und Sarkophage auf. Unter den kaiserzeitlichen Skulpturen Albaniens finden sich auch Exemplare aus Marmor, die entweder als fertig gearbeitete Stücke importiert oder aber im Lande selbst hergestellt wurden; die Arbeiten aus lokalem Kalkstein – Albanien besitzt keinen Marmor – ahmen teilweise importierte Stücke aus Marmor nach, stehen aber teilweise auch fest in den einheimischen Traditionen. Besonders reiche Skulpturenfunde wurden in Dyrrachium, Apollonia und Buthrotum gemacht (in den dortigen Museen, in den beiden Museen in Tirana und im Museum in Fier; s. Abb. 22 u. 28).

Die Blütezeit der kaiserzeitlichen Kunst fällt, wie auch die Skulpturen zeigen, in das 2. und frühe 3. Jh. Danach setzen die Funde weitgehend aus, bedingt wohl durch den wirtschaftlichen Rückgang im Römischen Reich während der politischen Wirren zur Zeit der ›Soldatenkaiser‹. Kleinere Gegenstände aus gebranntem Ton, Bronze und Glas sowie Schmuck ergänzen das Bild der Kunst der römischen Kaiserzeit in Albanien.

Frühchristliche und frühbyzantinische Zeit (um 300 bis zum 8. Jh.)

Die Zeit von etwa 300 bis zum 8. Jh. wird in der Geschichtsforschung als ›Spätantike‹ beziehungsweise ›Frühmittelalter‹ bezeichnet, wobei die Grenze zwischen den beiden Phasen etwa um 500/50 anzusetzen ist. In bezug auf das künstlerische Schaffen des Oströmischen Reiches, zu dem das Gebiet Albaniens ja zu zählen ist, spricht man von einer ›frühchristlichen‹ (von etwa 300 bis zum Beginn des 6. Jh.) und, einsetzend mit der Regierungszeit des Kaisers Justinian (527–565), von einer ›frühbyzantinischen Zeit‹ (vom frühen 6. bis zum 8. Jh.). Für Albanien können die beiden Phasen jedoch zusammengefaßt werden, da sich typisch frühbyzantinische Monumente kaum finden.

Die Krise des 3. Jh. brachte für das Römische Reich durch außenpolitische Bedrohungen (Germaneneinfälle, Sassanidenreich) wie durch innere Entwicklungen (wirtschaftliche Zerrüttung, soziale und religiöse Veränderungen) bedeutende Umwälzungen mit sich. Kaiser Diokletian (284–305) versuchte, durch verschiedene Reformen die militärische Struktur, die Wirtschaft und die Verwaltung des Reiches wieder zu stärken. Er verlegte seinen Regierungssitz von Rom nach Nikomedeia (das heutige Izmit in der nordwestlichen Türkei), bestimmte für den Westen einen weiteren, im Rang etwas unter ihm stehenden Augustus, und gab jedem Augustus einen ihm untergeordneten Caesar bei. Die so entstandene Herrschaftsform der ›Tetrarchie‹ bedeutet eine territoriale Aufgliederung, ohne jedoch die Reichseinheit aufzugeben. Auch die Provinzen wurden neu gegliedert, so daß kleinere, überschaubare Einheiten entstanden.

Auf dem Gebiet des heutigen Albanien existierten nunmehr vier dieser Kleinprovinzen: Der Norden gehörte zur Praevalitana mit der Hauptstadt Scodra (Shkodra), die weit nach Norden und Nordosten in das heutige Jugoslawien reichte. Den größten Teil Albaniens nahm Epirus Nova ein, das sich im Osten über die heutigen Staatsgrenzen von Jugoslawien und Griechenland hin ausdehnte; Lychnidos, das heutige Ochrid, gehörte zu dieser Provinz, Hauptstadt war Dyrrachium (Durres). Die Grenze zur Praevalitana verlief südlich von Lissus (Lezha), folgte dem Mat und führte dann leicht nach Nordosten; die südliche Grenze bildete der Aoos (Vjosa). Das kleine Gebiet östlich des heutigen Korça gehörte vermutlich zur Provinz Macedonia Salutaria, die zu einem nicht bekannten Zeitpunkt in Macedonia Secunda umbenannt wurde; ihre Hauptstadt war Stobi in Jugoslawien. Der südwestliche Teil Albaniens südlich der Vjosa rechnete zur Provinz Epirus Vetus mit der Hauptstadt Nikopolis (in der Nähe von Preveza in Griechenland), die sich nach Süden hin bis in das heutige Griechenland hinein erstreckte.

Die verwaltungstechnische Aufgliederung des Römischen Reiches in vier Großgebiete brachte zwar einige Vorteile mit sich, doch das riesige Reich war auf Dauer selbst mit vier Herrschern nicht von einer Zentrale aus zu regieren. Deshalb verfügte Kaiser Theodosius I. (379–395) testamentarisch eine Teilung des Reiches auf seine beiden Söhne. Der gesamte Balkan einschließlich der vier genannten Provinzen kam so an den älteren Sohn Arkadius; es bildete sich das ›Oströmische Reich‹ mit Konstantinopel als Hauptstadt heraus. Für die zivile und militärische Verwaltung wurden größere Einheiten, die ›Präfekturen‹, geschaffen, die eine Reihe von ›Diözesen‹ – und diese wiederum eine Reihe von Provinzen – umfaßten; die vier ›albanischen‹ Kleinprovinzen kamen zur Praefectura Illyrici.

Für die kirchliche Verwaltung wurde jedoch eine andere Gliederung vorgenommen. Die größten Teile des Balkans wurden nicht dem Patriarchen in Konstantinopel, sondern dem Papst in Rom unterstellt, so auch der Bischof von Thessaloniki, der in seiner Funktion als ›Vicarius‹ beispielsweise für die Einsetzung von Bischöfen in den Städten des Balkans und damit auch im Gebiet des heutigen Albanien zuständig war. Erst im Verlauf des ›Bilderstreites‹ (726/30–843) übertrug Kaiser Leon III. um 730/40 dem oströmischen Patriarchen nun auch die kirchliche Oberhoheit für den Balkan.

Die Anfänge des Christentums in den Provinzen des heutigen Albanien liegen im dunkeln. Auf seinen weiten Reisen ist der Apostel Paulus auch auf den Balkan gekommen – beispielsweise nach Philippi im nördlichen Griechenland –, Städte an der Ostküste der Adria besuchte er hingegen nicht, auch Briefe von ihm an eine der dortigen Gemeinden sind nicht bekannt. Im Römerbrief 15,19 heißt es zwar, daß er »von Jerusalem an und umher bis Illyrien alles mit dem Evangelium Christi erfüllt habe«, mit ›Illyricum‹ ist jedoch ein weitaus größerer Bereich gemeint als das heutige Albanien. Legenden berichten von vereinzelten Märtyrern: in Dyrrachium soll unter dem römischen Kaiser Trajan (98–117) ein sonst nicht näher bekannter Astius, in Apollonia ein Isaurus und im Theater von Buthrotum (Butrint) während der Christenverfolgung unter Decius (249–251) ein Therinos (oder Terinus) hingerichtet worden sein.

Altar und Ziborium einer frühchristlichen Basilika

Daraus läßt sich schließen, daß – vielleicht schon im 2., mit größerer Sicherheit jedoch im 3. Jh. – in einigen Hafenstädten wie Dyrrachium, Apollonia und Buthrotum kleine christliche Gemeinden entstanden, ein Vorgang, der auch in anderen Gebieten des Römischen Reiches zu beobachten ist. Bauliche Reste von Versammlungs- oder Taufräumen, von Begräbnisstätten oder auch nur Kleinfunde sind aus der Frühzeit des Christentums in Albanien nicht bekannt.

Während in den ersten Jahrhunderten das Christentum bestenfalls geduldet war, ja mehrfach blutige Verfolgungen erlitt (die letzte große unter Kaiser Diokletian im Jahre 303), trat im frühen 4. Jh. ein Wandel ein. Im Jahre 306 wurde Constantinus, der Sohn des Constantius Chlorus, später Konstantin der Große genannt, Caesar von Gallien, Britannien und Germanien. Aus politischen Gründen und wohl auch aus persönlicher Überzeugung unterstützte er schon bald das Christentum, das dann im ›Toleranzedikt‹ des Jahres 311 offiziell neben den alten römischen Religionen erlaubt wurde (religio licita). 312 besiegte Konstantins Heer unter dem Zeichen des Kreuzes in der Schlacht an der Milvischen Brücke bei Rom den Augustus Maxentius; damit wurde Konstantin zum Herrscher des westlichen Reiches.

Zusammen mit dem Augustus des Ostreiches, Licinius, mit dem er zunächst eine Übereinkunft suchte, erließ Konstantin 313 das Edikt von Mailand, das dem Christentum volle Gleichberechtigung mit den anderen Religionen zubilligte. Die bei früheren Verfolgungen konfiszierten Güter und Versammlungsstätten wurden den Christen zurückgegeben, die einzelnen Christengemeinden erhielten die Rechtsfähigkeit. Konstantin bevorzugte sogar das Christentum, stiftete große Kirchen in vielen Städten des Reiches (z. B. in Rom, Neapel, Capua, Jerusalem, Bethlehem, Mamre) und ließ sie prunkvoll ausstatten.

Nach dem Sieg über Licinius in der Schlacht bei Chrysopolis (324), die Konstantin die erstrebte Alleinherrschaft verschaffte, verlegte er die Hauptstadt des Reiches nach Byzantion am Bosporus und benannte es in Nea Rome (das ›Neue Rom‹) um. Die Gründe hierfür waren vielschichtig: Byzantion lag zentraler und besaß bessere Verkehrsverbindungen zu dem wirtschaftlich wichtigen Osten; Konstantin wollte auch ganz bewußt für das nun christlich gewordene Reich eine christliche Hauptstadt haben, in Rom bestand jedoch eine starke heidnische Opposition unter der Aristokratie. 330 wurde Nea Rome mit Kirchenbauten im Zentrum eingeweiht (z. B. die Vorgänger der Hg. Sophia und Hg. Eirene) und später nach dem Gründer in ›Stadt des Konstantin‹, Konstantinoupolis, umbenannt.

Im Jahre 325 berief Konstantin eine Versammlung aller Bischöfe nach Nikaia (Nizäa) ein, das 1. Ökumenische Konzil. Die Teilnehmer sind überliefert, ein Bischof aus dem Gebiet des heutigen Albanien befand sich aber nicht darunter. Ein Bischof Senecius von Scodra und ein Bischof Eucharius von Dyrrachium nahmen dagegen an dem Konzil des Jahres 381 in Konstantinopel, dem 2. Ökumenischen Konzil, teil. Aus verschiedenen Quellen wissen wir, daß Bischof Eulalius von Amantia im Jahre 344 eine Synode in Philippopolis (heute Plovdiv in Bulgarien) besuchte. Auch sind mehrere Schreiben, die sich – ohne Angaben von Namen – auf Bischöfe in Illyrien oder in den Provinzen Praevalitana, Epirus Nova und Epirus Vetus beziehen, aus den Jahren 370/71, 375, 385, 386, 393 und 412 überliefert. Das alles weist darauf hin, daß auch Illyrien im 4. Jh. eine straffe kirchliche Organisation mit einem Bischof für jede Stadt besessen haben wird. Auch das 3. (431 in Ephesos) und 4. Ökumenische Konzil (451 in Chalkedon) wurde von Bischöfen aus Dyrrachium, Apollonia und Byllis, Phoinike sowie Onchesmos besucht.

Im 5. und 6. Jh. vermehren sich die Hinweise auf das Christentum im Gebiet des heutigen Albanien. Als Bischofsstädte sind uns Scodra (Shkodra), Lissus (Lezha), Dyrrachium (Durres), Scampa (Elbasan), Apollonia und Byllis (die zeitweise vermutlich zusammengehört haben), Aulon (Vlora), Amantia, Hadrianopolis (Melan), Phoinike, Onchesmus oder Onchiasmus (Saranda) und Buthrotum (Butrint) bekannt. Die archäologische Überlieferung setzt mit den ersten christlichen Kultbauten im späten 5. Jh. ein und nimmt dann im 6. Jh. stark zu; der älteste Einzelfund, eine Reliefschale mit Daniel in der Löwengrube, stammt schon aus der Mitte des 4. Jh. (Museum in Shkodra), der genaue Zusammenhang ist jedoch nicht bekannt.

Da archäologische Funde aus dem gebirgigen, nordöstlichen Albanien bisher fast vollständig fehlen, ist es fraglich, zu welchem Zeitpunkt und in welchen Gebieten sich das

Christentum dort ausgebreitet hat. Eine weitere Frage, wie durchgreifend die Bevölkerung denn überhaupt christianisiert wurde, stellt sich anhand der Grabungsbefunde: Im Gebiet Albaniens finden sich viel reichere Grabbeigaben, als das sonst in der frühchristlichen Zeit der Fall ist. Man könnte dies als ein Fortbestehen paganer Sitten deuten.

In den letzten Jahrzehnten sind in Albanien die Monumente der spätantiken und frühchristlichen Zeit mit besonderem Einsatz erforscht und ausgegraben worden, wobei vielfältige und bedeutende Funde zutage kamen. Die Ausgrabungen konzentrierten sich nicht nur auf christliche Kultgebäude, sondern berücksichtigten auch kleinere Festungen der Spätantike, Stadtmauern und Wohnbauten.

Eine große Stadtanlage bei Grazhdan (das antike Dober?), tief im Landesinnern des nordöstlichen Albanien und nahe der Grenze zu Jugoslawien gelegen, scheint in der Spätantike neu gegründet worden zu sein. Bisher wurde lediglich der Verlauf der Mauern vermessen; künftige Forschungen könnten bei Ausgrabungen von Wohnhäusern wertvolle Erkenntnisse über die Hausarchitektur der Spätantike, über die man bisher nur wenig weiß, zutage fördern.

Weitere bedeutende Städte der Spätantike sind Scodra, Sarda (in der Nähe von Shkodra), Lissus, Dyrrachium (neu befestigt unter Anastasius I. um 500, wovon noch Teile erhalten sind; hierzu gehörte eine Sperrmauer im Norden der Halbinsel bei Porta, deren Reste jedoch heute nicht zugänglich sind), Apollonia, Antipatreia – Berat, Byllis (unter Justinian im 6. Jh. verkleinert und an der Ostseite mit einer neuen Mauer versehen), Kanina, Amantia, Justinianopolis – Melan (unter Justinian Erneuerung der Mauern, ein Aquädukt entsteht), Phoinike, Onchesmos – Saranda (neue Stadtmauer), Butrint (Erweiterung der Stadt).

Besonders eindrucksvoll sind noch heute die Reste des Kastrums (Festung) von Scampa oder Scampis (heute Elbasan) an der auch in der Spätantike noch bedeutenden Via Egnatia, die Rom mit Konstantinopel verband. Es wurde im 4. Jh. als Standort einer Legion errichtet und nach nicht mehr genau datierbaren Zerstörungen unter Justinian im 6. Jh. wieder aufgebaut. Außenmauern und Türme sowie Reste des östlichen Haupttores stehen teilweise noch hoch an, so daß man eine sehr gute Vorstellung vom ehemaligen Aussehen einer derartigen Anlage bekommt. Die Osmanen des 15. Jh. konnten die Mauern noch ausflicken und weiter verwenden, und die Bauweise von Scampa erwies sich als so zweckmäßig, daß die Osmanen sie in der Festung von Peqin wiederaufnahmen!

Unter den kleineren Anlagen sind zwei Kastelle des 4. Jh. von besonderer Bedeutung, Vig und Paleokastra, die an wichtigen Straßen in der typischen römischen Bauform neu errichtet wurden: ein annäherndes Quadrat mit mächtigen Türmen an den vier Ecken und weiteren Turmbauten und durch vorspringende Türme geschützten Toren an den Längsseiten. Paleokastra liegt im Süden an einer Straße, auf der man in die Provinz Epirus Vetus gelangte, Vig im Norden an einer nach Osten führenden Nebenstraße. Bei den Grabungen wurden zwar nur Reste der Grundmauern gefunden, von der Festung in Vig ließ sich aber eine zeichnerische Rekonstruktion anfertigen, die eine gewisse Vorstellung vom einstigen Aussehen zu vermitteln vermag. In erster Linie machen jedoch die Kleinfunde, unter anderem Inschriften, Münzen und Keramik, die relativ gut zu datieren sind, den Wert der beiden Kastelle aus.

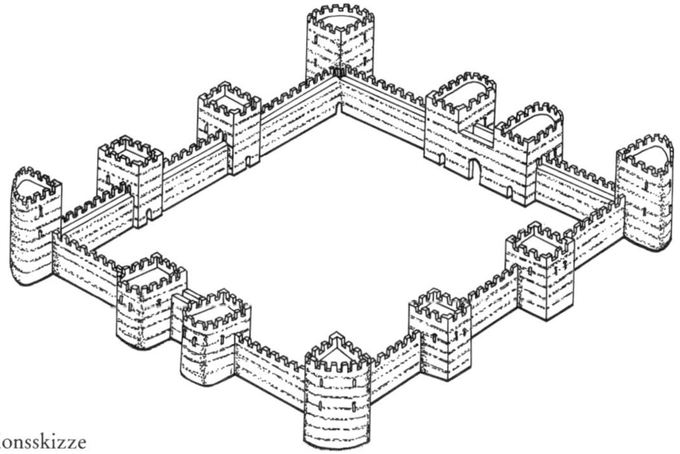

Vig, Kastell, Rekonstruktionsskizze

Weitere spätantike Befestigungen befinden sich in Petrela (der gewaltige Rundturm), Mbjeshova, Qafa bei Elbasan, Umbauten in Matohasanaj oder Çuka e Ajtoit.

Um 500 wurde, vermutlich von Anastasius I., im Zentrum von Dyrrachium mit großem Aufwand eine gewaltige Rundanlage errichtet; sie ist jedoch noch nicht vollständig freigelegt. Vielleicht handelt es sich um das prunkvoll mit marmornen Säulenhallen ausgestattete Zentrum der Stadt, das Forum, von dem alle Hauptstraßen ausgingen. Solche spätantiken Rundanlagen sind beispielsweise für Konstantinopel in den schriftlichen Quellen bezeugt, Dyrrachium wäre das erste tatsächlich ausgegrabene Beispiel.

Nicht alle Beispiele frühchristlicher Kultanlagen, also Kirchen, Baptisterien, Gräber und Gedächtnisstätten der Märtyrer, sind in Albanien vertreten; dennoch besitzen wir eine Fülle von Monumenten. Unterirdische Grabanlagen oder Katakomben, wie sie in Rom so häufig anzutreffen sind, hat man im Gebiet Albaniens ebensowenig wie oberirdische Grabgebäude verwandt. Der einzige uns bekannte Bau, der für christliche Bestattungen benutzt wurde, ist eine Lagerhalle der römischen Kaiserzeit in Butrint (möglicherweise 2. Jh.), die im Osten außerhalb der Stadtmauern unmittelbar am See liegt und wahrscheinlich als Umschlagplatz für Waren diente; sie wurde umgebaut, indem die Christen in mehreren Reihen über- und nebeneinander eine größere Anzahl an Gräbern einfügten.

Leider wurden die Gräber ausgeraubt; auch gibt es kaum Inschriften, so daß wir nichts über die Organisation dieses Bestattungshauses wissen. Die meisten Toten begrub man ohne größeren Aufwand in der Erde und schichtete dann einige Ziegel dachförmig über dem Leichnam auf. Vereinzelt sind Nachbestattungen frühchristlicher Zeit in älteren Tumuli beobachtet worden. Den Toten wurde recht häufig Schmuck in die Gräber mitgegeben, vor allem Ohrringe, Ketten, Broschen, Fibeln, Armreifen und Gürtel mit Anhängern, vielfach auch Tongefäße, teilweise in Miniaturgröße. Möglicherweise sollten sie den Toten – eine typisch pagane Begräbnissitte – für ein Leben im Jenseits dienen. Bisher ist nur ein einziger

Kirchentypen

Über 50 Kirchenbauten und Baptisterien konnten die Forscher im Gebiet Albaniens bisher aus der frühchristlichen und frühbyzantinischen Zeit identifizieren. Einige davon sind allerdings noch nicht ausgegraben oder näher untersucht worden. Alle vier Haupttypen des Kirchenbaus dieser Zeit sind in Albanien vertreten.

- Längsgerichtete Säle ohne weitere Innengliederung mit Tonnengewölbe oder hölzernem Dachstuhl: Zgerdhesh (Kapelle auf der alten Akropolis), Durres (Kapelle im Amphitheater), Tirana (Kirche, die ältere Mauern eines Hauses wiederverwendet), Paleokastra (Kirche außerhalb der Mauern).
- Dreischiffige Basiliken, eine in Albanien sehr häufig auftretende Bauform mit vielfältigen Varianten:
  1. mit Emporen: Saranda (Emporen durch die Treppe im Narthex gesichert, als Besonderheit hat man T-förmige Pfeiler als Stützen verwandt), Amantia (?);
  2. ohne Emporen, mit hölzernem Dachstuhl: Mesaplik, Paleokastra, Ballsh (möglicherweise Wechsel von Pfeilern und Säulen als Stützen);
  3. ohne Emporen, mit Tonnengewölben aus Stein: Butrint, Basilika auf der Akropolis (?);
  4. mit einem Querschiff im Osten, das aus der Flucht der Seitenschiffe herausragt: Elbasan (Basilika auf dem Tepe), Phoinike, Butrint (die drei Beispiele ohne Emporen); Byllis, Basiliken A und B (wahrscheinlich mit Emporen);
  5. mit drei Konchen im Osten: Durres-Arapaj (wahrscheinlich mit Emporen).
- Zentralbauten unterschiedlicher Form (Achtecke, Rundbauten, kreuzförmige Bauten, Bauten mit drei oder vier Konchen):
  1. einfacher Trikonchos: Antigoneia, Butrint (noch nicht ausgegrabener Bau in der Unterstadt);
  2. Kuppelbauten: Die Kirche der Vierzig Märtyrer aus justinianischer Zeit in Saranda, die möglicherweise drei Kuppeln besaß, gibt der Forschung noch Probleme auf.

Sarkophag bekannt, der christliche Motive, in diesem Fall Kreuze, aufweist; es handelt sich um ein schlichtes lokales Werk, das heute in Durres in einem kleinen Park an der Stadtmauer steht.

Die kleinen, einschiffigen Bauten weisen in der Regel eine schlichte, unaufwendige Bauweise auf. Die meisten albanischen Kirchen dieser Epoche gehören zum Typus der dreischiffigen Basilika, der vorherrschenden Bauform im christianisierten Römischen Reich. Heute verstehen wir unter ›Basilika‹ eine längsgerichtete, mehrschiffige Kirche, deren Mittelschiff die Seitenschiffe an Höhe überragt und im Ober- oder Lichtgaden eine Fensterreihe besitzt. Die meisten Basiliken bestehen aus drei, einige aufwendige aus fünf Schiffen (z. B. St. Peter und St. Paul in Rom, Hg. Demetrios in Thessaloniki; in Albanien nicht vertreten); im westlichen Nordafrika kennen wir Beispiele mit sieben und eines sogar mit neun Schiffen. An einer Schmalseite des Baus, meist im Westen, liegt in der Regel ein Vorraum (Narthex), prunk-

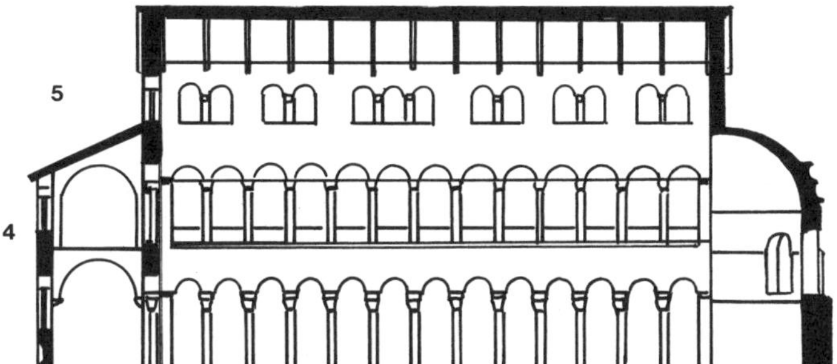

Längsschnitt und Grundriß einer frühchristlichen Basilika:
1 Atrium (sofern vorhanden)
2 Narthex
3 Naos
4 Emporen
5 Licht- oder Obergaden
6 Platz für den Ambo
7 Templon
8 Altar mit Ziborium
9 Apsis, innen gegebenenfalls mit Synthronon

volle Bauten weisen außerdem ein Atrium auf (z. B. Durres-Arapaj, Byllis). Das Mittelschiff schließt an der anderen Schmalseite, also meist im Osten, in einer Apsis; bei einigen etwas späteren Bauten besitzen auch die Seitenschiffe Apsiden (z. B. Ballsh).

Unter Konstantin dem Großen wurde die Bauform der Basilika zum ersten Mal für Kirchen benutzt. Die Christus als Heiland und Retter (Salvator) geweihte Kirche, die der Kaiser im Jahre 313 dem Bischof von Rom als Bischofskirche stiftete, ist wahrscheinlich das früheste Beispiel (heute S. Giovanni in Laterano). Alle baulichen Charakteristika einer Basilika – also Längsausrichtung, Mehrschiffigkeit, Obergaden, Apsis an der einen und Eingang an der gegenüberliegenden Schmalseite, ja sogar die Form des Atriums – begegnen für sich genommen schon in der paganen kaiserzeitlichen Architektur. Die Art und Weise, wie diese Formen zusammengefügt worden sind, ist jedoch ohne Vorbild und darf als eigenständige Leistung der frühchristlichen Architektur angesehen werden.

Im 4. und vor allem im 5. Jh. breitete sich die Bauform der Basilika sehr schnell im gesamten Römischen Reich aus; in vielen Regionen, so auch in Albanien, entstanden lokale Sonderformen. Neben den üblichen dreischiffigen Anlagen mit oder ohne Emporen kennen wir auch verschiedene Bauten mit einem Querhaus, das aus der Flucht der Seitenschiffe herausragt. Die Basilika auf dem Tepe bei Elbasan, zwei Basiliken in Byllis und vor allem der recht gut erhaltene Bau in Butrint (s. Abb. 36) zeigen diese lokale Sonderform, zu der sich in Nikopolis (heute zu Griechenland gehörig), der Hauptstadt der antiken Provinz Epirus Vetus, Parallelen nachweisen lassen.

Eine andere Sonderform bietet die gewaltige dreischiffige Anlage, die man in den letzten Jahren in Durres-Arapaj freigelegt hat. Sie besitzt an der Ostseite neben der Apsis noch je eine Konche im Norden und Süden und stellt somit eine Verbindung von Basilika und Dreikonchenbau dar. Einen vergleichbaren Ostabschluß weisen auch einige Basiliken in Epirus Vetus (Dodona, Phase II, und Paramythia) auf: Es muß demnach zwischen den illyrischen Kleinprovinzen Epirus Nova und Epirus Vetus vielseitige Beziehungen gegeben haben.

Als Trennung der Schiffe und Stützen für den Obergaden dienten Säulen oder auch Pfeiler, wenn Marmor oder Granit für Säulen nicht zu besorgen war oder es keine geschulten Handwerker gab, die das Material hätten bearbeiten können. In Durres-Arapaj, Byllis und Amantia sind Säulen zu ergänzen, in Elbasan und Butrint hingegen längsrechteckige Pfeiler. Als überaus ungewöhnlich für den gesamten Balkan können die T-förmigen Pfeiler der Basilika in Saranda gelten, und auch der Wechsel von Säulen und Pfeilern, wie er für die Phase I der Basilika in Ballsh vorgeschlagen wurde (der Bau ist noch nicht publiziert), findet sich so bei keiner der zahlreich erhaltenen Kirchen auf dem Balkan oder in anderen Gebieten der byzantinischen Kunst.

Die Basiliken im Westen des Reiches, wie in Rom oder Ravenna, haben in der Regel keine Emporen über den Seitenschiffen, ganz im Gegensatz zu den aufwendigeren Kirchen im Osten, auch auf dem Balkan. Für die weitgehend zerstörten Bauten lassen sich Emporen allerdings nur dann nachweisen, wenn Säulen und Kapitelle einer zweiten, kleineren Ordnung gefunden werden; dies ist in Durres-Arapaj sowie bei den Basiliken A und B in Byllis der Fall. Bei dem Bau in Saranda deutet die Treppe im Narthex darauf hin, daß Emporen vorhanden waren. Die Basilika in Butrint besaß dagegen, wie man heute noch sehen kann, keine Emporen, ebensowenig wohl die Kirchen in Elbasan, Ballsh, Paleokastra und Mesaplik.

Ausgrabungen eines Zentralbaus in Antigoneia erbrachten einen einschiffigen Raum im Westen, an den sich im Osten ein kleiner Trikonchos – Apsiden also im Norden, Osten und Süden – anschließt. Parallelen sind nicht bekannt; da es sich um einen zentralisierten Raum handelt, wäre es gut möglich, daß der Bau als Grabkapelle diente. Eine ähnliche zentralisierte Anlage mit Konchen im Norden und Süden und einer Apsis im Osten kennen wir mit der Kirche in Lin, nur besitzt diese drei Schiffe. In Ochrid, also am östlichen Ufer des Ochrid-Sees, direkt gegenüber von Lin, haben Ausgrabungen eine Parallele zutage gebracht.

Der Typus des mehrschiffigen Drei- und des verwandten Vierkonchenbaus begegnet im Vergleich zur Basilika in der frühchristlichen und frühbyzantinischen Architektur recht selten, aber in weitgestreuter Verbreitung über das gesamte Reich (z. B. S. Lorenzo in

Mailand, Perustića in Bulgarien, Seleucia Pieria in der Nähe von Antakya im Gebiet des antiken Syrien, Apameia und Aleppo im nördlichen sowie Bosra im südlichen Syrien, Abu Mena in Nordägypten). Aus welchen Gründen der Typus in Lin verwandt worden ist, läßt sich bisher nicht eindeutig bestimmen. In einigen großen, dreischiffigen Zentralbauten hat man Bischofskirchen sehen wollen, in Lin aber befand sich mit großer Wahrscheinlichkeit keine Stadt in der Nähe; die Anlage liegt völlig isoliert auf der Halbinsel.

Es besteht die Möglichkeit, daß es sich um eine von Wallfahrern besuchte Märtyrer-Grabeskirche handelte, da im Nordosten ein zentralisierter, sicher einst von einer Kuppel überwölbter Raum angebaut wurde, der vielleicht als Grabkapelle diente, und da man in anderen Annexbauten der Kirche viele Gräber gefunden hat. Das südlich an die Kirche angefügte Baptisterium widerspricht dieser Annahme nicht, da man recht häufig Taufen im Verlaufe von Wallfahrten durchführte; so sind beispielsweise in den großen Pilgerheiligtümern von Tebessa in Algerien oder Qalaat Seman im nördlichen Syrien Gedächtnisstätten und Taufräume vorhanden.

In der Unterstadt von Butrint liegen im dichten Gestrüpp die Reste eines großen, zentralen Baus mit drei Konchen, der bisher weder ausgegraben noch vermessen wurde. Datierung und einstige Funktion sind unbekannt, auch existieren noch keine Rekonstruktionsvorschläge zur Verdeutlichung der architektonischen Form. Möglicherweise haben wir hier eine zu Ehren des Märtyrers Therinos errichtete Kirche vor uns, die über Reliquien dieses Heiligen, der im Theater von Butrint das Martyrium erlitten haben soll, verfügte.

Auch die sehr große Kirche der Vierzig Märtyrer in Saranda ist zum jetzigen Zeitpunkt nicht näher zu bestimmen; man hat sogar eine Datierung in das Mittelalter vorgeschlagen. Denkbar wäre, daß es sich um einen mit drei Kuppeln gedeckten, in frühbyzantinischer Zeit, etwa unter Kaiser Justinian (527–565), entstandenen Bau handelt. In dieser Phase der byzantinischen Kunst sind aufwendige Kirchen mit Kuppeln üblich, seien es Basiliken verschiedener Form (z. B. Hg. Sophia, Hg. Eirene, Hg. Apostoloi in Konstantinopel; Hg. Johannes in Ephesos; Katapoliane in Paros; Kirche beim Nymphäum in Hierapolis; vielleicht auch Basilika B in Philippi), einschiffige Bauten (z. B. Alaşehir und die Kirche in den Nordthermen in Hierapolis) oder auch Zentralbauten (z. B. Hg. Sergios und Bakchos und Hg. Johannes en Hebdomon in Konstantinopel; Phase III des Oktogons in Philippi; S. Vitale in Ravenna).

Ausgrabungen in Albanien brachten zudem mehrere Baptisterien zutage, die in frühchristlicher Zeit bis etwa zur Mitte des 6. Jh. erforderlich waren, da man, anders als in späteren Epochen, damals die Taufe an Erwachsenen vollzog. Die Baptisterien sind in der Regel zentralisierte Räume in der Gestalt eines Quadrates, Achtecks oder Runds, bei denen das Taufbecken meist in der Mitte des Bodens eingelassen ist. Die Vorbilder hierzu lassen sich in römischen Badeanlagen und zentralisierten Grabgebäuden der Kaiserzeit entdecken.

Unter den recht zahlreich erhaltenen Baptisterien ist das in Butrint sicherlich eines der schönsten, aufwendigsten und auch architekturgeschichtlich bedeutendsten (s. Abb. 35). Sein außergewöhnlicher Grundriß (in ein Quadrat ist ein Rundbau mit zwei konzentrischen

Säulenreihen eingeschrieben) sowie die ausgezeichnet erhaltenen Fußbodenmosaiken machen es zu einem einzigartigen Bau, der im ganzen Reich keine Parallele hat (s. Abb. 37). Weitaus schlichtere Baptisterien wurden in Lin und Phoinike (in ein älteres Gebäude hineingesetzt) ausgegraben.

In der Regel wurden von den Kirchen und Baptisterien frühchristlicher und frühbyzantinischer Zeit nur die Grundmauern oder lediglich Reste derselben durch Grabungen freigelegt. Die große Anzahl der untersuchten Anlagen vermittelt uns jedoch eine recht gute Vorstellung von ihnen, die wir durch Rekonstruktionszeichnungen verdeutlichen können. So sind hier Zeichnungen der Basilika in Butrint und der Dreikonchenanlage in Durres-Arapaj beigegeben (s. Abb. S. 120 u. 277). Sind dagegen keine besser erhaltenen Parallelbeispiele für einen in Frage stehenden Bautypus vorhanden, steht die Forschung vor erheblichen Problemen. So weiß man bei dem Baptisterium in Butrint nicht, wie der Aufbau der oberen Gebäudeteile und die Eindeckung beschaffen waren, und für den Trikonchos von Lin sowie die ungewöhnliche Kirche der Vierzig Märtyrer in Saranda wurden bislang überhaupt keine Rekonstruktionsvorschläge gemacht.

Das Äußere der frühchristlichen Kirchen war in der Regel schlicht gestaltet, verputzt und relativ schmucklos, denn die Christen wollten ihre Versammlungsräume ganz bewußt von den nach außen hin so prunkvollen Tempeln der heidnischen Götter absetzen. Im Inneren christlicher Kirchen wurde jedoch, je nach Vermögen der Auftraggeber, ein erheblicher Aufwand getrieben. Die Konstruktion des Dachstuhls konnte offen sichtbar bleiben oder durch hölzerne Kassetten verkleidet und bemalt sein, die Wände trugen, gemalt oder als Mosaik, figürliche Darstellungen, als Fußbodenbelag wählte man Marmorplatten oder Mosaiksteine, die Säulen bestanden aus Marmor oder Granit, Kapitelle, Schrankenplatten und andere Ausstattungsstücke waren häufig kostbare, von weither eingeführte Werke. Lampen, Leuchter und Vorhänge ergänzten die prachtvolle Innenausstattung.

Die in einer großen Anzahl von Bauten entdeckten Fußbodenmosaiken stellen einen besonderen Schatz der frühchristlichen Kunst in Albanien dar. Einige der Mosaiken sind offensichtlich Werke lokaler Künstler (z. B. in Byllis, Mesaplik, Antigoneia, Saranda), die keine verpflichtenden Vorlagen kannten. Die Qualität ihrer Ausführung ist meist nicht sehr hoch, aber die Künstler schufen oft naiv erzählende Bilder von beeindruckender Anschaulichkeit (z. B. im Narthex der Basilika B in Byllis). In einigen Fällen scheinen spezielle Wünsche der Auftraggeber befolgt worden zu sein, man sieht jedoch, daß die Künstler wohl wenig Erfahrung besaßen, da die Darstellungen etwas ungelenk geraten sind (z. B. das Fabelwesen in Antigoneia oder der Kopf in Mesaplik). In der Basilika von Saranda scheinen dem Mosaizisten, beispielsweise bei der Abbildung der beiden Hirsche, Musterbücher vorgelegen zu haben, doch standen ihm nicht die nötigen farbigen Steine und wohl auch nicht die technischen Kenntnisse zur Verfügung, um der Vorlage zu folgen. Andere Mosaiken zeigen dann wieder eine hervorragende Qualität, so daß sich Verbindungen zu Werkstätten, die auch in Ochrid oder Nikopolis gearbeitet haben, herstellen lassen (Parallelen zwischen Butrint sowie Durres-Arapaj und Nikopolis, zwischen Lin und Ochrid).

Antigoneia, frühchristlicher Trikonchos, Skizze des Fußbodenmosaiks mit dem hundeköpfigen Fabelwesen

Die Darstellungsinhalte dieser Mosaiken bezeugen eine große Vielfalt. Szenen aus dem Neuen und auch dem Alten Testament finden sich nur sehr selten, da man vermeiden wollte, daß die Gläubigen sie mit ihren Füßen betraten. Man bevorzugte einen zeitlosen Schmuck mit Ornamenten, die ohne weiteres aus der römischen Kaiserzeit übernommen werden konnten, wie Streifen mit Blattwerk, Flechtbänder, Mäander und sich wiederholende, von Borten gerahmte Felder. Analog zu den römischen Vorbildern setzte man gern einzelne Tiere oder Tiergruppen in die Ornamente hinein, Schafe, Pferde, Fische und die verschiedensten Vögel, aber auch Löwen und Jagdszenen (s. Abb. 11).

Die Gründe für diese Motivwahl sind schwer zu bestimmen. Man könnte an eine paradiesische Landschaft denken, doch die Jagdszenen und die Darstellungen reißender wilder Tiere – Löwen beispielsweise, die sich auf Gazellen stürzen – scheinen einem Sakralbau wenig angemessen zu sein. Bei diesen Darstellungen wird man annehmen dürfen, daß sie zu schmückenden, rein ornamentalen Motiven geworden sind, denen die Christen keine neuen Bedeutungsinhalte zulegten.

Ebenfalls aus der griechisch-römischen Antike übernommen wurde das Motiv der beiden Vögel, die an einem Gefäß sitzen oder sogar daraus ›Wasser trinken‹ (z. B. in Lin, Saranda und Butrint, s. Abb. 37). Denkbar wäre, daß die Christen dabei das Bild des ›lebenspendenden Quells‹ Christus vor Augen hatten, wobei die Gläubigen dann mit den Vögeln zu vergleichen wären. Ein weiteres Motiv aus der griechisch-römischen Kunst – zwei Hirsche, die an ein Gefäß oder eine Quelle treten und daraus trinken oder auch das Gefäß lediglich flankieren – wurde offensichtlich auf Psalm 42 bezogen: »Wie der Hirsch lechzt nach Wasserbächen, so lechzt meine Seele nach dir, oh Gott! Meine Seele dürstet nach Gott, dem lebendigen Gott: Wann werde ich dahin kommen, daß ich erscheine vor Gottes Angesicht?« In einem Annexbau der Basilika von Durres-Arapaj, oberhalb von einer unterirdischen Grabkammer, befindet sich hierfür ein außergewöhnlich schönes Beispiel: Zwei Hirsche stehen neben einem großen Gefäß, aus dem üppiges Rankenwerk herauswächst (s. Abb. 39). Im Baptisterium von Butrint wurde dasselbe Motiv abgewandelt und so die heilsgeschichtliche Dimension verdeutlicht: Die beiden Hirsche treten nun an das Kreuz heran, von dem das Heil ausgeht. Und auch auf den Mosaiken eines lokalen Meisters in Saranda finden wir eine Darstellung der Hirsche.

Bukolische Szenen werden generell häufig und gern von den Mosaikmeistern der frühchristlichen und frühbyzantinischen Epoche benutzt. Eines der schönsten überhaupt vorhandenen Beispiele hat sich, neben der oben vorgestellten Hirschdarstellung, in Durres-Arapaj erhalten. Mit den beiden sich einander zuwendenden, sitzenden Hirten und den verschiedenen grasenden und ruhenden Tieren entsteht ein Bild friedvoller Ruhe (s. Abb. 40). Schon in der griechischen und römischen Antike waren derartige bukolische Darstellungen weit verbreitet und sehr beliebt, galten sie doch als Symbole einer Idylle, die man sich nach dem Tode in einem jenseitigen Leben erwünschte. Die Christen konnten solche Vorstellungen ohne weiteres mit dem Gedanken an das Paradies verbinden und übernehmen.

Möglicherweise gehören auch die Meereslandschaften (z. B. in Byllis, Basilika B), Darstellungen verschiedener Meerestiere und Fischer, aber auch auf dem Lande lebender Tiere, in diesen Zusammenhang. Das Mosaik im Narthex der Kirche von Byllis mahnt allerdings auch zur Vorsicht bei allen Deutungsversuchen, denn hier wird der Frieden der paradiesischen Meeresdarstellung vollständig dadurch zerstört, daß in ihrer Mitte eine Gruppe wilder Löwen, die andere Tiere reißen, eingesetzt ist. Der lokale Mosaizist hat hier vielleicht verschiedene Vorlagen zu einem einzigen Bild zusammengefügt, ohne jedoch zu bedenken, daß die Darstellung in dieser Form keinen Sinn mehr ergibt, ›nur‹ noch Ornament ist.

Bei vielen Fußbodenmosaiken kann man heute kaum mehr herausfinden, welche Vorstellungen der Auftraggeber oder der Gläubigen des 5./6. Jh. sich damit verbunden haben mögen. Hierher gehören der behelmte Kopf eines Mannes in Mesaplik mit der bisher nicht gedeuteten Beischrift »Aparkeas« (s. Abb. 38) und das Fabelwesen mit dem Kopf eines Drachen oder Krokodils, das sich im Altarraum des Trikonchos von Antigoneia findet, wahrscheinlich einst unmittelbar vor dem Altar.

Die Wände der Kirchen und Baptisterien aus frühchristlicher und frühbyzantinischer Zeit dürften in der Regel mit Malereien und, bei sehr aufwendigen Bauten, auch mit Mosaiken ausgestattet gewesen sein. Es sind allerdings nur recht wenige Reste aus dieser frühen Zeit auf uns gekommen, beispielsweise in Thessaloniki, in der Kalenderhane Moschee in Istanbul, in Kiti (Zypern), im Katharinenkloster am Sinai, in Poreç (Jugoslawien), Ravenna oder Rom. In Albanien existieren nur winzige und unbedeutende Reste von Wandmalereien (Durres-Arapaj), in der kleinen Kapelle im Amphitheater in Durres haben sich jedoch einige Wandmosaiken erhalten (s. Abb. 32 u. 34). Zwar sind Ausmaße und Qualität recht bescheiden, doch weisen sie deutlich auf die Stellung der Region zwischen Ost und West hin, da hier die westliche Vorstellung von Maria als Himmelskönigin (Maria Regina) mit der östlichen, also byzantinischen Tracht eine Synthese eingeht. Sie werden somit zu einer Zeit entstanden sein, als Dyrrachium politisch zum Oströmischen Reich gehörte, kirchlich aber dem Papst in Rom unterstand, wahrscheinlich in der zweiten Hälfte des 6. Jh.

Die Mauern der Sakralbauten bestanden aus kleinen, mit Kalkmörtel verbundenen Steinen; auch Schichten aus Ziegeln kommen vor. In den meisten Fällen ist das Steinmaterial der zusammengebrochenen Wände geraubt und in anderen Bauten wiederverwandt worden. Häufig haben sich jedoch Teile der Architekturplastik, die ja aus größeren Steinen bestand, erhalten, ebenso Reste von Säulen aus Marmor (z. B. Marmor von Prokonnesos und aus Thessalien in Durres-Arapaj, Marmor aus Karystos in Euböa, sogenannter Cipollino, in Ballsh) oder sogar aus ägyptischem grauen Granit (Durres, Ballsh, Butrint).

Vor allem sind bei den Grabungen größere und kleinere Kapitelle der unterschiedlichsten Form in großer Zahl zutage getreten. Kapitelle finden sich ursprünglich in einer Kirche auf den Säulen des Erdgeschosses und der Emporen, an den Fenstern in der Apsis, in Obergaden und Seitenschiffen (sehr breite Kapitelle mit Einlaßspuren an den Seiten oder angearbeiteten Doppelsäulen), am Templon (hier sind kleine Kapitelle zu erwarten) und am Ziborium. Einige Pfeilerkapitelle überraschen durch ihre ungewohnt großen Ausmaße (z. B. im Museum in Durres und in den Basiliken in Byllis). Da die Exemplare in Durres Zufallsfunde sind und für die Bauten von Byllis noch keine Rekonstruktionsversuche vorliegen, läßt sich nicht sagen, an welcher Stelle diese Kapitelle in der Kirche verwandt waren.

Der Altarraum frühchristlicher Kirchen erhielt eine besonders reiche Ausstattung; eine Stufe – die in fast allen Basiliken zu erkennen ist – und Schrankenplatten trennten ihn vom Gemeinderaum ab. In fast jeder der Kirchen Albaniens wurden Fragmente dieser mit verschiedenartigem Schmuck verzierten Platten gefunden. Auch die Tür in den Altarraum

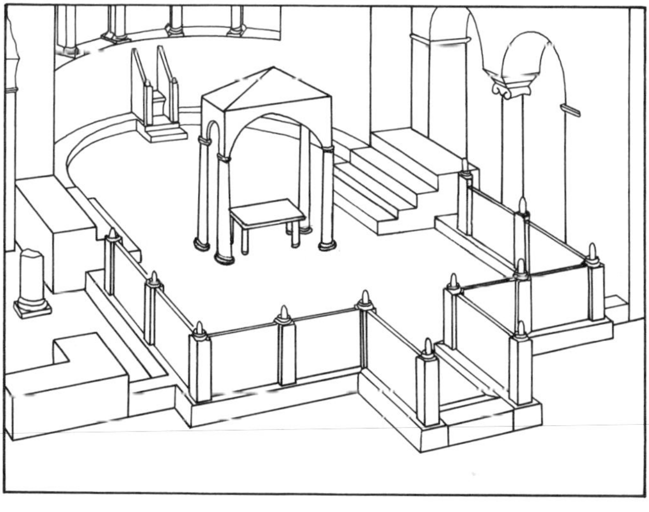

Blick in den Altarraum einer frühchristlichen Basilika: Templon, Altar mit Ziborium, Apsis mit Synthronon und Kathedra

konnte besonders hervorgehoben werden. Der Altar selbst besaß die Form eines Tisches mit einer auf mehreren Beinen ruhenden Platte (mehrfach, z. B. in Saranda, sind die Einlaßspuren für die Beine zu erkennen). Im Boden unter dem Altar war häufig eine kleine Kammer für einen Reliquienbehälter ausgespart (z. B. in Saranda). Ein derartiges Kästchen befand sich früher in Durres, ein anderes, besonders reich geschmücktes, das allerdings für die Aufstellung unter einem Altar zu groß sein dürfte, wird in der Beqar Moschee in Berat aufbewahrt. Der Altar wurde von einem Ziborium überwölbt, von dem sich gelegentlich die Einlaßspuren der Säulen erhalten haben.

Ambo mit Treppenaufgängen an zwei Seiten (eingesetzt ein Fragment aus Durres, 9./10. Jh.)

An der Innenseite der Apsis entlang zogen sich eine oder mehrere aufgemauerte Bänke für die Priester, das Synthronon, in dessen Mitte ein hervorgehobener Platz für die Kathedra reserviert war. Im Gemeinderaum erhob sich dann der Ambo, von dem Lesungen aus den Evangelien vorgenommen wurden; in einigen Kirchen zeichnet sich seine Lage noch heute im Boden ab (Byllis, s. Abb. 43; Butrint), in Amantia ist sogar der Unterbau erhalten, und in der Kirche von Ballsh liegt die große, marmorne Bodenplatte des Ambo noch heute im Mittelschiff. Diese ›Ideal‹-Ausstattung ist in den in Albanien ausgegrabenen Kirchen – und auch in anderen Gebieten – nicht mehr vollständig erhalten, sie läßt sich aber auf Grund zahlreicher Funde zeichnerisch gut rekonstruieren. Die Stücke selbst befinden sich entweder noch in den Grabungen (z. B. in Byllis) oder in den Museen (vor allem im Archäol. und Hist. Museum von Tirana sowie in Durres und Korça).

Die Ausstattungsstücke bestehen teilweise aus Marmor, der, da er ja im Gebiet des heutigen Albanien nicht ansteht, importiert werden mußte. In einigen Fällen hat man offensichtlich ganze Blöcke herbeigeholt, die dann an Ort und Stelle bearbeitet wurden, was sich jeweils an der provinziellen Machart erkennen läßt. Meist jedoch sind die marmornen Bauteile – Kapitelle, Schrankenplatten, Altar und Ziborium, Ambo – in fertig ausgearbeitetem Zustand importiert worden. Hierfür verwandte man in der Regel Marmor von der Insel Prokonnesos (heute Marmara) in der Nähe von Konstantinopel, der schon in den Steinbrüchen selbst von hervorragend geschulten Künstlern bearbeitet wurde. Kostbare und großformatige Stücke dieser importierten marmornen Architekturplastik finden sich nicht nur an der Küste (Durres, Durres-Arapaj), sondern auch im Landesinnern (Lin am Ochrid-See).

Der Import von marmornen Baugliedern bedeutete einen erheblichen finanziellen Aufwand, den man nicht bei allen Bauten auf sich nehmen wollte. In diesen Kirchen fertigten dann einheimische Künstler die Kapitelle, Schrankenplatten, Pfeiler und weiteren Bauteile aus lokalem Kalkstein, bisweilen etwas grob, oft jedoch in erstaunlich guter Ausführung. Als Vorbilder dienten bei den qualitativ besseren Stücken importierte Exemplare aus Marmor. Man kann hier jedoch nicht von einer direkten Kopie sprechen, denn die einheimischen Künstler schufen vielfach in phantasievoller und freier Umbildung ganz eigenständige, lebendige Werke. Die Basiliken in Byllis zeichnen sich durch eine besonders reiche Bauplastik aus (zumeist noch an Ort und Stelle, einige Beispiele in den Museen in Tirana; s. Abb. 46); die allseits geschmückten Pfeiler der Basilika von Ballsh sind ohne Parallelen in der frühchristlichen Kunst, so daß man ihren einstigen Standort in der Kirche nicht mehr bestimmen kann (ein Fragment an Ort und Stelle, andere Stücke im Hist. und Archäol. Museum in Tirana sowie in den Museen von Fier und Korça; s. Abb. 44 u. 45).

So ist es also die Bauplastik, die uns neben den ergrabenen Grundrissen und den Mosaiken etwas von der Blüte frühchristlicher Kunst im Gebiet des heutigen Albanien zu vermitteln vermag. Vielleicht ist auch sie auf Bemühungen des Kaisers Justinian zurückzuführen, der das Reich durch erfolgreiche Feldzüge gegen die Perser, Goten und Vandalen sowie durch den Bau vieler Festungen an den Grenzen und auch im Landesinnern sicherte und damit einen wirtschaftlichen und kulturellen Aufschwung einleitete. Die schriftlichen Quellen schweigen sich jedoch über den westlichen Balkan mehr oder weniger aus, und aus den angrenzenden Gebieten Jugoslawiens im Norden und Griechenlands im Süden sind vergleichbare Bauten kaum bekannt.

Häufig ist der archäologische Kontext von isolierten Funden der Bauplastik vollkommen unbekannt; so fand man beispielsweise in Durres zahlreiche Kapitelle und andere Baufragmente, ohne daß Reste von Gebäuden oder auch nur Grundmauern beobachtet werden konnten. Zu diesen Zufallsfunden zählen mehrere ungewöhnlich große und gut ausgearbeitete Pfeilerkapitelle aus prokonnesischem Marmor, die zu ganz hervorragenden, doch unbekannten Gebäuden des späten 5. oder frühen 6. Jh. gehört haben müssen (Museum in Durres), ein qualitativ hohes Zweizonen-Tierprotomen-Kapitell, ebenfalls aus prokonnesischem Marmor und zu einer kleinen, sich eng zusammenschließenden, aber räumlich weit verteilten Gruppe gehörig (Ende des 5. oder Anfang des 6. Jh., Hist. Museum in Tirana), ferner sehr große, allerdings flachere und schlichtere korinthische Kapitelle des späten 5. Jh. aus prokonnesischem Marmor, die zu Säulen gehört haben müssen (Museum in Durres).

Da durch Inschriften oder literarische Quellen gesicherte Daten nicht vorhanden sind, ist es bisher kaum möglich, die Bauten der frühchristlichen und frühbyzantinischen Zeit in Albanien zeitlich genau einzuordnen. Einige Kirchen sind zwar durch historische Überlieferungen datierbar – z. B. die der Anargyroi (der heiligen Ärzte Kosmas und Damian) in Dyrrachium, die zwischen 491 und 518 errichtet wurde, oder die des hl. Petrus in Scampa (Elbasan), die im Jahre 519 erwähnt wird –, von den Bauten ist aber nichts auf uns gekommen, ja wir wissen nicht einmal, wo sie gestanden haben. Bei Datierungsversuchen für die erhaltenen Bauten ist man demnach darauf angewiesen, möglichst gut datierte Kirchen aus anderen, nicht allzuweit entfernten Gebieten zum Vergleich heranzuziehen; hier sind die Formen des Grundrisses sowie die stilistischen Besonderheiten der Mosaiken und der Bauplastik – besonders der Kapitelle und der Schrankenplatten – von Bedeutung. Da es jedoch nur wenige genau datierbare Bauten gibt, erhält man auch für die Kirchen im heutigen Albanien nur ungefähre zeitliche Anhaltspunkte.

Der älteste Bau (Phase I der Basilika auf dem Tepe bei Elbasan) kann wohl doch nicht, wie vorgeschlagen wurde, in das 4. Jh. datiert werden. Eine Entstehung im 5. Jh. würde eher in das allgemeine Bild der frühchristlichen Architektur passen, denn es handelt sich schon um eine voll ausgebildete Basilika, sogar mit einem Querschiff. Aus dem 5. Jh. besitzen wir wahrscheinlich auch einige andere Zeugnisse (Basilika auf der Akropolis von Butrint, Phase II und wohl auch Phase I der Basilika auf dem Tepe bei Elbasan). Der Großteil der Gebäude stammt allerdings aus dem späten 5. und vor allem aus der ersten Hälfte des 6. Jh.: die Basilika, das Baptisterium und möglicherweise der Trikonchos in der Unterstadt von Butrint, die Basiliken in Byllis, Mesaplik und Amantia, der Trikonchos in Lin sowie die Basilika mit Dreikonchenabschluß von Durres-Arapaj.

Während der germanischen Völkerwanderung kam es auch im Gebiet des heutigen Albanien zu verschiedenen Plünderungszügen und sogar zu kurzfristigen Eroberungen (die Westgoten 380 und 395/97–401, die Ostgoten 459 – Eroberung von Dyrrachium durch Theoderich – und 479–82 sowie die Flotte der Vandalen 467). Das Land konnte sich aber offensichtlich schnell wieder erholen, wie die zahlreichen Funde aus dem späteren 5. und der ersten Hälfte des 6. Jh. zeigen.

Dann jedoch tauchte eine neue Bedrohung in Gestalt der Slawen auf, die die hohe Blüte der Architektur, Mosaiken und Bauplastik in Albanien abrupt unterbrachen. Ein erster slawischer Kriegs- und Beutezug ist 548/49 in Epirus Nova belegt, ein weiterer – unter dem Druck der Awaren – im Jahre 587. Bald nach 600 drangen die Slawen in großer Zahl in das Land ein, die Byzantiner konnten sich nur in den Festungen an der Küste halten.

Das Alltagsleben in den Dörfern und kleinen Städten ging während dieser ›dunklen Jahrhunderte‹ weiter, wie durch zahlreiche Grabungen in vielen Teilen des Landes, besonders in den Nekropolen von Koman und Shurdhah im nördlichen und Kruja im mittleren Albanien, gezeigt werden konnte. Die Gräber enthielten mehr oder weniger reiche Beigaben, darunter Schmuckgegenstände aus Gold, Silber und Bronze sowie Ketten aus Glasperlen und zahlreiche Keramik. An ihnen läßt sich die Kontinuität der Siedlungen und der Fortbestand der

Traditionen von der illyrisch-griechisch-römischen Antike über die Spätantike bis hin zum albanischen Mittelalter erkennen. Auch die Sprache der Albaner lebte weiter fort, nahm jedoch eine Anzahl von slawischen Lehnwörtern auf.

Das Mittelalter (8. Jh. bis 1468)

Mittelbyzantinische Phase (8. Jh.–1204) und spätbyzantinische Phase (1204–1468)

Die große Zeitspanne vom 8. Jh.–1468 wird in bezug auf die abendländische Kunst als ›Mittelalter‹, in bezug auf die byzantinische Kunst, zu der das Gebiet des heutigen Albanien ja größtenteils zu rechnen ist, als ›mittel- bzw. spätbyzantinische Phase‹ bezeichnet; der Beginn des ›Bilderstreits‹ (726) und die Eroberung Konstantinopels durch die lateinischen Kreuzfahrer (1204) bilden die Rahmendaten der ersten Periode, den Schlußpunkt setzt die Einnahme Konstantinopels durch die Türken im Jahre 1453, für Albanien speziell der Tod Skanderbegs 1468.

Von 726 bis 843 brachten die inneren dogmatischen Auseinandersetzungen des sogenannten ›Bilderstreits‹ schwerste Erschütterungen für das Byzantinische Reich mit sich. Das Problem, ob Christus, Maria, die Heiligen und generell Ereignisse des Neuen und Alten Testaments überhaupt bildlich dargestellt werden dürfen, geht auf das alttestamentliche Bilderverbot in 2. Mose 20,4 f. zurück. Von den Zeiten des frühen Christentums an bis in das 7. Jh. hinein gab es keine verbindliche Stellungnahme der Kirche hierzu, sondern nur verschiedene Äußerungen von regionalen Synoden und einzelnen Bischöfen. Auf einer Synode in Konstantinopel im Jahre 692 (dem sog. Trullanum oder Quinisextum) wurde jedoch die Darstellung von Christus in Menschengestalt erstmals allgemeinverbindlich festgeschrieben; damit schienen die Bilderfreunde den Sieg davongetragen zu haben.

Der byzantinische Kaiser Leon III. (717–741) jedoch ging seit 726, nachdem er die heftigen arabischen Angriffe auf Konstantinopel zurückgewiesen hatte, wohl auch aus persönlicher Überzeugung offen gegen die Bilderverehrung vor. Das kaiserliche Edikt des Jahres 730 befahl offiziell die Zerstörung aller Bilder (›Bildersturm‹). Dieser Sieg der Bilderfeinde (›Ikonoklasten‹) über die Bilderfreunde (›Ikonodulen‹) zeitigte natürlich eine verheerende Wirkung auf die bildenden Künste.

Im Verlaufe des Bilderstreites wurde der gesamte Balkan, der bis dahin unter der kirchlichen Oberhoheit des Papstes in Rom gestanden hatte, um 730/40 auf Anordnung des Kaisers Leon III. dem Patriarchen in Konstantinopel unterstellt. Für die Architektur und bildende Kunst in den Balkanländern erlangten somit die Vorbilder aus der Hauptstadt Konstantinopel immer größere Verbindlichkeit. Nur das Gebiet von Albanien blieb auch westlichen Einflüssen gegenüber offen.

Nach dem Ende des Bilderstreites, dem endgültigen Sieg der Orthodoxie und damit der Bilderfreunde im Jahre 843, trat auf dem Balkan jedoch noch keine Ruhe ein, denn Byzanz führte Krieg gegen die immer mächtiger gewordenen Bulgaren, die 896 sogar große Teile des heutigen Albanien, darunter Dyrrachium, besetzt hatten. Trotzdem scheint, nach den erhaltenen Bauten in Albanien zu urteilen, im 10. Jh. ein gewisser Aufschwung einzusetzen, der sich nach der Rückeroberung von Dyrrachium im Jahre 1005 und dem endgültigen militärischen Sieg des byzantinischen Kaisers Basileios II. über die Bulgaren (1014 und 1018) verstärkt fortsetzte.

Der endgültige Bruch zwischen der griechisch-orthodoxen und der römisch-katholischen Kirche (1054) wirkte sich in der Architektur und in den bildenden Künsten jedoch nicht weiter aus. Ein wichtiges Datum für die albanische Geschichte ist das Jahr 1043, in dem erstmals ›Albanoi‹ in den Quellen Erwähnung finden. 1078 spricht der byzantinische Geschichtsschreiber Michael Attaleiates in seinem Werk, das die Jahre von 1034 bis 1079 als Augenzeuge beschreibt, wiederum von den Albanern (›Arbanitai‹), den Einwohnern des Landes ›Arbanon‹.

Seit der Mitte des 11. Jh. geriet das Byzantinische Reich in immer stärkere äußere Bedrängnis: 1048 überschritten die Petschenegen, ein Nomadenvolk aus dem Osten, die Donau und zogen in den folgenden Jahrzehnten plündernd durch den Balkan. 1071 wurde das byzantinische Heer vernichtend von den Seldschuken geschlagen, große Gebiete gingen in Kleinasien verloren, und im selben Jahr nahm der Normanne Robert Guiscard mit Bari die letzte noch byzantinische Besitzung in Unteritalien ein; auch stießen die Normannen weiter nach Osten über die Adria vor, so daß 1081 Dyrrachium und Mittelalbanien an Robert Guiscard (gest. 1085) fielen, der sich so eine Ausgangsbasis für seinen Vorstoß auf Konstantinopel schaffen wollte. Doch schon ein Jahr später konnten die Byzantiner Dyrrachium zurückgewinnen; dem Kaiser Alexios I. Komnenos gelang es im Jahre 1108, einen weiteren Einfall der Normannen unter Bohemund zurückzuschlagen. Während des Vierten Kreuzzuges, in dessen Verlauf 1204 Konstantinopel und große Teile des Byzantinischen Reiches von den lateinischen Kreuzfahrern erobert wurden, nahmen die Venezianer Dyrrachium ein (1205).

Im Gebiet östlich und nordöstlich des venezianischen Besitzes hielt sich das erste albanische Kleinfürstentum ›Arbanon‹ (1190–1216) mit den Herrschern Progon, Gjin und Dhimiter. Im westlichen Griechenland und südlichen Albanien konnte sich Michael I. Angelos Dukas Komnenos (auch Michael I. Komnenos genannt; gest. 1215) mit Erfolg gegen die Kreuzfahrer zur Wehr setzen und in byzantinischer Tradition das als ›Despotat von Epirus‹ bekannte Reich errichten. Seine Zentren waren Arta und Ioannina, beide im heutigen Griechenland gelegen, im Norden reichte es zeitweise sogar über Dyrrachium hinaus. Auch Berat wurde eingenommen und im frühen 13. Jh. neu befestigt; dort sind in der Folgezeit einige bedeutende Kirchen entstanden. Die große Kirche des hl. Nikolaos in Mesopotam im südlichen Albanien steht ebenfalls, obwohl hierfür keine historischen Quellen erhalten sind, mit dem Despotat in Verbindung, denn Stil und Dekoration des Baus weisen enge Beziehungen zu Kirchen in Arta auf.

1 Apollonia, Rathaus (sog. Agonothetenmonument) von Nordosten ▷

2 Tirana, Archäologisches Museum, Fries mit Kämpfenden vom Tempel auf dem Burgberg in Apollonia

3 Butrint, Löwentor, wiederverwandtes Relief mit einem Löwen, der einen Stier reißt

4 Fier, Museum, Löwenkopf aus Apollonia

5 Apollonia, Museum, Bekrönung eines Grabreliefs mit einer Sirene

6 Vlora, Museum, Fragment eines Frieses mit einer Chimaira, die von Bellerophon auf dem Pegasos bekämpft wird

7 Byllis, östlicher Flügel der Stoa an der Agora, Blick von Süden

8 Butrint, Theater, Blick nach Westen

9 BYLLIS, Theater, Blick von Osten auf die Reste des Bühnengebäudes

10 APOLLONIA, Stoa, Blick nach Nordwesten

12 Apollonia, Mauer zur Akropolis mit Tor

15 Butrint, Römisches Peristylhaus ▷

◁ 11 Apollonia, Monument für Apollon

13 Butrint, Theater, Altar für Dionysos

14 Butrint, Museum, Statue eines Mannes aus dem Asklepios-Tempel

16 Tirana, Archäologisches Museum, Schauspieler, auf einem Altar sitzend, aus Durres

17 Durres, Museum, Grabrelief

18 Apollonia, Museum, Schmalseite einer Aschenkiste

19 Apollonia, Museum, Platte mit Gorgokopf vom Theater

20 SOFRATIKA, Theater von Westen

21 BUTRINT, Löwentor

22 Tirana, Archäologisches Museum, Grabrelief einer Mutter mit Kind

23–24 BUTRINT, Museum, Porträts des Augustus und seiner Frau Livia

25 BERAT, Archäologisches Museum, Porträt eines Mädchens

26 APOLLONIA, Museum, Porträt eines Mannes

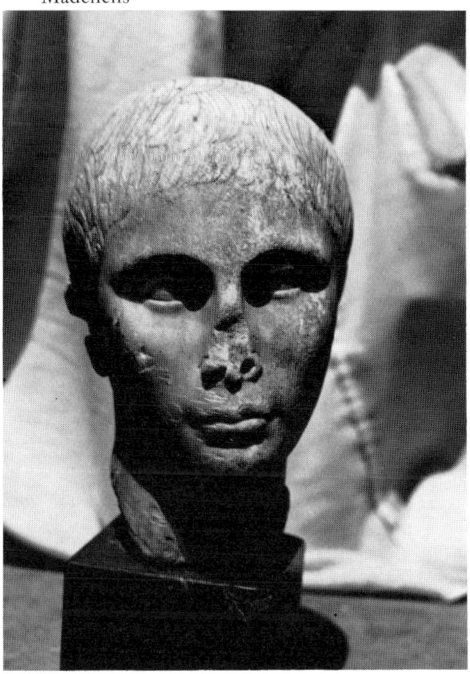

27 BUTRINT, Asklepios-Tempel und Theater

28 APOLLONIA, Museum, Grabaltar eines Jungen mit dem Namen Drakon

29 APOLLONIA, Grabrelief einer Frau

30 DURRES, Museum, Panzerstatue eines römischen Kaisers

Etwa im Jahre 1257 drang der Hohenstaufe Manfred von Sizilien, der Sohn Friedrichs II. und damit Erbe des Normannenreiches, über die Adria vor und eroberte das Gebiet von Dyrrachium bis Vlora und Berat im Osten. In einem Vertrag von 1258 überließ ihm der Despot Michael II. von Epirus das Land und, wenig später, die Hand seiner Tochter Helena, die als Mitgift den Küstenstreifen südlich von Vlora bis einschließlich Butrint sowie die Insel Kerkyra (Korfu) erhielt. Die Byzantiner konnten 1261 Konstantinopel zurückgewinnen und die Lateiner vertreiben, was auf den westlichen Balkan jedoch ohne Auswirkung blieb.

Nach dem Tode Manfreds in der Schlacht von Benevent (1266) begann sein Erbe, Karl von Anjou, unverzüglich auf den Balkan überzugreifen und dort eine Ausgangsbasis gegen das Byzantinische Reich zu schaffen. Er nahm Dyrrachium sowie die Gebiete bis Vlora in Besitz und gründete hier 1272 das ›Regnum Albaniae‹, das jedoch schon 1282 von dem byzantinischen Kaiser Michael VIII. bis auf die Städte Dyrrachium und Vlora zurückgewonnen werden konnte. In die Zeit dieser Auseinandersetzungen gehört das Kaiserbild im äußeren Narthex der Marienkirche von Apollonia, auf dem Michael VIII. kurz vor seinem Tode zusammen mit seinem Sohn und Nachfolger Andronikos II. dargestellt ist.

Im frühen 14. Jh. drangen die Serben in das Gebiet Albaniens ein; 1343–1347 wurde es sogar kurzfristig zu einem Teil des Serbischen Reiches unter Stefan Dušan. Doch um das Jahr der Schlacht auf dem Amselfeld (1389, vernichtender Sieg der Türken über die Serben) konnten sich verschiedene kleine albanische Fürstentümer etablieren. Hier ist vor allem Karl Thopia zu nennen (1359–1388), der im mittleren Albanien zwischen Kruja, Tirana und Elbasan ein kleines Fürstentum errichtete und sogar Dyrrachium erobern konnte. Er begann eine rege Bautätigkeit, so ließ er beispielsweise die dem hl. Johann Wladimir geweihte Kirche in der Nähe von Elbasan wiederherstellen; hiervon haben sich drei Weihinschriften (in griechischer, serbischer und lateinischer Sprache) sowie Reste der Bauplastik erhalten (im Hist. Museum von Tirana), u.a. das der feudalen, westeuropäischen Zeitmode verpflichtete Adelswappen des Fürsten. Weitere lokale Herrscherfamilien waren im Norden die der Ballsha (Sitz zeitweise Shkodra), im Süden die der Muzaka und wiederum südlich davon die der Spata. Venedig behielt, jeweils mit Unterbrechungen, Shkodra, Lezha und Durres sowie kleine Gebiete um diese Städte herum in seiner Hand.

Seit der Mitte des 14. Jh. und verstärkt im 15. Jh. wanderten viele Albaner nach Italien aus, um sich vor den Einfällen der Slawen und später der Türken in Sicherheit zu bringen. Sie siedelten hauptsächlich in Kalabrien, Apulien und Sizilien, wo es noch heute albanische Dörfer und Städte gibt (Arbereschen), aber auch in und bei Rom (z.B. im Kloster von Grottaferrata), in Venedig sowie in auswärtigen Besitzungen Venedigs wie Ragusa oder Dubrovnik.

Vorstöße der Osmanen setzten mit dem frühen 15. Jh. ein: 1415 eroberten sie Kruja, 1417 u.a. Vlora, Kanina und Berat, 1419 Gjirokastra, 1431 gründeten sie im Gebiet des südlichen Albanien einen ›Sandschak‹ mit der Hauptstadt Gjirokastra. Gjergji Kastrioti, genannt

◁ 31 TIRANA, Archäologisches Museum, Grabrelief aus Apollonia

Skanderbeg, gelang es dann im Jahre 1444, die albanischen Kleinfürstentümer in der ›Liga von Lezha‹ gegen die Osmanen zu einen, und große Teile des mittleren und nördlichen Albanien viele Jahre lang in heftigen, wechselvollen Kämpfen gegen die weit überlegenen Türken zu verteidigen.

Nach der Eroberung Konstantinopels durch die Osmanen und dem damit verbundenen Ende des Byzantinischen Reiches erschienen dreimal große osmanische Heere unter der Führung des Sultans vor Kruja, dem Hauptsitz Skanderbegs, um das letzte selbständige christliche Reich auf dem Balkan zu beseitigen. Die Albaner konnten jedoch alle Angriffe zurückschlagen. Dadurch wurde die türkische Expansion um – vielleicht für den weiteren Verlauf der Geschichte entscheidende – Jahre verzögert. Nach dem Tod Skanderbegs im Jahre 1468 drangen die Osmanen indessen schnell und siegreich vor: 1478 eroberten sie Kruja, 1479 Shkodra und 1501 schließlich Durres.

Kirchen, Burgen, Stadtbefestigungen sowie einige Privathäuser des Mittelalters haben sich in Albanien erhalten. Da der Norden des Landes zur römisch-katholischen Kirche gehörte, weisen seine Sakralbauten deutlich erkennbare Beziehungen zu der romanischen und gotischen Baukunst Westeuropas auf, so z. B. an den Bauplastiken. Doch einige der überwiegend schlichten Bauten sind in einzelnen Zügen auch stark von der byzantinischen Kunst beeinflußt (Beispiele in Shkodra, Shirgj, Rubik, Rodon u. a.). Manchmal ist das Mauerwerk (Quader aus Kalkstein, zwischen die gebrannte Ziegel eingeschoben sind) der byzantinischen, die Bauform jedoch der abendländischen Tradition verpflichtet (z. B. in Shirgj, Rodon). Die Kirche des hl. Augustinus in Rubik demonstriert beispielhaft jene Mittlerstellung Albaniens zwischen Ost und West: Die Form des Grundrisses und die schmückenden Blendarkaden an der Apsis sind romanisch, der Stil der Malerei ist eindeutig byzantinisch, die Beischriften in lateinischer Sprache und die Darstellung der typisch katholischen Heiligen weisen wiederum nach Westeuropa.

Im Süden des Landes hing die Bevölkerung dagegen dem griechisch-orthodoxen Ritus an, und die Kirchen sind demgemäß auch stilistisch enger mit der byzantinischen Kunst verwandt. Die zahlreichen auf uns gekommenen Beispiele sind entweder langgestreckte, einschiffige Säle (Boboshtica, Kirche des hl. Johannes; Buhal, Prophetis Elias und Shelcan, Kirche des hl. Nikolaos), dreischiffige Basiliken (Perondi, Kirche des hl. Nikolaos; Durres, Reste, die in der Fatih Moschee verwandt sind; als Ruinen erhaltene Bauten in Klos und möglicherweise eine Hallenkirche –?– in Çiftlik) oder Kreuzkuppelkirchen. Säle und Basiliken begegnen ja schon in der frühchristlichen und frühbyzantinischen Architektur; sie setzen sich nur durch Besonderheiten des Mauerwerks, der Proportionen und anderer Details von den früheren Bauten ab. Die Kreuzkuppelkirche stellt dagegen einen neuen Typus dar, der für die mittel- und spätbyzantinische Architektur charakteristisch werden sollte. Trotz einiger weniger Vorläufer in frühbyzantinischer Zeit erfuhr er erst im 8. Jh. seine besondere Ausprägung; er verbreitete sich sehr zahlreich in allen von Konstantinopel abhängigen Regionen, wurde jedoch im Westen nur äußerst selten verwandt.

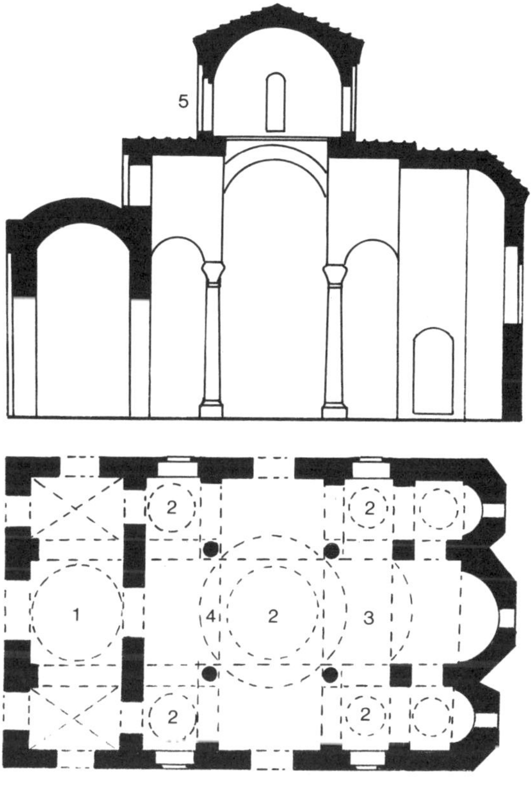

Schnitt und Grundriß einer für die mittelbyzantinische Zeit charakteristischen Kreuzkuppelkirche: 1 Narthex 2 Naos mit Kuppel, Tonnenkreuz und vier Eckkompartimenten 3 Bema 4 Kuppel 5 Tambour

Von den beiden Haupttypen der Kreuzkuppelkirche ist der erste, der Vierstützen-Typus, auch in mehreren Varianten in Albanien vertreten. Meist ist in ein äußeres Quadrat ein von Tonnengewölben gebildetes Kreuz eingeschrieben. Über dem mittleren Teil erhebt sich der Tambour mit der Kuppel, die auf vier Stützen ruht. Von dem Quadrat, das im Grundriß durch die Vierung der Kreuzarme gebildet wird, leiten sphärische Dreiecke, sogenannte Pendentifs, in das Rund der Kuppel über. Im Westen der Kirche liegt der Narthex, im Osten schließt der Altarraum an, den häufig zwei Nebenräume, Prothesis im Norden und Diakonikon im Süden, flankieren.

Im Außenbau setzen sich die einzelnen Teile – die Kreuzarme, das Quadrat, auf dem die Kuppel ruht, die Eckkompartimente, der Narthex mit einzelnen Teilen, die Osträume – deutlich voneinander ab; sie sind auch mit jeweils eigenen Dächern versehen. Der Tambour der Kuppel ragt hoch über die anderen Bauteile hinaus, was häufig den besonderen Reiz dieser Kirchen ausmacht. Die folgende Übersicht gibt die wichtigsten in Albanien vertretenen Varianten des Vierstützen-Typus wieder.

Varianten des Vierstützen-Typus

- Vier freistehende Säulen: Apollonia, Marienkirche.
- Vier Pfeiler oder Wandzungen: Peshkepi, Marienkirche.
- Zwei Säulen im Westen, zwei Wandzungen im Osten: Berat, Hg. Triada und ursprünglicher Bau der Blachernenkirche; Tudas-Opar.
- Zwei Pfeiler im Westen und Wandzungen im Osten: ursprünglicher Zustand der Marienkirche in Kosina (?).
- ›Athos-Typus‹ – neben der Apsis im Osten auch Konchen im Norden und Süden: ursprünglicher Zustand der Nikolauskirche in Kurjan.
- ›Freies Kreuz‹: Marmiro; Phase I der Marienkirche in Zervat; Zvernec; vielleicht der kreuzförmige Bau in der Unterstadt von Butrint.
- ›Kuppelhalle‹ – einschiffige Bauten mit Kuppel: Mborja, Christuskirche; Berat, Michaelskirche.
- ›Kuppelquadrat mit Umgang‹: Labova, Marienkirche.
- Sonderfälle: Mesopotam, Hg. Nikolaos; Dhermi, Marienkirche.

Der Achtstützen-Typus, bei dem die Kuppel auf acht Stützen ruht und der Übergang vom Quadrat des Grundrisses in das Rund der Kuppel über Trompen erfolgt, findet sich hingegen nicht in Albanien.

Vom 8. bis zur Mitte des 10. Jh. war das Äußere der Kirchen durch große Schlichtheit gekennzeichnet; die Mauern bestanden aus mehr oder weniger groben, ursprünglich verputzten Bruchsteinen. Die Marienkirche in Peshkepi aus dem frühen 10. Jh. mag als Beispiel für diesen frühen Typus dienen; ihr einziger Schmuck besteht in der Betonung der Apsidenfenster durch besondere Ziegelsetzungen. Auch die Phase I der Marienkirche in Zervat und die Kirche in Marmiro, die den Typus des ›Freien Kreuzes‹ vertreten, dürften zu dieser Zeit entstanden sein, da ihr Mauerwerk keinerlei aufwendige Ornamente zeigt.

Nach der Mitte des 10. Jh. ging man dazu über, die Außenhaut der Kirchen sorgfältiger zu mauern und den Tambour der Kuppel besonders sorgsam aufzuführen, indem man seine Fenster durch Schmuckmotive betonte; man verwandte nun Quader und Ziegel, letztere auch als Schmuckformen. Abgesehen von einigen kleinen und bescheidenen späteren Bauten werden die Kirchen von außen auch nicht mehr verputzt.

Die Marienkirche in Labova ist wohl der schönste Bau dieser Frühzeit (zweite Hälfte des 10. Jh.), der aus dem gesamten Byzantinischen Reich auf uns gekommen ist (s. Farbabb. 17 u. Abb. 62). Die dekorative Ziegeltechnik und der hohe und breite Tambour der Kuppel wirken besonders beeindruckend. Die Kirche in Perondi, eine dreischiffige Basilika, weist ein etwas schlichteres Mauerwerk auf; auch sie dürfte aus der zweiten Hälfte des 10. Jh. stammen (s. Abb. 60). Der Bautyp der Basilika stellte weit geringere Anforderungen an den Architekten und die Baumeister als eine Kreuzkuppelkirche, da für die Eindeckung lediglich

Schächtelmauerwerk: 1 frühe Form mit unregelmäßigen Hausteinen, Ziegelschichten und Ziegeln, die K, umgekehrtes K, X oder senkrecht durchkreuztes X bilden (seit Mitte des 10. Jh. zu finden, z. B. in Perondi, Labova, Buhal) 2 regelmäßige Form (seit spätem 10. Jh. zu finden, z. B. in Berat, Mesopotam)

Holzbalken und keine schwierigen Gewölbekonstruktionen sowie Tambour und Kuppel erforderlich waren. Basiliken sind neben den ›modernen‹ Kuppelbauten weiterhin in abgelegenen Gegenden, aber auch – soweit man aus den erhaltenen Beispielen erkennen kann – als Bischofskirchen in größeren Städten errichtet worden.

Auf dem südlichen Balkan, vor allem im südlichen Albanien und im heutigen Griechenland, bildete sich bald nach 950 eine lokale Mauertechnik heraus, die sich ausschließlich in diesen Provinzen findet. Bei diesem ›Schächtel-‹ oder ›Kästchen-Mauerwerk‹ (auch ›Cloisonné‹ genannt) werden mehr oder weniger gut behauene Quader von allen Seiten mit Ziegeln gerahmt und so wie in einer ›Schachtel‹ eingeschlossen. Das früheste datierbare Beispiel findet sich an der Kirche der Panhagia (also der Nordkirche) im Kloster Hosios Lukas in Griechenland, die aus der Zeit um 965 stammt.

Bei den frühen Beispielen des Schächtelmauerwerks hat man recht grob behauene Steine unterschiedlicher Größe verwandt; Reihen von waagerechten und senkrechten Ziegeln fassen diese Steine ein, die Zwischenräume füllt man mit Ziegelsetzungen in Form eines ›K‹, eines nach links gerichteten ›K‹, eines ›X‹ oder eines senkrecht durchkreuzten ›X‹ (Marienkirche in Labova). An späteren Bauten werden dann annähernd gleich große Steine benutzt, so daß das Schächtelmauerwerk nun wesentlich regelmäßiger ausfällt (Hg. Triada, Blachernen- und Michaelskirche in Berat, um 1300; Kirche von Mesopotam, 2. Hälfte 13. Jh.; s. Abb. 58).

Die Tamboure der Kuppeln errichtete man entweder ebenfalls in Schächtelmauerwerk oder vollständig aus Ziegeln. Auch die Giebel der Kreuzarme sind häufig durch saubere Ziegelsetzungen hervorgehoben, und besondere Sorgfalt erfuhren die Apsiden.

Im Verlauf des 11. und 12. Jh., der Blütezeit der mittelbyzantinischen Phase, änderte sich nur wenig am Außenbau der Kirchen, außer daß man nun auch größere Steine, teilweise mit Profilen, verwandte; in Albanien hat sich jedoch kein Beispiel hierfür erhalten. In der spätbyzantinischen Zeit, also im 13. bis 15. Jh., treffen wir dieselben architektonischen Typen wie in der mittelbyzantinischen Zeit an, nur waren die Proportionen meist etwas schlanker, und auch die Schmuckformen nahmen zu; so verwandte man beispielsweise mit Wellen, Haken oder Spitzen verzierte Ziegel, sogenannte ›Formziegel‹.

Ein charakteristisches Beispiel dieser Phase ist uns mit der um 1300 errichteten Hg. Triada in Berat erhalten (s. Farbabb. 19 u. Abb. 57); an den Giebeln des Narthex und der Kreuzarme sowie an der Kuppel sind reiche, sehr sorgfältig gemauerte Ziegelsetzungen – jedoch keine Formziegel – zu bewundern. Die Michaelskirche in Berat gleicht diesem Bau; wesentlich schlichter stellt sich dagegen die Christuskirche in Mborja dar, an der nur Kuppel und Apsiden hervorgehoben sind, während die anderen Teile der Kirche wahrscheinlich verputzt waren (s. Abb. 61). Die Blachernenkirche in Berat und die größtenteils aus Ziegeln bestehende Kirche des hl. Nikolaos in Kurjan aus derselben Zeit erschweren eine abschließende Beurteilung, da bei einem Erdbeben im 16. Jh. ihre oberen Teile einschließlich der Kuppel zerstört wurden.

Die Marienkirche in Kosina ist wegen des vor allem an der Ostseite überaus reichen Ziegelschmucks in das 13. Jh. zu datieren (s. Farbabb. 18). Zu der Zeit dürfte auch der Bau von Çiftlik entstanden sein, der heute in Ruinen liegt; es handelt sich um eine dreischiffige Anlage, vielleicht eine Hallenkirche, die sonst im Gebiet Albaniens nicht vertreten ist. Schließlich seien noch die einschiffigen Säle der Kirchen des hl. Johannes in Boboshtica und des hl. Nikolaos in Shelcan genannt.

In spätbyzantinischer Zeit wurden überwiegend die älteren Bautypen übernommen, in einigen Fällen hat man jedoch auch experimentiert, indem man verschiedene Bauformen auf eine bisher nicht dagewesene Weise kombinierte. Die dem hl. Nikolaos geweihte Kirche in Mesopotam bietet ein Beispiel dafür (s. Abb. 58): Sie gliedert sich in zwei Schiffe mit jeweils zwei Kuppeln hintereinander; im Osten endet jedes Schiff in einer Apsis. Genaue Parallelen sind nicht bekannt, und auch über die Gründe für die Wahl dieser singulären Bauform kann man nur Vermutungen äußern; man scheint jedoch einen sehr großen, nicht durch dicke Pfeiler gestörten Raum für die Klostergemeinschaft benötigt zu haben. Die reiche Dekoration der Außenwände mit Schächtelmauerwerk und Formziegeln steht in enger Verbindung zu der Bauschule von Arta, der Hauptstadt des Despotats von Epirus, so daß man vermuten möchte, die Kirche sei auch von einem der Despoten gestiftet worden. Eine Reduktion des Typus der Kreuzkuppelkirche liegt uns mit der Marienkirche von Dhermi vor, deren Ausmaße allerdings recht bescheiden sind.

Bedingt durch seine geographische Lage, war das Gebiet Albaniens auch zum Westen hin immer offen; Normannen, Staufer und Angeviner stellten die Verbindung mit Italien her. Auch in Architektur und Bauplastik läßt sich eine Reihe von ›italienischen‹ Besonderheiten feststellen, die sich dann mit genuin byzantinischen Formen vermischt haben. Die Marienkirche in Apollonia bietet das vielleicht reizvollste Beispiel für diese Synthese, da hier Grund- und Aufrißform einer byzantinischen Kreuzkuppelkirche mit ganz und gar ›unbyzantinischen‹ Proportionen (zu hohe Kuppel und zu kleine Eckkompartimente, vgl. S. 227) verbunden sind (s. Abb. 59); Form und Kapitelle der offenen Vorhalle im Westen weisen

Apollonia, Marienkirche, Konsole der Vorhalle mit Fabelwesen

deutliche Parallelen zu Apulien auf (s. Abb. 53–56). Die byzantinische Bauform und die ›westliche‹ Vorhalle sind so in überzeugender Weise zu einer eindrucksvollen, neuartigen Komposition verbunden.

Auch der in dünnem Relief aufgelegte Fries mit Rundbögen in der Kirche des hl. Nikolaos in Kurjan geht auf abendländische, unter anderem italienische, nicht jedoch auf byzantinische Vorbilder zurück; italienischer Einfluß läßt sich zudem bei einer Reihe von Bauplastiken nachweisen (Museum in Korça). Die zeitliche Einordnung von Kirchen der mittel- und spätbyzantinischen Phase erweist sich, ganz wie bei den frühchristlichen Bauten, als äußerst schwierig, denn keines der Beispiele in Albanien ist durch Inschriften oder historische Nachrichten zu datieren. Der Kunsthistoriker muß also wiederum die Besonderheiten des Grund- und Aufrisses sowie vor allem der Schmuckformen des Außenbaus mit anderen, zeitlich gesicherten Bauten vergleichen. Mehrere Kirchen in Albanien lassen sich auf diese Weise dem 10. Jh., also der frühen mittelbyzantinischen Zeit, zuweisen (Marmiro, Peshkepi, wahrscheinlich Phase I von Zervat, Perondi, Labova), die Mehrzahl entstand jedoch im 13. Jh. und damit in spätbyzantinischer Zeit (Apollonia, Berat, Kurjan, Mborja, Kosina, Mesopotam, Çiftlik u. a.). In das 11 und 12. Jh. laßt sich bisher kaum ein Bau einordnen, doch werden auch zu dieser Zeit Kirchen errichtet worden sein, wie man an der erhaltenen Architekturplastik ablesen kann.

Die Klöster, meist in einer gewissen Abgeschiedenheit außerhalb der Städte gelegen, spielten eine besondere Rolle in byzantinischer Zeit. In Albanien existieren nur wenige mittelalterliche Reste in Apollonia und Mesopotam. Klosteranlagen aus anderen Regionen, beispielsweise aus Griechenland, sowie nachbyzantinische, albanische Klöster wie z. B. Ardenica, die gleichwohl in der byzantinischen Tradition stehen, vermögen jedoch eine gute Vorstellung ihres einstigen Aussehens zu vermitteln.

Charakteristischerweise steht die Kirche immer frei in einem allseits von Gebäuden umgebenen Hof. Die abweisenden Außenmauern dieser Gebäude, teilweise auch Türme – in Mesopotam hat sich sogar ein solcher Turm von gewaltiger Höhe erhalten –, sorgten dafür, daß sich die Klöster gegen Überfälle verteidigen ließen; das gut geschützte Eingangstor konnte verriegelt werden. Auf dem Gelände befanden sich Wirtschafts- und Vorratsgebäude sowie Zellen für die Mönche oder Nonnen, diese Zellen lagen immer nebeneinander, teilweise in mehreren Geschossen übereinander; häufig legte man auch die Lager- oder Wirtschaftsräume in das Kellergeschoß unter den Zellentrakten.

Wesentlicher Bestandteil eines Klosters ist der gemeinsame Speiseraum, die Trapeza; in der Regel handelt es sich um längsrechteckige Räume mit einer Apsis an der Schmalseite – der Dreikonchenbau von Apollonia bildet da eine Ausnahme. Als Innenausstattung sind ein langgestreckter Tisch aus Holz oder Stein und seitlich von ihm zwei Bankreihen zu ergänzen; der Platz des Abtes wird wohl hervorgehoben gewesen sein. An einer Schmalseite der Trapeza liegt die Küche (Hestia), die in Apollonia nicht erhalten ist. Weitere Vorratsräume für Getreide, Öl und Wein sowie Zisternen und Brunnen vervollständigen einen solchen Klosterkomplex, von dem die Anlage in Ardenica uns eine gute Vorstellung geben kann.

Architekturplastik hat sich aus dem Mittelalter nicht sehr zahlreich bewahrt, denn sie fand in den Kirchen dieser Epoche weniger Verwendung als in frühchristlicher Zeit: Kleinere Bauten besaßen überhaupt keine Säulen und Kapitelle (z. B. Mborja, Michaelskirche in Berat, Boboshtica, Marmiro, Zervat), und selbst größere kamen manchmal ganz ohne (z. B. Peshkepi, Kosina) oder mit nur wenigen Säulen aus (z. B. Hg. Triada in Berat, Perondi). Die Schrankenplatten und das gesamte steinerne Templon wurden meist später beseitigt und durch eine hölzerne Ikonostase ersetzt; auch die Ambonen, sofern sie im Mittelalter überhaupt vorhanden waren, hat man herausgenommen, so daß nirgendwo mehr die ursprüngliche Ausstattung einer mittelalterlichen byzantinischen Kirche erhalten ist.

Teilweise wurden Kapitelle aus früheren Bauten wiederverwandt, so in der Hg. Triada in Berat, wo man antike Kapitelle benutzt hat, in Labova, wo spätantike Kapitelle nachträglich mit Stuck überzogen wurden, und in Perondi, wo man solche des 6. Jh. eingesetzt hat. Nur selten wurden aufwendige, neue Kapitelle gearbeitet (Beispiele in den Museen in Durres und Korça sowie im Hist. Museum in Tirana). Ganz ungewöhnlich sind dagegen die prächtigen Kapitelle in Mesopotam, die man aus älteren Zusammenhängen (eines wahrscheinlich frühchristlich, die anderen drei mittelalterlich) wiederverwandt und im 13. Jh., zur Erbauungszeit der jetzigen Kirche, mit farbigen Einlagen versehen hat (s. Abb. 52). Parallelen für diese Technik (›champlevée‹) kennen wir aus Arta, der Hauptstadt des Despotats von Epirus, zu dem damals auch Mesopotam gehörte. Recht ungewöhnlich erscheint auch das Fragment eines Ambo in Durres, wohl aus dem 9./10. Jh., das in einer Zeit entstand, in der ein Ambo nur noch äußerst selten benutzt wurde. Ein weiteres Fragment eines mittelalterlichen Ambo liegt in der Kirche von Peshkepi.

Relativ zahlreich sind dagegen Schrankenplatten erhalten, weil man sie im Templon von Kirchen sowie für andere Zwecke, beispielsweise für Brunnenanlagen an öffentlichen Plätzen, wiederverwerten konnte (z. B. im Hist. Museum von Tirana, in den Museen von Fier, Korça und Apollonia, vermauert an der Südseite der Kirche in Apollonia, s. Abb. 51; mehrere Fragmente in der Kirche in Peshkepi); sie sind mit Ornamenten und besonders gern mit Tieren, darunter auch Fabelwesen, geschmückt; diese Fabelwesen deuten auf Einflüsse aus der islamischen Kunst mit teilweise sassanidischem Ursprung hin, die mit der einheimischen Tradition eine besonders reizvolle Verbindung eingegangen sind (z. B. Exemplare aus Kurjan, jetzt im Museum in Korça).

Als Abschrankung des Altarraumes gegen den Gemeinderaum diente in der frühchristlichen Architektur das meist aus marmornen Teilen gefertigte Templon. Im Mittelalter, wohl im 13./14. Jh., entwickelte es sich zu einer geschlossenen, hölzernen Bilderwand, der Ikonostase, in die nach einer exakt festgelegten Ordnung Ikonen eingelassen wurden. Über der Sockelzone mit hölzernen Platten findet sich die Hauptreihe der Ikonen, die mit einer Höhe von 1 m oder mehr recht großformatig sind: Christus, Maria, verschiedene Heilige, die Erzengel und auch Szenen aus dem Festtagszyklus, darunter eine Ikone der Person oder des Festes, dem die Kirche geweiht ist. Auf der ›Königlichen Pforte‹, also der Tür, die in den Altarraum hineinführt, wird meist die Verkündigung an Maria dargestellt, oft ergänzt durch die vier Evangelisten. Über einem manchmal leicht vorspringenden Gebälk zieht sich eine Reihe mit kleinformatigen Ikonen entlang (Höhe etwa 0,40–0,60 m), die den Festtagszyklus, eine Folge der zwölf hohen Kirchenfeste, zeigt (Verkündigung, Geburt, Darstellung im Tempel, Taufe, Einzug in Jerusalem, Auferweckung des Lazarus, Verklärung auf dem Berge Tabor, Kreuzigung, Höllenfahrt, Himmelfahrt, Pfingsten, Marientod). Bei sehr breiten Ikonostasen erweitert sich dieser Zyklus auf 16, 20 oder sogar 24 Ikonen, wobei weitere Ereignisse aus dem Leben Christi und der Maria abgebildet werden.

Tragbare Ikonen aus Holz sind seit dem 6. Jh. überliefert (z. B. im Katharinenkloster am Berge Sinai). Das älteste bisher bekannte Beispiel in Albanien ist eine mittelalterliche Muttergottes mit dem Christuskind, eine Variante des Typus der Hodegitria, die aus Blashtonja am Prespa-See stammt (Museum in Korça); ihre Datierung ist allerdings nicht sicher (wohl erst 14. Jh. nach einer älteren Vorlage).

Die Königliche Pforte mit den großfigurigen Gestalten des Erzengels Gabriel und der Maria aus Blashtonja (in Korça) weist zwar stilistisch enge Parallelen zur spätbyzantinischen Kunst auf, dürfte aber wohl erst im 16. Jh. entstanden sein. Ein ganzfiguriger Erzengel Michael aus Tudas-Opar und ein halbfiguriger Michael aus Mborja (beide in Korça), zwei große Tafeln von hoher Qualität, die stilistisch ebenfalls eng mit spätbyzantinischer Malerei verbunden sind, werden ihrer reichen Ornamente wegen vermutlich auch ins 16. Jh. zu datieren sein; die erste der beiden Ikonen könnte eine Tür in das Diakonikon der Kirche gewesen sein, die zweite zur Hauptreihe einer Ikonostase gehört haben.

Auch kleinere Ikonen aus dem Festtagszyklus im oberen Teil der Ikonostase oder solche, die der häuslichen Verehrung in der ›Ikonenecke‹ dienten, sind erhalten. Hierher gehört eine Verkündigung aus der Zeit um 1400 in Berat (Onufri-Museum), die mit den heftigen, aber doch eleganten Bewegungen, den langgestreckten Gestalten, dem Reichtum der Gewandfalten und der hervorgehobenen Architektur im Hintergrund in eindringlicher Weise die Besonderheiten des spätbyzantinischen Stils zeigt, den man nach der Kaiserdynastie der Paläologen als ›paläologisch‹ zu bezeichnen pflegt. Daneben existieren auch einige Werke mit lokalen Zügen, beispielsweise eine Hodegitria aus Maligrad (in Korça), die besonders schwierig zu datieren ist (14. Jh. oder 16. Jh. nach älteren Vorlagen?).

Seit dem Ende des Bilderstreites im Jahre 843 und dem Sieg der Orthodoxie benötigte jede Kirche ihre Ikonen, da die Bilder von Christus und Maria in der Liturgie vom Priester

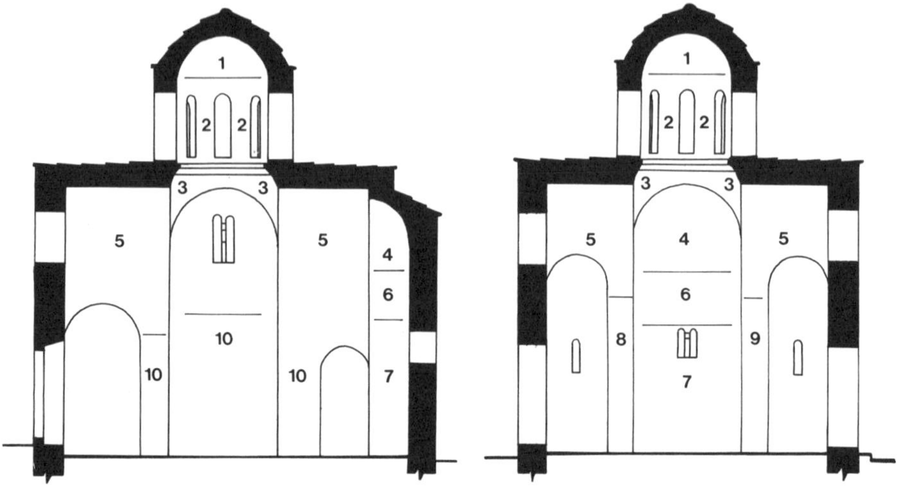

Bildprogramm einer mittel- und spätbyzantinischen Kirche: 1 in der Kuppel Christus als Pantokrator 2 im Tambour der Kuppel Propheten (selten die Apostel) 3 in den Pendentifs die vier Evangelisten 4 in der Konche der Apsis Maria, stehend, sitzend oder als Halbfigurenbild, manchmal die Arme betend erhoben 5 in den oberen Zonen der Gewölbe der Festtagszyklus 6 im mittleren Streifen der Apsis die himmlische Liturgie (Christus teilt das Abendmahl aus, und zwar an sechs Apostel Wein und an sechs Apostel Brot) 7 unten in der Apsis Kirchenväter, meist zur Mitte der Apsis gerichtet, dort häufig das kleine Christuskind auf einer Patene (Schüssel) liegend, als Opferlamm (Melismos), manchmal auch in einem Kelch sitzend (Thysia) 8 ortsfeste ›Ikone‹ der Maria, stehend oder thronend 9 ortsfeste ›Ikone‹ mit Christus, stehend oder thronend 10 in den unteren Teilen der Kirche verschiedene Heilige

angesprochen wurden. Zudem schmückte man die Wände mit Malereien oder – relativ selten und fast nur bei fürstlichen oder kaiserlichen Stiftungen – mit kostbaren Mosaiken, deren Bildfolge ein genau festgelegtes Programm zugrunde lag. Dieses Bildprogramm scheint sich im 10. Jh. herausgebildet zu haben und ist vor allem aus dem 11. bis 13. Jh. in vielen Beispielen und zahllosen Variationen belegt. Die himmlische Hierarchie mit ihrer Abstufung von Heiligen, Evangelisten und Propheten bis hinauf zu Maria und Christus wird durch Malereien und Mosaiken auf den jeweiligen Kirchenbau projiziert, der damit zu einem Mikrokosmos dieser Ordnung wird.

In der Kuppel, an der höchsten Stelle der Kirche, wird Christus dargestellt, in der Regel als Brustbild im Typus des Weltenherrschers und -richters. Im Tambour der Kuppel sind zwischen den Fenstern die Propheten abgebildet, die das Heilsgeschehen vorausgesehen und verkündet haben. In den vier Pendentifs unterhalb der Kuppel haben Matthäus, Markus, Lukas und Johannes ihren festen Platz, jene vier Evangelisten also, die das Wirken Christi schriftlich festgehalten haben. Maria als Mittlerin zwischen Gott und Menschen befindet sich in der Regel, halbfigurig oder in ganzer Gestalt, in der Wölbung der Apsis.

In den Gewölben der Kreuzarme und auf den oberen Wandzonen bildete man den Festtagszyklus ab, der, je nachdem wieviel Raum vorhanden war, erweitert oder auch verkürzt werden konnte. Dem Grundbestand des Zyklus der zwölf hohen Kirchenfeste wurden gern Szenen aus dem Leben der Maria vorangestellt; vielfach fügte man auch Darstellungen weiterer Wunder Christi (z. B. Heilungen), der Leidensgeschichte (z. B. Verrat des Judas, Christus vor Pilatus oder Kaiphas, Kreuztragung) oder der Ereignisse nach Christi Tod hinzu (z. B. Kreuzabnahme, Beweinung, Grablegung, Marien am Grabe). Die zusätzlichen Szenen aus dem Leben der Maria stammten häufig aus dem Protevangelium Jacobi, einem sogenannten apokryphen Evangelium, das nicht in die kanonische Folge aufgenommen wurde (z. B. Geburt der Maria, ihre ersten Schritte, Aufenthalt der Maria im Tempel).

An den unteren Wandflächen bildete man die ›Stützen‹ der Kirche, die verschiedenen Heiligen, ab, in der Regel nebeneinander stehend. Die Heiligen, deren Zahl auf 7000 bis 8000 geschätzt wird, spielen in den orthodoxen Kirchen eine überaus große und wichtige Rolle. Die Auswahl der in einem einzelnen Kirchenbau wiedergegebenen Heiligen variierte je nach Wünschen des Auftraggebers und nach lokalen Vorlieben, so daß man für die Kirchen der byzantinischen und auch der nachbyzantinischen Zeit in Albanien keine verbindliche Aufstellung liefern könnte. Es lassen sich jedoch verschiedene Heiligengruppen zusammenstellen.

Heilige der Ostkirche

- Vertreter der kirchlichen Hierarchie (Patriarchen, Bischöfe, Priester, Diakone, Mönche, Asketen); zu ihnen gehört der beliebteste Heilige der Ostkirche, der hl. Nikolaos, Bischof von Myra. Regelmäßig werden die Kirchenväter abgebildet: Basileios von Kaisareia (Caesarea), Gregorios von Nyssa, Gregorios von Nazianz, Johannes Chrysostomos, Patriarch von Konstantinopel, und andere; sie tragen die prunkvolle Bischofstracht mit dem Omophorion, jenem umgeschlungenen, langen, weißen Band, das mit Kreuzen geschmückt ist. Säulenheilige (Asketen, die eine lange Zeit ihres Lebens auf einer Säule stehend verbrachten) werden gern dargestellt, vor allem der hl. Symeon Stylites (es wird immer der Oberkörper eines Mönchs auf einer Säule wiedergegeben). Mönche sind an ihrer charakteristischen Tracht mit Kapuze zu erkennen, beispielsweise die Heiligen Antonios, Pachomios oder Sabas von Jerusalem. Oft sind auch die Asketin Maria Aegyptiaca, die vom Abt Zosimos das Abendmahl empfängt, und der Asket Onouphrios zu finden.
- Von den weltlichen Heiligen begegnen häufig Kaiser Konstantin und seine Mutter Helena mit dem wahren Kreuz zwischen sich, das ja der Legende nach von Helena in Jerusalem aufgefunden wurde; im Gegensatz zur römisch-katholischen Lehre gelten sie in der Ostkirche als Heilige und fehlen in kaum einer Kirchensammlung.
- In all den wechselvollen Kämpfen, in die das Byzantinische Reich verstrickt war, wurden gern die beliebten Kriegerheiligen um Hilfe angerufen: Georgios, Demetrios, Theodoros Tiron (der ›Rekrut‹ oder ›einfache Soldat‹) und Theodoros Stratilates (der ›Feldherr‹, ›General‹), Prokopios, Nestorios, Niketas, Sabas, Sergios, Bakchos und viele andere; war genügend Platz vorhanden, wurden vor allem Georgios und die beiden Theodoroi beritten

und gegen einen Drachen oder einen Menschen kämpfend dargestellt, meist jedoch stehend, reich gerüstet mit Helm, Brustpanzer, Schild und Lanze. Hierher gehört auch Christophoros, der sowohl in östlicher Tradition als Krieger mit einem Hundekopf als auch in westlicher Tradition als Mensch, der Christus trägt, gemalt wird.

- Eine kleine Gruppe für sich bilden die Arztheiligen: Kosmas und Damianos, genannt die ›Anargyroi‹ (sie behandelten der Legende nach die armen Leute unentgeltlich), sowie Panteleimon.
- Weiterhin sind die zahlreichen Märtyrer und Märtyrerinnen zu nennen, unter ihnen Katharina, Kyriake, Marina, Orestes sowie Ioulitta und ihr Sohn Kyrikos.
- Unter den Heiligen erscheinen auch die Propheten, von denen sich Elias besonderer Beliebtheit erfreute, ferner Johannes Prodromos, der in keiner Kirche fehlt, sowie die Apostel.

Sämtliche Szenen aus dem Festtagszyklus, alle Heiligen und sogar Maria und Christus wurden auf den Ikonen und in der Wandmalerei mit Beischriften versehen, die allerdings manchmal selbst für einen Kenner der griechischen Sprache schwierig zu entziffern sind. Diese Beischriften sind zwingend erforderlich, da sie dem Gläubigen die Gewißheit verschaffen, daß das Abbild (die Ikone oder die Wandmalerei) das Urbild (Christus, Maria, die Heiligen usw.) getreu wiedergibt und aus diesem Grunde verehrungswürdig ist. Gebete, die man vor dem Abbild, also beispielsweise vor der Ikone in einer Kirche, verrichtet, erreichen sofort das Urbild. Dieses enge Verhältnis von Abbild und Urbild ist charakteristisch für die orthodoxe Bilderlehre. So müssen Christus, Maria und die Heiligen in einer Kirche als Ikonen anwesend sein, damit vor ihnen die Liturgie in der richtigen Weise zelebriert werden kann. Diesen Bildern gebührt Verehrung (Proskynesis), nicht jedoch Anbetung (Latreia).

Der Westen und die katholische Kirche schlugen in bezug auf bildliche Darstellungen einen anderen Weg ein. Unter Karl dem Großen wurde für die römisch-katholische Kirche verbindlich festgestellt, daß bildliche Darstellungen in den Kirchen aus pädagogischen Gründen möglich und auch wünschenswert seien. Sie besaßen jedoch nicht jenes für die Ostkirche so kennzeichnende, enge Verhältnis zum Urbild. Während in der orthodoxen Kunst für den Maler also geradezu eine Verpflichtung zum Kopieren bestand, erhielt der abendländische Künstler eine weitaus größere Freiheit bei der Ausgestaltung der Darstellungen.

In Albanien sind größere, geschlossene Freskenzyklen aus byzantinischer Zeit nicht erhalten; wir kennen lediglich zwei kleinere Komplexe (Mborja, 1389; Maligrad, 1345 und 1369) und verschiedene, teilweise allerdings recht umfangreiche Reste (Hg. Triada in Berat, um 1300; die sehr kleinen, in Buhal aufgedeckten Partien, mittelbyzantinisch?; einige Reste in Marmiro, frühes 14. Jh.). Da jedoch in einer Reihe von Kirchen der nachbyzantinischen Zeit größere Partien der Wandmalereien bewahrt wurden, kann man sich anhand dieser Überlieferung eine gute Vorstellung von der Gesamtkonzeption und den Einzelszenen machen (z. B. in mehreren Kirchen in Berat, in Ardenica, Shelcan, Vithkuq und verschiedenen Bauten in Voskopoja; s. Farbabb. 25).

Die Fußböden waren in der Regel mit Platten belegt (Marienkirche in Apollonia), in deren Zentrum man gern ein aus kleinen Steinen gebildetes Kreismotiv einfügte (Omphalos). Die Reste der in Mesopotam gefundenen Mosaiken können dagegen als für die byzantinische Kunst ganz und gar untypisch gelten (zwei Felder jetzt im Museum in Korça).

Die für die Liturgie und für Priester und Diakone erforderlichen Geräte und Gewänder wurden möglichst kostbar gestaltet: Kreuze, Kelche, Schalen, Kannen, Fächer, Weihrauchgefäße, Priestergewänder, verschiedene mit Stickereien versehene Tücher u. a. Aus der byzantinischen Zeit sind allerdings generell sehr wenige Beispiele erhalten, in Albanien nur ein einziges, ein Tuch mit der Abbildung des Leichnams Christi (Epitaphios), das man am Karfreitag auf ein hölzernes Grab zu legen pflegte; es stammt aus Berat, ist durch seine Inschrift auf 1373 datiert und damit eines der ältesten Beispiele der gesamten Gruppe (Hist. Museum in Tirana). Die übrigen liturgischen Geräte und Gewänder, von denen viele im Museum in Korça und einige im Onufri-Museum in Berat ausgestellt sind, stammen erst aus nachbyzantinischer Zeit.

Für den Gottesdienst wurden darüber hinaus die Texte der Evangelien, Psalmen und anderer Schriften benötigt, die mit der Hand auf Pergament oder Papier geschrieben wurden. Prunkhandschriften wurden im Mittelalter gern durch Buchmalereien zusätzlich ausgeschmückt, sowohl mit ›Porträts‹ der vier Evangelisten als auch mit Szenen aus dem Leben Christi, aus dem Festtagszyklus sowie aus anderen Ereignissen des Neuen und Alten Testaments (einige unpublizierte Handschriften im Staatsarchiv in Tirana).

Die profane Architektur hat sich in zahlreichen mittelalterlichen Burgen und einigen wenigen Wohnhäusern erhalten. Bei den Burgen kennen wir in jener Epoche neu errichtete Anlagen, die man ihres großen Umfangs wegen auch als Städte bezeichnen könnte (Drisht – Drivastum, Danja, Shurdhah – Sarda, Kruja), kleinere Beispiele (Kap Rodon, Bashtova, Kardhiq, Borsh) sowie Umbauten älterer Befestigungen (z. B. in Shkodra, s. Abb. 47; Durres, Petrela, Kanina, Berat, Butrint). Die Umbauten in Berat, die wahrscheinlich unter dem Despoten Michael I. von Epirus im Jahre 1205 vorgenommen wurden, vermögen besonders zu beeindrucken. In Butrint errichtete man – wohl ebenfalls zur Zeit des Despotats von Epirus – in einem Teil der alten Akropolis eine kleine Burg, die sich jedoch, da sie von den Italienern weitgehend neu aufgebaut wurde, einer genauen kunsthistorischen Beurteilung entzieht.

Über die privaten Häuser wie über das Leben der einfacheren und auch der vornehmeren Leute im Mittelalter besitzen wir nur geringe Kenntnisse. Einige Reste von Häusern und Siedlungen haben sich zwar im Gebiet Albaniens erhalten, sie wurden bisher aber wenig erforscht, und überdies fehlt überall die Innenausstattung (Borsh, Kamenica, Shurdhah – Sarda, Drisht – Drivastum); in Borsh handelt es sich vielfach um schmale Hanghäuser mit drei Stockwerken, von denen das untere ein, das mittlere zwei und das obere drei Zimmer umfaßt.

Zu den wenigen Fundstücken, die uns eine Vorstellung vom täglichen Leben vermitteln können, gehören einige Schmuckgegenstände, die in Gräbern zutage kamen, sowie zahlreiche Keramiken (Archäol. und Hist. Museum in Tirana, Archäol. Museum in Durres). Die

Gebrauchskeramik besteht aus einfachen, unverzierten Gefäßen, teilweise mit Glasur; bisher konnten noch keine für die Städte Albaniens typischen Formen ermittelt werden.

Aufwendigere Gefäße sind mit eingeritzten Mustern und Glasuren in verschiedenen Farben versehen. Bei einigen Stücken des späten Mittelalters möchte man annehmen, daß sie aus Venedig und vielleicht auch aus anderen Gegenden Italiens importiert wurden; andere scheinen einheimische, aber von italienischer Keramik beeinflußte Produkte zu sein, nähere Untersuchungen stehen jedoch noch aus. Mittelalterliche Keramik ist nur in geringer Anzahl im Museum von Durres und im Archäologischen Museum in Tirana ausgestellt.

Türkenzeit oder nachbyzantinische Zeit (1468–1912)

Die Zeitspanne von 1468, dem Todesjahr Skanderbegs (oder auch 1501, dem Jahr, in dem das Gebiet Albaniens vollständig von den Osmanen erobert worden war) bis zur Selbständigkeit Albaniens 1912 wird als ›Türkenzeit‹ oder ›nachbyzantinische Zeit‹ bezeichnet. Der erste Begriff weist auf die neuen Herren des Landes, die osmanischen Türken, hin, der zweite auf die weiterhin bestehenden Verbindungen zu der byzantinischen Architektur und Kunst, die im Kirchenbau und seiner Ausstattung mit Wandmalereien, Ikonostasen und Ikonen sowie bei den liturgischen Geräten und Gewändern deutlich zu erkennen sind.

Die Osmanen sind ein aus Innerasien stammendes Turkvolk; es gehört – wie beispielsweise die Mongolen, Mandschu und finnougrischen Völker – zur ural-altaischen Sprachfamilie, die keinerlei Beziehungen zu den indo-europäischen Sprachen aufweist. Im frühen 11. Jh. drangen die Seldschuken, ein den Osmanen verwandter Turkstamm, von Nordosten in den Iran und dann weiter nach Mesopotamien ein, nahmen den Islam an und gründeten dort um 1050 ein großes Reich. Bald darauf stießen sie weiter nach Westen vor, eroberten Armenien und fielen auch in Kleinasien ein. In der Schlacht von Manzinkert (oder Malazgird), in der Nähe des Van-Sees in der heutigen Osttürkei, fügten sie dem Heer des byzantinischen Kaisers Romanos IV. Diogenes im Jahre 1071 eine vernichtende Niederlage zu, der Kaiser selbst geriet in Gefangenschaft.

Als Folge dieses Sieges eroberten die Seldschuken das Innere Kleinasiens, das Kernland des Byzantinischen Reiches, und gründeten dort das Sultanat der Rum-Seldschuken; bald wurde Ikonion (heute Konya) ihre Hauptstadt. Im Zuge der Invasion der Mongolen im 13. Jh. drängten weitere Turkstämme nach Westen, darunter die Osmanen, die im Nordwesten des seldschukischen Reiches, an der Grenze zum Byzantinischen Reich, angesiedelt wurden. Sie erstarkten bald, dehnten sich auf Kosten der Seldschuken aus und begannen, Einfälle in byzantinisches Gebiet zu unternehmen. Im Jahre 1326 konnten sie Prussa (heute Bursa) erobern, das sie zu ihrer Hauptstadt machten. 1331 fiel Nikaia und in der folgenden Zeit ganz Kleinasien mit Ausnahme weniger Städte in ihre Hand.

In Europa tauchten die Osmanen zunächst als Söldner in byzantinischen Diensten auf, in Albanien erstmals im Jahre 1338 bei den Kämpfen der Byzantiner gegen die Serben. Schon 1352 besaßen sie ihre erste Festung auf europäischem Boden, 1365 verlegten sie die Hauptstadt in das von ihnen eroberte Hadrianopolis (heute Edirne). Von dort aus stießen sie noch weiter vor, um ihre Herrschaft auch auf europäisches Gebiet auszudehnen. Die ausgezeichneten Befestigungsanlagen Konstantinopels schreckten sie vorläufig noch ab, so daß sie sich zunächst der Eroberung weiter Gebiete des Balkans zuwandten. 1389 wurden in der Schlacht auf dem Kosovo Polje (›Amselfeld‹) die Serben vernichtend von ihnen geschlagen.

1393 eroberten die Türken Shkodra, doch die Venezianer konnten es schon drei Jahre darauf wieder zurückgewinnen. Zu Beginn des 15. Jh. setzten sich die Türken endgültig im südlichen Albanien fest, dessen größter Teil 1433 nach einem albanischen Aufstand unter Gjergji Arianti in einem Sandschak mit der Hauptstadt Gjirokastra zusammengefaßt wurde. Im nördlichen Albanien konnten sich jedoch noch einheimische Fürsten behaupten.

In Gjergji Kastrioti (oder Kastriota), genannt Skanderbeg (1405–1468), erhielten sie einen hervorragenden Anführer im Kampf gegen die Türken. Er hatte in seiner Jugend als Geisel

◁ Süleyman der Prächtige nach einem alten Stich

Porträt des Sultans Mehmet II. aus dem Jahre 1480

am osmanischen Hof gelebt und dort den Namen Iskender (Alexander) erhalten; 1438 hatte man ihn zum Vali (Herrscher) des Vilayets gemacht, eines Gebietes, zu dem Kruja, der einstige Stammsitz seines Vaters, gehörte. 1443 nahm er Kruja ein, hißte die Fahne der Kastrioti, den schwarzen doppelköpfigen Adler auf rotem Grund, und erhob sich gegen die Türken.

Es gelang ihm, im Jahre 1444 alle albanischen Fürstentümer in der Liga von Lezha gegen die Türken zu einigen und bis zu seinem Tode im Jahre 1468 deren Angriffe in über 25 Schlachten zurückzuschlagen; dies glückte ihm trotz gewaltiger zahlenmäßiger Überlegenheit der Türken, die sogar dreimal mit ausgesprochen großen Aufgeboten unter dem Kommando des Sultans selbst einfielen (1450 unter Murad II., 1466 und 1467 unter Mehmet II. Fatih). Konstantinopel wurde 1453 von den Türken erobert, Albanien jedoch konnte sich noch behaupten. Es band erhebliche türkische Truppen und hinderte sie vorerst daran, weiter nach Westen über die Adria vorzustoßen und Italien zu besetzen. Nach dem Tode Skanderbegs konnten die Türken dann in relativ kurzer Zeit die noch freien Gebiete einnehmen; 1478 fiel Kruja, 1479 wurden Shkodra und 1501 dann auch Durres, die beide unter venezianischer Herrschaft gestanden hatten, osmanisch.

Das Gebiet Albaniens wurde nun in verschiedene Sandschaks mit türkischen Herren eingeteilt. Mehrere Aufstände der Albaner scheinen unter anderem dazu geführt zu haben, daß die Gebirgsgegenden im Norden und das Gebiet um Himara eine gewisse Selbständigkeit erlangten. 1537 zog Sultan Süleyman ›der Prächtige‹ mit einem großen Heer nach Vlora, von wo er vermutlich nach Italien überzusetzen beabsichtigte. Kämpfe in seinem Herrschaftsgebiet hinderten ihn jedoch an der Ausführung des Vorhabens.

Um sich das Gebiet Albaniens vollständig zu unterwerfen, erhöhten die Türken im Verlauf des 17. Jh. die von Christen zu zahlenden Steuern so drastisch, daß viele von ihnen zum Islam übertraten. Wie es scheint, griff die Islamisierung im Süden des Landes nicht so sehr durch wie im Norden, wo zu Anfang des 17. Jh. erst etwa 10 %, gegen Ende jedoch mehr als 50 % der Bevölkerung muslimisch geworden waren. Die Christen wurden ferner durch die sogenannte ›Knabenlese‹ benachteiligt: In unregelmäßigen Abständen riß man Jungen im Alter von etwa sechs bis zehn Jahren aus ihren christlichen Familien heraus und verbrachte sie zu einer islamischen Erziehung nach Istanbul, wo sie vor allem dem Janitscharenkorps, der Leibwache der Sultane und einer Art militärischer Eliteeinheit, zugeteilt wurden.

Trotz der überlieferten Unterdrückungsmaßnahmen durch die Türken scheint aber in bestimmten Regionen des Balkans seit dem späteren 16. Jh. ein erstaunlicher Wohlstand geherrscht zu haben, der sogar im 17. und frühen 18. Jh. noch zunahm, wie man an den zahlreichen großen und prachtvoll ausgestatteten Kirchen sehen kann. Der Grund hierfür ist im Handel zu entdecken, der sich vor allem in den ruhigen Gebieten im Inneren des Reiches entfalten und auch über die Grenzen des osmanischen Reiches auf die christlichen Länder ausgreifen konnte. Von den Orten Voskopoja und Vithkuq in Albanien weiß man beispielsweise, daß sie durch den Fernhandel zu Reichtum kamen; dies wird man auch für andere Städte schließen können.

Schon Ende des 16. Jh. hatte die Macht der Osmanen ihren Höhepunkt überschritten, die Zentralgewalt ließ nach. Lokale Statthalter in einzelnen Sandschaks oder Paschaliks versuchten im 17. und dann besonders im 18. Jh., sich größeren Handlungsspielraum gegen den Sultan zu verschaffen. In Albanien beispielsweise behauptete seit etwa 1750 die Familie der Bushati im Norden ihr eigenes Paschalik, das sie bis 1831 halten konnte.

Im Süden gelang es Ali Pascha (1744–1822, nach seinem Geburtsort auch Ali Pascha Tepelena genannt), sich von 1785 an langsam – auf Kosten der umliegenden, ebenfalls unter osmanischer Oberhoheit stehenden Bezirke – ein kleines Reich aufzubauen und sich zunehmend zu verselbständigen. Hauptstadt wurde Ioannina (Jannina im nordwestlichen Griechenland), andere wichtige Städte in seinem Herrschaftsbereich waren Gjirokastra, Vlora und Berat (1812 eingenommen). Seit 1812 befanden sich das südliche Albanien und erhebliche Teile des westlichen Griechenland in der Hand von Ali Pascha. Mit dem Friedensschluß des Wiener Kongresses und dem Sturz Napoleons erlangten die Türken jedoch die erforderliche außenpolitische Handlungsfreiheit, um diesen separatistischen Entwicklungen zu begegnen. 1822 wurde Ali Pascha Tepelena umgebracht und sein ›Reich‹ zerschlagen. 1831 mußte sich auch Mustafa Pascha Bushati der türkischen Zentralmacht ergeben.

Im 19. Jh. fanden im nördlichen und südlichen Albanien zahlreiche kleinere Aufstände gegen die Türken statt, doch erst 1912 erhielt Albanien im Zusammenhang mit den Ereignissen der Balkankriege die Selbständigkeit.

Aus der Zeit der türkischen Herrschaft hat sich in Albanien eine große Anzahl von Bauten erhalten – Festungen, Moscheen, Bäder, Brücken, Kirchen und Wohnhäuser –, teilweise sogar mit ihrer Ausstattung. Besondere Beachtung verdient auch das Kunstgewerbe dieser Epoche.

Zum Schutz gegen mögliche Aufstände und gegen Angriffe von außen sowie als Basis für weitere Eroberungen benötigten die neuen türkischen Herren des Landes eine große Zahl von Festungen. Teilweise benutzten sie bereits vorhandene Anlagen, indem sie Reparaturen, Umbauten und Verstärkungen an ihnen ausführten. Schon 1466 wurde Elbasan als Ausgangspunkt für den

Ali Pascha Tepelena (1741 – 1822), Herrscher von Südalbanien und Epirus; Stahlstich des 19. Jh.

Feldzug gegen Skanderbeg wiederhergestellt; in Berat, Shkodra, Durres, Kruja und anderen Orten nahm man Instandsetzungsarbeiten vor. Vor allem wurden die älteren Anlagen für die Aufstellung von Kanonen und für die Abwehr von Beschuß durch schwere Geschütze eingerichtet: Mauern und Türme verstärkte man durch schräge Anbauten, wie beispielsweise in Durres zu sehen ist, die Festung am Kanal in Butrint erhielt Türme zur besseren Verteidigung.

Neue Festungen entstanden unter anderem in Peqin an der Via Egnatia, in Lekursi oberhalb von Saranda, in Preza in der Nähe von Tirana, in Tepelena (Phase I), das den Durchgang im Tal von Drino und Vjosa beherrschte, in Gjon Boçai bei Vlora, in Lezha – teilweise auf älteren Grundmauern –, das zur Beherrschung der fruchtbaren Gegenden überaus wichtig war, und in Vlora, das als Hafen für Unternehmungen nach Italien dienen sollte. In der Zeit der beiden großen Paschaliks, also im 18./19. Jh., wurden im Hauptsitz der Bushati, in Shkodra, weitere Verstärkungsarbeiten vorgenommen.

Mehr als alle anderen noch sicherte Ali Pascha sein Herrschaftsgebiet durch eine Reihe von Neubauten: Tepelena, Shen Triadha gegenüber von Gjirokastra, Libohova, Porto Palermo, Mahallasa bei Saranda, die Festung an der Mündung des Kanals von Butrint, vor allem jedoch Gjirokastra, das ganz gewaltig ausgebaut wurde und durch seine strategische Lage und die riesigen, gewölbten Räume der Burg besonders eindrucksvoll wirkt. Diese Festungsbauten mit ihren relativ niedrigen, sehr dicken und abgeböschten Mauern sind völlig auf den militärischen Einsatz von Artillerie abgestimmt.

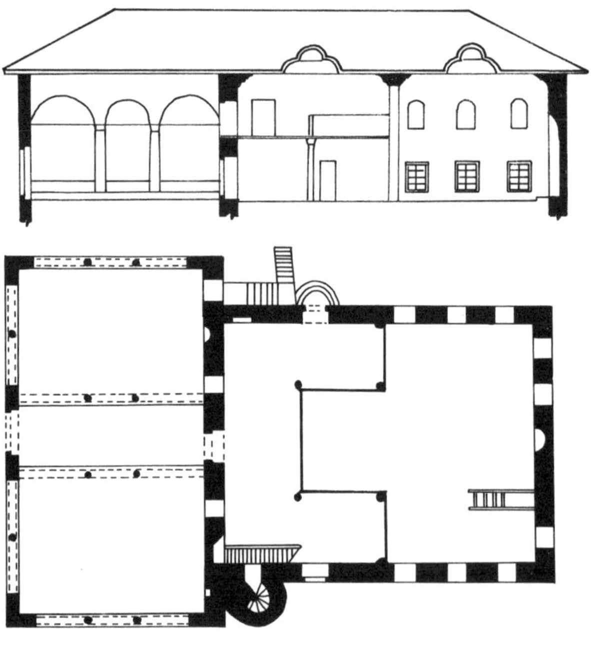

Moschee der Türkenzeit, Typus mit flachem Holzdach; Längsschnitt und Grundriß (Mbret Moschee in Berat, erbaut 1492 und später)

Die Türken brachten bekanntlich auch eine neue Religion mit, den Islam, der seine eigenen Kultbauten benötigte: Versammlungsräume für das gemeinsame Gebet, das fünfmal täglich stattfindet; besondere Bedeutung besitzt das Gebet am Freitagmittag, wenn der Imam seine ›Predigt‹ hält. Für die Moschee, den nach Mekka ausgerichteten Gebetsraum, hatten sich seit der Entstehungszeit des Islam (seit der sogenannten Hedschra, der Flucht Mohammeds von Mekka nach Medina 622) verschiedene Typen herausgebildet: die arabische Hofmoschee, die persische Vier-Eiwan-Moschee, die seldschukische Pfeilermoschee und schließlich – unter dem Einfluß byzantinischer Kuppelkirchen – im 14. Jh. die Einkuppel-Moschee, die typisch für die osmanische Architektur wurde; daneben existierten jedoch immer auch schlichtere Bauten.

Im 16. Jh. erlebte die osmanische Architektur eine hohe Blüte, deren bedeutendster Architekt, Sinan, in Auseinandersetzung mit dem architektonischen Konzept der Hg. Sophia in Istanbul, der bedeutendsten Kuppelbasilika der byzantinischen Architektur (erbaut 532–537 unter Justinian), großartige Kuppelmoscheen schuf (z. B. Şehzade, Süleymanye, Mirimah in Istanbul, Selimiye in Edirne).

Die starke Zentralisierung des Reiches auf die Hauptstadt Istanbul führte dazu, daß in den Provinzen – so auch in Albanien – in der Regel nur einfache Bauten errichtet wurden. Besonders in der ersten Zeit nach der Eroberung eines Landes wandelten die neuen Herren vielfach Kirchen in Moscheen um. Dieses Vorgehen läßt sich auch für das Gebiet Albaniens beobachten: Auf der Burg von Shkodra wurden die Kirche des hl. Stephanos und in der Unterstadt von Lezha die des hl. Nikolaos in Moscheen umfunktioniert.

Moscheen

Bei den neu errichteten Moscheen in Albanien lassen sich deutlich zwei Haupttypen ausmachen.

- Rechteckige Bauten mit flachem Holzdach: Berat, Rote Moschee, Weiße Moschee, Mbret Moschee (1492); Elbasan, Mbret Moschee (1492); Durres, Fatih Moschee (16. Jh.?); Berat, Beqar Moschee (um 1800).
- Einkuppel-Moscheen: Über einem quadratischen Unterbau erhebt sich die innen runde, außen achteckige Kuppel; die Übergänge in den Ecken sind verschiedenartig ausgestaltet: Korça, Mirahor Moschee (1496); Vlora, Muradie Moschee (um 1540); Berat, Plumbit Moschee (1553/54); Burim, Allajbeg Moschee (16. Jh.); Elbasan, Nazireshe Moschee (1599); Rusanj, Gjin Aleks Moschee (um 1600); Gjirokastra, Basar Moschee (1757); Shkodra, Plumbit Moschee (1773/74); Tirana, Ethem Bey Moschee (1794–1821).

Einige Tekken, Versammlungs- und Gebetsräume von Derwischen des Bektaschi-Ordens, vertreten dieselben Bautypen: die Mohammed Tekke in Berat (um 1780; s. Abb. 64) gehört zum Typus der Moschee mit flachem Holzdach, die Tekke in Kruja (Teqeja e Dollmes, 1788; s. Farbabb. 21) zu dem der Einkuppel-Moschee.

Beide Bautypen treten gleichzeitig nebeneinander auf; es hing offensichtlich von den Geldmitteln des Auftraggebers ab, ob er sich die technisch aufwendigere Einkuppel-Moschee leisten oder nur eine einfache holzgedeckte Moschee erbauen lassen konnte.

Die Plumbit Moschee in Shkodra, ein aufwendiger Einkuppelbau, ist zwar nicht sehr groß, besitzt aber als einzige in Albanien einen säulenumstandenen Vorhof, wie er bei Prachtbauten, vor allem bei den Stiftungen der Sultane in der Hauptstadt, üblich war (s. Abb. 66). Ihr Stifter Mehmed Pascha Bushati wollte es mit diesem Vorhof offensichtlich großartigen Vorbildern gleichtun. In der Südostecke der Moschee ließ er seine Grablege errichten; auch in der Nähe des Bezirks der Gjin Aleks Moschee in Rusanj befinden sich mehrere Grabbauten (Türben).

Die ersten Moscheen entstanden im Rahmen von Befestigungen (Mbret Moschee in Elbasan, Rote Moschee in Berat), bald darauf auch in den Städten (Mbret Moschee in Berat, Mirahor Moschee in Korça; s. Abb. 65 u. 67). Ihre Zahl wird beträchtlich gewesen sein; so erwähnt Evliya Çelebi, der berühmte Reisende aus der zweiten Hälfte des 17. Jh., in seinem ›Tagebuch‹ in Tirana, Elbasan, Kavaja und Peqin eine große Anzahl von Gebetshäusern. Eine besonders intensive Bautätigkeit herrschte im 18./19. Jh.; in Tirana sollen beispielsweise etwa 40 Moscheen, Tekken und Mesdschids (›Kapellen‹) gestanden haben.

Jede Moschee besitzt eine Mihrab-Nische, die die Gebetsrichtung angibt, eine Empore an der inneren Seite des Eingangs, ein Minarett – meist im Südwesten angefügt – sowie in der Regel eine Vorhalle aus Holz oder Stein an der Eingangsseite, die sich in einigen Fällen noch um eine weitere Gebäudeseite herumzieht; ein Minber (›Kanzel‹) aus Holz ist nur selten erhalten. Es fällt auf, daß viele der Moscheen in Albanien das in byzantinischer Tradition stehende Schächtelmauerwerk aufweisen; anstelle der Quader hat man jedoch teilweise kleine Steine verwandt, die so verputzt wurden, daß sie wie Quader wirkten.

Moschee der Türkenzeit, Typus der Einkuppel-Moschee; Längs- und Querschnitt sowie Grundriß (Ethem Bey Moschee in Tirana, erbaut um 1800; ohne die Vorhalle)

Einige Moscheen haben sich noch Reste ihrer Ausstattung bewahrt. In Berat sind in der Mbret Moschee, der Beqar Moschee und – besonders aufwendig und prächtig – in der Mohammed Tekke holzgeschnitzte Decken erhalten. Verschiedene andere Bauten können noch reiche, für das Gebiet Albaniens typische Wandmalereien vorweisen, so die Ethem Bey Moschee in Tirana (Malereien von 1823; s. Abb. 82 u. 83), die Beqar Moschee in Berat (Malereien von 1827) und die Tekke in Kruja (zu unbekannter Zeit ausgemalt). Die üppig wuchernden pflanzlichen Motive und die eingesetzten Landschaften (Stadtansichten, große Moscheen, Parkanlagen, Seen und Flüsse) sowie die hellen, duftigen Farben charakterisieren diese Art der Bemalung.

Die Malereien in der Mirahor Moschee in Korça stammen wohl auch aus dem 19. Jh., sind jedoch stilistisch nicht mit den oben genannten Beispielen verwandt; mit Ornamenten und Blattwerk geschmückte Kapitelle zeigen die Ethem Bey Moschee in Tirana und die Plumbit Moschee in Shkodra.

Bäder besaßen für die Osmanen eine besondere Bedeutung. Sie sind einerseits wegen der religiös vorgeschriebenen Waschungen erforderlich, scheinen sich aber auch allgemein großer Beliebtheit erfreut zu haben. Ihre architektonische Form geht auf byzantinische und damit römische Bäder der Kaiserzeit zurück. In Albanien existieren noch mehrere Anlagen, beispielsweise in Elbasan (Bad in der Festung und ›Basar Bad‹ beim Hotel), Shkodra, Kruja, Durres, Gjirokastra. Das ›Basar Bad‹ vermag eine anschauliche Vorstellung vom Ablauf des Badevorgangs zu vermitteln: Nach einer ersten Reinigung setzte man sich in den Schwitzraum, schöpfte mit kleinen Schalen (›Badeschalen‹) heißes Wasser aus Marmorbecken und goß es über seinen Körper. Auch eine gründliche Reinigung mit Ziegenhaar sowie Massagen gehörten zum Besuch eines Bades

Da den osmanischen Behörden natürlich daran gelegen war, den Verkehr und damit auch die Verwaltung in ihrem Reich zu verbessern, bauten sie zahlreiche Straßen und Brücken – von Mehmed Pascha Bushati ist diese Bautätigkeit sogar ausdrücklich überliefert. In Albanien sind viele Brücken des 18./19. Jh. erhalten, man spricht von einer Zahl von 100. Ein höchst eindrucksvolles Beispiel liefert die Brücke über den Mes (Ura e Mesit) in der Nähe von Shkodra, die wahrscheinlich unter Mehmed Bushati errichtet wurde.

In bezug auf die Christen hatten die Türken, wie wir bereits zeigten, gewisse einschränkende Vorschriften erlassen, doch wurden sie nicht prinzipiell in der Ausübung ihres Glaubens behindert. So durfte vermutlich, wie die noch erhaltenen Bauten bezeugen, nach außen hin nicht in Erscheinung treten, daß es sich bei einem Bau um eine Kirche handelte. Aus diesem Grunde entstanden Bauten, die keine auffällig herausragende Kuppel, sondern ein schlichtes, großes Zeltdach aufwiesen. In abgelegeneren Gegenden findet man aber auch Kirchen mit gut sichtbaren Kuppeln; das Verbot – falls es ein solches überhaupt gegeben hat – wurde also nicht immer eingehalten.

Aus der ersten Zeit nach der türkischen Eroberung sind Neubauten von Kirchen kaum bekannt. Erst in der zweiten Hälfte des 16. Jh. lassen sich Bauvorhaben nachweisen, und zwar einerseits der Wiederaufbau beschädigter byzantinischer Kirchen (z. B. Hg. Nikolaos in Shelcan, Hg. Nikolaos in Kurjan, Blachernenkirche in Berat), andererseits die ersten, allerdings noch recht bescheidenen Neubauten. Vom Beginn des 17. bis zur Mitte des 18. Jh. herrschte dann eine sehr rege Bautätigkeit; es wurden teilweise überaus aufwendige und prächtig ausgeschmückte Kirchen errichtet, allerdings fast ausschließlich im mittleren und südlichen Albanien, das ja in weitaus geringerem Umfang als der Norden islamisiert worden war.

Im späteren 18. und im 19. Jh. ist ein starker Rückgang zu verzeichnen, nur recht wenige Bauten entstanden, darunter die Kathedrale von Berat (1797), das Kloster des hl. Kosmas

Kirchentypen

I. Einschiffige Bauten
  1. mit Holzdach: z. B. Hg. Theodoros, Hg. Nikolaos, Hg. Konstantin und Helena, Hg. Demetrios und Evangelismos in Berat; Hg. Nikolaos in Valesh, Hypapante in Dhermi.
  2. mit längsgerichtetem Tonnengewölbe: z. B. Derviçan, Panajotopulla.
  3. mit Längs- und Quertonne: z. B. Çatiste, Metamorphosis.

II. Kirchen mit Kuppeln (immer mit Pendentifs)
  1. Vierstützen-Typus in byzantinischer Tradition: z. B. Poliçan, Hg. Athanasios (um 1500?); Zervat, Hg. Maria (1569 ausgemalt); Kameno, Hg. Maria (Kuppel ohne Tambour, 1580); Dhuvjan, Hg. Kyrikos und Ioulitta (1588); Malçan, Hg. Maria (um 1600).
  2. ›Athos-Typus‹: z. B. Vanishta, Evangelismos (1582); Goranxi, Hg. Maria (um 1600); Stegopull, Prophetis Elias (1624); Voskopoja, Hg. Johannes Prodromos (1632); Kakoma, Hg. Maria (ausgemalt 1672?).
  3. Einfache Trikonchen: z. B. Dhiver, Hg. Nikolaos (1736).
  4. ›Kuppelhallen‹ (einschiffige Räume mit Kuppel und anderen Gewölben):
     a. mit einer Kuppel: z. B. Vithkuq, Hg. Maria (Kuppel ohne Tambour, um 1700); Selenica, Hg. Athanasios (mit Tambour, um 1800).
     b. mit mehreren Kuppeln: z. B. Barmash, Hg. Maria (1616).
  5. Kuppelbasiliken
     a. basilikal gelängte Kreuzkuppelkirchen mit einer Kuppel: z. B. Vlacho-Goranxi, Hg. Maria (1622); Mazhar bei Poliçan, Hg. Athanasios (frühes 17. Jh.); Vithkuq, Hg. Petrus und Paulus (um 1750).
     b. dreischiffige Anlagen mit mehreren Kuppeln und komplizierten anderen Gewölben: z. B. Vithkuq, Michaelskirche (1682 und frühes 18. Jh.); Voskopoja, Hg. Maria (1712); Hg. Nikolaos (1721), Michaelskirche (1722), und Hg. Athanasios (1724); Berat, Hg. Maria (1797); Elbasan, Hg. Maria (1833).
     c. mit Konchen im Norden und Süden: z. B. Kolikondas, Hg. Kosmas (1814/15).

III. flachgedeckte Bauten:
  1. Basiliken: z. B. Voskopoja, Hg. Elias (1751); Karavasta, Hg. Athanasios (1778).
  2. Hallen: Ardenica, Hg. Maria (1730).

(Shen Kozma) in Kolikondas, in der Nähe von Fier (1814/15), das Ali Pascha Tepelena sehr gefördert hat, und die Kathedrale Hg. Maria in Elbasan (1833).

In bezug auf die Bautypen hat man teilweise Formen der byzantinischen Zeit übernommen und mehr oder weniger stark abgewandelt; in einigen Fällen erweist sich die Verbindung zu byzantinischen Bauten als so eng, daß sogar eine genaue Datierung erschwert wird. Es entstanden jedoch auch neue Formen, indem die Erbauer einzelne, aus der byzantinischen Architektur bekannte Elemente in neuartiger Weise zusammensetzten.

Die Zahl der erhaltenen und bekannten Kirchen der nachbyzantinischen Zeit in Albanien ist beachtlich. Sie muß jedoch einstmals noch viel größer gewesen sein; so ist beispielsweise aus Voskopoja bekannt, daß dort in der ersten Hälfte des 18. Jh. etwa 26 Kirchen vorhanden waren. Manche sind nur kleine Bauten (Typus I), viele aber auch aufwendig und groß (vor allem die des Typus III). Die Kuppelbasiliken in Voskopoja konnten nach Schätzungen eine Zahl von 1000 Gläubigen fassen, und vergleichbare Bauten begegnen noch häufiger.

Viele der Kirchen sind aus Bruchsteinen oder mehr oder weniger grob behauenen Quadern errichtet und weisen nur wenige schmückende Ornamente auf. An einigen Bauten ist die Apsis durch Blendbögen, manchmal zusätzlich durch farblich abgesetzte Steine hervorgehoben (z. B. in Voskopoja und Ardenica). An einigen wenigen Kirchen, bei denen die Kuppeln frei herausragen, hat man sich Mühe gegeben, sie reicher zu gestalten; hier sind dann verschiedenartige Ornamentzonen, Blendbögen, profilierte Fensterumrahmungen oder farblich abgesetzte Steine anzutreffen.

Ein Bau, die Hg. Maria in Goranxi, sticht durch seinen vielgestaltigen, seltenen Schmuck deutlich von allen übrigen ab: An den Apsiden und am Kuppeltambour sind sich kreuzende Bögen vorgeblendet, die auf vorgelegten Halbsäulen und Pilastern ruhen; in den Zwickeln hat man Tier- und Menschenköpfe angebracht. Ein derartiger Schmuck ist, wie es scheint, in der gesamten nachbyzantinischen Architektur singulär; wir kennen nur eine entfernte Parallele, die 1428 entstandene Pantanassa in Mistra, doch sind hier die vorgelegten Bögen deutlich anders, so daß Goranxi keinesfalls von Mistra abhängen kann. Es muß also vorläufig offenbleiben, wie die einzigartigen Schmuckformen der hoch in den Bergen von Goranxi gelegenen Klosterkirche zu erklären sind.

Da man mit den Restaurierungsarbeiten der teilweise als fast vollständige Zyklen erhaltenen Wandmalereien in vielen Kirchen gerade erst begonnen hat, bisher nicht viel von dem gesamten Material publiziert ist und auch nur wenige der Kirchen besucht werden können, läßt sich über etwaige Besonderheiten der Zyklen oder einzelner Darstellungen, stilistische Eigentümlichkeiten oder die zeitliche Abfolge noch nichts Zusammenfassendes sagen. Deshalb sei auf den Text zur Kirche des hl. Nikolaos in Shelcan, zu der Blachernenkirche in Berat, den vier Kirchen in Voskopoja und den beiden Bauten in Vithkuq verwiesen, wo ausführlicher auf die Malereien und ihre Bildprogramme eingegangen wird.

Die Malereien stammen, wie es scheint, aus der Zeit von etwa 1500 bis nach 1800. Einige der Maler sind bekannt: Onufri (Onouphrios), der bedeutendste Maler der frühen nachbyzantinischen Zeit in Albanien, und sein Sohn Nikolla (Nikolaos), beide im 16. Jh., ferner

Michael von Jerma (3. Viertel 17. Jh.), David Selenica (1720/39) sowie Kostatin und Athanas Zografi aus Korça (1720–1764).

Im folgenden seien einige der wichtigsten Kirchenbauten in chronologischer Reihenfolge aufgeführt: Poliçan (um 1500); Leshnica (1525); Berat, Hg. Theodoros, Shelcan und Valesh (Onufri, Mitte des 16. Jh.); Zervat, Hg. Maria (1569 oder 1586?); Kurjan, Hg. Nikolaos (Joan – Johannes – und Nikolla, Söhne des Onufri, um 1570); Dhermi, Hg. Maria (1576); Berat, Blachernenkirche (Nikolla, 1578); Berat, Hg. Nikolaos (1591); Goranxi, Hg. Maria (um 1600); Berat, Hg. Demetrios (1607); Dhermi, Hypapante, Phase I (17. Jh.); Boboshtica, Hg. Johannes (17. Jh.; s. Abb. 72); Berat, Hg. Konstantin und Helena (1644); Voskopoja, Hg. Johannes Prodromos (1659 oder 1634?); Kameno und Kakoma (Michael von Jerma, 1672–74); Vithkuq, Michaelskirche (1. Hälfte 18. Jh.); Voskopoja, Hg. Maria (1715), Michaelskirche (David Selenica, 1722–25), Hg. Nikolaos (David Selenica, 1726); Ardenica, Hg. Maria (Kostatin und Athanas Zografi, 1744) Voskopoja, Hg. Athanasios (Kostatin und Athanas Zografi, 1745), Vorhalle von Hg. Nikolaos (Kostatin und Athanas Zografi, 1751); Dhermi, Hypapante, Phase II (1751); Vithkuq, Hg. Petrus und Paulus (Kostatin und Athanas Zografi, 1763/64); Buhal, Prophetis Elias (1814); Dhermi, Hypapante, Phase III (um 1856, datiert nach Hg. Stephanos).

Soweit man bisher das Material überblicken kann, haben sich in zahlreichen Kirchen die hölzernen Ausstattungsstücke erhalten, reich geschnitzte Ikonostasen, Proskynetarien, Throne und Kanzeln (zu Entstehung und Bildprogramm der Ikonostase vgl. S. 73). Prächtige Ikonostasen kennen wir unter anderem aus den Kirchen von Voskopoja, aus Vithkuq, Hg. Petrus und Paulus (datiert 1761), Korça, frühere Kathedrale Zoodochos Pege, jetzt im Museum (1768), Berat (Hg. Maria, nach 1797?; s. Farbabb. 24), Labova, Hg. Maria (datiert 1805), und Elbasan, Hg. Maria (um 1859–68).

Dichtes, partiell sehr tief ausgearbeitetes Rankenwerk überzieht die Flächen dieser Ikonostasen; vielfach sind Tiere und Fabelwesen (s. Abb. 69) sowie kleine figürliche Szenen, teilweise Darstellungen aus dem Alten oder Neuen Testament, eingestreut; nur eine eingehende Betrachtung vermag den ganzen Detailreichtum des Schnitzwerks zu erfassen. Anhand des derzeitigen Forschungsstandes ist es nicht möglich, nach bestimmten Besonderheiten in der Ausführung Gruppen von Schnitzarbeiten zusammenzustellen und sie einzelnen Werkstätten zuzuschreiben; das beeindruckende Können der Handwerker – in manchen Fällen möchte man sagen, der Künstler – ist jedoch offensichtlich.

Sehr zahlreich sind die bislang ebenfalls nur unzureichend erforschten Ikonen der nachbyzantinischen Zeit in Albanien. Einige der relativ frühen Beispiele schließen sich sehr eng an spätbyzantinische Werke an und zeigen eine hohe Qualität, so ein ganzfiguriger und ein halbfiguriger Erzengel Michael im Museum von Korça, die möglicherweise aus dem 16. Jh. stammen (wohl nicht aus dem 14. Jh., wie man eine Zeitlang angenommen hat).

Aus der Mitte des 16. Jh. ist eine Reihe von Werken hervorzuheben, die man auf Onufri zurückführt (Museen in Korça, Berat und Hist. Museum in Tirana; s. Farbabb. 26 u. Abb. 73–76). Diese ausgezeichneten, der spätbyzantinischen Zeit eng verpflichteten Malereien

Schema einer Ikonostase der nachbyzantinischen Zeit: 1 Königliche Pforte, auf der u. a. gern die Verkündigung an Maria durch den Erzengel Gabriel in Malerei oder Schnitzwerk dargestellt wird; 2 Tür in die Prothesis; 3 Tür in das Diakonikon (oft mit Bildern der Erzengel versehen); I. Reihe der großen Ikonen: 4 Maria 5 Christus 6 Heilige oder Festtagsdarstellungen, darunter der oder die Heilige oder der Festtag, dem die Kirche geweiht ist; II. Reihe der kleinen Ikonen mit dem Festtagszyklus; III. freistehendes Kreuz mit Christus, seitlich Maria und Johannes

besitzen gleichwohl ihre Besonderheiten; vor allem stechen sie durch die Pracht der Farben und die Feinheit der Zeichnung hervor. Es bedarf jedoch noch einer genaueren Klärung, welche von ihnen tatsächlich Onufri zuzuschreiben sind; seine Hand ist bisher erst wenig bekannt, da die von ihm signierten Wandmalereien in Shelcan völlig unzureichend und die in Valesh überhaupt nicht publiziert sind und es keine signierten Ikonen von ihm zu geben scheint.

Dem Sohn des Onufri, Nikolla, der 1578 die Blachernenkirche in Berat ausgemalt hat, werden auch einige Ikonen zugewiesen, deren Zuschreibungen jedoch nicht gesichert sind. Von Kostatin und Athanas Zografi kennen wir einige Ikonen, die reichste

Ausschnitt aus einer hölzernen Ikonostase, Tirana, Ethnographisches Museum

barocke Elemente übernehmen, aber doch durch die unglaubliche Feinheit der Malerei bestechen (Museum in Korça). Schließlich wäre noch Kostatin Shpataraku zu nennen, der sich in der Zeit von 1736 und 1767 als Ikonenmaler betätigte.

Von den liturgischen Geräten und Gewändern der nachbyzantinischen Zeit sind einige charakteristische Stücke im Museum in Korça ausgestellt. Bei den Kelchen und Patenen, Fächern (Ripidia oder Flabella), Kreuzen, Buchdeckeln, Weihrauchgefäßen und anderem mehr handelt es sich um reiche Treibarbeiten in teilweise vergoldetem Silber. Auch in bezug auf diese Stücke läßt sich zu diesem Zeitpunkt noch nicht sagen, ob es bestimmte Werkstätten gegeben hat, ob man vielleicht sogar einzelne Meister erkennen kann oder wann die Exponate genau zu datieren sind. Dennoch erhält man durch die Ausstellung eine gute Vorstellung vom Kunsthandwerk des 18. und 19. Jh.

Besondere Aufmerksamkeit verdienen in Albanien die zahlreichen, hauptsächlich aus dem 18. und 19. Jh. stammenden Wohnhäuser, sowohl auf dem Lande als auch in den Städten. Viele stehen unter Denkmalschutz – in manchen Dörfern und Städten sogar ganze Viertel –, und in den beiden ›Museumsstädten‹ Berat und Gjirokastra bewahrt und restauriert man in vorbildlicher Weise den gesamten alten Stadtteil (s. Farbabb. 7 u. 22, Abb. 78 u. 79). Es gibt eine Fülle von Aufsätzen und sogar einige Bücher zu kleineren oder größeren Häusergruppen, doch ist die Materialbasis bisher noch nicht umfangreich genug, um hier eine differenzierte Typologie der einzelnen Landschaften geben zu können; daher seien lediglich einige Besonderheiten hervorgehoben.

Die Häuser in Gjirokastra zeichnen sich generell durch ihre größere Höhe aus, sie sind wehrhafter, ihre Sockelzone wird nicht verputzt, die Dächer sind mit Steinplatten belegt. In

Berat dagegen sind die Häuser meist niedriger und offener, sie weisen eine größere Zahl von Fenstern auf, was Berat den Beinamen ›Stadt der tausend Fenster‹ verschafft hat; die Dächer sind mit Ziegeln gedeckt. In Kruja und Tirana sehen die Häuser wieder etwas anders aus.

Viele Häuser in Albanien besaßen offene Veranden (Tschardak), auf denen es während des heißen Sommers relativ kühl und luftig war. Auch in Korça gibt es Häuser mit Tschardak, doch fallen hier vor allem die Gebäude aus dem frühen 20. Jh. ins Auge, die in zurückhaltender Weise mit klassizistischen Elementen verziert sind, mit Säulen, Pilastern, Kapitellen und profilierten Gesimsen; andere Details wiederum, hauptsächlich die schmiedeeisernen Balkongitter, sind von Jugendstil und Art deco beeinflußt.

Bei den Häusern in den Dörfern begegnen uns die verschiedenartigsten Formen. In einigen Gegenden sind sie niedrig, die Dächer an einer Langseite heruntergezogen und von

◁ Himara (Südalbanien), charakteristisches Wohnhaus, frühes 19. Jh.

Qeparo (Südalbanien), charakteristisches Wohnhaus, frühes 19. Jh.

hölzernen Stützen getragen. In anderen Regionen stehen besonders aufwendige, turm- oder gar festungsartige große Gebäude; sie finden sich im Tal des Mat in Nordalbanien sowie im Süden in der Landschaft Laberi, zu der unter anderem die Dörfer Himara und Qeparo gehören.

Bei vielen Häusern sind Teile der Inneneinrichtung erhalten, vor allem die hölzernen Verkleidungen von Wänden und Decken mit ihren reichen Schnitzarbeiten. Einen hervorragenden Eindruck hiervon vermitteln die als Museen eingerichteten Häuser in Lezha, Berat und Gjirokastra sowie Stücke im Ethnographischen Museum in Tirana (s. Abb. 80 u. 81). Die Fußböden waren mit Kelims (Webarbeiten) bedeckt, für die leuchtende, kräftige Farben – vor allem Rot und Blau – und übersichtliche geometrische Muster charakteristisch sind; noch heute werden derartige Kelims nach alten Vorlagen hergestellt und können käuflich

Gjirokastra, Empfangszimmer eines Hauses des 19. Jh.

erworben werden (die Farben erreichen jedoch oft nicht die bestechende Qualität ihrer historischen Vorbilder). Vereinzelt findet man auch ältere, geknüpfte Teppiche in den Museen, doch läßt sich bisher nicht mit Bestimmtheit sagen, ob es hier für Albanien typische Muster und Farben gegeben hat; die heute hergestellten Teppiche sind sehr fein geknüpft, weisen jedoch persische Muster und eine Farbskala auf, die sich weder an persischer noch an osmanischer Tradition, sondern eher am ›modernen‹ Geschmack orientiert.

Für den täglichen Gebrauch benötigte man Kupfer- und Messinggefäße in den verschiedensten Formen und Größen: kleinere und größere Teller und Kannen, Kannen mit Untersatz zum Händewaschen, Becher, Suppenschüsseln, teilweise mit Deckeln, Tabletts, manchmal mit sehr großem Durchmesser, da sie auch als Tische dienen mußten, Joghurttöpfe, Badeschalen, Schwammkästen, Kochtöpfe von bisweilen erheblicher Größe, Kohlebecken und anderes mehr. Häufig sind Muster eingraviert, die unterschiedlich stark stilisierte pflanzliche und geometrische Motive von besonderem Reiz aufweisen.

Bisher läßt sich auch hier nicht beurteilen, ob es für das Gebiet des heutigen Albanien charakteristische Typen, Formen oder Muster gegeben hat. Viele der in den Museen (Ethnograph. Museen in Tirana, Berat, Permet, Gjirokastra, Lezha) ausgestellten Exemplare lassen sich Typen zuordnen, die allgemein im osmanischen Reich, also zumindest vom Balkan bis nach Syrien, verbreitet waren. Wie man bei mehreren Stücken in Museen Albaniens anhand der Formen und Muster feststellen kann, wurden sie in Kayseri, Trabzon und anderen Orten

Kanne mit Untersatz, Tirana, Ethnographisches Museum, 19. Jh.

der heutigen Türkei gearbeitet und dann nach Albanien importiert. Recht häufig begegnen Gefäße, Platten oder Teller mit einer flachen, aber sehr reichen, eingravierten Dekoration, die man als ›Bosna-Ware‹ bezeichnet; vielleicht stammt sie aus dem westlichen Balkan oder wurde von Bosniern hergestellt, die die Osmanen in Kleinasien angesiedelt hatten.

Typisch für Albanien sind geschnitzte Gegenstände aus Holz, wie Löffel, Knäufe von Hirtenstäben, Spinnrocken, Kaffeekühler (zum Abkühlen der frisch gerösteten Kaffeebohnen) und Kästchen zum Aufbewahren des Kaffees, Stühle und vieles mehr; dieses Kunsthandwerk wird auch heute noch ausgeübt.

Auch die feinen, zum Trachtenschmuck gehörigen Silberfiligranarbeiten können als eine albanische Besonderheit gelten (Gürtelschließen und vollständige Gürtel, Broschen, Ohr- und Schläfenringe, Ketten, die an den Hauben getragen wurden, Kolliers, Brustschmuck, Uhrketten, Arm- und Fußreifen u. a.); außerdem scheint man runde und eckige Dosen, die Rahmen von Handtaschen und sogar vollständige kleine Taschen aus Silberfiligran hergestellt zu haben. In den Museen kann man viele dieser Stücke bewundern, und in den letzten Jahren wurde diese alte Kunst in solchem Maße wiederbelebt, daß man heute sehr qualitätvolle und feine neue Arbeiten kaufen kann (nur in den Hotels, vor allem in Durres und Tirana). Auch getriebene Teile wurden einst in Silber, manchmal sogar mit Vergoldung, gearbeitet; neben liturgischen Geräten handelt es sich hier um Pulvertäschchen, Gürtelschließen sowie Beschläge von Dolchen, Pistolen und Gewehren.

Es scheint im Gebiet Albaniens an mehreren Orten lokale Produktionsstätten für Keramik gegeben zu haben (Zentren waren u. a., wie berichtet wird, Kavaja und Korça), doch ist auch auf diesem Gebiet bisher zu wenig Material bekannt, um genaue Zuweisungen zu erlauben; in Vlora und vor allem in Tirana stellt man derzeit Töpferwaren her, doch sind diese nicht mit der älteren Keramik verwandt.

Abschließend sei auf die Volkstrachten verwiesen, an denen jeder Besucher Albaniens seine Freude haben wird (s. Abb. 87 u. 88). Im Norden des Landes tragen auch heute noch sogar alltags einige, meist ältere Frauen ihre traditionellen Trachten, die man ansonsten in den Museen bewundern kann. Die starke geographische Zergliederung des Landes durch Bergketten bedingte offensichlich die große Viefalt der albanischen Trachten. In einigen

Gegenden des nördlichen und mittleren Albanien gehören farbenprächtige, gestrickte Strümpfe mit geometrischen Motiven zu den Trachten (man kann sie gelegentlich, Blusen mit volkstümlicher Stickerei dagegen häufig in den Hotelläden finden).

Insgesamt betrachtet, können uns also die Bauten mit ihrer Ausstattung sowie die zahlreichen Erzeugnisse des Kunstgewerbes ein differenziertes und anschauliches Bild vom Leben in Albanien zur Zeit der türkischen Herrschaft vermitteln.

Albanierinnen in Tracht, Aufnahmen von 1912/13

Die Kunstdenkmäler

Als Tourist kann man nicht individuell nach und in Albanien reisen, sondern muß sich einer Gruppe anschließen, die dann ein Sammelvisum erhält. Durres ist das übliche Standquartier, von wo aus man an einer Reihe von Ausflügen teilnehmen kann. Es besteht auch die Möglichkeit, schon gleich eine Rundreise zu buchen. Da in beiden Fällen dieselben Straßen befahren werden, sind im folgenden die einzelnen Orte mit ihren Kunstdenkmälern nach den gängigen Reiserouten geordnet.

Zunächst wird Durres vorgestellt, dann die Hauptstadt Tirana. Ein Ausflug von einem oder mehreren Tagen führt in den Norden (Kruja, Lezha, Shkodra u. a.); er kann zu einer Fahrt in die Albanischen Alpen im Nordosten des Landes ausgeweitet werden.

Eine weitere Tour von mehreren Tagen geht in den Osten des Landes (Elbasan, Pogradec, Korça u. a.). Apollonia und Berat werden in Tagesausflügen von Durres aus besichtigt; man kann jedoch auch Gjirokastra, Saranda, Butrint und andere Orte in einer mehrtägigen Rundfahrt anschließen. Auf der Rückfahrt von Saranda ist die Straße, die an der sogenannten ›Albanischen Riviera‹ entlangführt, besonders zu empfehlen, da sie landschaftlich sehr schön ist und man so Station in Vlora machen kann.

Durres und Umgebung

Durres ist die größte Hafenstadt und, nach Tirana, die zweitgrößte Stadt Albaniens (etwa 80000 Ew.; wichtigster Hafen des Landes für den Export, vor allem von Mineralien; Industriezentrum mit einer Werft, Fabriken für landwirtschaftliche Maschinen, chemische Produkte, Zigaretten und Lebensmittel). Etwa 5 km südlich findet sich dicht am Strand eine große touristische Zone, in der auch drei für ausländische Touristen vorgesehene Hotels liegen (Adriatik, Apollonia, Durres). Von dort werden Gruppenfahrten nach Durres angeboten. Man kann den Ausflug auch allein unternehmen, indem man die häufig verkehrenden Linienbusse benutzt oder zu Fuß geht, muß aber damit rechnen, daß gewöhnlich das Archäologische Museum und das Amphitheater nachmittags geschlossen sind.

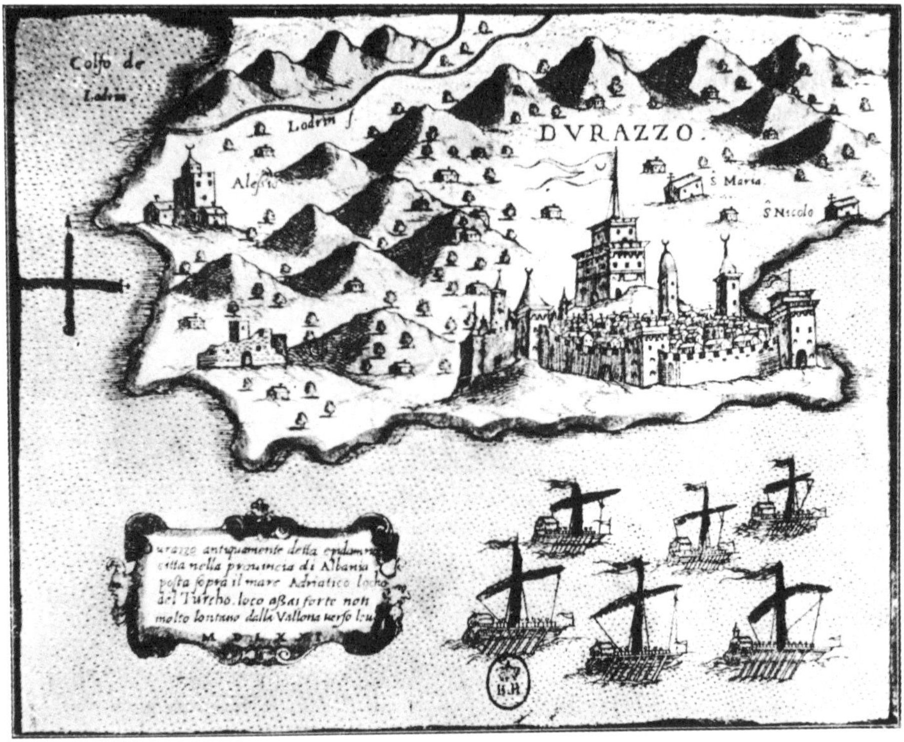

Durres, Ansicht nach einem Stahlstich aus dem 16. Jh.

Durres – Dyrrachium

Um 627 v. Chr. gründeten griechische Siedler aus Korinth und Kerkyra (Korfu) im Gebiet der illyrischen Taulantier die Stadt Epidamnos, für die auch der Name Dyrrhachion überliefert ist. Das hängt möglicherweise damit zusammen, daß ursprünglich zwei getrennte Siedlungen existierten; bisher ist aber nur diejenige zu lokalisieren, die auch heute noch besteht. Durch ihre Lage im Süden eines kleinen, langgestreckten Berges, den ein See weitgehend vom Festland trennte, war sie vorzüglich geschützt. Zudem besaß sie einen guten Hafen und war Ausgangspunkt einer wichtigen Straße, die ins Landesinnere des Balkans führte. Unter den Römern wurde diese Straße als Via Egnatia ausgebaut, die Rom über Brindisi und die Adria hinweg mit dem Balkan und dann auf dem Landweg über Konstantinopel mit Kleinasien verband. Dies alles erklärt die Bedeutung der Stadt bis weit in die Spätantike hinein.

32 Durres, Kapelle im Amphitheater, Ausschnitt aus dem Mosaik an der Südwand, Engel ▷

33 Durres, Kapelle im Amphitheater von Südosten

34 Durres, Inneres der Kapelle im Amphitheater

35 Butrint, Baptisterium mit Piscina und Mosaiken

36 Butrint, Inneres der Basilika nach Nordwesten

37 Butrint, Baptisterium, Mosaik mit Pfauen

38 Tirana, Historisches Museum, Mosaik aus der Kirche von Mesaplik

39—40 Durres-Arapaj, Mosaiken im Annexbau der Basilika

41 Byllis, Mosaik in der Basilika B

42 Byllis, Basilika A, Teil des Templons

43 Byllis, Basilika B, Unterbau des Ambo

44 FIER, Museum, Pfeiler aus der Basilika von Ballsh

45 TIRANA, Archäologisches Museum, Pfeiler aus der Basilika von Ballsh

46 TIRANA, Archäologisches Museum, Kapitell aus Byllis

48–49 MESOPOTAM, Hg. Nikolaos, Reliefs mit Löwen und Drachen

◁ 47 SHKODRA, Burg Rozafa

50 TIRANA, Archäologisches Museum, Relief mit einer Siegesgöttin und einem unterworfenen Barbaren

51 APOLLONIA, Marienkirche, wiederverwandte Schrankenplatte

52 MESOPOTAM, Hg. Nikolaos, Kapitell

53–56 Apollonia, Marienkirche, Kapitelle der Vorhalle

57 Berat, Hg. Triada von Südosten ▷

58 MESOPOTAM, Hg. Nikolaos von Südwesten

59 APOLLONIA, Marienkirche

60 Perondi, Hg. Nikolaos von Norden

61 Mborja, Christuskirche von Osten

Um 435 v. Chr. brachen in Epidamnos die Machtstreitigkeiten zwischen den adeligen Oligarchen und den Demokraten offen aus; dies war einer der Anlässe zum Ausbruch des Peloponnesischen Krieges (431–404 v. Chr.), in dem die beiden großen Stadtstaaten Athen und Sparta über Jahrzehnte hinweg um die Vorherrschaft im griechischen Bereich kämpften. Die Oligarchen in Epidamnos stützten sich auf Kerkyra, das ein Bündnis mit Athen abschloß, die Demokraten hingegen auf Korinth, das mit Sparta verbunden war; mit Hilfe Athens setzten sich schließlich die Oligarchen durch.

Um die Mitte des 4. Jh. eroberten illyrische Könige Epidamnos und prägten dort auch Münzen. 229/28 v. Chr. stellte sich die Stadt in den sogenannten Illyrischen Kriegen zwischen Illyrern und Rom unter den Schutz des letzteren. In den Jahren 56–48 v. Chr. wurde sie in die Auseinandersetzungen zwischen Caesar und Pompeius hineingezogen – Pompeius hatte Epidamnos und damit die Verbindungswege in der Hand, Caesar versuchte vergeblich, die Stadt zu erobern. Unter Augustus wurden Veteranen (Soldaten nach Absolvierung ihrer Militärdienstzeit) angesiedelt, und die Stadt wurde zu einer Colonia mit römischem Bürgerrecht erhoben (Colonia Iulia Augusta Dyrrachinorum). Das brachte eine gewisse Romanisierung mit sich, die besonders in den Inschriften zu beobachten ist; während im Gebiet Albaniens sonst überwiegend die griechische Sprache verwandt wurde, finden sich in Dyrrachium zahlreiche lateinische Inschriften; auch erhielt die Stadt ein Amphitheater.

Die Römer allerdings bevorzugten den Namen Dyrrachium, der im heutigen Durres fortlebt, wahrscheinlich, da sie im Wort Epidamnos das lateinische ›damnare‹ (verurteilen) als schlimme Vorbedeutung sahen. Die römische Friedenszeit brachte vor allem im 2. Jh. eine große Blüte für die Stadt mit sich. Um 300 wurde sie Hauptstadt der neu eingerichteten Provinz Epirus Nova und im 4. Jh. Bischofssitz. Von schweren Erdbeben der Jahre 314 und 345 und dem Einfall der Goten erholte sich die Stadt wohl noch einmal; sie erhielt dann um 500, während der Regierungszeit des aus Dyrrachium stammenden Kaisers Anastasius I., neue Mauern, die jedoch nur einen Teil des älteren Stadtareals einbezogen. In der folgenden Zeit setzen die Nachrichten weitgehend aus.

1081/82 belagerten und eroberten die Normannen die Stadt, nachdem sie den byzantinischen Kaiser Alexios I. Komnenos südlich von Dyrrachium, in der Nähe des heutigen Arapaj, besiegt hatten; 1085 wurde die Stadt jedoch schon wieder byzantinisch. Im Laufe des Vierten Kreuzzuges kam sie 1205 an Venedig, fiel dann 1214 an Michael I., den Despoten von Epirus. Im Jahre 1272 wurde die Stadt von Karl von Anjou erobert, der in dem Gebiet zwischen Durres und Vlora das kurzlebige ›Regnum Albaniae‹ gründete.

Die Venezianer stellten im 15. Jh. die Mauern noch einmal her, im Jahre 1501 eroberten dann die Türken die Stadt. Wegen der Versumpfung des umliegenden Gebietes und der damit zusammenhängenden Verbreitung der Malaria scheint die Stadt weitgehend verlassen worden zu sein. Die osmanischen Statthalter residierten nicht hier, sondern im südlich gelegenen Kavaja. Im Jahre 1912 wurde Dyrrachium für kurze Zeit zur Hauptstadt des neu gegründeten Albanien.

◁ 62 Labova, Marienkirche, Kuppel von Osten

Trotz ihrer Jahrhunderte währenden Blütezeit sind in der Stadt nur wenige Gebäude aus der Antike und dem Mittelalter erhalten: Die heutige Stadt liegt direkt über der antiken Siedlung, so daß großflächige Grabungen bisher nicht möglich waren. Man hat allerdings bei verschiedenartigen Ausgrabungen zahlreiche Funde zutage gebracht, die heute in den Museen von Durres und Tirana aufbewahrt werden.

Besonders kostbar sind Fragmente aus bemaltem und gebranntem Ton, die als Verkleidung eines Tempeldaches des frühen 6. Jh. v. Chr. dienten (Museum in Durres). Aus dem 4. Jh. v. Chr. stammen zahlreiche bemalte Tongefäße, die vor allem in Gräbern gefunden wurden. Durch eine besonders aufwendige Gestaltung zeichnen sich die marmornen Grabreliefs dieser Zeit aus, darunter einige, die aus Athen importiert wurden. Ein kostbares, aus Kieseln zusammengefügtes Mosaik (Hist. Museum in Tirana) stammt aus einem großen, prunkvollen Haus des späten 4. Jh. v. Chr. Aus der Blütezeit der Stadt im 1. und vor allem im 2. Jh. haben sich einige Gebäudereste und zahlreiche Statuen, Grabaltäre sowie architektonische Fragmente verschiedener unbekannter Bauten erhalten (Museum in Durres und Tirana).

Auch im 5. und 6. Jh. muß es große und bedeutende Bauten in der Stadt gegeben haben, wie zahlreiche Fundstücke, vor allem Kapitelle, zeigen (Museen in Durres und Tirana). Darunter ragen einige Kapitelle durch ihre immense Größe hervor; sie müssen zu gewaltigen Bauwerken, vielleicht Kirchen, des 5. oder 6. Jh. gehört haben, von denen wir aber leider

Durres, Skizze der Stadt: 1 Amphitheater 2 Rundplatz

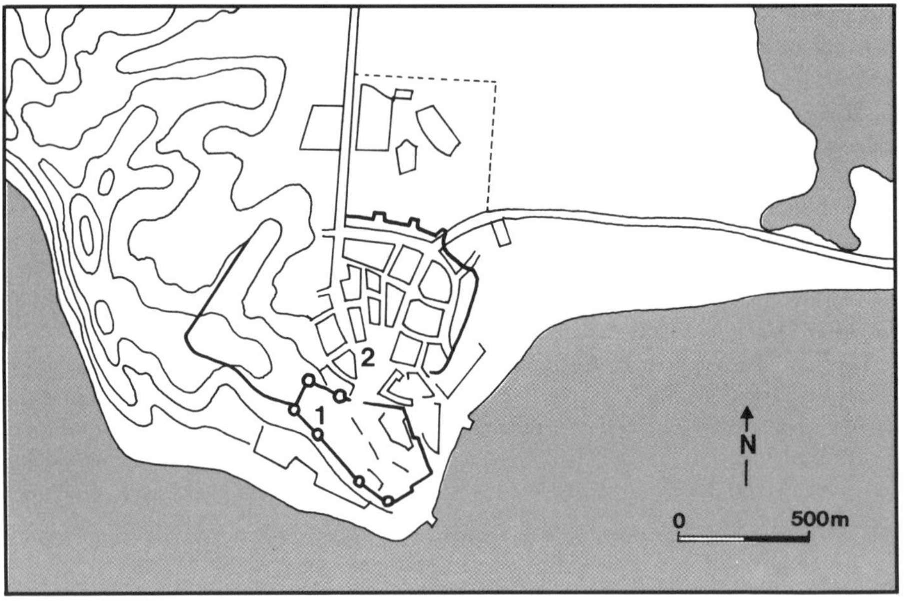

keinerlei Reste besitzen. Aus der Spätantike wurde bisher lediglich eine große, runde Anlage unklarer Bestimmung gefunden.

Aus mittelalterlichen Kirchen stammen Reliefplatten mit ungewöhnlicher Dekoration (Museum in Korça) sowie das Fragment eines Ambo (Museum in Durres), die uns eine gewisse Vorstellung von der Blütezeit der Stadt im 11. und 12. Jh. vermitteln können. Die Reste mittelalterlicher Architektur sind dagegen überaus gering, von den zahlreichen in Quellen genannten Kirchen ist nichts erhalten.

Befestigungen

Der Verlauf der Mauern der griechischen Stadt ist bisher nicht bekannt, ja man weiß nicht einmal, wo die Akropolis gelegen hat. Unter Augustus jedenfalls wurden die Veteranen im Gelände östlich der älteren Stadt angesiedelt; zu unbekannter Zeit wurde eine Mauer errichtet, die diese Neustadt mit einbezog. Nach dem Erdbeben und den Zerstörungen durch den Goteneinfall des 4. Jh. ließ dann Anastasius I. (491–518) eine neue Stadtmauer bauen, wie wir aus historischen Quellen und von zahlreichen gestempelten Ziegeln wissen – der Kaiser wollte wohl hiermit seine Geburtsstadt unterstützen. Er stiftete außerdem ein Hippodrom (Pferderennplatz), dessen Standort ebenfalls im dunkeln liegt. Seine Stadtmauer jedoch ist im Westteil der Stadt gut erhalten. Sie besteht aus Ziegeln, wird durch fünfeckige Türme verstärkt, und in der Nähe des Amphitheaters und beim runden Turm sind noch zwei Tore zu sehen.

Im 15. Jh. kam unter den Venezianern der große, runde Turm an der Südwestecke hinzu, der vortrefflich restauriert wurde. In der Türkenzeit verstärkte man die fünfeckigen Türme im unteren Teil durch weitere, nach oben hin abgeschrägte Mauermassen. Andere bauliche Veränderungen, beispielsweise an den Zinnen, sowie die Errichtung des halbrunden Turms aus wiederverwandten Marmorquadern im Nordwesten dürften unter den Venezianern vonstatten gegangen sein.

Amphitheater

Im nördlichen Teil der Stadt, dicht an der Stadtmauer, wurde das Amphitheater teilweise freigelegt (1) – die Ausgrabungen sind noch im Gange. Diese typisch römische Anlage findet sich im griechischen Osten sonst nur sehr selten; in Dyrrachium läßt sie sich durch die Veteranensiedlung erklären. Ein Amphitheater diente Gladiatoren-Kämpfen, Tierhetzen und anderen Darbietungen; vielleicht wurden auch hier, wie wir das aus Rom wissen, Christen zu Zeiten von Verfolgungen den wilden Tieren vorgeworfen. Die große, ovale Anlage lehnt sich im westlichen Teil an den gewachsenen Felsen an und ist im östlichen Teil aufgemauert (gesamte Größe 127 × 103 m, Arena 63 × 39 m; ursprüngliche Höhe etwa 25 m).

Man schätzt, daß etwa 15 000 Zuschauer Platz fanden. Um diese große Zahl reibungslos in das Theater hinein- und wieder hinausgelangen zu lassen, sind unterirdische Gänge und Treppen angelegt, die teilweise gut erhalten sind und noch heute eine vorzügliche Vorstellung vom technischen Können der Römer vermitteln. Überall sieht man das ›Opus Caementitium‹ (gegossenes Mauerwerk), das aus kleinen Steinen und viel Mörtel besteht; mit Holzgerüsten wurden die Gewölbe gegossen. Diese Art des Bauens ermöglichte eine schnelle und kostengünstige Herstellung selbst riesiger Anlagen. Im Norden und Süden gibt es große Tore, durch die die Gladiatoren und die Tiere in die Arena einzogen; nur geringe Teile wurden bisher freigelegt. Die Sitzstufen für die Zuschauer sind vollständig dem Bauraub zum Opfer gefallen. Das Amphitheater stammt wahrscheinlich aus der Regierungszeit des Kaisers Hadrian (117–138).

Im westlichen Teil des Zuschauerraumes ist in einem der Gänge später eine kleine Kapelle eingerichtet worden (s. Abb. 33). Dafür hat man im Osten eine halbrunde Apsis mit einem Doppelfenster eingefügt und an den anderen drei Seiten die vorhandenen römischen Mauern benutzt, die im Westen wegen des antiken Baubestandes sehr viel niedriger ausfallen als im Osten. An der südlichen Wand der Apsis kann man noch geringe Reste von nicht näher bestimmbarer Wandmalerei ›erahnen‹; vom blockförmigen Altar sind die unteren Teile erhalten.

Mit den überaus kostbaren Mosaiken im westlichen Teil der Südwand und an der Westwand besitzen wir die einzigen Wandmosaiken im heutigen Albanien (s. Abb. 34). Im Süden ist in einem abgesetzten Feld der hl. Stephanos dargestellt, der erste Märtyrer. Er hat die Hände betend erhoben und ist durch eine Inschrift bezeichnet. Den größeren Raum nimmt eine mehrfigurige Komposition ein: Maria stehend in der Mitte als Himmelskönigin in kaiserlicher Tracht mit Krone auf dem Kopf und Himmelsglobus sowie Kreuzzepter in den Händen, in majestätischer Frontalität; sie wird begleitet von den beiden höchsten Erzengeln, Michael und Gabriel, den Führern der himmlischen Heerscharen (s. Abb. 32); zu ihren Füßen verneigen sich die Stifter, links der Mann, rechts die Frau. Die Inschrift besagt: »Herr, schütze deinen Diener Alexandros«. Wer dieser Alexandros war, der das Mosaik und vielleicht auch die Kapelle stiftete und sich mit seiner Frau hat darstellen lassen, wissen wir leider nicht.

Das Mosaik an der Westwand ist weitaus schlechter erhalten. In der Mitte stand auch hier einst eine zentrale Gestalt, begleitet von zwei Engeln und mit zwei Stiftern zu ihren Füßen. Inschriften bezeichnen die beiden seitlichen Figuren, links Eirene, der ›Frieden‹, und rechts Sophia, die ›Weisheit‹. Es handelt sich um Verkörperungen von zwei göttlichen Tugenden, denen unter anderem in Konstantinopel Kirchen gewidmet waren: Die verlorene mittlere Figur wird also Christus gewesen sein.

Maria ist – ungewöhnlich für das oströmische Kaiserreich – als Himmelskönigin (Maria Regina) wiedergegeben, eine Vorstellung, die im Westen des Reiches verbreitet war. Das könnte bedeuten, daß dieses Mosaik aus der Zeit vor 750 stammt, als Dyrrachium zwar politisch zum Osten gehörte, kirchlich aber noch dem Papst in Rom unterstellt war.

Im Gang nördlich der Kapelle steht ein kleines, aufgemauertes Becken, dessen Funktion unklar ist; man hat an ein Taufbecken gedacht, doch muß das offen bleiben. Südlich der Kapelle in der großen Nische befindet sich ein Grab im Boden, das wahrscheinlich durch eine Marmorschranke vom Gang abgetrennt war. Diese Bestattung läßt den Schluß zu, daß

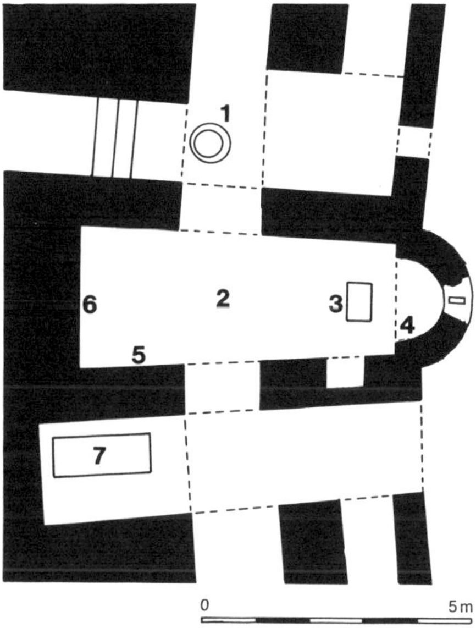

Durres, Kapelle im Amphitheater: 1 aufgemauertes Becken 2 Kapelle 3 aufgemauerter Altar 4 Apsis, im 6. Jh. eingebaut 5 Mosaik an der Südwand (hl. Stephanos, Maria, begleitet von den beiden Erzengeln Michael und Gabriel, zu ihren Füßen das Stifterehepaar) 6 Mosaik an der Westseite (hl. Eirene, Engel, Hauptgestalt mit zwei Stiftern, Engel, hl. Sophia) 7 Grab

die Kapelle als kleine Grabeskirche diente. Man möchte zunächst daran denken, daß sie für Märtyrer, vielleicht sogar für einen, der im Amphitheater den Tod erlitt, errichtet wurde, doch dafür geben die Mosaiken keinerlei Anhaltspunkte; es wird sich also um die Grablege von Privatpersonen handeln.

Wie die recht großzügige Linienführung und die vereinfachte Farbskala zeigen, ist die handwerkliche Ausführung der Mosaiken nicht von erster Qualität, was die Datierung erschwert; auch kennen wir aus der Frühzeit der byzantinischen Kunst überhaupt nur wenige Wandmosaiken. Wenn man Beispiele in Parenzo (Poreç) und Ravenna zum Vergleich heranzieht, ergäbe sich als Entstehungszeit der Mosaiken in Durres die zweite Hälfte des 6. Jh. Die Kapelle wird nicht früher, sondern zur selben Zeit erbaut worden sein. Die Gesamtanlage von Amphitheater, später eingebauter Kapelle, Grabanlage, Wasserbecken und Wandmosaiken ist einzigartig und verleiht diesem Bau eine hervorragende Bedeutung.

In der Stadt kamen in den letzten Jahren die Reste einer großen **Rundanlage** zutage (2; Durchmesser etwa 40 m; vgl. S. 35); sie war mit Platten aus prokonnesischem Marmor belegt und von einer Säulenhalle umgeben. Die spätantike Form der Kapitelle und Münzfunde deuten darauf hin, daß der Platz aus der Zeit des Kaisers Anastasius I. (um 500) stammt. **Weitere antike Reste** der Kanalisation, einer Badeanlage (Therme) mit Fußbodenheizung, einiger Mosaiken, der Mauern von Privathäusern sowie der Wasserleitung (errichtet unter Kaiser Hadrian zwischen 117 und 138; einige der Bleiröhren, die mit den Stempeln des Kaisers und der für die Unterhaltung der Wasserleitungen zuständigen Beamten versehen sind, befinden sich im Museum) wurden in der Stadt gefunden.

Der heutige Bau der **Fatih Moschee** (17./18. Jh.?) ist ein holzgedeckter Saal. Zu einem Vorgänger, vielleicht der aus Quellen bekannten Bischofskirche der Stadt, gehören ein Stück Mauer im Westen (in byzantinischem Schächtelmauerwerk, vielleicht 11. Jh.) sowie die im Osten ausgegrabenen Apsiden. Weitere mittelalterliche Gebäude sind durch Fragmente von Bauplastik bezeugt (Museum in Durres, Hist. Museum in Tirana, Museum in Korça).

Archäologisches Museum
Das Archäologische Museum befindet sich zwar noch in seinem alten Gebäude, doch ist ein größerer Neubau, der die überaus zahlreichen und teilweise hochbedeutenden Funde übersichtlich präsentieren wird, schon im Bau.

Vorraum: *korinthisches Kapitell* aus Marmor mit fein gezacktem Akanthus, typisch für Prokonnesos (Insel im Marmarameer in der Nähe von Istanbul) und wohl in fertig ausgearbeitetem Zustand importiert, 2. Hälfte 5. Jh.; nach einer Flügeltür links an der Wand ein *Plan von Durres,* in dem die Fundorte von Antiken eingetragen sind.

Im **Raum rechts** Objekte aus archaischer und klassischer Zeit, darunter: *Frauenkopf* aus Terrakotta, vielleicht von einem Tempel, 1. Hälfte 6. Jh. v. Chr. (s. Farbabb. 14); *Fragment einer rechteckigen Basis* (?), Kalkstein, 1. Hälfte 6. Jh. v. Chr.; *Grabrelief eines Jungen,* Marmor, 5. Jh. v. Chr.; *fragmentiertes Relief* mit zwei stehenden, einer sitzenden und einer sich vorbeugenden Frau sowie einem Kind, Darstellung und Verwendung unklar, 1. Jh. v. Chr.; *fragmentiertes Grabrelief* mit sitzender Frau, an deren Knie sich ein Kind lehnt, und stehendem Mann sowie *Fragment eines Grabreliefs* mit dem Oberkörper eines bärtigen Mannes, beides Arbeiten der 1. Hälfte des 4. Jh. v. Chr. aus einer Werkstatt in Athen. *Unvollendeter Kopf* einer überlebensgroßen Gottheit mit Bart, vielleicht Zeus, Poseidon oder Dionysos, nicht zu datieren; typisch *illyrische Grabstelen* in Form von Zylindern mit Sockel, der in eine Basis eingelassen werden konnte, mit griechischen Inschriften, 3./2. Jh. v. Chr.; *Aschenurne,* die in ungewöhnlicher Weise mit einem Tisch abgedeckt war, vielleicht in einer zweiten Verwendung, 3./2. Jh. v. Chr.; in den Vitrinen eine Reihe von Vasen, unter ihnen eine kleine, aber besonders qualitätvolle *Oinochoe* aus Athen, die Athena zeigt, wie sie dem jugendlichen Herakles Wein aus einer Oinochoe in einen Kantharos schüttet.

Raum links: in den Vitrinen *Kleinfunde* der römischen Kaiserzeit, darunter zwei gläserne Gefäße mit Deckel, die als Aschenurnen verwandt wurden, wohl 1. oder 2. Jh., sowie Fragmente byzantinischer und venezianischer Keramik; *Fragment vom oberen Rand eines attischen Sarkophages* mit dem Kopf eines Jünglings, 3. Jh.; *Kopf des Gottes Hermes,* der die für ihn typische Kopfbedeckung, einen Petasos, an dem Flügel angebracht sind, trägt, wohl kaiserzeitliche Kopie eines griechischen Originals, vielleicht des 4. Jh. v. Chr.; *Fragment eines stadtrömischen Sarkophages* mit dionysischem Thema, links ein Maultier, auf dem ein alter Satyr zu ergänzen ist, rechts eine nach rechts gewandte Frau, um 140/50; *Kopf eines jungen Mannes,* frühes 1. Jh.; *Grabrelief eines Ehepaares,* links der Mann, rechts die Frau, die ihm den rechten Arm um die Schultern legt und in der linken Hand einen Spiegel trägt, frühes 1. Jh.; zwischen den Fenstern *Fragment eines Ambo,* verziert mit Rankenwerk und im Mittelfeld mit einem sich umwendenden Löwen, 9./10. Jh.

Im **Garten** sind u. a. zu sehen: *großes korinthisches Kapitell,* das aus einem monumentalen Gebäude stammen muß, 5. oder frühes 6. Jh.; *Sarkophag,* in halbfertigem Zustand von der Insel Prokonnesos importiert, die Girlanden auf je einer Lang- und Schmalseite dann in Durres oberflächlich geglättet und teilweise ausgearbeitet, spätes 2. Jh.

Unter den zahlreichen Stücken im **überdachten Gang:** *Grabrelief* mit drei Figuren, links der Vater, rechts die Mutter und in der Mitte die Tochter, frühes 1. Jh.; Fragmente weiterer lokaler *Grabreliefs* des 1. und 2. Jh.; verschiedenartige *Grabaltäre,* die, mit Inschriften versehen, zum Gedenken an die Toten bei den Gräbern aufgestellt wurden, überwiegend 1. Jh.; einige von ihnen aus Rom importiert; *Grabmonument in Form eines Altars,* auf den eine Ostothek aufgesetzt ist, eine Form, die nur in Bithynien Parallelen hat; das Stück wird also von dort in der Antike importiert worden sein, wie auch der prokonnesische Marmor vermuten läßt (wahrscheinlich 1. Häfte 2. Jh.); *fragmentierte Statue* eines stehenden Mannes in Toga, der Tracht des römischen Bürgers, attischer Marmor und wohl auch attische Arbeit, 2. Hälfte 1. Jh. *Fragmentierte überlebensgroße Statue* eines Mannes mit Brustpanzer, der reich mit Reliefs (auf Seekentauren sitzende Nereiden, Delphine) verziert ist (s. Abb. 30); der Mann hatte den linken Arm hoch erhoben und stützte ihn auf ein Zepter; nach den Parallelen muß die Panzerstatue einen römischen Kaiser dargestellt haben, in Frage kommt u. a. Domitian (81–96); pentelischer Marmor, eine attische, sehr lebendige Arbeit; *Unterteil einer weiblichen Gewandfigur* in einem Peplos, den sie mit der linken Hand rafft, wohl römische Arbeit des 2. Jh., vielleicht nach einem griechischen Original des 4. Jh. v. Chr.; *schlanke Grabstele,* die nur mit zwei stilisierten Blüten und dem Namen des Toten, Philostratos, geschmückt ist und als oberen Abschluß einen Akroter mit Rankenwerk und Palmette aufweist, ein attisches Original, das in der Antike importiert worden ist, frühes 4. Jh. v. Chr.; *Grabrelief,* das in der Oberfläche stark verwaschen ist, einst aber wohl recht qualitätvoll war, rechts ein sitzender bärtiger Mann, wahrscheinlich der Tote, an dessen Knie sich ein Kind lehnt, links eine stehende Frau, vermutlich die hinterbliebene Ehefrau, auch dies ein in der Antike importiertes attisches Original, 1. Hälfte des 4. Jh. v. Chr. (s. Abb. 17).

Hinter dem Museumsgebäude kann man sich nach rechts in einen anderen Teil des Gartens wenden; unter den sehr zahlreichen, meist stark fragmentierten Fundstücken konnen nur wenige hervorgehoben werden: *Schrankenplatte,* die zur Templonanlage einer Kirche gehört haben wird, 6. Jh.; eine große Anzahl von Kapitellen, darunter mehrere *monumentale Pfeilerkapitelle,* wohl aus der 2. Hälfte des 5. Jh., die Zeugnis ablegen von sehr bedeutenden, archäologisch bisher aber nicht nachweisbaren frühchristlichen Bauten – in erster Linie wohl Kirchen – im Gebiet des heutigen Durres; die Reihe der *Säulen und Bögen* stammt vom Vorhof der Moschee in Kavaja, südlich von Durres, 18. Jh.

Frühchristliche Basilika in Arapaj und römisches Lager bei Petra

Bei dem kleinen Dorf Arapaj, etwa 5 km südöstlich von Durres, wird seit 1980 eine der größten Kirchen der frühchristlichen und frühbyzantinischen Zeit ausgegraben. Sie war, zumindest im Mittelalter, dem Erzengel Michael geweiht.

Der langgestreckten, dreischiffigen Basilika ist im Westen ein Atrium vorgelegt. Das Mittelschiff schließt in einer großen, auch außen gerundeten Apsis, die Seitenschiffe besitzen im Norden und Süden je eine kleinere Apsis, so daß ein Dreikonchen-Abschluß entsteht. Parallelen hierzu finden sich im westlichen Griechenland in der antiken Landschaft Epirus (Paramythia; Dodona, Bauphase II), zu der ja auch weite Teile Albaniens gehörten; es scheint sich demnach um eine Besonderheit des westlichen Balkans zu handeln. Weitere

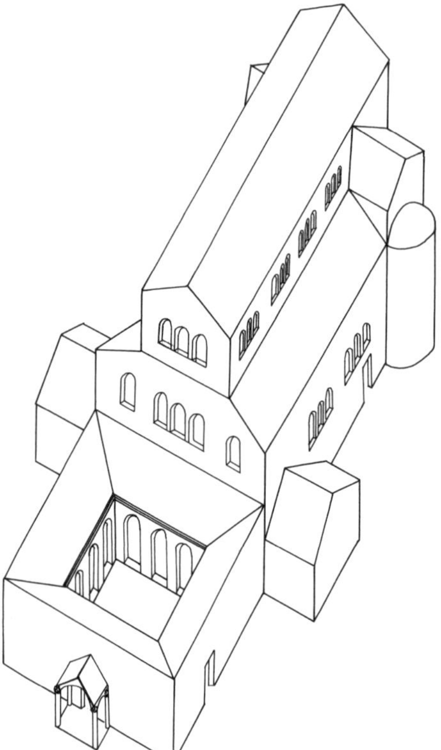

Durres-Arapaj, frühchristliche Basilika, Rekonstruktionsskizze

Beispiele sind aus Bethlehem und Ägypten bekannt, doch ist nicht hinreichend geklärt, ob sie Beziehungen zu denen in Epirus haben. Gründe für diese ungewöhnliche Bauform, etwa durch die Liturgie bedingte Erfordernisse, lassen sich bisher nicht nennen.

Im Inneren trennten Säulen die drei Schiffe; es muß Emporen über den Seitenschiffen gegeben haben, wie Säulen und Kapitelle einer kleineren Ordnung beweisen. Die weiteren Reste der Innenausstattung (Kapitelle, Fragmente von Schrankenplatten, eines Ambo, des Ziboriums oder Altars) sind noch nicht publiziert. Der Fußboden war wahrscheinlich ursprünglich mit Marmorplatten ausgelegt, wie geringe Reste zeigen; in einer zweiten Phase scheint man jedoch bei Ausbesserungen Tonplatten verwandt zu haben.

In einem Nebenraum im Norden ist eine kleine, in dem entsprechenden, jedoch besser erhaltenen südlichen Raum sogar eine große unterirdische, aus Ziegeln gemauerte Grabkammer erhalten; eine Treppe (die heutige ist neueren Datums) führte von Osten hinunter zu einem Vorraum; der eigentliche Grabraum war durch eine Marmorplatte verschlossen, die noch vorhanden ist. In dem Raum über der Grabkammer befindet sich ein ausgezeichnet erhaltenes Fußbodenmosaik (etwa 9 × 6 m; s. Abb. 39 u. 40); sein westlicher Teil zeigt eine paradiesische Landschaft mit zwei Hirten und verschiedenen Tieren; der östliche, durch eine eigene Umrandung abgesetzte Teil weist jene häufig überlieferte frühchristliche Darstellung der beiden Hirsche auf, die an einen Kantharos getreten sind, aus dem sich Weinranken hervorwinden (vgl. S. 41 f.). Inschriften oder andere archäologische Hinweise fanden sich weder in dem Grab noch in dem Raum darüber, so daß über die einstige Bestimmung (Grab eines Märtyrers oder eines Stifters?) kaum Aussagen möglich sind.

Die bisher bekannten Reste der Ausstattung und der Stil des Mosaiks weisen darauf hin, daß die Basilika von Arapaj aus der 1. Hälfte des 6. Jh. stammen dürfte. Der abgelegene Standort, 5 km von Dyrrachium entfernt, spricht dafür, daß es sich um ein Kloster gehandelt hat. Diesbezügliche Quellen kennen wir allerdings nicht, und auch von den Klostergebäuden wurde bisher noch nichts ausgegraben. Die Anlage hat, wie die Funde, besonders

Münzen, zeigen, bis in das 15. Jh. hinein bestanden. Im Jahr 1081 wird die Michaelskirche von der byzantinischen Chronistin Anna Komnena in Zusammenhang mit einem Einfall der Normannen erwähnt. In der Umgebung fand eine Schlacht statt, in der die byzantinischen Truppen unterlagen; der Klosterkomplex wird dabei wohl in Mitleidenschaft gezogen worden sein. Wie aber der Bauzustand im 11. und 15. Jh. war, wissen wir nicht. Das Atrium muß zumindest in der Spätzeit zerstört gewesen sein, da man dort aus dieser Zeit auf sehr viel höherem Niveau eine Fülle an Bestattungen gefunden hat.

Bei **Petra,** südlich des Hotelkomplexes von Durres, zeichnen sich die Erdwälle einer quadratischen Anlage im Gelände ab. Es wird sich um ein Lager der Soldaten des Pompeius aus den Bürgerkriegskämpfen mit Caesar im Jahre 48 v. Chr. handeln.

Tirana

Von Durres aus kann man Tirana als Tagesausflug auf einer Bustour mit Führung besuchen. Bei Rundreisen wird im Hotel Tirana am Hauptplatz der Stadt übernachtet.

Tirana, die Hauptstadt Albaniens, ist noch verhältnismäßig jung (etwa 300000 Ew.; bedeutendes Industriezentrum mit Werken für Metallverarbeitung, chemische Produkte, Holzverarbeitung, Baustoffe, Nahrungsmittel, Kleidung, Druckerzeugnisse u. a.). In einem heutigen Vorort, ehemals einem selbständigen Dorf, fand man jedoch Reste einer römischen Villa des 2./3. Jh., die später, wohl im 5. oder frühen 6. Jh., zu einer Kirche umgebaut wurde (heute zum Schutz zugeschüttet und daher nicht zugänglich), ferner einen Schatz kaiserzeitlicher Münzen sowie eine zweite frühchristliche Kirche, die aber noch nicht ausgegraben ist. Der Name Tirana taucht als Ortsbezeichnung zuerst bei dem albanischen Humanisten Marinus Barletius im 15. Jh. auf.

Zu Anfang des 17. Jh. gründete der türkische General Süleyman, der aus einem Nachbardorf stammte, an dieser günstigen Stelle eine Siedlung, deren Lage als typisch für eine türkenzeitliche Landstadt gelten kann: Die große, fruchtbare Ebene bietet ausreichend Wasser, die Lage am Rande des albanischen Hochlands bringt auch im Sommer eine gewisse Kühle mit sich, im Osten ziehen sich höhere, bewaldete Berge entlang, von denen der Dajti eine Höhe von 1612 m erreicht; die Straßenverbindungen zum Meer und in das Landesinnere waren gut. So konnte die Stadt eine bescheidene Blüte unter dem Pascha von Shkodra erleben. Die örtlichen Beys jedoch versuchten immer wieder, eine gewisse Selbständigkeit vom Pascha zu erlangen; einer von ihnen, Molla Bey, ließ 1794 die Moschee beginnen, die sein Sohn Ethem Bey dann 1823 vollendete. Außer dieser Moschee, dem Uhrturm und einem kleinen Grab etwas östlich davon zeugen noch kleine Teile des Basarviertels und einige restaurierte Herrenhäuser von der türkenzeitlichen Stadt.

Enver Hoxha im Kreise seiner Anhänger (1963)

Im Jahre 1922 wurde Tirana zur Hauptstadt Albaniens und als Regierungssitz ausgebaut. Eine von Norden nach Süden verlaufende Hauptachse mit dem Skanderbeg-Platz als Zentrum wurde angelegt; an seiner östlichen Seite steht die Ethem Bey Moschee. Im südlichen Teil der Stadt, am Platz und an der Straßenachse errichtete man Ministerien und andere Regierungsgebäude, die mehr oder weniger stark einem klassizistischen Stil verhaftet sind – entsprechend sahen auch die Wohnhäuser aus. In den Jahren 1939 bis 1943 war Albanien von den Italienern besetzt. In Tirana residerte der Vertreter des italienischen Königs, Baumaßnahmen waren jedoch selten. Am 8. November 1941 hat Enver Hoxha in Tirana die Kommunistische Partei Albaniens gegründet: Das Haus, in dem die geheime Versammlung stattfand, ist jetzt in ein Museum umgewandelt. Am 17. November 1944 fand die Besetzung durch deutsche Truppen, die nach den Italienern eingerückt waren, ein Ende, und Tirana wurde Hauptstadt des selbständigen Albanien.

Seitdem veränderten zahlreiche Neubauten das Aussehen der Stadt völlig, obwohl die Hauptachse beibehalten wurde. Im Norden bilden nun das Historische Museum und das Hotel Tirana, das höchste Gebäude Albaniens, den Abschluß des Skanderbeg-Platzes, im Nordosten der Kulturpalast. Beherrschend stehen auf dem Platz ein großes Bronzebild von Skanderbeg zu Pferde sowie ein Standbild von Enver Hoxha (s. Farbabb. 10). Auf der östlichen Seite der südlichen Hauptachse liegen die Kunstgalerie, das Enver Hoxha-Museum, der Kongreßpalast und das Archäologische Museum, den Abschluß im Süden bildet das Hauptgebäude der Universität. Die vielen Bäume und kleine, sorgsam gepflegte Parkanlagen sorgen unter anderem dafür, daß abends und an Sonntagen zahlreiche Spaziergänger das Zentrum der Stadt beleben. Trotz der umfangreichen Baumaßnahmen hat ein Viertel östlich des Hotels Tirana noch etwas von seinem alten Charme bewahrt.

Besucht werden üblicherweise die Ethem Bey Moschee, mehrere Museen (Hist. Museum, Kunstgalerie, Archäol. Museum, Ethnograph. Museum) und die Ausstellung ›Albanien heute‹, ferner die in einem Vorort gelegenen Reste der eingangs erwähnten frühchristlichen Kirche. Ein kurzer Ausflug führt nach Süden zum Partisanenfriedhof, auf dem auch Enver Hoxha beigesetzt ist. Die Anlage bekrönt eine monumentale Statue, die ›Mutter Albanien‹. Von der Terrasse aus hat man bei günstigem Wetter einen wundervollen Blick auf die Stadt und die sie umgebenden Berge.

Ethem Bey Moschee

Die Ethem Bey Moschee beherrscht noch heute mit ihrem Minarett und dem zugehörigen Uhrturm den Hauptplatz von Tirana, auch wenn sie keine religiöse Funktion mehr erfüllt, sondern als wertvolles geschichtliches und kulturelles Baudokument unter Denkmalschutz steht (s. Farbabb. 8).

Es handelt sich um den Typus der Einkuppel-Moschee (vgl. S. 83f.), der im Gebiet von Albanien das erste Mal von der 1496 erbauten Mirahor Moschee in Korça vertreten wird. Die Ethem Bey Moschee ist dagegen eines der spätesten Beispiele. Nach einer Inschrift an der Nordseite des Portikus wurde sie im Jahre 1794 durch Molla Bey von Petrela begonnen; bei seinem Tode 1807 war die Kuppel vollendet. Sein Sohn Ethem Bey ließ Portikus, Dach,

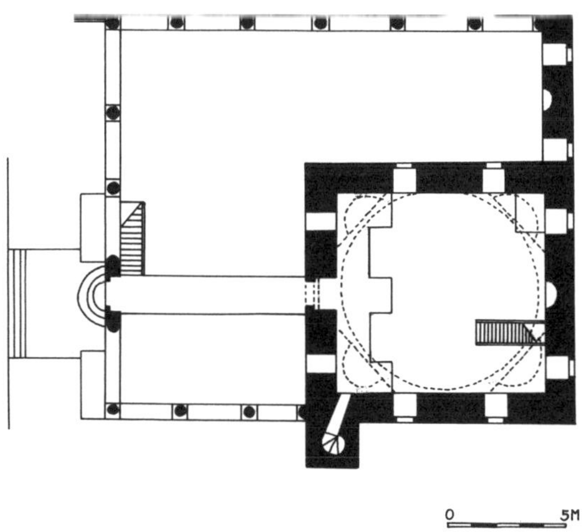

Tirana, Ethem Bey Moschee, Grundriß

Minarett und Malerei fertigen; der gesamte Bau war 1821 vollendet, die Außenmalereien zwei Jahre später. Die genauen Gründe für die ungewöhnlich lange Bauzeit sind uns nicht bekannt, hängen jedoch möglicherweise mit den kriegerischen Auseinandersetzungen zwischen dem Bey von Tirana und dem Pascha in Shkodra zusammen.

Wie häufig bei Moscheen in Albanien anzutreffen, wurde eine offene, luftige Vorhalle angelegt, und zwar nicht nur an der Eingangsseite im Nordwesten, sondern zusätzlich noch im Nordosten; sie zieht sich demnach um zwei Gebäudeseiten herum und besitzt eine eigene Kibla-Wand mit einer Mihrab-Nische. Im Inneren leiten vier Ecknischen vom Quadrat des Grundrisses in das Rund des Kuppelansatzes über; im Außenbau sind sie durch die schräg herabführenden Dachecken kenntlich gemacht. Die Innenausstattung der Jahre um 1820 ist gut erhalten und wurde zu Anfang der 70er Jahre vorzüglich restauriert: der hölzerne Minber, ein hölzerner Balkon über dem Eingang (von der Treppe im Minarett aus zugänglich) sowie die Ausmalung von Mihrab-Nische, Wänden und Kuppel, die eine üppige florale Ornamentik und reiche Phantasie-Stadtansichten zeigen. Auch in der Vorhalle sind Malereien, ebenfalls mit phantasievollen Stadt- und Palastensembles, zu bewundern (s. Abb. 82 u. 83).

Ungewöhnlicherweise hat man die Kapitelle mit der jeweils unterschiedlichen pflanzlichen Dekoration aus Marmor gearbeitet. Einige aus Kalkstein gefertigte Ornamentplatten sind im Mauerwerk des Minarettsockels eingelassen. Das Minarett weist die übliche Form auf, es ist unten quadratisch, wird dann in ein Rund übergeleitet und nach oben hin immer schlanker. Der durch eine Spindeltreppe zu erreichende Umgang diente ursprünglich dem Muezzim zum Ausrufen der Gebetsstunden. Die Spitze des Minaretts endet wie ein angespitzter Bleistift; hier saß einst ein ›Haleb‹, ein nach oben offenes Halbrund aus Messing. Links und rechts vom Eingang in die Vorhalle standen früher die reich geschmückten Gräber des Stifters und seiner Frau. Etwas abgesetzt erhebt sich der auf quadratischem Grundriß errichtete Uhrturm.

Obwohl die Ethem Bey Moschee in Tirana ein recht spätes Beispiel der islamischen Baukunst im Gebiet des heutigen Albanien ist, hat sie doch wegen der Verbindung des Einkuppel-Typus mit einer ausgedehnten Vorhalle sowie wegen der ausgezeichnet erhaltenen Malereien ihren besonderen Reiz.

Historisches Museum

Das Historische Museum, ein großer Neubau, liegt in der Nähe des Hotels Tirana am Hauptplatz der Stadt, schräg gegenüber der Ethem Bey Moschee. Die Fassade schmückt ein gewaltiges, farbenprächtiges Mosaik (s. Farbabb. 9). Die Ausstellung erläutert die Geschichte Albaniens von der Prähistorie bis zur heutigen Zeit mit einer großen Zahl von Exponaten, Kopien und Beschriftungstafeln (hier beschränken wir uns auf antike, frühchristliche und mittelalterliche Stücke).

Der **1. Raum** gilt der Vor- und Frühgeschichte, aus der einige wertvolle Stücke der Jungsteinzeit (6000–2800 v. Chr.; s. Farbabb. 11 u. 12), der Kupfer-Steinzeit (2800–2100 v. Chr.), der Bronzezeit (2100–1100 v. Chr.) und der frühen Eisenzeit (1100–500 v. Chr.)

ausgewählt sind: Keramik, Objekte aus Metall, vor allem Waffen, Schmuck einer Frau u. a.; am Mittelpfeiler *Kopien* einer *Felsmalerei aus Lepenica* mit stilisierten Menschen und Häusern, 2. Jt. v. Chr., und einer *Felsmalerei aus Tren* mit Jagdszene, um 1000 v. Chr. oder mittelalterlich.

In einer Vitrine Funde aus dem ›*Monumentalgrab Nr. 3*‹ *von Selca* (nach der Zählung in diesem Führer Grab Nr. 8), das einer hochgestellten Familie gehört haben muß, 2. Hälfte 3. Jh. v. Chr., u. a.: Teil eines Gürtelbesatzes aus getriebenem Silber, auf eine eiserne Unterlage aufgelegt, mit zwei Reitern, die gegen einen Fußsoldaten kämpfen – bemerkenswert die illyrischen Helme mit großen Helmbüschen und die makedonisch-illyrischen Schilde –, einheimische Arbeit (s. Farbabb. 29); hervorragend gearbeiteter Goldschmuck, darunter eine Halskette, ein Ohrring mit einem kleinen Eros, mehrere Ohrringe mit Negerköpfen – aus Granat und aus Glaspaste –, wohl Importe; Terrakotten, einige Gefäße aus Bronze und zahlreiche aus Ton, Waffen, Reste eines Kettenhemdes, Eisenfesseln für einen Sklaven.

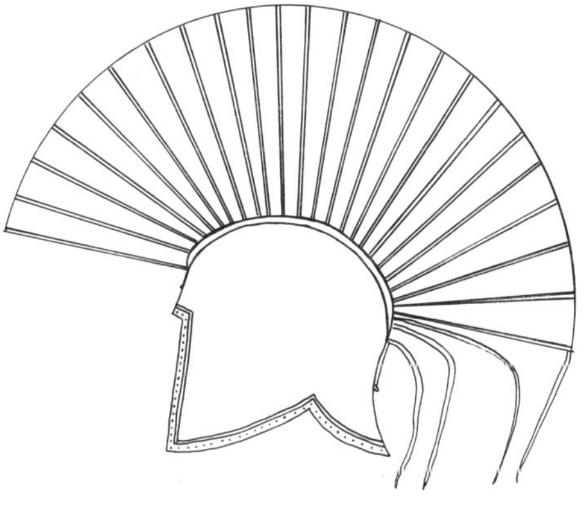

Illyrischer Helm mit Helmbusch, Skizze nach dem Silberblech aus Selca, 2. Hälfte 3. Jh. v. Chr.

Im großen **2. Raum** sind lokale illyrische, griechische und kaiserzeitliche Funde ausgestellt; hervorgehoben seien: *Fragment eines Grabreliefs aus Apollonia* mit Löwen, die eine Hirschkuh reißen, und anderen Darstellungen, die auf Tod, Unterwelt und Jenseits hinweisen, eine charakteristische Arbeit für diese Stadt, 3. Jh. v. Chr.; *marmornes Relief* mit einer nach rechts gerichteten *Nike* aus Butrint, wohl eine Arbeit der frühen römischen Kaiserzeit in Anlehnung an griechische Vorbilder des 5. Jh. v. Chr.; *Grab- oder Votivrelief,* das vielleicht nachträglich oben rund beschnitten worden ist, mit zwei Frauen, zwei Hermen und in der Mitte einer Dienerin, die der rechts stehenden Frau einen Kasten reicht, oben herabhängend ein Vogelkäfig; 2. Jh. v. Chr.; *Marmorkopf aus Butrint,* der nach der Auffindung mit einer weiblichen Statue verbunden wurde, die als ›Göttin von Butrint‹ Berühmtheit erlangte; der Kopf kam vor dem Zweiten Weltkrieg nach Italien und wurde zuletzt in Rom, Museo Nazionale Romano, ausgestellt, bis er vor wenigen Jahren an Albanien zurückerstattet wurde (die Statue scheint jedoch verloren zu sein); der Kopf ist eine kaiserzeitliche Arbeit, vielleicht des frühen 1. Jh., die auf ein griechisches, den Gott Apollon darstellendes Werk des 4. Jh. v. Chr. zurückgeht.

Sehr aufwendiges *dreizoniges Grabrelief* der Gruppe von Apollonia, 3. Jh. v. Chr.; *Teil eines Fußbodenmosaiks aus Durres* in einer sehr seltenen, überaus aufwendigen Technik: es besteht aus sorgfältig ausgesuchten Kieseln, die nicht bearbeitet oder bemalt wurden, sondern in ihren natürlichen Formen und Farben belassen sind (es sei hier auf die Kieselmosaiken in Olynth, Pella oder Sikyon in Griechenland verwiesen); das Mosaik aus Durres dürfte in einem sehr vornehmen Wohnhaus des späten 4. Jh. v. Chr. gelegen haben; Näheres ist aber darüber bisher nicht bekannt, da ja die antike Stadt von der heutigen überbaut ist; auf dem Mosaik ist eine Frauenbüste dargestellt, die aus einem wuchernden Rankenwerk herauswächst; Parallelen finden sich in der Vasenmalerei, vor allem in Unteritalien.

Kopf einer Aphrodite- oder Artemisstatue aus Apollonia, kaiserzeitliche Kopie des 2. Jh. nach einem griechischen Original des späten 4. Jh. v. Chr.; verschiedene typisch illyrische *Grabstelen* aus Durres, 3./2. Jh. v. Chr.; vorzügliches *Porträt eines älteren Mannes* mit ausdrucksvollen Gesichtszügen aus Apollonia, frühes 3. Jh., in der Beschriftung fälschlich als Demosthenes (berühmter attischer Redner des 3. Jh. v. Chr.) bezeichnet; in der Vitrine attische schwarz- und rotfigurige sowie lokale *Keramik; Relieffragment* unklarer Verwendung, links ursprünglich wahrscheinlich neun Männer, die auf einem Triklinium lagern, rechts Musikanten mit Doppelflöte und Kithara, lokale Arbeit aus Kalkstein, in Apollonia gefunden, vielleicht frühes 1. Jh.; in der Wandvitrine Waffen, darunter ein *Helm des illyrischen Typus* (aus Mat), 5. Jh. v. Chr.

Über dem Eingang zum **3. Raum** ein *Bogen mit Kassetten* aus Apollonia, von einem unbekannten Bau stammend, 2. Jh.; *Relief mit kämpfenden Gladiatoren* aus Apollonia, 2./3. Jh.; *Grabrelief der Lepidia Salvia,* lokale Arbeit aus Durres, 1. Jh.; *Grabrelief des M. Ulpius Iustus* aus Nordalbanien (Margegaj Tropolje), in der Ornamentik und Darstellung des Reiters mit Stücken in Dardanien (Kosovo) verbunden, 2./3. Jh.; *Statuette der Athena,* Kopie der berühmten Athena Parthenos des Phidias im Parthenon in Athen, signiert vom Bildhauer Euhemeros aus Athen, 1. Hälfte 3. Jh.; *Hermenbüste,* die vielleicht den Philosophen Kolotes darstellt, aus Apollonia, Kopie des 2. Jh. nach einem Original des frühen 3. Jh. v. Chr.; mehrere kleine Köpfe, darunter ein sehr hübscher späthellenistischer *Kopf eines Eros,* 2./1. Jh. v. Chr.; *weibliche Statue,* vielleicht Aphrodite, aus Butrint, 1./2. Jh.; *Frauenstatue* im Typus der sogenannten ›Großen Herkulanenserin‹ aus Apollonia, 1. Jh.; *Statue eines Mannes in Toga,* der durch diese Kleidung ostentativ auf seine römische Bürgerschaft hinwies, aus Apollonia, mittleres 2. Jh.; *Statue eines Mannes mit Brustpanzer* aus dem Theater in Butrint, attische Arbeit, frühes 1. Jh.; *Grabrelief eines Mannes mit kurzem Gewand,* der eine Hacke in der rechten Hand hält, also vielleicht ein Tischler, 2. Jh.; *Grabrelief mit zwei Schmieden* aus Tren, 2./3. Jh.

Im letzten Teil des Saales sind einige Architekturfragmente frühchristlicher und frühbyzantinischer Zeit ausgestellt: ein *Bogen aus der Basilika in Ballsh,* dessen ursprüngliche Verwendung bisher nicht bekannt ist, vielleicht nicht aus der Erbauungszeit der Kirche im 6. Jh., sondern von einer mittelalterlichen Erneuerung stammend; ein allseits verzierter

Pfeiler und ein *Pfeilerkapitell,* ebenfalls aus der Basilika in Ballsh, vielleicht 6. Jh.; *Kapitell aus Durres,* Marmor, fertig gearbeitet aus Prokonnesos importiert, spätes 5. Jh.; *großes Kapitell aus Durres,* bei dem im oberen Teil der Ecken Vorderkörper von Tieren angebracht sind, Marmor, fertig gearbeitet aus Prokonnesos importiert, spätes 5. Jh.; an der Wand *Teil des Fußbodenmosaiks* aus der Basilika von Mesaplik, in der Mitte ein Kopf mit Kappe, der die Beischrift »Aparkeas« trägt, 6. Jh. (s. Abb. 38).

Im **1. Raum des I. Stockes** weitere frühchristliche sowie mittelalterliche Objekte: *zwei Kapitelle* mit Akanthusblättern aus Durres, spätes 5. Jh.; *zwei offensichtlich zusammengehörende Schrankenplatten* aus Durres, sehr plastisches Relief und relativ feine Arbeit, vielleicht 11./12. Jh.; Photographien mittelalterlicher Denkmäler in Albanien; *Modell des Haupttores von Berat* mit Zwinger, im Jahre 1205 unter Michael I. Komnenos unter Wiederverwendung antiker Teile errichtet; *Inschrift aus der Kirche von Shirgj* in der Nähe von Shkodra, die den Bau der späten Romanik und frühen Gotik in das Jahr 1290 datiert; *Wappen der Familie Skurajvre,* aus Lezha, 13. Jh.; *Portal der Kirche Shen Gjon Vladimir* bei Elbasan, datiert 1381, mit Inschriften in lateinischer und griechischer Sprache, einzelne Teile offensichtlich aus älteren Bauten stammend und für die Wiederverwendung zurechtgeschnitten; *zwei Ikonen des 16. Jh.,* eine mit den Kirchenvätern Basileios, Johannes Chrysostomos und Gregorios von Nazianz, die andere – besonders fein gemalte – mit einem Halbfigurenbild des hl. Georg; eine besondere Kostbarkeit ist das große bestickte Tuch, auf dem der tote Christus im Grabe wiedergegeben ist, ein ›*Epitaphios Threnos*‹, das am Karfreitag bei den Prozessionen mitgeführt wurde, in der Inschrift datiert 1373, aus der Kathedrale von Berat; in einer Vitrine *Kopien* einiger Seiten des berühmten *Kodex von Berat,* einer auf purpurfarbenem Pergament geschriebenen Handschrift des 6. Jh., die zu den kostbarsten frühen Bibeln gehört, Original im Staatsarchiv in Tirana; *Abgüsse* einiger Säulen und Kapitelle der Vorhalle der Marienkirche von Apollonia, 2. Hälfte 13. Jh.

In einem **späteren Raum:** sehr reich geschnitzte, hölzerne *Königliche Pforte* aus Sopik (Gjirokastra), 18. oder frühes 19. Jh.; *vier Ikonen,* davon drei von David Selenica, aus der Kirche des hl. Nikolaos in Voskopoja, 18. Jh. (Einführung der Maria in den Tempel; Verklärung Christi auf dem Berge Tabor; Beweinung des toten Christus); die vierte zeigt die Einführung der Maria in den Tempel und gehört zum Festtagszyklus der Ikonostase in der Evangelismoskirche in Berat (sechs weitere zugehörige Ikonen im Museum in Korça), ein sehr eindrucksvolles Werk der frühen nachbyzantinischen Phase, das auf Onufri zurückgeführt wird, Mitte 16. Jh.

Im **Museumshof** unten ein *Treppenaufgang* und ein *Tor mit falschem Gewölbe,* aus polygonalen Steinen errichtet, Teil eines palastähnlichen Gebäudes in Çuka e Ajtot (südlich von Butrint), 3. Jh. v. Chr.

Kunstgalerie

Die Kunstgalerie bietet in einem großzügigen neuen Bau einen Überblick über das Kunstschaffen in Albanien, vor allem aus der Zeit nach dem Zweiten Weltkrieg. Aus der Fülle der Gemälde und Plastiken seien hier einige hervorgehoben.

Als ersten genuin albanischen Künstler wird man den Maler Kol Idromeno (1860–1939) bezeichnen; besonders anziehend ist das Gemälde seiner Schwester Tone von 1883, die in prächtiger, albanischer Tracht wiedergegeben ist. – Unter den Gemälden von Vangjush Miho (1891–1957) fallen vor allem die recht farbenprächtigen, duftig getupften Landschaften aus Albanien ins Auge, unter anderem Ansichten des Pogradec-Sees sowie des Hauptplatzes von Tirana mit der Ethem Bey Cami. – Von Odhise Paskali (1903–1985), dem bedeutendsten Bildhauer Albaniens, stammen zahlreiche öffentlich aufgestellte Statuen, unter anderem von Skanderbeg und Enver Hoxha. So ist beispielsweise die berühmte, schon 1937 entstandene Büste von Skanderbeg, die sich in Abgüssen in der Gedenkstätte in Lezha sowie im Skanderbeg-Museum in Kruja befindet, ein Werk von Paskali. – Seinen ganz eigenen, ›naiven‹ Stil hat Abdurrahim Buza (1905–1986) gefunden, dessen Bilder teilweise durch ihre leuchtenden Farben hervorstechen; von ihm stammen u. a. die großen ›Volksspiele‹ von 1974. – Foto Stamo (geb. 1916) malte hauptsächlich Porträts und Landschaften.

Eine Reihe von Künstlern feiert die Errungenschaften des neuen Albanien im Stile des sozialistischen Realismus; vielfach überraschen sie jedoch auch mit kleinen, recht hübschen Landschaften oder Studien. Genannt seien hier Ksenofon Dilo, geb. 1932, mit den Partisanen, die ein Flugzeug abschießen; Vilson Kilica, geb. 1932, mit dem ›Lob der Partei‹ und ›Enver Hoxha vor einer roten Fahne‹; Sali Shijaku, geb. 1933, mit den ›Heroen im Zweiten Weltkrieg‹; Danish Jukniu, geb. 1934, mit dem Anschluß des letzten Hauses eines abgelegenen Dorfes an das Elektrizitätsnetz oder den musizierenden Hirten auf einem Berg; Zef Shoshi, geb. 1939, u. a. mit dem berühmten Bild von Enver Hoxha unter Bauern in Nordalbanien (1976; s. Abb. 85). – In einem kleinen Raum werden einige ältere, meist anonyme Bilder der europäischen Schule ausgestellt, darunter ein relativ schlecht erhaltenes Bildnis eines alten Mannes, das man Rembrandt zuweist.

Archäologisches Museum

Das Archäologische Museum befindet sich in der Nähe des Hauptgebäudes der Universität; seine ersten Sammlungen wurden vor dem Zweiten Weltkrieg angelegt, das heutige Gebäude stammt aus der Zeit danach. 1986 ordnete man die Ausstellung vollkommen neu; sie bietet nun einen Überblick über die archäologischen Funde von der Steinzeit bis zum Mittelalter. Da sehr wenige Beschriftungen existieren, findet man sich nur schwer zurecht. Generell sollte man der Aufstellung der Vitrinen und Ausstellungsstücke im Uhrzeigersinn folgen.

Die Funde setzen in der mittleren Altsteinzeit (Paläolithikum) mit den Jahren um 8000 v. Chr. ein (einige Werkzeuge aus Feuerstein). Aus dem Mesolithikum ist bisher noch relativ wenig bekannt, sehr viel umfangreicher entwickelt sich dagegen die Überlieferung in der Jungsteinzeit (Neolithikum, etwa von 6000–2800 v. Chr.). Die Keramik umfaßt recht vielfältige, teils einfarbige, vor allem rote, teilweise jedoch auch mit verschiedenartigen, unregelmäßigen Mustern überzogene Ware (s. Farbabb. 13). Hervorgehoben seien die *Funde aus Maliq* bei Korça, deren archäologische Auffindung photographisch dokumentiert wird. In der Übergangsphase der Kupfer-Steinzeit (Chalkolithikum, etwa 2800–2100 v. Chr.) läßt die Keramik neue Formen erkennen, die häufig durch elegante Konturen und prächtige

Helm aus dem Fürstengrab von Belsh, Tirana, Archäologisches Museum, Bronze, Mitte 4. Jh. v. Chr.

Ornamente hervorstechen. Auch aus der Bronzezeit (etwa 2100–1100 v. Chr.) gibt es eine Fülle von Siedlungen mit reichen Funden an Keramik, Messern, Doppeläxten, Schwertern, Lanzenspitzen und anderem mehr.

Gegen 1100 v. Chr. setzte bekanntlich die Verwendung des Eisens ein; eisenzeitliche Funde stammen zum einen aus Dörfern und befestigten Siedlungen, die jetzt in großer Zahl angelegt wurden, zum anderen aus Gräbern, vor allem den für das Gebiet Albaniens so charakteristischen illyrischen Hügelgräbern. Hier seien nur ein *illyrischer Helm aus Mat* und die Fundstücke aus dem *Fürstengrab von Belsh* (mittleres Albanien) genannt: ein Helm des illyrischen Typs, Beinschienen, kupferne Gefäße (zum Mischen von Wein?), ein Weinsieb und eine mit stilisierten Blüten geschmückte Trinkschale, bronzene Trinkgefäße mit elegant ausladenden Henkeln, Tongefäße verschiedener Größe (ein großer Volutenkrater zum Mischen von Wein befindet sich im Hist. Museum), Silberschmuck, darunter zwei besonders schöne Ohrringe; Mitte 4. Jh. v. Chr., nur eine bronzene Weinkanne stammt schon aus dem 6. Jh. v. Chr. und wurde vielleicht in der Familie als Kostbarkeit durch die Jahrhunderte vererbt.

In dem **korridorartigen Raum links** an der linken Wand Photographien verschiedener illyrischer, griechischer und römischer Orte, an der rechten Wand einige Skulpturen: nach links gerichteter *Löwe* mit heftig bewegter Oberfläche, 2. Jh. v. Chr.; einige für Illyrien charakteristische *Grabmonumente* in Form von in eine Basis eingelassenen Zylindern, mit Inschriften in griechischen Buchstaben, es werden jedoch mehrfach illyrische Namen genannt, 3./2. Jh. v. Chr.; *zwei Frauenbüsten* auf Sockeln mit Inschriften, ebenfalls typisch illyrische Grabmonumente, 2. Jh. v. Chr.; *Herme mit Frauenkopf* und Grabinschrift, 3./ 2. Jh. v. Chr.; *lagernde Frauenfigur* aus Marmor, wohl aus dem Eckkompartiment eines Giebels; der Oberkörper ist nackt, sie faßt mit beiden Händen an ihre Brüste; eine andere Gestalt, die gleich groß gewesen sein muß, deshalb also kein Eros sein kann, legt ihr den rechten Arm um die Schultern, wahrscheinlich handelt es sich um Aphrodite und eine Begleitung (entgegen der Angabe auf der Beschriftung stammt das Stück aus Amantia); vielleicht trotz der relativ scharfen Rillen im Gewand noch 3. Jh. v. Chr.

Fragment mit einem dickbäuchigen Unhold, vielleicht dem ägyptischen Gott Bes, der in der linken Hand ein Füllhorn trägt, von links kommt eine Frau; die Deutung ist fraglich, vielleicht 3. oder 2. Jh. v. Chr.; *Schauspieler mit Maske* auf dem Kopf, auf einem Altar sitzend, aus dem Theater in Byllis, vielleicht 2. Jh. v. Chr. (s. Abb. 16); bewegter *Kopf eines bärtigen Mannes,* vielleicht Herakles, aus Byllis, 2. Jh. v. Chr.; bemerkenswertes *Grabrelief aus der ›Gruppe von Apollonia‹;* der Tote lagert auf einem Bett und wird von Hermes, der ihn in die Unterwelt führen wird, bekränzt; links die Frau auf einem Thron; vorzügliche lokale Arbeit aus dem 3. Jh. v. Chr. (s. Abb. 31); links in der Ecke oben *Grabrelief eines Jünglings* aus der Nähe von Berat, Marmor, aber wohl lokale Arbeit (aus Apollonia?), frühes 4. Jh. v. Chr.; darunter ein *Weihrelief* an Pan und die Nymphen aus Durres, 2. Jh. v. Chr.

Rechts gelangt man in den **Hauptraum** des Museums; durch Vitrinen wird er in zwei Teile gegliedert; links sind zahlreiche *Kleinfunde* verschiedener Herkunft ausgestellt: importierte Keramik aus Korinth, Athen und vielleicht Unteritalien, einheimische Keramik, Terrakotten, Bronzefiguren und bronzene Gefäße (s. Farbabb. 30), Helme illyrischer und korinthischer Form, Schmuck (s. Farbabb. 27 u. 28) und andere Gegenstände; die Stücke stammen etwa aus dem 6. bis 2. Jh. v. Chr. – Im rechten Teil finden sich in der Vitrine Funde aus der römischen Kaiserzeit, Terrakotten, Lampen, Bronzen, Glas, Schmuck und einige kleine Marmorfiguren; hervorgehoben sei ein kleiner *Eros aus Bronze,* der einen Delphin auf der Schulter trägt, eine ›Nippesfigur‹ des 2. Jh., und die ungewöhnliche *Bronzeplatte* mit dem sitzenden Gott Sabazios, einem Fruchtbarkeitsgott, dessen Kult aus dem nordwestlichen Kleinasien zu kommen scheint, 2. Jh. (?; s. Farbabb. 31).

An der Wand links verschiedene Köpfe: *Männerkopf* mit heftig bewegter Oberfläche, ausgezeichnete Kopie augusteischer Zeit (spätes 1. Jh. v. Chr.) nach einem Meisterwerk des hohen Hellenismus aus dem frühen 2. Jh. v. Chr., aus Apollonia (s. Farbabb. 32); die *Büsten* eines jugendlichen und eines bärtigen älteren Mannes, 2. Jh.; das berühmte Porträt aus Butrint, das *Agrippa,* den Vertrauten und Feldherrn des Kaisers Augustus, darstellt, spätes 1. Jh. v. Chr.; das vorzügliche *Porträt eines jungen Mannes,* der die Toga über den Hinterkopf gezogen hat; es gehörte demnach zur Statue eines Opfernden in der offiziellen Tracht des römischen Bürgers, wahrscheinlich ein Mitglied des Kaiserhauses, frühes 1. Jh.; darunter ein *Männerporträt* ungefähr derselben Zeit, aber von viel geringerer Qualität; *Porträt einer Frau* der Mitte des 2. Jh., die die Haare als Kranz auf dem Kopf zusammengesteckt hat. Möglicherweise zu einer Statue des Gottes Apollon gehörender *Kopf,* kaiserzeitliche Arbeit des 2. Jh., vielleicht Kopie nach einem griechischen Original des 4. Jh. v. Chr. aus Apollonia; davor steht die *fragmentierte Statue eines bogenspannenden Eros,* die ein berühmtes, auf den Bildhauer Lysipp zurückgeführtes Vorbild stark umbildet; wahrscheinlich in der 1. Hälfte des 3. Jh. in Athen gearbeitet, in der Nähe von Tepelena gefunden.

Rechts an der Wand einige Skulpturen: *ionisches Kapitell* aus Apollonia, vielleicht 3. Jh. v. Chr.; *zwei Fragmente eines Frieses* mit Kämpfenden, die trotz der starken Beschädigungen sehr bedeutend sind, denn sie gehören zum dorischen Tempel auf der Akropolis von Apollonia, der ungewöhnlicherweise einen Fries besaß (s. Abb. 2); eine Parallele bietet der Athena-Tempel in Assos (Kleinasien), eine zeichnerische Rekonstruktion war bisher aber noch nicht möglich, 6. Jh. v. Chr.; darüber ein *Wasserspeier* in Form eines Löwenkopfes aus Apollonia, 3. Jh. v. Chr. Links daneben einige Marmorstatuen, wohl alle aus Apollonia, die ersten vier wahrscheinlich Importe aus Athen; *junger Mann,* der sich in seinen Mantel eingehüllt hat und sich mit dem linken Arm auf einen Pfeiler stützt, das linke Bein über das rechte geschlagen, Mitte 2. Jh.; *zwei Frauenstatuen,* deren Köpfe extra gearbeitet und eingesetzt waren – an der ersten ist ein Teil des Halses erhalten – im Typus der sogenannten ›Kleinen Herkulanenserin‹, der in der römischen Kaiserzeit gern für Porträtstatuen verwandt wurde; das Vorbild dürfte aus dem späteren 4. Jh. v. Chr. stammen und die Göttin Persephone dargestellt haben; *Statue eines Mannes* mit Untergewand und umschlungenem Mantel, zu seinen Füßen links ein vielleicht für Buchrollen bestimmtes Kästchen, 2. Jh.; von erheblich schlechterer Qualität die *Statue der Göttin Hygieia* links daneben, die in der rechten Hand eine Schale trägt; zu ihr hin bewegt sich die Schlange, deren Reste noch auf der linken Schulter und der linken Brust zu sehen sind; wahrscheinlich späteres 2. Jh.; *kleine Marmorstatue der Göttin Demeter;* sie hält im linken Arm einen Korb mit Früchten, um den sich eine Schlange ringelt; sehr flüchtige Arbeit, vielleicht des späten 2. Jh.; darüber ein sehr fein gearbeitetes *architektonisches Fragment,* der obere Abschluß eines Gebäudes, 3. oder 2. Jh. v. Chr.

An der Wand links hinter der Vitrine: *Grabaltar* aus der Nähe von Elbasan mit lateinischer Inschrift, 2. Jh.; daneben einige *Grabreliefs,* unbeholfene lokale Arbeiten aus dem Hinterland von Vlora, wahrscheinlich des 3. Jh., mit fehlerhaften griechischen Inschriften; unter ihnen wirkt das Relief mit Mutter und Kind in seiner Naivität recht ansprechend (s. Abb. 22).

Rechts an der Stirnwand des Saales einige Fundstücke der frühchristlichen Zeit: *kleines Kapitell aus Marmor* mit fein gezacktem Akanthus, 5. Jh.; *Fragment einer marmornen Schrankenplatte* vom Templon einer Kirche, in den Feldern Bäume und Vögel, wahrscheinlich nicht, wie auf der Beischrift angegeben, aus Amantia stammend, 6. Jh.; *Fragment einer Schrankenplatte aus Kalkstein,* im oberen Feld ein Vogel und Ranken, aus Amantia, 6. Jh.; *zwei weitere Fragmente von Schrankenplatten* mit Rankenwerk und Kreismotiven aus Ballsh und Byllis, lokale Arbeiten aus Kalkstein, 6. Jh.; darüber *Fragment eines architektonischen Frieses* mit angedeuteten Blattmotiven aus der Basilika von Ballsh, vielleicht 6. Jh. (oder von einer mittelalterlichen Erneuerung der Kirche); *monumentales korinthisches Pfeilerkapitell,* auf allen vier Seiten ausgearbeitet, aus der Basilika in Ballsh; leider liegt bisher keine zeichnerische Rekonstruktion der Kirche vor, so daß unklar bleiben muß, wo dieses gewaltige Kapitell verwendet wurde.

In dem **langen Gang,** der zum Eingang zurückführt, sind an der linken Seite weitere Stücke aus frühchristlicher Zeit und aus dem Mittelalter ausgestellt: *korinthisches Pfeilerkapitell* aus Ballsh, lokale Arbeit aus Kalkstein, 6. Jh.; *ionisches Kompositkapitell* einer Art, wie sie gern in den Emporen von Kirchen verwandt wurde, Fundort nicht bekannt, Marmor, 5./6. Jh.; *korinthisches Kapitell* aus Kalkstein, das in der Basilika von Durres-Arapaj gefunden worden sein soll; falls das stimmt, würde es sich um die Wiederverwendung eines älteren, aus dem 3. oder 2. Jh. v. Chr. stammenden Kapitells handeln; *Kapitell aus Byllis,* von vier großen Akanthusblättern überzogen, vorzügliche lokale Arbeit aus Kalkstein; sie setzt die justinianische Stufe, wie sie in den Kapitellen der Hg. Sophia in Konstantinopel (erbaut zwischen 532 und 537) belegt ist, voraus und gibt damit einen wichtigen Anhaltspunkt für die Datierung der Basilika von Byllis in die Mitte des 6. Jh. (s. Abb. 46); *kleines Kapitell* aus prokonnesischem Marmor, offensichtlich jedoch lokale Arbeit, mit Kreuzen auf allen vier Seiten, 5./6. Jh.; *vierseitig ausgearbeiteter Pfeiler* aus der Basilika in Ballsh, lokale Arbeit aus Kalkstein mit ungewöhnlichen Motiven (z. B. einem Tintenfisch und einem Fischer), für die wir keine Parallelen kennen (s. Abb. 45); ähnliche Stücke befinden sich in den Museen in Fier und Korça sowie noch am Orte in der Basilika; da bisher aber noch keine Rekonstruktionszeichnung vorgelegt wurde, bleibt die genaue Verwendungsart dieser Pfeiler weiterhin unklar; vielleicht 6. Jh.

In den Vitrinen *Kleinfunde* aus dem frühen und hohen Mittelalter (7. bis 14. Jh.): Keramik, Gürtelschließen, Kreuze zum Anhängen, Fibeln verschiedener Form, Ohrringe, darunter einige besonders schöne Arbeiten aus Gold, Ketten aus Glasperlen, Ringe und anderes mehr. – Die *drei Inschriften* in griechischer Sprache aus der Basilika von Ballsh nennen einen Viktorinus, der möglicherweise mit jenem wohl im zweiten Viertel des 6. Jh. lebenden Baumeister zu identifizieren ist, der im Auftrag des Kaisers Justinian eine neue Mauer auf dem Isthmos von Korinth errichtete; die Inschriften beziehen sich auf den Bau der neuen Mauer in Byllis und wurden offensichtlich im Mittelalter von dort verschleppt; sehr ungewöhnlich und ohne Parallele sind die *zwei Säulen* mit angearbeiteten Basen, die ebenfalls aus der Basilika in Ballsh stammen und deren Vorderseite mit Rankenwerk verziert ist; links ein *Löwe aus Kalkstein,* vielleicht eine provinzielle Arbeit des 3. Jh.

Vor dem Museumseingang, wenn man hinausgeht, auf der linken Seite: ein *Grabaltar* für Publius Clodius Hermadion und seine Frau, wohl in der Antike aus Athen nach Dyrrachium importiert, mit an Widderköpfen hängenden Girlanden geschmückt, am oberen und unteren Rand reiche Ornamente, drittes Viertel 2. Jh.; auf der rechten Seite: *Reliefblock aus Durres* mit einer Nike, die auf einen Schild schreibt, rechts der Rest eines gefangenen, gefesselten Barbaren, ringsherum erbeutete Waffen; vielleicht von einem monumentalen Triumphbogen in Dyrrachium, um 300 (s. Abb. 50).

Ethnographisches Museum

Das mit viel Liebe eingerichtete Ethnographische Museum vermittelt einen anschaulichen Überblick der Volkskunst in Albanien. Es besteht aus drei Abteilungen, aus denen einige Ausstellungsstücke hier hervorgehoben seien.

1. Abteilung, das Dorf in der Vergangenheit: Das große Panorama ›Hirtenleben‹ zeigt eine Hirtenhütte im südlichen Albanien mit Holzgefäßen und einer lebensgroßen Puppe in der typischen Landeskleidung; es folgen landwirtschaftliche Geräte, Trachten aus verschiedenen Gebieten Albaniens, u. a. aus Shkodra, wie man sie noch heute im Norden Albaniens sehen kann, außerdem Bilder von den je nach Region ganz unterschiedlichen Häusern.

2. Abteilung, das Leben in der Stadt: Beachtenswert ein Empfangszimmer aus dem südlichen Albanien mit Sitzkissen und Kelims auf dem Fußboden; rekonstruierte kleine Läden demonstrieren die verschiedenen Handwerke; anhand von Hausmodellen wird die unterschiedliche Bauweise in Berat und Gjirokastra verdeutlicht; ein Zimmer ist prächtig mit geschnitzten Truhen und holzverkleideten, ebenfalls reich geschnitzten Wänden und Dekken ausgestattet; Trachten aus verschiedenen Landesregionen ergänzen das Bild.

3. Abteilung, das Handwerk in Stadt und Dorf: Steinbearbeitung; Keramik, von den Formen und der teilweise verwandten Farbe her sehr ansprechend, sie scheint jedoch leider nirgendwo mehr in der traditionellen, hier ausgestellten Weise hergestellt zu werden; Metallarbeiten aus geschmiedetem Eisen, Messing, Kupfer (darunter einige schöne Teller, Kannen, Yoghurtgefäße sowie große Platten), Silber (berühmt sind die Filigranarbeiten aus Shkodra, Elbasan und Berat, und noch heute werden Stücke in feinem Filigran gearbeitet); Holzschnitzerei; Herstellung von Musikinstrumenten; Weberei und Stickerei.

Tongefäß in älterer Tradition, Tirana, Ethnographisches Museum, 19. Jh.

Der Norden Albaniens

Bei einem Ausflug in den Norden können Zgerdhesh, Kruja, Lezha und Shkodra besichtigt werden. Westlich von Shkodra liegen die Ruinen der bedeutenden mittelalterlichen Kirche von Shirgj (Hg. Sergios und Bakchos, Shen Sergji e Baku; Inschriften mit Daten von 1290 und 1293, eine davon im Hist. Museum in Tirana), südöstlich bei Vig die Reste eines römischen Kastells des 4. Jh.; beide Monumente sind jedoch derzeit nicht zu erreichen, ebenso wie das Kap Rodon mit einer unter Skanderbeg errichteten Befestigung und den Ruinen der Kirche Hg. Antonios (Shen Antoni) und Rubik mit der Kirche Shelbuen (Reste von Malereien in der Apsis, 1272 datiert; Kopie eines Teils im Museum in Korça). Von der Straße Richtung Shkodra biegt nach Osten eine Stichstraße nach Kruja ab, von der wiederum ein Feldweg zu den Resten der antiken Stadt Zgerdhesh führt.

Zgerdhesh

Etwas südlich von Kruja befindet sich eine illyrische Stadt, die nicht in antiken Quellen genannt wird. Sie lag an der großen, sich am Fuße der Berge entlangziehenden Durchgangsstraße, die von Norden aus Dalmatien nach Dyrrachium führte. Eine Stichstraße läuft hier über die Berge nach Osten; etwa 30 km westlich lag der zugehörige Hafen am Kap Rodon.

Im 7. oder 6. Jh. v. Chr. wurde die 1,36 ha umfassende Akropolis befestigt; die Mauern bestehen aus großen, nur grob bearbeiteten Steinen; im Süden liegt ein gebogener, schmaler Eingang. In einer zweiten Phase (4. oder 3. Jh. v. Chr.) erweiterte man die Burg nach Osten und vor allem nach Westen hin und gründete eine Stadt von nunmehr 8,2 ha Ausdehnung, deren Mauerlänge etwa 1350 m betrug, eine ungefähr dreieckige Anlage, die nach Osten hin mit 15–20° ansteigt – die Spitze des Dreiecks liegt um 100 m höher als die unteren Mauerpartien. An der Nord- und Südseite gewährte der Steilabfall des Geländes hervorragenden Schutz, im Osten und vor allem im Westen waren dagegen umfangreiche Mauerbauten erforderlich, für die die Mauern der alten Burg wiederverwandt wurden. Zur Verstärkung schob man Türme ein und errichtete im Norden einen neuen, schräg geführten Eingang, der zusätzlich durch einen großen Rundturm geschützt wurde; die Steine in seinen unteren Partien wurden – eine wenig gebräuchliche Technik – durch Klammern zusammengehalten. Die gefährdete Mauer an der Westseite verstärken rechteckige Türme in einem Abstand von etwa 30 m.

Die Mauer selbst besteht aus zwei Schalen und hat Läufer und Binder; auf diese Weise bilden sich Kassetten, die zur Festigung mit Erde gefüllt waren. Zunächst erreichte man den Wehrgang über Treppen, die an die Innenseite der Mauer gebaut waren, nach späteren Umbauten durch die Türme. Die rechteckigen Blöcke weisen ungefähr horizontale Fugen auf (pseudo-isodomes Mauerwerk) und sind teils glatt, teils buckelig; von einer späteren Reparatur stammen die Beispiele in Rustika. Neben einem Turm in den Mauern der Unter-

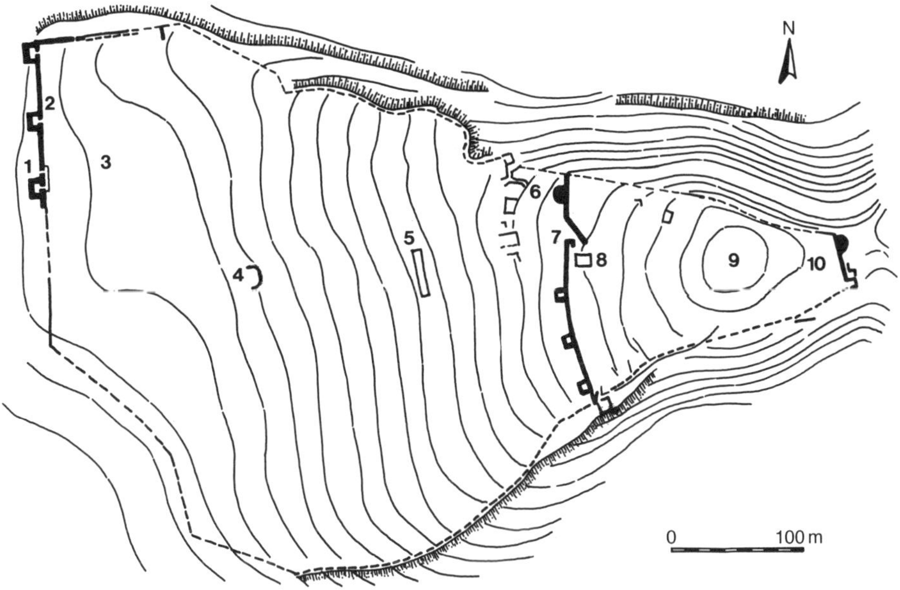

Zgherdhesh, Plan der illyrischen Stadt: 1 kleine Pforte 2 Mauer der Unterstadt 3 Unterstadt 4 halbkreisförmige Ausarbeitung des Felsens, vielleicht für ein Gebäude 5 breite Mauer unklarer Bedeutung 6 dicker Rundturm 7 Tor in Oberstadt 8 frühchristliche Kapelle 9 Oberstadt 10 östliche Mauer der Oberstadt mit dickem Turm

stadt ist ein kleines Tor erhalten; es diente dem schnellen Verlassen der Stadt, falls man beispielsweise nachts einen Überfall auf den Feind unternehmen wollte. Die kleine Erweiterung nach Osten wurde durch einen großen gerundeten Turm und hohe Mauern geschützt.

Im Inneren der Stadt sind Reste von Terrassenmauern sowie die Spuren einiger ausgegrabener Gebäude zu erkennen. Eine Vorstellung vom Aussehen der Stadt ist dagegen nur schwer zu gewinnen, da durch die Einflüsse der Witterung in größeren Teilen der felsige Boden freiliegt. In den Fels gehauene Treppenstufen zeichnen den Verlauf einer zur Akropolis hinaufführenden Straße nach. Im unteren Teil der Stadt ist im Westen ein Halbrund in den Fels getieft, so daß man mit etwas Phantasie dort das Rathaus (Bouleuterion) vermuten kann.

Auf der Akropolis liegt eine kleine Kirche, die das Eingangstor des 4. Jh. v. Chr. weitgehend verdeckt. Nur die unteren Teile der aus groben Steinen und Mörtel bestehenden Umfassungsmauern blieben erhalten. Der einschiffige Bau besaß eine innen und außen gerundete Apsis, eine Tür im Westen und Nischen in der Nord- und Südwand; für seine Datierung gibt es keine genauen Hinweise. Bei den Ausgrabungen gefundene Scherben sollen aus frühchristlicher Zeit stammen. Die bescheidene Kirche könnte demnach ein Beispiel dieser ersten Phase frühchristlicher Architektur darstellen und zu einem Dorf gehört haben, das sich in den Resten der antiken Siedlung eingenistet hatte. Unter den nicht sehr zahlreichen Kleinfunden ragt die marmorne Statuette einer laufenden Artemis heraus, der leider der Kopf fehlt (Museum in Kruja).

Gegen Ende des 2. Jh. scheint Zgerdhesh weitgehend verlassen worden zu sein; die Bevölkerung zog es wohl vor, in die Hafenstädte Dyrrachium und Lissus zu ziehen. Die letzten Siedlungsspuren enden im 6. Jh., Nachfolgesiedlung wurde Kruja. Der Vorschlag, die Stadt mit der aus Quellen bekannten Hauptstadt der Albanoi, Albanopolis, gleichzusetzen, hat gute Gründe gegen sich; vielmehr war wohl Persqop, südlich von Tirana gelegen, jene Hauptstadt. Wenn auch offen bleiben muß, wie der antike Name von Zgerdhesh lautete – der Reisende kann sich doch an der ausgezeichneten, vortrefflich geschützten Lage hoch über der Ebene erfreuen und sogar, wenn er Glück hat, im Westen die Adria ausmachen.

Kruja

Kruja scheint im 4./5. Jh. als Nachfolgerin von Zgerdhesh besiedelt worden zu sein. Ein größerer Friedhof stammt aus dem 6.–8. Jh., es ist jedoch nicht sicher, ob zu dieser Zeit schon eine Festung vorhanden war. Im 9. Jh. wird die Stadt als Bischofssitz, im 12. Jh. als byzantinischer Militärstützpunkt erwähnt. Einen großen Aufschwung nahm sie dann unter den albanischen Feudalherren aus der Familie Thopia im 13. und 14. Jh.

Kruja, Basar

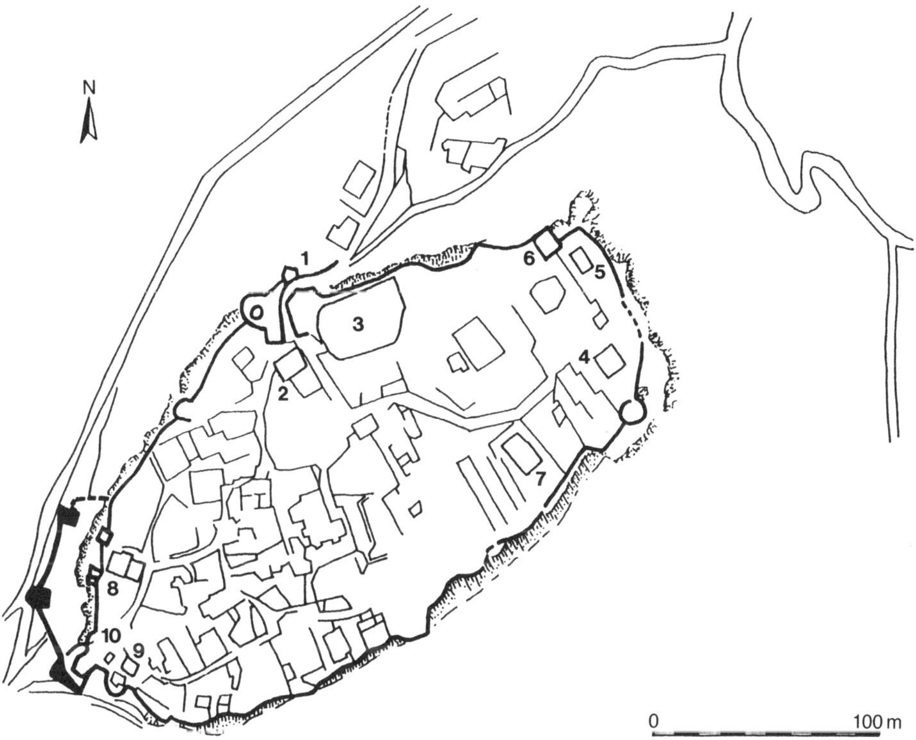

Kruja, Skizze der Festung: 1 Eingang 2 Reste der Moschee 3 modernes Museum 4 restauriertes Haus des 19. Jh. 5 Kirche 6 hoher Turm 7 Haus des 19. Jh., jetzt Volkskunstmuseum 8 türkisches Bad 9 Tekke 10 Durchgang zum Zwinger mit Quelle

Im Jahre 1443 eroberte Skanderbeg die Stadt und baute sie zur Hauptfestung in seinem Kampf gegen die Türken aus; sie wurde dreimal von den Türken belagert, doch gelang es den Albanern jedesmal, den Feind zurückzuschlagen, selbst das angeblich 100000 Mann starke Aufgebot unter Sultan Murad im Jahre 1450. Diesem Heer standen nur 4000 Soldaten in der Festung und 8000 außerhalb entgegen, wobei letztere von den Bergen aus unter der Führung Skanderbegs permanente, erfolgreiche Angriffe auf die Türken unternahmen. Obwohl die Belagerer gewaltige Geschütze mit Kanonenkugeln bis zu 200 kg einsetzten, mußten sie schließlich unverrichteter Dinge abziehen. Nach diesem Angriff führte man in aller Eile Reparaturen aus und errichtete zwei neue Türme, die ersten, die speziell gegen den Einsatz von Artillerie gebaut wurden: Sie stehen nicht höher als die Mauer an und sind unten abgeschrägt.

In den Jahren 1467 und 1468 belagerte sogar Mehmet II., der Eroberer von Konstantinopel (1453), die Stadt, wiederum jedoch erfolglos. Unter den wenigen Entsatztruppen aus dem Abendland gab es auch ein deutsches, mit Gewehren ausgerüstetes Kontingent. Skanderbeg starb 1468 in Lezha, und danach gelang es dann den Türken, Kruja zu erobern (1478).

Das lange Standhalten der Albaner gegen die türkische Übermacht ist zum einen auf den Freiheitswillen der Albaner zurückzuführen, zum anderen wohl auf die geniale Führerpersönlichkeit Skanderbegs, dem es gelang, die vielen kleinen, meist untereinander zerstrittenen Fürsten im Kampf gegen die Türken zu einigen. Militärisch nutzte er klug die Gegebenheiten des Geländes aus und zermürbte die Türken durch blitzartige ›Guerilla‹-Überfälle. Ein wesentlicher Grund lag auch in der strategisch günstigen Lage von Kruja, das auf fast allen Seiten durch Steilabfälle geschützt ist; in der Festung war genügend Wasser vorhanden: Brunnen, die tief hinunter zum Grundwasser führten, sowie an der Südseite, durch einen eigenen Zwinger sicher geschützt, eine ergiebige Quelle. Die Türken flickten später die Mauern aus, erweiterten die Festung jedoch nicht. Im Laufe der Zeit breitete sich die Stadt dann über die Mauern hinweg nach Norden aus.

Zunächst erreicht man den Basar; typologisch gehört er ins 18./19. Jh., der heutige Zustand ist überwiegend eine Rekonstruktion: Die Läden liegen aufgereiht an einer Straße, die Dächer stehen über und bieten so vor Sonne und Regen Schutz. Jeder Laden ist durch Holzklappen, die in der Horizontalen geöffnet werden können, zu verschließen; den oberen, zu verriegelnden Teil klappt man hoch, den unteren Teil hinunter, so daß er als Tisch für die Auslagen dient. In der Mitte der Straße verläuft der Kanal. Im Basar werden noch heute einige traditionelle Handwerke betrieben, darunter die Herstellung von Filz, dem für die charakteristischen albanischen Mützen verwandten Material; man findet sie in drei landschaftlich verschiedenen Formen.

Kruja, Wohnhaus des 19. Jh. für zwei Familien, mit getrennten Eingängen

Die Festung betritt man an der einzigen Stelle, die nicht durch Steilabfälle geschützt ist (1); das Eingangstor verstärken vorspringende Mauern. Im Inneren stößt man zunächst auf die Reste der Moschee, die zu den frühesten in Albanien errichteten türkischen Kultbauten gehört (2; nur die Grundmauern des Gebetshauses und der untere Teil des Minaretts erhalten). Links steht ein gewaltiger Neubau, ein zur Erinnerung an Skanderbeg errichtetes Museum (3), in dem man versucht, Leben und Taten des albanischen Freiheitshelden lebendig werden zu lassen; dies geschieht durch Kopien und Nachbildungen und vor allem durch großformatige Gemälde, Statuen und Reliefs. In einem Raum des Museums sind antike Funde ausgestellt, darunter der *Torso einer laufenden Artemis* aus Zgerdhesh, im anschließenden Raum zwei originale *Ikonen,* die aus dem 16. Jh. stammen könnten.

Weiter oben in der Festung steht ein türkenzeitliches Haus, wohl aus dem 19. Jh., schön restauriert und in ein Café umgewandelt (4). Den großen Turm an der höchsten Spitze der Festung hat man im 17. Jh. zu einem Glockenturm umgebaut; zu seinen Füßen liegt eine einschiffige Kirche, deren untere Teile noch aus der ersten Hälfte des 15. Jh. stammen dürften. Südöstlich der Kirche, auf sehr viel tieferem Niveau, hat man die Reste einer kleinen Kapelle ausgegraben, die von den Befestigungsmauern überschnitten wird, also älter ist als diese und vielleicht schon im 12. Jh. erbaut wurde.

Im unteren Bereich der Festung wurde ein großes Herrenhaus der Türkenzeit ansprechend restauriert und als Volkskunstmuseum eingerichtet (noch nicht zugänglich). Weiter im Südwesten liegt ein kleines, vielleicht schon im 16. Jh. entstandenes Bad, das eine für die Türkenzeit typische Form aufweist (8), vergleichbar dem Bad in Elbasan (vgl. S. 157 f.). Eine beherrschende Lage nimmt im Südwesten die Tekke (Teqeja e Dollmes) des Bektaschi-Ordens ein, die 1788 datiert ist (9; s. Farbabb. 21). Das Äußere der Einkuppel-Moschee ist schlicht gehalten, das Innere dagegen mit üppig wucherndem Rankenwerk in dunkelroten, schwarzen und teilweise auch gelben Farben ausgemalt, die Mihrab-Nische hervorgehoben. Derartige Malereien scheinen typisch für das Gebiet des heutigen Albanien zu sein, sie finden sich beispielsweise auch in Tirana in der Ethem Bey Moschee und in Berat in der Beqar Moschee. Zwischen Bad und Tekke führt ein steil abfallender, unterirdischer Gang nach draußen zur Quelle, die durch eine mächtige Bastion geschützt war (10).

Kruja wird den Reisenden vor allem durch die herrliche Lage der Burg auf hohem Felsen und durch seine bedeutende Geschichte beeindrucken. Von Kruja fährt der Bus zurück auf die Straße in Richtung Shkodra. Nach einiger Zeit überquert man auf einer Brücke den Fluß Mat, der in dem Gebirgsland im Osten entspringt und weiter oberhalb in einen großen Stausee fließt, der der Bewässerung und der Erzeugung von Strom dient. In Lezha wird in der Regel in einem außerhalb der Stadt liegenden Restaurant, das von den Italienern kurz vor dem Zweiten Weltkrieg als Jagdhaus errichtet wurde, das Mittagessen eingenommen. Die Stadt selbst liegt am Drin, der jedoch augenblicklich verhältnismäßig wenig Wasser führt: Das meiste wird unterhalb des Stausees Vau i Dejes, östlich von Shkodra, in die Buna abgeleitet, um das fruchtbare Gebiet zwischen Shkodra und Lezha trockenzulegen und wirtschaftlich zu nutzen.

Lezha – Lissus

Die überaus wechselvolle Geschichte dieses Ortes setzt mit dem 8. Jh. v. Chr. ein, für das sich die erste Siedlung auf Akrolissos nachweisen läßt. Im 6. Jh. v. Chr. wurde die Akropolis von Lissos befestigt, ein umfangreicher Ausbau erfolgte dann im 4. Jh. v. Chr. Den Ausschlag hierzu gab die sehr günstige Lage des Ortes: Die bedeutende Straße von Dalmatien nach Süden führte unmittelbar an Lissos vorbei, und hier zweigte auch eine Straße ins Landesinnere ab. Die Stadt besaß einen Flußhafen, der auch von größeren Schiffen erreicht werden konnte, sowie in etwa 5 km Entfernung einen Hafen am Meer (Nymphaion, heute Shenginj). Da das umgebende Land sehr fruchtbar war, sorgten Seefahrt, Handel und Viehzucht für das Aufblühen der Stadt.

Das genaue Datum des großen Ausbaus im 4. Jh. ist in der Forschung umstritten. Möglicherweise handelt es sich um die Kolonie, die Dionysius I., Tyrann von Syrakus, bei seinem Ausgreifen in die Adria 385 v. Chr. errichten ließ. Der augusteische Historiker Diodor (XV 13.4) nennt ausdrücklich ›Lissos‹, doch vielleicht gründete Dionysius auch nur eine Kolonie auf der Insel Issa weiter nördlich in Dalmatien. Im Jahre 168 v. Chr. wurde die Stadt im Verlauf des 3. Makedonischen Krieges römisch. Caesar siedelte dort römische Bürger an, und die Stadt erhielt den Status eines Municipium mit römischem Recht. In der Spätantike befand sich hier ein Bischofssitz.

Im Jahre 1393 überließen die albanischen Feudalherren Lissus den Venezianern, von denen man sich Hilfe im Kampf gegen die Türken erhoffte. Berühmtheit erlangte die Stadt vor allem durch ihre Verbindung zu Skanderbeg, der hier nach seiner Flucht vom türkischen Hof, an dem er als Geisel lebte, am 1. März 1444 feierlich in der Nikolauskirche dem islamischen Glauben abschwor und wieder katholisch wurde. Hier gründete er die Liga von Lezha, und hier, in der Nikolauskirche, wurde er auch beigesetzt. 1478 fielen Kruja und Lezha dann an die Türken. Die Stadt wurde nun Sitz eines dem Pascha von Shkodra unterstellten Beys. Im 16. Jh., während der Regierungszeit des Sultans Süleyman des Prächtigen, wurde auf der antiken Akropolis, teilweise unter Benutzung der alten Fundamente, eine noch heute weitgehend erhaltene Festung gebaut. 1979 wurde die Stadt – wie auch Shkodra – von einem verheerenden Erdbeben heimgesucht, dem die meisten Häuser zum Opfer fielen; hierdurch wurden jedoch in der Unterstadt Ausgrabungen möglich.

Befestigung

An den Befestigungsanlagen lassen sich folgende Phasen ablesen:

Phase I: im 8. Jh. v. Chr. wurde auf dem hohen Felsen von Akrolissos (410 m ü. d. M.) eine befestigte Siedlung von etwa 1,5 ha Größe angelegt. Im Westen schützt sie ein Steilabfall, im Osten wurden Mauern von 3,20 m Dicke errichtet und durch einen quadratischen Turm verstärkt; bis zu einer Höhe von 1,50 m blieben sie erhalten.

Phase II: Im 6. Jh. v. Chr. besserte man diese Mauern aus und baute gleichzeitig auf dem 1 km entfernten Berg von Lissos eine zweite Burg von ungefähr 2,3 ha Größe (172 m ü. d. M.). Sie besaß eine günstigere Lage als Akrolissos – näher am Fruchtland, am Meer und an den

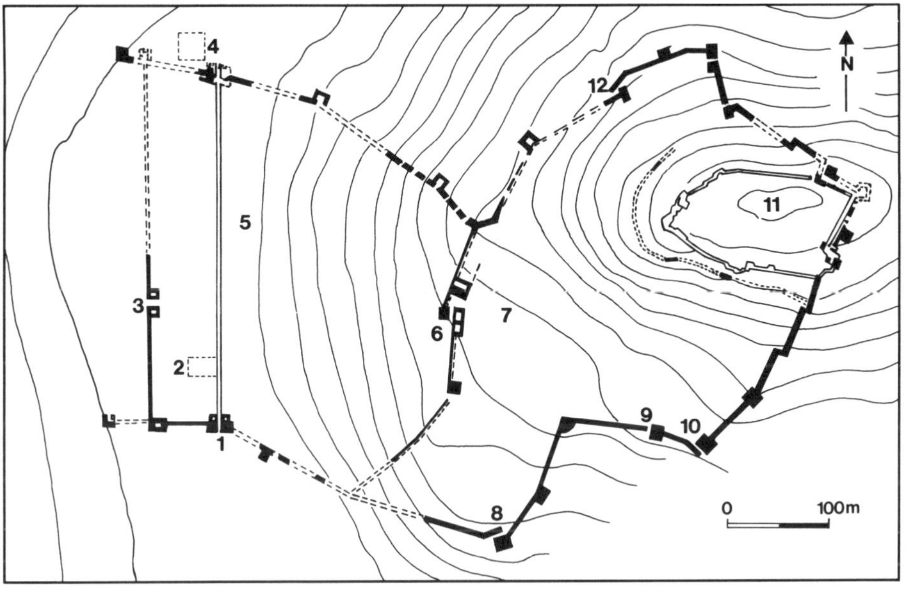

Lezha – Lissus, Plan der Stadt: 1 Haupttor im Südwesten 2 Nikolauskirche 3 Tor zum Drin 4 restauriertes Haus des 19. Jh., jetzt Volkskunstmuseum 5 Unterstadt 6 Tor zur Oberstadt 7 Oberstadt 8 Tor 9 kleine Pforte 10 Tor mit Inschriften des Gaviarius 11 Akropolis mit türkenzeitlicher Burg 12 Tor

Durchgangsstraßen – und konnte sich deshalb besser entwickeln. Auf der Zitadelle befinden sich an einigen Stellen noch Reste der aus sorgsam gefügten Blöcken bestehenden Mauer dieser Zeit unter der türkenzeitlichen Befestigung.

Phase III: Im 4. Jh. v. Chr. wurde Lissos gewaltig erweitert, bis hinunter zum Fluß. Die 2150 m langen Mauern, die teilweise noch bis zu 5 m Höhe anstehen, umfaßten ein Gebiet von 22 ha. Eine weitere Mauer in der Mitte trennte Unter- und Oberstadt, doch weiß man nicht, ob sie gleichzeitig mit den anderen Mauern oder später entstand. Insgesamt besaß die Stadt also drei Verteidigungslinien: Akropolis, Mauern der Oberstadt und Flußmauern.

Die Mauern sind generell 3,20–4 m breit und besaßen zumindest neun Tore. Die Steine sind meist trapezförmig geschnitten, an einigen Stellen jedoch auch von vieleckiger (polygonaler) Form. Die meist viereckigen Türme (etwa 10 m im Quadrat) stehen im Abstand von 45–60 m; ihr Untergeschoß wurde mit Erde aufgefüllt. An der südöstlichen Seite verläuft die Mauer im Zickzack, ohne Türme; an der mittleren Mauer sind auf der Innenseite Kasematten, also Räume für Soldaten und Vorräte, vorhanden. Die Tore vertreten überwiegend den Typus des ›Tangentialtores‹; der Angreifer mußte sich ihm parallel zur Mauer nähern, wobei auf der anderen Seite die Mauer in der Regel zur besseren Verteidigung noch ein Stück weiter nach vorn gezogen ist.

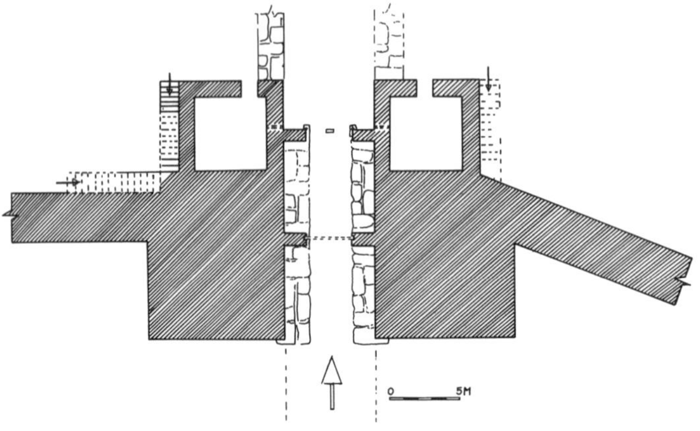

Lezha – Lissus, Haupttor im Südwesten

Mit dem gänzlich anders gearteten Tor im Südwesten besitzen wir das großartigste Tor im Gebiete Albaniens, ja eines der am stärksten befestigten Tore der antiken Militärarchitektur überhaupt. Vier Türme, je zwei an Außen- und Innenseite, schützen es. Die beiden äußeren füllte man zur Verstärkung zumindest im Untergeschoß mit Steinen und Erde; außen befand sich ein Falltor, dessen Einlaßspuren noch gut zu erkennen sind. Daran schloß sich ein Innenhof an, in dem man bereits eingedrungene Gegner bestens von oben bekämpfen konnte. Es folgte eine gewaltige Flügeltür, die sich nach innen öffnete. Die Löcher für den dicken Balken, mit dem sie verriegelt werden konnte, haben sich links und rechts im Mauerwerk erhalten. Die gesamte Anlage ist 17 m tief, der Durchlaß für die Straße 6 m breit. Im Mittelalter verwandte man dieses Tor auf höherem Niveau teilweise wieder, die oberen Schichten stammen aus dieser Zeit. Reste eines kleineren, zum Fluß führenden Tores wurden nordwestlich der Nikolauskirche freigelegt.

Wenn man den gewaltigen Mauerring, der sehr geschickt die Gegebenheiten des Geländes ausnutzt, sowie das große Tor im Südwesten betrachtet, möchte man an Dionysius I. von Syrakus als Bauinitiator denken. Er ließ in seiner Heimatstadt ausgedehnte Befestigungsanlagen zur Verteidigung der Stadt gegen die Karthager errichten, darunter das Fort Euryalos. Dagegen kennen wir im späten 4. Jh. kaum ein historisches Ereignis, das mit der Anlage der Befestigung in Verbindung zu bringen ist. Öffentliche Gebäude, Wohnhäuser und Tempel wurden bisher nicht gefunden.

Phase IV: Zur Zeit Caesars, also um 50 v. Chr., müssen verschiedene Baumaßnahmen stattgefunden haben. An dem Tor im Südosten fand man zwei Inschriften in lateinischer Sprache, die besagen, daß ein L. Gaviarius, ein Freigelassener Caesars, die Mauer, ein Tor und den Turm aus eigenem Vermögen (in der einen Schrift werden 4200, der anderen 3500 Sesterzen genannt) habe wiederherstellen lassen. Der Umfang dieser Arbeiten bleibt allerdings umstritten; es scheint sich lediglich um eine Ausbesserung der Mauern, Türme und Tore des 4. Jh. v. Chr. gehandelt zu haben. Die genannten Summen werden sich allerdings nicht nur

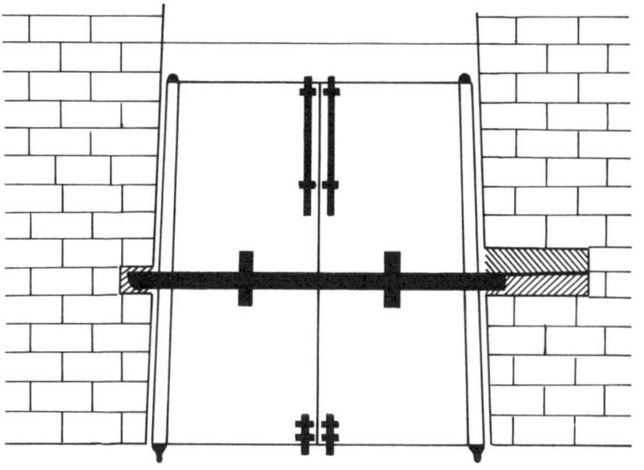

Lezha — Lissus, Haupttor im Südwesten; Skizze, die den Verschluß verdeutlicht

auf die Ausflickarbeiten der östlichen Mauer beziehen, die mit kleinen Steinen und viel Mörtel bewerkstelligt wurden.

Phase V: Aus der Spätantike gibt es insgesamt nur sehr wenige Baureste, darunter Teile der Fundamente einer frühchristlichen Kirche des 6. Jh.

Phase VI: Im Mittelalter war nur der untere Teil der Stadt besiedelt. Die Nikolauskirche, eine Mauer in ihrer Nähe sowie die Reste des Tores im Südwesten, das über dem großartigen Tor des 4. Jh. v. Chr. errichtet wurde, geben Zeugnis hiervon.

Phase VII: Im 16. Jh. erbaute man unter Sultan Süleyman dem Prächtigen auf der antiken Akropolis von Lissus eine Zitadelle; dabei wurden die antiken Mauern offensichtlich teilweise beseitigt, teilweise dienten sie aber auch als Fundamente des Neubaus.

Größere Mauerabschnitte haben Ausgrabungen der letzten Jahre freigelegt, an einigen Stellen wurden auch Restaurierungsarbeiten unternommen. So gewinnt man in Lissus einen lebendigen Eindruck von einer großartigen Befestigungsanlage des 4. Jh. v. Chr.

Nikolauskirche (Shen Kolli)

In der Unterstadt nahe dem großen Tor liegt die frühere, dem hl. Nikolaus geweihte Kathedrale von Lezha, ein schlichter, einschiffiger Bau (Länge etwa 18 m, Breite etwa 8 m), der auch für das heutige Albanien durch seine Verbindung mit Skanderbeg besondere Bedeutung besitzt. Bei Ausgrabungsarbeiten hat man Reste eines Vorgängerbaus aus dem 14. Jh. festgestellt, den 1459 ein größerer Neubau ersetzte. Er war vom Westen durch ein Portal zugänglich, besaß im Osten eine innen und außen gerundet herausragende Apsis, an den Langseiten jeweils drei kleine, recht hoch sitzende Fenster und im Westen über der Tür ein rundes Fenster.

Nach der Eroberung von Lezha durch die Türken (1478) suchten, wie berichtet wird, die Soldaten nach dem Grabe Skanderbegs, legten es frei, raubten die Knochen und benutzten sie als Amulette. Die Kirche wurde zur Selimiye Moschee umgewandelt, im Inneren eine jetzt wieder beseitigte Mihrab-Nische eingefügt, außen an der Südwestecke ein hohes Minarett angebaut, das nunmehr auch vollständig abgetragen ist. Bei den Restaurierungsarbeiten hat man sich bemüht, die aus der Zeit Skanderbegs stammenden Reste freizulegen und zu konservieren.

Um den albanischen Freiheitshelden im Kampf gegen die Türken zu ehren und die Baureste zu schützen, umgab man die Kirche mit einer baldachinähnlichen Betonkonstruktion. Im Inneren hängen an den Wänden die Wappen der albanischen Fürstentümer, die sich in der Liga von Lezha zusammengeschlossen hatten. Im Osten steht auf einem Sockel die Bronzebüste Skanderbegs, die der albanische Künstler Odhise Paskali (1903–1985) schuf, im Hintergrund eine Nachbildung der Fahne des Helden, die den schwarzen Doppeladler auf rotem Grunde zeigt; sie ist heute die Staatsflagge Albaniens. In einem umgrenzten Bezirk davor befinden sich bronzene Nachbildungen des Helmes und der Rüstung Skanderbegs (Originale im Kunsthist. Museum in Wien).

Ethnographisches Museum

Das große Haus einer vornehmen türkischen Familie, unmittelbar im Nordwesten der Stadtmauer gelegen, hat das Erdbeben überstanden und wurde kürzlich als Ethnographisches Museum eingerichtet. Es besitzt einen winkelförmigen Grundriß, dessen Enden durch Mauern so miteinander verbunden sind, daß ein rechteckiger Innenhof entsteht; hier findet sich eine hübsch gearbeitete, steinerne Brunnenöffnung. Im unteren Teil liegen die Wirtschafts- und Vorratsräume, im Obergeschoß die Wohn- und Repräsentationsräume, die sich zu einer großen Veranda auf den Innenhof öffnen.

Von den zahlreichen Ausstellungsstücken seien hervorgehoben: Modelle des antiken Lissus und des türkenzeitlichen Lezha, die allerdings durch die neuen Grabungen teilweise überholt sind; verschiedene Trachten mit reichem, für die Gegend charakteristischem Schmuck; typischer Empfangsraum mit niedrigen Polstern, die an den Wänden entlang verlaufen, rechts eine Holzwand mit Schnitzereien und kleinen Nischen, in denen Gegenstände aus Messing und Kupfer aufgestellt sind; eine Küche mit Feuerstelle und verschiedenen Küchengeräten; ein großes Kupfertablett auf niedrigem Ständer, das als Eßtisch diente, darauf Teller und Löffel; ein Knüpfstuhl für Teppiche und ein Webstuhl für Kelims sowie verschiedene Teppiche und Webereien; Kupfergefäße, darunter mehrere Kannen und große Kessel; silberner Trachtenschmuck, Waffen, Holzschnitzarbeiten u. a.

Shkodra

Shkodra, auch unter dem italienischen Namen Scutari bekannt, stellt das städtische Zentrum in Nordalbanien dar (etwa 80000 Ew.; Industriezentrum mit einem wichtigen Werk zur Herstellung von Kupferkabeln, mit Werken der Holzverarbeitung und Nahrungsmittelproduktion); es liegt in der Nähe des Sees von Shkodra inmitten eines großen, sehr fruchtbaren Gebietes. Die heutige Stadt, die sich nördlich der antiken Burg in der Ebene erstreckt, bietet nach dem großen Erdbeben des Jahres 1979 nur relativ wenig Sehenswertes, die Besichtigung der Festung jedoch bildet einen Höhepunkt jeder Albanienreise. Außerdem lohnen die Enver-Hoxha-Straße, das Museum mit einer großen Volkskunstsammlung, die Plumbit Moschee sowie eine türkenzeitliche Brücke in der Nähe der Stadt einen Besuch. Das Hotel Rozafa in der Stadt dient den ausländischen Reisegruppen zum Übernachten.

Festung

Die Festung – auch Rozafa genannt – thront auf einem gewaltigen Hügel, der auf allen Seiten steil abfällt und nur von Osten einen Zugang ermöglicht (s. Abb. 47). Eine Legende berichtet, daß die neu erbauten Mauern in der Nacht von bösen Geistern wieder eingerissen worden seien; um sie zu besänftigen, mußte eine Frau mit dem Namen Rozafa bei lebendigem Leibe eingemauert werden. Verschiedene Gefäßscherben dokumentieren, daß die Stelle schon im 2. Jh. v. Chr. besiedelt war. Im 4. Jh. v. Chr. gründete der illyrische Stamm der Labeaten eine Stadt auf dem Berg, die wohl im 3. Jh. v. Chr. erweitert oder erneuert wurde. Geringe Reste dieser Stadtmauern sind, vor allem am Haupteingang, erhalten; das Mauerwerk dort besteht aus polygonal behauenen Steinen, an anderer Stelle finden sich auch rechteckige Quader.

Seit 213 v. Chr. prägte Scodra seine eigenen Münzen. Von 197–168 v. Chr. residierte dort der König Genthius, der im 3. Illyrischen Krieg der Römer eine Rolle spielte; er ließ Münzen mit seinem Bildnis auf der Vorderseite und einem Schiff (Liburnenschiff) auf der Rückseite prägen. Der römische Geschichtsschreiber Livius berichtet, daß die illyrische Stadt Türme und Tore besessen habe, die archäologische Beweisführung hierfür steht jedoch noch aus. 168 v. Chr. eroberten die Römer Scodra und bereiteten so dem illyrischen Königreich ein Ende. Während der römischen Kaiserzeit dehnte sich die Stadt in südlicher Richtung am Hang und in der Ebene aus. Auch von der kaiserzeitlichen Stadt wurden erst sehr geringe Reste freigelegt, da der Grundwasserspiegel stark anstieg und archäologische Untersuchungen erschwert. Um 300 wurde Scodra Hauptstadt der Provinz Praevalitana und hat wohl einen weiteren Aufschwung genommen, den man jedoch ebensowenig archäologisch belegen kann.

In byzantinischer Zeit stand hier ein kleines Kastell, die Residenz der Verwaltungsbeamten, um die herum sich die nicht befestigte Stadt erstreckte. Neueste Ausgrabungen legten nördlich des Eingangstores an der Innenseite der Mauer Reste von Häusern des 12. Jh. unter der späteren Mauer frei. Diese Mauer wurde um die Mitte des 14. Jh. unter der Herrschaft der albanischen Feudalenfamilie der Ballshaj errichtet. Wegen der Türkengefahr übergaben sie dann die Stadt – ähnlich wie in Lissus – 1395 den Venezianern. Diese verstärkten die Befestigungen in aufwendiger Weise in den Jahren 1407–1416 und nochmals 1461. 1464 belagerten die Türken erfolglos die Stadt. 1479 mußte sie sich ihnen nach zehnmonatiger Belagerung jedoch ergeben. Nun wurde Shkodra zum Hauptort einer Provinz und damit auch zum Sitz eines Paschas; das Amt wurde im 18. Jh. in der Familie der Bushati erblich. Die Burg diente als türkisches Verwaltungszentrum, das 1863 an die Stelle des heutigen Shkodra verlegt wurde. Die Türken haben vermutlich nur relativ wenig an der Festung gebaut, so daß die meisten heute sichtbaren Reste aus der Venezianerzeit stammen dürften.

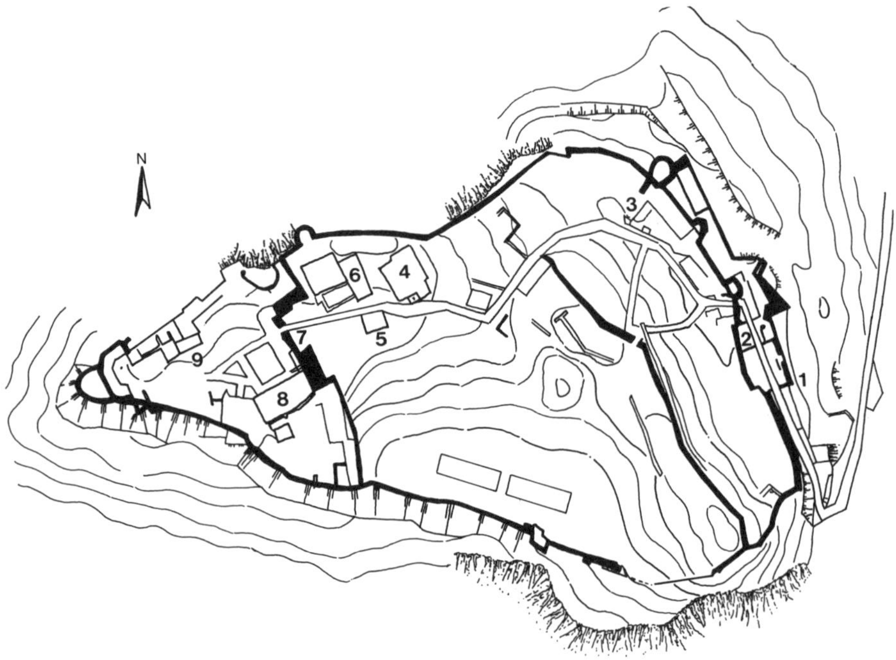

Shkodra, Festung: 1 Haupttor 2 Zwinger 3 neue Grabungen mit Hausresten des Mittelalters 4 Kirche des hl. Stephanos 5 Zisterne 6 sog. Gefängnis 7 Eingang in innere Burg 8 sog. Kapetanerie 9 Zisternen

Von Osten führt ein steiler Weg hinauf zum ersten Tor, das mit einem venezianischen Löwen geschmückt ist (1). Man betritt ein kompliziertes System zum Schutz des Eingangs, den Zwinger (1407–1416). Ein langer Gang führt in einen offenen Hof, es folgt ein zweites Tor, bei dem sich bisher nicht feststellen ließ, ob es noch venezianisch oder schon osmanisch ist. Ein weiterer, nach links biegender Gang leitet in die Burg hinein. Ihr Inneres gliedert sich in drei durch Mauern voneinander getrennte Teile; im ersten wurden nördlich und neuerdings auch südlich des Eingangs Hausreste der byzantinischen Zeit freigelegt. Die Trennmauer zum zweiten Abschnitt ist in ihrem nördlichen Teil zerstört. Im mittleren Bereich befindet sich, noch unausgegraben, eine Fülle von Bauresten, die zumindest teilweise zu Wohnhäusern gehört haben müssen.

Nach den Quellen besaß Shkodra im Mittelalter mehrere Kirchen; von ihnen steht nur noch die des hl. Stephanos (Shen Stefani) auf der Festung, die im Jahre 1319 als Kathedrale der Stadt erwähnt wird (4). Es handelt sich um einen einschiffigen, längsgerichteten Raum, dessen Apsis, ungewöhnlicherweise innen und außen rechteckig, annähernd quadratisch nach Osten vorstößt. Wahrscheinlich gab es nur zwei Türen nach Norden und Süden im westlichen Teil, ferner vielleicht eine kleine Tür, die von der Apsis nach Norden hinausführte. Als Baumaterial verwandte man kleine, relativ sorgfältig zugehauene Quader. Zu einem späteren Zeitpunkt, möglicherweise noch im 14. Jh., erhielt die Kirche im Süden eine Vorhalle, die sich mit dem Eingangsportal und drei Arkaden nach Süden öffnet. Bei dieser Gelegenheit veränderte man die südliche Tür in den Naos und setzte drei Fenster in die Südwand ein.

Nach der Eroberung durch die Türken wurde die Kirche im Jahre 1479 in eine Moschee umgewandelt und das Minarett errichtet, dessen obere Partien heute verloren sind. Zu unbekanntem Zeitpunkt hat man die Apsis durch eine Mauer abgetrennt, die Tür nach Norden sowie die drei großen Arkaden nach Süden zugemauert. Die ursprüngliche Kirche wird im Langhaus von einem Holzdach gedeckt gewesen sein, die Wände standen wohl noch etwas höher und waren zumindest an der südlichen Seite von Fenstern durchbrochen; ein weiteres, kleines Fenster befand sich in der Nordwand der Apsis, der Apsisraum selbst trug, wie die Reste zeigen, ein Gewölbe.

Westlich davon liegt das sogenannte Gefängnis, ein Bau unklarer Zweckbestimmung (6). Unmittelbar westlich des ›Gefängnisses‹ und jenseits des Weges auf seiner Südseite existieren noch zwei der Zisternen, die man nach der großen Wassernot während der Belagerung von 1474 in aller Eile anlegte. Nach Westen erreicht man nun die innere Festung, deren Tor durch Mauervorsprünge im Norden und Süden geschützt ist. Im südlichen Teil des Inneren ragt ein gewaltiges Gebäude auf, das sogenannte Arsenal (oder ›Kapetanerie‹) (8), ein dreigeschossiger Bau, der bis zu 3,40 m dicke Außenmauern und ein aus Stein errichtetes Dach besitzt; er könnte den Türken als Verwaltungs- oder Vorratsgebäude oder auch als Waffendepot, möglicherweise auch für mehrere der genannten Zwecke gleichzeitig gedient haben. Das Gebäude wurde kürzlich restauriert und soll ein Café sowie ein kleines Museum aufnehmen.

Plumbit Moschee (Moschee mit dem Bleidach)

Die Bleimoschee (Xhamija e Plumbit) liegt heute in isolierter Lage südlich des Burgberges (s. Abb. 66); dieser aufwendigste islamische Kultbau, der sich in Albanien erhalten hat, wurde im Jahre 1773/74 von Mehmed Pascha Bushati, dem lokalen Herrscher von Shkodra, errichtet. Ihm war die übliche Einkuppel-Moschee offensichtlich nicht repräsentativ genug, so daß er nach dem Vorbild der großen Sultansmoscheen in Istanbul – und anderer bedeutender Bauten im osmanischen Reich – an der Eingangsseite einen Vorhof anbauen ließ; im Inneren besitzt dieser Vorhof auf allen vier Seiten einen Umgang, dessen Dach durch Säulen gestützt wird. Die einzelnen Kompartimente werden von Kuppeln oder gratigen Gewölben bedeckt, die im Außenbau deutlich hervortreten, so daß ein ungewöhnlich abwechslungsreicher Anblick entsteht. Ebenfalls in Anlehnung an große Bauten in Istanbul finden sich auch im Süden und Norden kleine offene Vorhallen, deren Joche wiederum Kuppeln tragen. In der Südostecke ist ein kleiner, umfriedeter Bezirk für das Grab des Stifters vorgesehen.

Vom Minarett im Südwesten steht nur noch der untere Teil. An der Kibla-Wand springt eine Art rechteckige Apsis weit nach außen vor, eine Besonderheit, die sich bei verschiedenen Moscheen in der Hauptstadt findet und die durch Apsiden christlicher Kirchen beein-

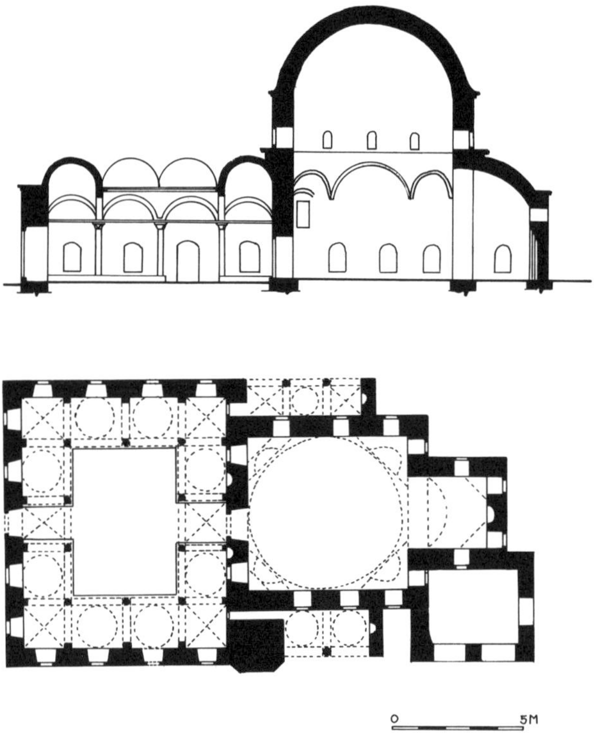

Shkodra, Plumbit Moschee (Bleimoschee), Längsschnitt und Grundriß

flußt zu sein scheint. Christlicher Einfluß wird zudem in der Halbkuppel deutlich, mit der die Apsis nach oben abschließt. Bei der Plumbit Moschee ist diese Apsis darüber hinaus im Verhältnis zum restlichen Baukörper überaus groß. Vom Quadrat des Grundrisses in das Rund der Kuppel wird, wie bei diesem Typus üblich, durch Nischen in den Ecken übergeleitet. Der überaus hoch gezogene Tambour, innen rund und außen achteckig, besitzt an jeder der acht Seiten ein relativ kleines Fenster. Das Mauerwerk besteht aus sorgfältig behauenen Quadern, hervorgehoben sind die profilierten Tür- und Fensterumrahmungen. Über der Eingangstür in die Vorhalle findet sich eine Art Tympanon, das mit Rankenwerk in flachem Relief geschmückt ist; die Kapitelle der Säulen im Vorhof tragen stilisiertes Blattwerk. Die Dächer der Kuppeln waren früher mit Bleiplatten verkleidet, die allerdings vollständig geraubt wurden. Die Moschee ist durch den hohen Grundwasserstand stark gefährdet und hat leider die gesamte innere Ausstattung verloren.

Museum

Ein großes Haus des 19. Jh. gegenüber vom Hotel Rozafa dient als Museum; es wird seit 1987/88 vollständig renoviert und soll neu eingerichtet werden:

Archäologische Abteilung: in den Vitrinen einige Kleinfunde von der Vorgeschichte bis zur römischen Kaiserzeit, darunter ein *Teller aus rotem Ton* mit einer Verzierung in sehr flachem Relief, Daniel und zwei Löwen zeigend, in der Mitte des 4. Jh. im westlichen Nordafrika hergestellt und in das Gebiet des heutigen nördlichen Albanien exportiert; *Ostothek* mit Deckel, lokale Arbeit, auf der einen Langseite Girlanden, auf einer Schmalseite ein Spiegel, vielleicht also für eine Frau bestimmt, 2. Jh.; *großes Grabrelief* mit drei Personen, lokale Arbeit des 2./3. Jh.

In der **Volkskunstabteilung** sind Trachten, Webereien, Stickereien, Arbeiten aus Holz und Metall, Schmuck, Tonwaren sowie verschiedene Zimmereinrichtungen zu sehen. – Im Garten steht vor dem Museumseingang eine Brunnenfassung aus Stein mit einer für das nördliche Albanien typischen Verzierung, wohl 19. Jh.; an der Seite rechts des Museums liegt ein volkstümliches Relief unbekannter Verwendung, der hl. Georg, den Drachen bekämpfend, 18./19. Jh. (s. Abb. 70).

Museumsstraße

Die Zerstörung der Stadt während des verheerenden Erdbebens im Jahre 1979 brachte es mit sich, daß umfangreiche Neubauviertel entstanden. Es gelang jedoch, einen alten Straßenzug (Enver-Hoxha-Straße), der in der Nähe des Hotels beginnt, zu restaurieren. Hier stehen niedrige Häuser mit klassizistischen Dekorationen aus dem späten 19. und frühen 20. Jh. In einigen von ihnen hat man Cafés und Läden, in anderen eine Volkskunstausstellung eingerichtet, in der man etwas über die traditionellen Handwerke erfahren kann: Webereien, Stickereien, Keramik- und Glasherstellung, Flechtarbeiten, Holzschnitzereien u. a. In einem kleinen, dort zu erwerbenden Heft sind einige schöne Stücke albanischer Volkskunst aus dieser Sammlung abgebildet; in einem der Läden werden auch moderne Volkskunstarbeiten verkauft.

Ura e Mesit (Brücke von Mes)

Etwa 8 km außerhalb von Shkodra findet sich an der Straße, die nach Nordosten in die Albanischen Alpen führt, die bedeutendste und am besten erhaltene türkenzeitliche Brücke

Ura e Mesit (Brücke von Mes) bei Shkodra, 18. Jh.

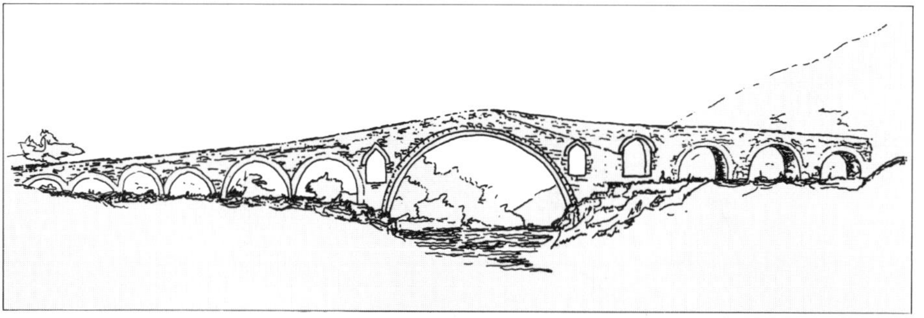

in Albanien, Ura e Mesit, mit der die frühere Straße den kleinen Fluß Mir überquerte (s. Abb. 77). Sie weist eine Länge von 108 m und insgesamt 15 Bögen auf, von denen der größte und höchste den Fluß überspannt (Weite von 21 m). Auf der einen Seite stehen sieben, auf der anderen Seite fünf erheblich kleinere Bögen, die zu den Seiten hin schmaler werden. Ungewöhnlich ist, daß die Brücke etwa 5 m rechts vom Hauptbogen einen Knick um 14 Grad macht; der Grund wird wohl nicht darin zu sehen sein, daß man so eine größere Stabilität gegen das anströmende Wasser erreichen wollte, sondern daß man auf diese Weise die Geländeformation am besten ausnutzen konnte.

Hinsichtlich einer Datierung weiß man lediglich, daß am Ende des 18. Jh. hier eine Reihe von Brücken entstanden, weil Mehmed Bushati, der Pascha von Shkodra, die Straßen im Lande ausbauen ließ. Die Ura e Mesit ähnelt in ihrer Bautechnik anderen Brücken, die im Rahmen dieser Maßnahmen errichtet wurden, sie dürfte also auch aus dieser Zeit stammen.

Von Shkodra aus kann man einen Ausflug in die Albanischen Alpen und eine Rundfahrt in den Osten nach Kukes und Peshkopi unternehmen, um die faszinierende Landschaft Albaniens näher kennenzulernen. Man sieht hin und wieder ländliche Häuser, die in dieser im Winter äußerst rauhen Gegend ihre eigenen, nützlichen Formen aufweisen. Besonders eindrucksvoll ist das Tal des Flusses Mat mit seinen verstreut liegenden Gehöften, unter denen dem Touristen vor allem die turmartigen Häuser auffallen. Weitere Kunstdenkmäler sind im Gebiet des nordöstlichen Albanien mit Ausnahme der Allajbeg Moschee bei Burim (in der Nähe von Peshkopi; Einkuppel-Moschee, 16. Jh.) nicht erhalten.

Nordalbanien, charakteristisches turmartiges Haus, 18./19. Jh. (Haus des Mic Sokol in Burjan)

Fahrt in den Osten Albaniens

Für den Ausflug in den Osten sollte man sich mehrere Tage Zeit nehmen: Von Durres aus fährt man, etwa dem Verlauf der römischen Via Egnatia folgend, über Kavaja, Peqin, Bradashesh, Elbasan und Librazhd zum Thanas-Paß (Qafe Thanas; 931 m ü. d. M.), dann hinunter zum Ochrid-See und weiter über Pogradec nach Korça. Von Tirana aus läuft die Straße an Petrela und Persqop vorbei durch herrliche Gebirgslandschaften über den Kerraba-Paß (Höhe etwa 759 m) nach Elbasan. Die Burg von Petrela besitzt als Kern einen mächtigen Turm der Zeit um 500 und wurde in mehreren Phasen im 12. bis 14. Jh. erweitert; in Persqop blieben Reste der Befestigungsmauern einer illyrischen Stadt des 4. Jh. v. Chr. erhalten, möglicherweise das Zentrum des illyrischen Stammes der Parthiner und mit dem im 2. Jh. durch Ptolemaios von Alexandria genannten Albanopolis gleichzusetzen.

Via Egnatia

In der Antike spielten die Landwege eine größere Rolle als heute, denn oft gefährdeten unberechenbare Stürme, die ja auch jetzt noch sogar im Sommer urplötzlich hereinbrechen, die Schiffahrt auf dem Mittelmeer; von Dezember bis März mußte man den Verkehr zu Wasser überhaupt einstellen. So erlangte ein alter Handelsweg, der von den Adriahäfen Dyrrachium und Apollonia in das Innere des Balkans, nach Norden bis zur Donau und nach Osten bis nach Byzantium (Konstantinopel) führte, im Rahmen der römischen Ostexpan-

Nordalbanien, großes Haus im Tal des Mat in der Nähe von Klos, 18./19. Jh.

sion eine überragende Bedeutung. Zwischen 146 und 120 v. Chr. errichtete man dann eine feste Straße, die von Dyrrachium bis Kypsela am Hebros, dem heutigen Grenzfluß zwischen Griechenland und der Türkei, verlief. Die mit Meilensteinen versehene Straße, die zunächst rein militärischen Zwecken der Ausdehnung römischer Grenzen nach Nordosten und Osten diente, wurde unter Augustus ausgebaut; in der Kaiserzeit überwog dann wohl die Nutzung zu Handelszwecken. Der Name der Via Egnatia, der nur bei Strabo (63 v. Chr.–21 n. Chr.) überliefert ist, erklärt sich durch den für die Arbeiten zuständigen römischen Beamten, den Proconsul Gnaeus Egnatius (ein Meilenstein mit seinem Namen in lateinischer und griechischer Sprache befindet sich im Museum in Thessaloniki).

Die Via Egnatia beginnt in Dyrrachium und setzt die Via Appia fort, die von Rom nach Brundisium (Brindisi) führte; von dort mußte man ein Schiff über die Adria benutzen. Alternativ konnte man auf dem Landweg bis Hydruntum (Otranto) reisen und von dort nach Apollonia, dem zweiten, weiter südlich gelegenen Ausgangspunkt der Via Egnatia, segeln. Von Dyrrachium aus ging die Straße über das heutige Kavaja nach Südosten weiter und erreichte dann den Fluß Genusus (Shkumbin), dem sie folgte. Apollonia lag früher sehr viel näher am Meer, und der Aoos (Vjosa) nahm auch einen anderen Verlauf, so daß die Stadt über einen guten Hafen verfügte. Von dort lief die Straße nach Nordosten am Fuß der Berge

Via Egnatia: 1 Gnathia 2 Tarentum 3 Brundisium (Brindisi) 4 Dyrrachium (Durres) 5 Clodiana (bei oder in Peqin) 6 Apollonia 7 Byllis 8 Aulon (Vlora) 9 Oricum 10 Antigoneia 11 Panormus 12 Phoinike 13 Onchesmus 14 Buthrotum 15 Kerkyra (Korfu)

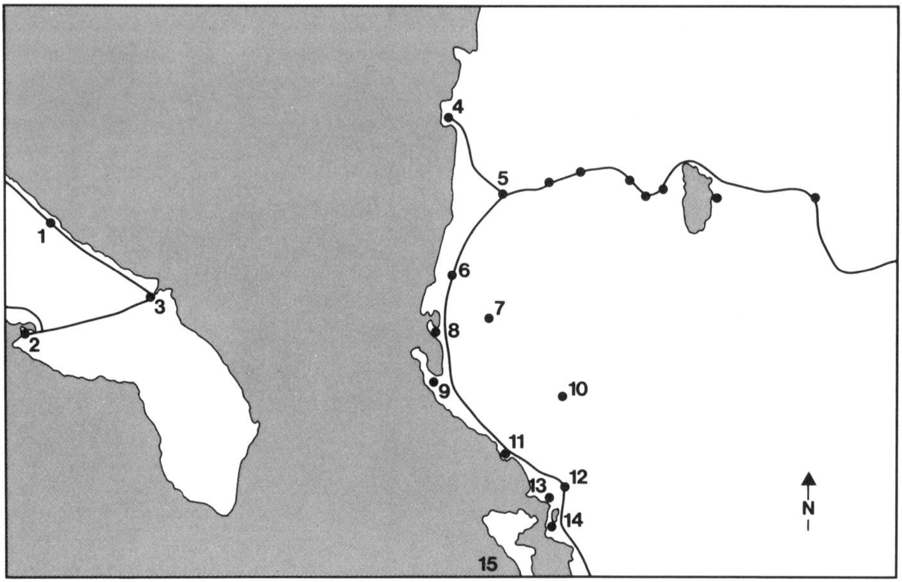

entlang. In der Nähe des heutigen Rogozhina trafen die beiden Zweige zusammen; dort lag die Station Clodiana, deren Lage man in der Nähe von Pequin zu suchen hat. Auf dem Wege nach Osten blieb bis heute die Station Ad Quintum (Bradashesh) erhalten, ein größerer Ort war Scampa (Elbasan), weiter östlich wurde der Shkumbin auf einer Brücke überquert, dann folgten die Stationen Ad Dianam (Spathare) und Tres Tabernae (in der Nähe von Qukes). Nach Überwindung des Thanas-Passes fiel die Via Egnatia steil zum Ochrid-See ab und umrundete ihn nördlich; die nächste Stadt war Lychnidos (Ochrid). Möglicherweise gab es eine Abzweigung nach Süden, die dem oberen Shkumbin-Tal folgte und über Selca nach Pogradec an der Südseite des Ochrid-Sees verlief.

In der Nähe von Librazhd, auf der südlichen Seite des Shkumbin, konnte man an vielen Stellen Überreste der gepflasterten Straße in einer Breite von 6,70 m entdecken. Von dem Jahre 300 an ersetzte Aulon (Treport bei Vlora) Apollonia als Ausgangspunkt des südlichen Straßenzweiges; vermutlich hatte der Aoos (Vjosa) seinen Lauf verändert und floß nun viel weiter südlich in die Adria als früher, so daß das Küstengebiet bei Apollonia zu versumpfen begann. Man mußte nicht einmal eine neue Straße anlegen, sondern benutzte die bestehende Verbindung von Aulon nach Apollonia und baute sie vielleicht noch weiter aus. Die Via Egnatia behielt durch die gesamte Spätantike bis in das Mittelalter und die Neuzeit ihre Bedeutung bei. So versuchten beispielsweise die Normannen im 11. Jh., auf diesem Weg nach Osten vorzustoßen, und seit dem 14. Jh. benutzten sie die Türken; 1466 stellten sie Scampa, nun Elbasan genannt, als Stützpunkt für ihr Vordringen nach Westen wieder her und errichteten um 1500 in Peqin eine neue Festung an der Via Egnatia. Noch heute folgt die Hauptverbindungsstraße von der Küste in das östliche und südöstliche Albanien weitgehend ihrem Verlauf.

Bradashesh – Ad Quintum

Die Mutatio Ad Quintum (Station für das Wechseln der Zugtiere – Pferde und Maultiere – beim fünften Meilenstein, hier von Scampa – Elbasan aus gerechnet) gruben Archäologen 7 km (also 5 Meilen) westlich von Elbasan beim Dorfe Bradashesh aus. Es handelt sich um eine langgestreckte Anlage von etwa 350 m^2 Grundfläche, die sich auf einer von Ost nach West gerichteten Terrasse am Fuße eines Berghanges erhebt. Sie besteht aus einer kleinen Thermenanlage im Westen und einem großen Platz mit Brunnenanlagen (Nymphäen) und gerundetem Abschluß im Osten. Nur Fußgänger erhielten Zutritt zu der Terrasse, Tiere blieben offensichtlich unten; für sie gab es hier ein Wasserbecken. Auf der Terrasse errichtete man gegen den Hang hin eine hohe, 26 m lange Stützmauer und verstärkte sie im Abstand von 2,50 m durch vorgelegte Pilaster. Im östlichen Teil befinden sich drei unterschiedlich große, in die Felsen eingetiefte Wasserbecken.

Das Bad, eine kleine Anlage von nur 130 m^2, besteht aus dem Auskleideraum (apodyterium, A), zwei Warm-Räumen nebeneinander (tepidarium, B, C), dem Schwitzraum dahinter (sudatorium, D) und dem Heißbad (caldarium, E) mit zwei Wannen und einem gerunde-

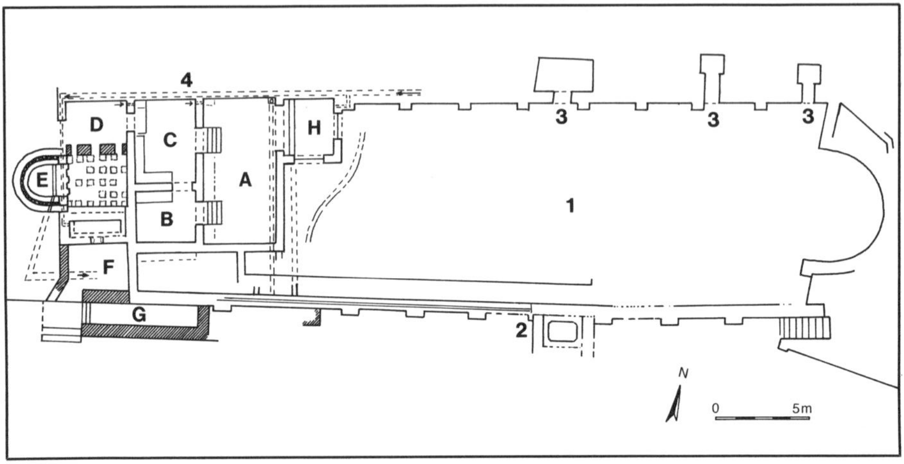

Bradashesh – Ad Quintum, Plan der Station (mutatio): 1 offene Terrasse 2 Tränke für Tiere 3 Sammelbecken für Quellwasser 4 Badeanlage: A Auskleideraum (apodyterium) B und C Warmbaderaum (tepidarium) D Schwitzraum (sudatorium) E Heißbaderaum (caldarium) F Heizraum (praefurnium) G später angebauter Raum H Kaltbaderaum (frigidarium)

ten Abschluß nach Westen. Im Süden schloß sich der Heizraum (praefurnium, F) an, ein weiterer Raum wurde später angebaut (G). Die Fußbodenheizung (Hypokausten) blieb gut erhalten, und auch die Tonröhren in den Wänden (tubuli), die die Wärme an den Raum abgaben, kann man noch erkennen. Im Osten lag im Winkel zwischen Bad und Terrassenmauer ein Kaltbad (frigidarium, H); über Stufen gelangte man in das Becken, in dem 1,20 m hoch kaltes Wasser stand. Weitere Gebäude lagen wahrscheinlich außerhalb der Terrasse – bei einer Mutatio würde man beispielsweise noch Ställe und ein Gasthaus erwarten.

Die Station Ad Quintum dürfte aus der 2. Hälfte des 2. Jh. (mit einigen späteren Umbauten) stammen. Ein Pilger aus Bordeaux erwähnt sie 333 in seinem Wegeverzeichnis als Wechselstation für die Zugtiere, 6 Meilen nach Scampa-Elbasan (er befand sich auf der Rückreise aus dem Heiligen Land in Richtung Italien). Um oder bald nach der Mitte des 4. Jh. verfiel die Station anscheinend.

Die Römer bauten bekanntlich das Straßennetz im Reich großzügig aus und errichteten in regelmäßigen Abständen Stationen, die kleineren (mutatio) zum Pferdewechsel, die größeren (mansio) für Übernachtung und Wechsel der Zugtiere (die Bezeichnungen scheinen sich allerdings erst in der Spätantike verfestigt zu haben). Mit Ad Quintum haben wir eine solche Mutatio vor uns und erhalten eine anschauliche Vorstellung davon, wie der Reisende den Pferdewechsel mit einer Pause verbinden und ein Bad nehmen konnte. Anschließend mag er sich auf der Terrasse noch etwas erholt haben, um dann zur nächsten Übernachtungsmöglichkeit aufzubrechen, der Mansio, die in Clodiana, im Gebiet des heutigen Peqin, lag.

Elbasan – Scampa

Der Ort Scampa (oder Skampis) wird zum erstenmal als ›Vicus‹ (Dorf) in einer Grabinschrift genannt, die sich um 160 datieren läßt (im Museum); er dürfte zu Dyrrachium gehört haben und liegt an einer Stelle am Genusus (Shkumbin), an der genügend fruchtbares Ackerland zur Verfügung stand und die Via Egnatia eine andere Straße kreuzte.

Im frühen 4. Jh., vielleicht um 320, errichteten die Römer hier ein Kastrum (Lager) für eine Legion (mit dem Namen legio pseudocomitatensis per Illyricum); bis heute bestimmt diese **Festung** das Stadtbild. Die Mauern von etwa 11 m Höhe bilden ein Rechteck von 348 m auf 308 m; sie wurden durch 26 Türme im Abstand von 40–45 m verstärkt, die 8–9 m aus der Mauerflucht hervorsprangen. An den Ecken erhoben sich gewaltige fächerförmige Türme (im Südwesten und Südosten gut erhalten). Tore mit jeweils zwei Türmen und einem Zwinger standen in der Mitte der West- und Ostseite, also im Verlauf der Via Egnatia, die hier eine Breite von 11 m hatte und sich auch noch außerhalb des Kastells bei Grabungen nachweisen ließ. In der Mitte der Südseite liegt ein weiterer, ebenfalls von zwei Türmen geschützter Nebeneingang, ringsum ist ein Graben eingetieft.

Die südliche Mauer und Teile der westlichen sind gut, die übrigen nur in Resten erhalten. Vom Osttor wurden die Fundamente ausgegraben, vom westlichen hingegen fand man nur einige Mauerbrocken. Das Aussehen der Befestigungen wird dadurch beeinträchtigt, daß das heutige Niveau vier Meter über dem antiken liegt. Im Südturm, der innen bis zum antiken Boden freigelegt wurde, kann man sich eine Vorstellung von der beeindruckenden Höhe der Türme und Mauern machen.

Scampa war schon im 5. Jh. Bischofssitz. Innerhalb der Festung hat man Reste von zwei Kirchen festgestellt, aber noch nicht ausgegraben (bei neuesten Grabungen in der Nähe des Museums kamen Teile einer weiteren Kirche zutage); außerhalb hat man auf dem Hügel ›Tepe‹ die Grundmauern einer Basilika freigelegt. Verschiedene architektonische Fragmente frühchristlicher Zeit im Museum zeigen, daß es noch mehr Bauten gegeben haben muß. Im Jahre 478 drangen die Ostgoten ein, die Bevölkerung von Scampa hatte jedoch rechtzeitig in die Berge fliehen können; vielleicht wurden dennoch Teile der Befestigungen zerstört. Unter Kaiser Justinian (527–565), der, wie mehrfach erwähnt, auf dem Balkan und in anderen Teilen des Reiches die Festungen instandset-

Elbasan – Scampa, Plan der Stadt: 1 Nebentor im Süden 2 Turm im Südosten 3 Reste des Haupttores im Osten 4 Kathedrale Hg. Maria 5 Mbret Moschee 6 Museum 7 Turm im Südwesten

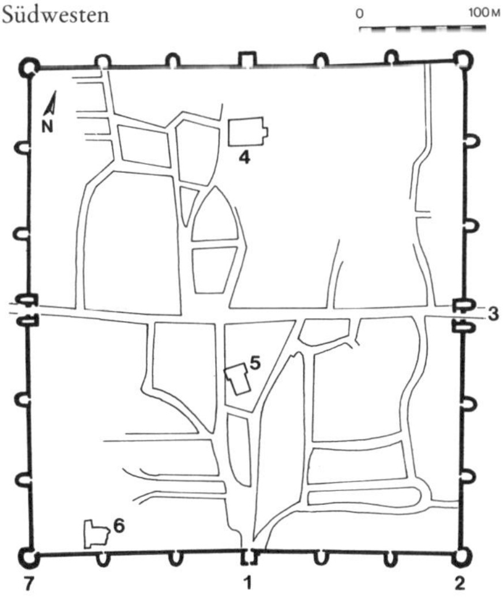

zen und ausbauen ließ, wurde auch Scampa wiederhergerichtet (Ziegelstempel mit dem Monogramm des Kaisers erhalten). Am Ende des 6. Jh. kam es zu einer schweren Zerstörung, die sich an einer Brandschicht ablesen läßt; ein Zusammenhang mit dem Einfall der Slawen erscheint möglich.

Danach hat der Ort wohl viele Jahrhunderte lang verlassen gelegen, bis im Jahre 1466 Mehmet II. auf seinem Zug gegen Kruja die Festung wiederherstellen ließ und dort eine Garnison stationierte; seitdem trägt sie den Namen Elbasan (s. Farbabb. 23). Nachdem die Türken 1832 einen Aufstand niedergeschlagen hatten, rissen sie die Mauern teilweise nieder, die daraufhin verfielen.

Im Südwestturm lassen sich die drei Bauphasen deutlich an dem unterschiedlichen Mauerwerk ablesen. Für die römische Phase erkennen wir das charakteristische Gußmauerwerk, mit einer Verkleidung aus Bruchsteinen und Ziegelbändern (aus vier Reihen Ziegeln) versehen (sogenanntes ›Opus mixtum‹). Bei der Erneuerung im 6. Jh. wurden hingegen nur drei Reihen an Ziegeln verwandt, mit sehr viel breiteren Mörtelfugen als im 4. Jh. Die Türken benutzten beim Wiederaufbau 1466 antikes Steinmaterial, darunter teilweise behauene Quader, und viele Ziegelbruchstücke aus den Ruinen der Siedlung.

Innerhalb der Festung stehen einige bescheidene Häuser des vorigen Jahrhunderts, dazu die baugeschichtlich wichtige Mbret Moschee sowie die Kathedrale; außerhalb liegen ein türkenzeitliches Bad (unmittelbar neben dem Hotel Scampa), weiter entfernt, in der Nähe des Shkumbin, die Nazireshe Moschee (Einkuppel-Moschee, 1599 datiert), westlich der Stadt auf einem Hügel mit dem Namen Tepe (türkisches Wort für Hügel) die Reste einer frühchristlichen Basilika (frühes 5. Jh., im 6. Jh. verändert; Bauplastik im Museum in Korça), an der Straße nach Tirana – nicht zugänglich – die jetzt weitgehend zerstörte Kirche Shen Gjon Wladimir (im Jahre 1381 von Karl Thopia, dem Herrscher eines kleinen Fürstentums in Mittelalbanien, gestiftet; ein Portal mit dem Wappen des Fürsten und Inschriften im Hist. Museum in Tirana). Ein lohnendes Ziel bietet die Kirche Hg. Nikolaos im Dorf Shelcan südöstlich von Elbasan. Die Kirche Hg. Paraskevi (Shen Premtes) in Valesh, südöstlich von Elbasan in den Bergen gelegen, ist derzeit nicht zu besichtigen; sie besitzt besondere Bedeutung, da in ihr Reste von Wandmalereien des Onufri erhalten blieben (datiert 1554).

Die 1492 datierte **Mbret Moschee** (Xhamija Mbret, ›Königsmoschee‹; 5) vertritt zwar nur den einfachen Typus des mit einem Holzdach gedeckten Raumes, ist aber der älteste erhaltene islamische Kultbau in Albanien. Der Außenbau ist sehr sorgfältig ausgeführt, das Schächtelmauerwerk ahmt jedoch die Quader nur nach, indem kleine Steine mit viel Mörtel verbunden und dann sauber verputzt wurden; die auf diese Weise entstandenen Rechtecke werden auf allen Seiten von einer Ziegelschicht umgeben (vgl. S. 84). Die Mbret Moschee ist das früheste Beispiel für diese osmanische ›Anleihe‹ an byzantinische Mauertechnik, die wir in Albanien kennen. Im schlichten Inneren des Baus verringern drei Stützen die Spannweite. Der hölzerne Minber und die ebenfalls aus Holz gezimmerte Galerie an der Eingangsseite dürften nicht aus der Erbauungs-, sondern aus einer erheblich späteren Zeit stammen.

Die inschriftlich in das Jahr 1833 datierte **Kathedrale Hg. Maria** (Shen Meria; 6), eine große dreischiffige Kuppelbasilika mit komplizierter Gewölbebildung, verdient vor allem wegen der aufwendigen Ikonostase mit den reich vergoldeten Holzschnitzarbeiten Beachtung (nach der Inschrift über der Königlichen Pforte von 1859 bis 1868 gearbeitet). Die Holzpfeiler der Ikonostase sind besonders stark durchbrochen, ungewöhnlich reiche Schnitzarbeiten zeigen auch die beiden Pfeiler neben der Königlichen Pforte. Die gesamte Innenausstattung des Baus wird derzeit restauriert, da die Kirche als Museum christlicher Kunst der Türkenzeit dienen soll. Die Steine an der östlichen Außenmauer wurden sorgfältig behauen und mit Blendbögen sowie aufgelegten Pilastern geschmückt; an der Südseite zieht sich ein Portikus entlang.

Das **Museum** befindet sich in der Nähe des südwestlichen Eckturmes der Stadtbefestigung; es wurde 1987/88 renoviert und völlig neu eingerichtet.

Aus der archäologischen Abteilung seien hervorgehoben: großes *Grabrelief* eines Mannes mit Schmetterlingsflügeln und kurzem Gewand, der so mit Psyche (›die Seele‹), der Gefährtin des Eros, gleichgesetzt wird, lokale Arbeit, vielleicht 2. Jh.; *Fragment eines Grabreliefs* mit dem Oberkörper einer Frau, die in der linken Hand einen Spiegel hält, 3. Jh.; *Grabrelief mit drei stehenden Figuren,* links wohl Vater und Mutter, rechts der als Soldat gefallene Sohn, 3. Jh.; stark verwaschenes *Weihrelief mit tanzenden Nymphen,* vielleicht 2. Jh. v. Chr.; *Grabaltar mit lateinischer Inschrift für den Legionär Marcus Sabidius Maximus,* der über 40 Jahre Soldat war, davon fast 20 Jahre als Centurio (Hauptmann); er hat u. a. im Jüdischen Krieg unter Hadrian (131–134) gekämpft und zahlreiche Auszeichnungen erhalten; die Begräbnisstätte wurde von den Einwohnern des Vicus Scampa für ihren Landsmann gestiftet; wichtig wegen der Nennung von Scampa, dessen Identifizierung mit dem heutigen Elbasan durch diese Inschrift gestützt wird; *Fragmente weiterer lokaler Grabreliefs,* 2./3. Jh.; einige *architektonische Fragmente* der römischen Kaiserzeit; in einer Vitrine ein *Bronzehelm* des illyrischen Typs, 5. Jh. v. Chr.

Im Garten sind u. a. ausgestellt: Oberteil eines *Grabreliefs* mit Akanthusblättern, reichen Ranken und Palmetten sowie einer Sirene, 4. Jh. v. Chr.; *Fragmente von Grabreliefs* und *Grabaltären,* 2./3. Jh.; *Kapitelle* verschiedener Form aus Bauten des 5. und 6. Jh.; mehrere Fragmente von *Schrankenplatten,* die von Templonanlagen aus Kirchen des 5. und 6. Jh. stammen dürften; verschiedene *Doppelsäulen,* die in zwei- oder dreigeteilten Fenstern christlicher Kirchen eingelassen waren.

In der Volkskunstabteilung sind Trachten, Stickereien und Webereien, verschiedene Metallgegenstände, landwirtschaftliche Geräte sowie einige Modelle von Häusern ausgestellt.

Unmittelbar neben dem Hotel Scampa liegt ein **türkisches Bad,** das schon im Jahre 1672 von dem türkischen Reisenden Evliya Çelebi beschrieben wird und vielleicht aus dem Ende des 16. Jh. stammt. Jene der regelmäßigen Reinigung dienenden Zweckbauten – der Islam schreibt bekanntlich rituelle Waschungen vor – waren in osmanischer Zeit sehr beliebt und

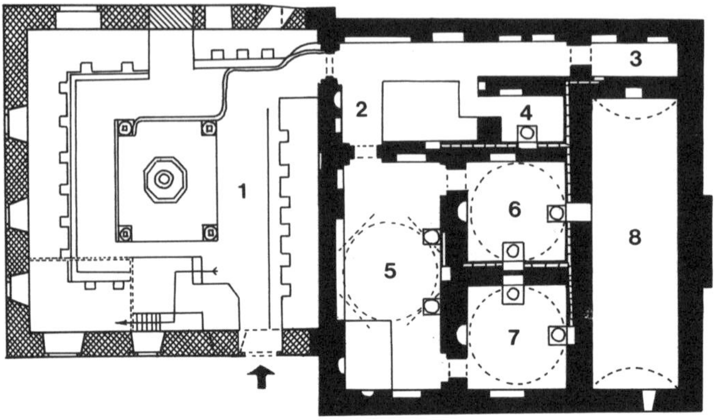

Elbasan, Bad, Grundriß: 1 später angebauter großer Auskleide- und Ruheraum 2 ursprünglicher Eingangsraum 3 Latrine 4 Raum mit kleinem Wasserbecken für eine erste Reinigung 5–7 Schwitzräume mit Wasserbecken (5 für die Allgemeinheit, 6 und 7 für besondere Gäste) 8 Zisterne und darunter Heizung

weit verbreitet. Vornehme Häuser besaßen ihre eigenen kleinen Privatbäder, öffentliche Bäder gab es in jedem größeren Ort (in Albanien z. B. noch in Shkodra, Kruja, Gjirokastra und Durres erhalten). Das Bad in Elbasan ist restauriert und kann besichtigt werden. Es lag ursprünglich im Zentrum der türkenzeitlichen Stadt in der Nähe des Basars. Die Anlage zeigt, daß sie nur jeweils von einem Geschlecht besucht werden konnte; in der Regel war es den Männern zugänglich, lediglich am Donnerstag den Frauen. Wir können zwei Bauphasen erkennen, der Raum 1 wurde später angebaut, muß aber einen Vorgänger besessen haben, wie die Ansätze der Mauern beweisen.

Am Außenbau setzen sich die Kuppeln über den Baderäumen und die Dächer über den anderen Kompartimenten voneinander ab und beleben so den Umriß. Kleine, mit Glas verschlossene Öffnungen in den Kuppeln sorgten für die Beleuchtung der Räume, deren jeweilige Funktion sich deutlich erkennen läßt: im Raum 1 konnte man sich entkleiden, massieren lassen, ruhen, Erfrischungen einnehmen; Räume 5 bis 7 sind Schwitzräume mit Wasserbecken; davon diente Raum 5 wahrscheinlich der Allgemeinheit, während die Kabinette 6 und 7 für Honoratioren reserviert waren; man saß in diesen Räumen auf kleinen Hockern oder umgestülpten Kupfergefäßen, schwitzte, schöpfte mit Badeschalen aus den kleinen Marmorbecken heißes Wasser und goß es sich über den Körper; wahrscheinlich werden hier auch Masseure bereitgestanden haben, die die Badenden mit Ziegenhaar gründlich reinigten. Raum 8 war die Zisterne, unter der sich die von außen zugängliche Heizung befand.

Shelcan, Hg. Nikolaos (Shen Kolli)

Die recht unscheinbare Kirche im Dorf Shelcan, 14 km südöstlich von Elbasan, ein einschiffiger Saal mit einer im Osten vortretenden, halbrunden Apsis (Länge etwa 12 m, Breite 6 m), ist für Kunstfreunde von außerordentlichem Interesse. Der ursprüngliche Bau ist wegen des

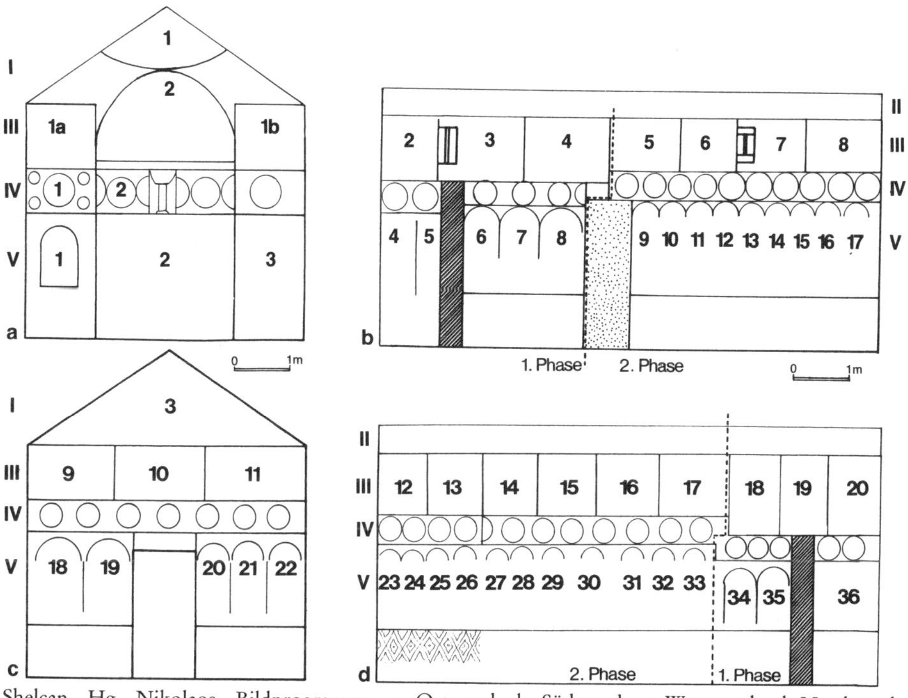

Shelcan, Hg. Nikolaos, Bildprogramm: a Ostwand b Südwand c Westwand d Nordwand
Zone I: 1 Christus als Pantokrator 2 Maria Blachernitissa, begleitet von den Erzengeln Michael und Gabriel 3 vielleicht Christus als Engel, begleitet von Engeln (stark beschädigt)
Zone II: an der Süd- und Nordwand Halbfigurenbilder von Propheten (nur wenige erhalten)
Zone III (Festtagszyklus): 1a und b. Verkündigung an Maria durch Gabriel 2 Geburt Christi 3 Darstellung im Tempel 4 Taufe Christi 5 Auferweckung des Lazarus 6 Einzug in Jerusalem 7 Metamorphosis (Verklärung) 8 Letztes Abendmahl 9 Bewirtung der drei Engel durch Abraham und Sarah 10 Marientod 11 Verrat des Judas 12 Christus vor Pilatus 13 Kreuztragung 14 Kreuzigung 15 Beweinung Christi 16 Die Marien am Grabe (Myrophoren) 17 Christus erscheint Maria Magdalena (›noli me tangere‹) nach Joh. 20, 11–18) 18 Anastasis (Höllenfahrt) 19 Himmelfahrt 20 Pfingsten
Zone IV: 1 Dreigesichtige Dreifaltigkeit, umgeben von Symbolen der Evangelisten 2 Cherubim, Seraphim und Trochoi (›Räder‹ der Hezekiel-Vision), des weiteren Tondi mit den Büsten von Heiligen
Zone V (Zone mit stehenden Heiligen): 1 Christus als Schmerzensmann (in zwei Schichten, darüber letzte Schicht unkenntlich) 2–4 Kirchenväter 5 Kyrillos 6 Kirchenvater 7 Nikolaos 8 weibliche Heilige 9 Niketas 10 Jakobos 11 Menas 12 Merkourios 13 Tryphon 14 Johannes Vladimir 15 Alexios 16 und 17 Abt Zosimos und Maria Aegyptiaca 18 Marina 19 Christophoros 20 und 21 Konstantin und Helena mit dem Kreuz 22 Kyriake 23 Euthymios 24 Sabas 25 Antonios 26 Prophet Elias 27 Damianos 28 Kosmas 29 Theodoros Tiron 30 Theodoros Stratilates 31 Prokopios 32 Nestorios 33 Demetrios 34 Georgios 35 Erzengel Michael 36 Vision des Petros von Alexandria

Schächtelmauerwerks an der Apsis möglicherweise in das 14. Jh. zu datieren. Nach teilweisem Einsturz und anschließendem Neubau malte der wohl bedeutendste Maler Albaniens, Onufri, die Kirche aus, vermutlich in den Jahren um 1554.

Die gut erhaltenen, aber noch nicht gereinigten Malereien weisen eine Abfolge von Szenen und Figuren auf, die als charakteristisch für kuppellose Kirchen der nachbyzantinischen Zeit gelten können. Die in vier Zonen gegliederten Wände zeigen unten stehende Heilige, darüber Tondi mit Brustbildern von Heiligen, dann den Festtagszyklus in größeren gerahmten Feldern und als oberen Abschluß Brustbilder von Propheten.

Da Zyklus und Inschriften noch nicht publiziert worden sind, läßt sich weder der deutliche Absatz an der Nord- und Südwand erklären noch bestimmen, wer die Malereien im westlichen Teil geschaffen hat. Sie sind anscheinend später zu datieren als die des Onufri im Osten. Auch die gemauerte Ikonostase wird später bemalt worden sein; ihre Vorderseite schmücken ›Ikonen‹; ein Säulenheiliger, Maria und Christus sowie Johannes Prodromos, der Fürbitte bei Christus hält. Auf der Rückseite ist über der Mitteltür das ›Keramidion‹ gemalt, ein wundertätiges, der Tradition zufolge nicht von Menschenhand stammendes Bild Christi auf einem Ziegelstein.

Von Elbasan aus folgt die heutige Straße auf einer landschaftlich besonders reizvollen Strecke dem Fluß Genusus und dem Verlauf der antiken Via Egnatia. Bald nach dem Ort Qukes führt eine Straße nach Süden, von der aus man die wegen ihrer Felsgräber berühmte illyrische Siedlung Selca erreicht, die aber mit Sicherheit auch ihrer schönen Lage wegen einen Besuch verdient.

Selca

Früheste Spuren menschlicher Besiedlung in Selca stammen aus prähistorischer Zeit, doch erst in der ersten Hälfte des 4. Jh. v. Chr. gründeten die Illyrer auf dem langgestreckten Bergrücken eine Stadt. Eine Mauer wurde nicht entdeckt, zumal bisher erst Ausgrabungen von verhältnismäßig geringem Umfang stattfanden. Am Steilabfall an der Südostseite liegen die für Albanien singulären 1969–72 freigelegten Felsgräber, für die es lediglich einen vergleichbaren Neufund bei Vlora gibt (noch nicht publiziert). Das Material, einen leider stark verwitternden Sandstein, gewann man am Ort selbst in zwei kleinen Steinbrüchen (6 und 7). Die Gräber waren weitgehend ausgeraubt, nur in einem Fall hatten die Grabräuber offensichtlich nicht bemerkt, daß neben dem sichtbaren Scheingrab das richtige Grab mit kostbaren Beigaben in der Erde verborgen lag (8).

Man vermutet, daß Selca Sitz eines illyrischen Herrschers war und mit dem aus der Geschichte bekannten Ort Pelion gleichgesetzt werden kann. In der Nähe fand man Spuren einer römischen Straße von 6 m Breite, die mit großen Steinplatten gepflastert war. Die

1 Landschaft bei Korça ▷
2 Landschaft bei Gjirokastra ▷▷

3 Landschaft bei Gjirokastra

4 Landschaft bei Ballsh

5 Landschaft bei Ksamil

7 Blick auf Gjirokastra ▷

6 Am Mat-Fluß

8 Tirana, Skanderbeg-Platz mit Ethem Bey Moschee

10 Tirana, Skanderbeg-Platz mit dem Standbild des Freiheitshelden ▷

9 Tirana, Skanderbeg-Platz mit Historischem Museum

11 Gefäß in Form des Oberkörpers einer Frau, Tirana, Historisches Museum

12 Glockenförmiges Gefäß, Tirana, Historisches Museum

14 Frauenkopf aus Ton von einem hölzernen Tempel, Durres, Museum ▷

13 Schale mit dreiecksförmigen Verzierungen, Tirana, Archäologisches Museum

15 Bronzestatuette eines Speerwerfers, Apollonia, Museum

16 Bronzestatuette eines blitzeschleudernden Zeus, Apollonia, Museum ▷

17 Labova, Marienkirche von Nordosten

18 Kosina, Marienkirche von Osten

19 Berat, Hg. Triada von Nordosten mit Blick auf das Osum-Tal

20 Berat, Marienkirche von Südwesten

21 KRUJA, Blick auf die Tekke des Bektaschi-Ordens

22 BERAT, Blick auf das Mangalen-Viertel mit der Beqar Moschee

23 Straßenzug in Elbasan

24 Berat, Ikonostase in der Marienkirche

26 Berat, Onufri-Museum, Ikone der Maria

25 Voskopoja, Wandmalerei in der Michaelskirche

27 u. 28 Kette aus Gold und Granat, Tirana, Archäologisches Museum

30 Bronzene Hydria, Tirana, Archäologisches Museum ▷

29 Silberner Gürtelbesatz, Tirana, Historisches Museum

31 Bronzenes Weihrelief für den orientalischen Gott Sabazios, Tirana, Archäologisches Museum

32 Kopf eines Herrschers (?), Tirana, Archäologisches Museum

Straße – die Via Egnatia oder eine Nebenstraße – führte offensichtlich südlich um den Ochrid-See herum. Die Gräber stammen aus dem 4. und 3. Jh. v. Chr.

1. Unterhalb der Terrasse: Kammergrab einer in Makedonien üblichen Form (Parallelen in Albanien in Persqop, Amantia, Matohasanj und Armen); Eingangsraum, dahinter Hauptraum mit Tonnengewölbe und einer zweiflügeligen, steinernen Tür, die eine Holztür nachahmt; im Inneren drei Betten (Klinen), in U-Form angeordnet (von einem die Vorderseite erhalten); sie waren abgedeckt, auf ihnen standen die Urnen mit der Asche der Toten.
2. Am Beginn der Terrasse: kleine Nische, verhältnismäßig hoch in der Wand, wahrscheinlich für ein Weihrelief bestimmt.
3. In einigem Abstand rechts: Felsgrab, dem ursprünglich eine Fassade aus Quadern, ein Stufenunterbau und seitlich einen Giebel tragende Säulen oder Pilaster vorgesetzt waren; die Decke im Inneren gewölbt; an den Seiten Klinen.
4. Wand mit einer Nische, über die sich ein Bogen spannt.
5. Wand mit zwei Nischen, in denen Weihreliefs aus Stein oder Ton aufgestellt waren.
6. Steinbruch.
7. Weiterer Steinbruch am Beginn des zweiten Teiles, auf niedrigerem Niveau.
8. Die großartigste der erhaltenen Anlagen, bestehend aus dem Scheingrab mit gerundeter Fassade oben und dem echten Grab unten; die obere Zone zeichnet sich durch die reiche Gliederung mit bogenförmig zurücktretender Mittelpartie und vorgelegten Halbsäulen aus; auf der Fläche links eine Nische mit frontal gestelltem Stierschädel und darüber einem attischen Helm, auf der Fläche rechts ein Rundschild; eine Tür führt in die nur roh ausgearbeitete Schein-Grabkammer; die Architekturteile im oberen Grabteil hatte man gesondert gearbeitet und aufgesetzt, Stuck und Malerei überzogen, wie noch an geringen Resten zu sehen ist, alle Flächen, und bunte Kiesel bedeckten den Boden vor der Fassade.

   Das eigentliche Grab im unteren Bereich war zugeschüttet und entging so den Räubern; in der Kammer standen drei Klinen mit reich gestalteten Beinen und Matratzen; neben Keramik kamen einige Kostbarkeiten zutage (Ohrringe mit einem Negerkopf aus Granat, goldene Kette mit kleinen Anhängern und weitere Gegenstände, wohl griechische Arbeiten; Fragment eines Gürtelbeschlages in illyrischer Tradition, das in lebendiger, archaisierender Weise den Kampf zweier Reiter und eines Fußsoldaten mit illyrischen Helmen und Schilden zeigt; s. Farbabb. 29; die in die 2. Hälfte des 3. Jh. v. Chr. zu datierenden Funde sind jetzt im Hist. Museum in Tirana.)
9. Grab mit großem Vorhof, ionischen Halbsäulen und Pilastern, darüber ursprünglich ein Fries eingesetzt, dessen Einlaßspuren erhalten blieben; für die Tür muß es einen Schließmechanismus gegeben haben, wie die Rillen im Boden beweisen (Funktion bisher nicht geklärt); im Inneren Tonnengewölbe und zwei aus dem Felsen gemeißelte Klinen.
10. Ungewöhnliches Grab mit zwei hufeisenförmigen Sitzstufen und einer mit einer Platte verschlossenen Kammer für die Urnen im Boden; die ganze Anlage trug möglicherweise ein

◁ 33 Butrint, Blick von der Akropolis auf das Theater

Dach, wie verschiedene Einlaßspuren zeigen; Parallelen für die Verbindung von Sitzstufen mit einem Grab im Boden kennen wir bisher nicht (um 300 v. Chr. errichtet?).

Nach dem Besuch von Selca fährt man zurück zur Via Egnatia und dann in großen Kehren den Berg hinauf zum Thanas-Paß, anschließend wieder steil hinab zum Ochrid-See. Der Bus hält zu einer Photopause an einem besonders reizvollen Aussichtspunkt, von dem man einen Blick auf den See sowie auf die Halbinsel von Lin erhält, bei klarem Wetter reicht die Sicht sogar bis nach Ochrid auf dem gegenüberliegenden Seeufer.

Lin, frühchristliche Kirche

Die auf der kleinen, felsigen Halbinsel beim Dorf Lin ausgegrabenen Reste einer frühchristlichen Kirche verdienen in vielerlei Hinsicht besondere Beachtung: Sie besitzt recht große Abmessungen (der gesamte Komplex ist etwas über 26 m lang und ohne den Grabraum im Nordosten etwa 23 m breit), vertritt einen sehr seltenen Typus, der in Albanien sonst nicht vorkommt, und war ursprünglich vollständig mit Fußbodenmosaiken ausgestattet.

In der Mitte des an drei Seiten von Hallen umgebenen Atriums liegt eine große Zisterne, die das Regenwasser von den Dächern auffangen sollte. Im Norden des Narthex steht eine kleine Kapelle, im Süden der mit einer Apsis versehene Vorraum des Baptisteriums, das einen quadratischen Grundriß aufweist. Die gut erhaltene Piscina zeigt eine ungewöhnliche

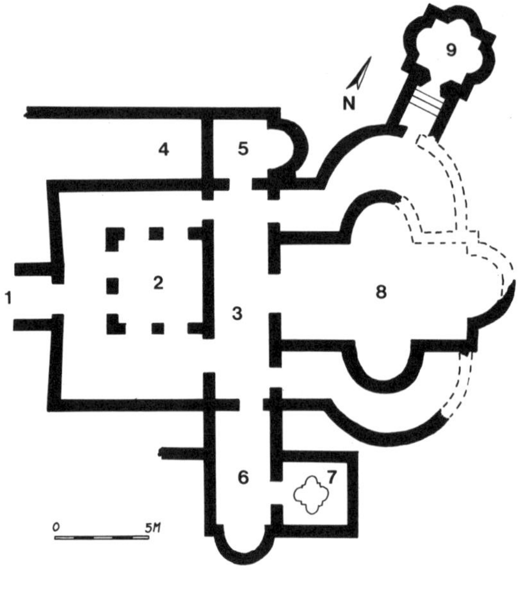

Lin, frühchristliche Basilika, Grundriß: 1 Eingang 2 Atrium 3 Narthex 4 Annexbau im Norden mit Gräbern 5 kleine Kapelle 6 Vorraum zum Baptisterium 7 Baptisterium 8 Hauptraum 9 Grabkapelle (?)

Form, durchdringen sich doch ein Quadrat und ein Vierpaß. Weitere Nebenräume im Norden und Süden lassen sich zu diesem Zeitpunkt noch nicht näher bestimmen.

Der Naos von Lin vertritt nicht den weitverbreiteten Typus der dreischiffigen, längsgerichteten Basilika, sondern gehört zu der recht kleinen Gruppe der zentralisierten Bauten. Die Konchen im Osten, Norden und Süden weisen ihn als Dreikonchenbau in einer aufwendigen Sonderform aus, der die basilikale, dreischiffige Anlage zugrunde liegt. Vergleichbare Bauten mit drei oder vier Konchen finden sich in einem weiten Gebiet von Mailand bis hin nach Syrien und Ägypten, treten jedoch insgesamt viel seltener auf als Basiliken. Zu der eben geschilderten Gruppe gehört auch ein kürzlich in Ochrid freigelegter Bau, dessen in größeren Partien erhaltene Fußbodenmosaiken unter anderem verschiedene Ornamente, eingestreute Vögel und ein Gefäß, aus dem Weinranken herauswachsen, zeigen.

Da die Funde aus Lin nicht publiziert sind, läßt sich vorerst über den Aufbau nur wenig sagen. Man möchte vermuten, daß sich die basilikale Tendenz im Außenbau abgezeichnet hat, die Seitenschiffe also niedriger waren und Pultdächer hatten und das Mittelschiff mit einem Obergaden über sie hinausragte. Im Nordosten der Kirche liegt ein kleiner Zentralbau (innere Weite etwa 3,50 m), der wahrscheinlich einst mit einer Kuppel bedeckt war. Es wird sich um die Grabkammer eines Märtyrers oder Stifters handeln, aufschlußgebende Funde scheinen jedoch zu fehlen. Der Bautypus sowie die bisher bekannten Mosaiken und eine Schrankenplatte mit dazugehörigem Pfeiler aus Marmor (im Museum in Korça) sprechen dafür, daß die Anlage aus der 1. Hälfte des 6. Jh. stammt.

Die Straße folgt nun dem Ufer des Ochrid-Sees. Meist macht man in dem unmittelbar am Wasser gelegenen Hotel in Pogradec Rast. Der Ort hat jedoch außer seiner hübschen Uferpromenade wenig zu bieten. Die Fahrt geht weiter durch die jetzt trockengelegte Hochebene von Maliq (Ausgrabungen prähistorischer Siedlungen) bis nach Korça, dem Zentrum des südöstlichen Albanien, in dem es auch ein für ausländische Touristen vorgesehenes Hotel gibt. Die Stadt verfügt über einige Sehenswürdigkeiten und dient zudem als Standquartier für Ausflüge zu den verschiedenen Kunstdenkmälern der Umgebung. Der Aufenthalt hier gestaltet sich selbst im Sommer recht angenehm, da es nachts wegen der hohen Lage (835 m ü. M.) wohltuend kühl wird. Für die Rückfahrt benutzt man meist dieselbe Straße; landschaftlich ganz besonders schön ist hingegen die kurvenreiche und bergige Strecke über Erseka (kleines Museum) nach Permet.

Korça

Die auf einer fruchtbaren, von Bergen gerahmten Hochebene gelegene Stadt scheint eine verhältnismäßig junge Gründung zu sein, denn Reste aus der Antike traten bisher nicht zutage. Eine Siedlung wird 1280 erstmals hier erwähnt, 1440 soll sie während eines Kriegszuges des türkischen Sultans Murad II. zerstört worden sein. Neugründer von Korça wurde Iljas Hoxha, der, nachdem ihn Murad II. als Geisel aus einem Nachbardorf an den Hof nach

Korça, typisches Wohnhaus mit klassizistischem Einfluß, um 1900

Edirne mitgenommen hatte, im Janitscharenkorps aufstieg, sich bei der Eroberung Konstantinopels 1453 hervortat, zum Bey und ›Mirahor‹ (Stallmeister) ernannt wurde und schließlich im Alter ein Gebiet um Korça als Geschenk erhielt. Er ließ 1496 die noch heute bestehende Mirahor Moschee erbauen, bei der sich auch sein Grab befand.

Die Stadt erlebte während der Türkenzeit eine wirtschaftliche Blüte als Landwirtschafts- und Handelszentrum. Zeugnis davon geben die erhaltenen Teile des Basars sowie die zahlreichen Häuser der Jahrhundertwende, die teilweise einen recht wohlhabenden Eindruck erwecken und eigentümlicherweise viele klassizistische Dekorationsformen aufweisen (z. B. Kapitelle, Konsolen, Profile an Fenstern), ja an zahlreichen Stellen kann man sogar Elemente des europäischen Jugendstils finden (schmiedeeiserne Gitter). Besichtigt wird in Korça die Mirahor Moschee, der Basar mit zwei Hanen (größere, mit Übernachtungsmöglichkeiten ausgestattete Baulichkeiten für den Handel) sowie das bedeutende Museum der mittelalterlichen albanischen Kunst. Eine kurze Fahrt bringt die Besucher zum Partisanenfriedhof, von dem aus man bei gutem Wetter einen schönen Blick auf die Stadt hat. Empfehlenswert ist der Aufenthalt in einem der städtischen Biergärten, in denen man im Hochsommer die abendliche Kühle genießen kann.

Die **Mirahor Moschee** (›Moschee des Stallmeisters‹) hat im Rahmen der islamischen Architektur der Türkenzeit in Albanien eine besondere Bedeutung, da sie das früheste erhaltene Beispiel einer Einkuppel-Moschee darstellt (s. Abb. 67). Der Betraum besteht aus einem Quadrat, aus dem lediglich das Minarett im Südwesten heraustritt; eine Vorhalle an der Eingangsseite wird von drei Kuppeln überwölbt. Auch hier sind manche der ›Quader‹ des Schächtelmauerwerks wie bei der Mbret Moschee in Elbasan nichts als sorgfältig verputzte Bruchsteine. Der Außenbau ist durch Fenster, runde Öffnungen und horizontale

Profile in einer Weise gegliedert, wie sie später (z. B. bei der Plumbit Moschee in Berat von 1553/54) nicht mehr in dieser Reichhaltigkeit anzutreffen ist.

Die Innenausstattung stammt aus dem 19. Jh. (hölzerner Minber, Mihrab-Nische, Galerie, Stuck, Malerei, darunter eine Ansicht der Moschee von Südwesten, die die Vorhalle in einem umgebauten Zustand zeigt). Laut Inschrift stiftete Ilyas Bey, Stallmeister am Hof in Istanbul, die Moschee im Jahre 1496. Südöstlich steht das Grabgebäude des Stifters, das in seiner heutigen Form allerdings kaum aus der Erbauungszeit der Moschee stammen dürfte.

Wegen der Feuergefahr und des Lärms der Handwerker wurde der **Basar**, ein kleines, um einen unregelmäßigen größeren Platz gruppiertes Viertel, außerhalb der Stadt angelegt (grundlegende Sanierung geplant). Die verschieden großen Häuser beherbergten im Untergeschoß Läden und Fabrikationsstätten, im Obergeschoß Wohnungen. Für die Unterkunft der Karawanen und als Handelsplätze waren in Korça 16 Hane vorhanden, von denen zwei erhalten blieben. Im ›Han von Monastir‹, einem Komplex mit rechteckigem Hof als Zentrum (Gebäude am Eingang von 1902, übrige Teile älter), findet sich im Obergeschoß eine Volkskunstausstellung. Man kann dort traditionelle Stücke des albanischen Kunsthandwerks betrachten: Kelims, Teppiche, Trachten und Trachtenschmuck, Stickereien, Holzschnitzarbeiten, Töpfereien und Metallarbeiten. Der ›Han von Elbasan‹ (wahrscheinlich 19. Jh.) besitzt einen fünfeckigen Grundriß und eine um den Hof laufende hölzerne Galerie, hinter der die Läden liegen.

Museum der mittelalterlichen albanischen Kunst

In diesem neuen Museum wurde eine Fülle von Architekturfragmenten, Ikonen, liturgischen Geräten, Gewändern und anderen Gegenständen aus ehemals kirchlicher Verwendung zusammengetragen; leider fehlt ein Katalog oder Führer, und die Beschriftungen erweisen sich als äußerst spärlich, so daß man sich nur schwer zurechtfinden kann.

Zunächst betritt man einen **langen Gang**: links und rechts *Modelle* von Häusern aus Städten (Gjirokastra, Berat) und vom Lande, der Plumbit Cami in Shkodra, ferner der Festung von Bashtova (15. Jh.); *Architekturfragmente* frühchristlicher Zeit; klassizistische *Kapitelle* aus Korça, um 1900.

In dem **großen Hauptraum** des Museums, in dem teilweise eine Zwischendecke eingezogen wurde, sieht man unten links Architekturfragmente: verschiedene *Kapitelle* der frühchristlichen Zeit und des Mittelalters; *Schrankenplatte*, die durch geflochtene Schnüre in vier Felder unterteilt wird, in denen Fabeltiere dargestellt sind, ursprünglich in der Außenwand der Nikolauskirche in Kurjan vermauert, 11./12. Jh.; *Bogen* von einem Doppelfenster, nachträglich im oberen Teil die Himmelfahrt Alexanders ausgemeißelt, ebenfalls aus der Nikolauskirche in Kurjan, vielleicht ursprünglich mittelalterlich, die Wiederverwendung neuzeitlich (?; s. Abb. 71); zwei *Kapitelle* und ein *Pfeilerkapitell* von der Basilika auf dem Tepe bei Elbasan, vielleicht noch 5. Jh.; *Teile eines Templons* mit Schrankenplatte und Pfeilern in hellem Marmor, aus der Basilika von Lin, 6. Jh.; *Pfeiler* aus der Basilika von Ballsh, Parallelen im Archäol. und Hist. Museum in Tirana sowie im Museum von Fier, vielleicht 6. Jh.; *Schrankenplatte* mit einer Kuh, aus Apollonia, mittelalterlich; zwei kleine *Fußbodenmosaiken*, eines mit einem Greifen, das andere mit Vögeln, aus der Nikolauskirche von Mesopotam, wohl zur Erbauungszeit der Kirche im 13. Jh. geschaffen; Kopie des *Wandmosaiks* der Kapelle im Amphitheater von Durres, 6. Jh.

Oben auf der **Galerie** stellt man im rechten Teil zahlreiche *liturgische Geräte und Gewänder* aus: Kelche, Flabella, Weihrauchgefäße, Beschläge von Ikonen, Buchdeckel (einer datiert 1755), sogenannte Athoskreuze, sehr feine, gefaßte Schnitzereien aus Buchsbaumholz; als Metall verwandte man meist Silber, das teilweise vergoldet wurde.

Im linken Teil der Galerie Ikonen, in etwa in chronologischer Reihenfolge von links: eine *Holztür* aus der Marienkirche von Maligrad, 14. Jh.; *Ikone der Maria* mit dem Christuskind auf dem linken Arm, Variante der Hodegitria, aus der Mariengrotte von Blashtojne, vielleicht 14. Jh.; *Königliche Pforte* mit Verkündigung an Maria, aus der Mariengrotte von Blashtojne, 14. Jh.; *Ikone des Erzengels Michael*, der stehend und als Krieger gerüstet abgebildet ist, ein zwar stark beschädigtes, aber recht qualitätvolles Werk aus Tudas-Opar, wegen der ›barocken‹ Ornamente am Panzer wohl 16. Jh., in enger Anlehnung an Werke des 14. Jh.; *Kopie* eines Teils *der Wandmalerei* aus der Apsis der Kirche von Rubik, im Stil stark byzantinisch beeinflußt, die Beischriften jedoch lateinisch, datiert 1272; *Ikone der Maria Hodegitria* aus Maligrad, rechts oben der Prophet Salomon, recht unbeholfene Arbeit, vielleicht 14. Jh.; *Ikone des Erzengels Michael*, Brustbild aus Mborja, wegen der verspielten Ornamente wohl 16. Jh.; *Maria und Christus*, die sich liebkosen (Typus der ›Glykophilousa‹) mit der Beischrift ›die Freude aller‹, 16. Jh.

Dreiviertelfigur des *hl. Demetrios* in Rüstung, 16. Jh., aus Berat, Onufri zugeschrieben; *Christus Pantokrator*, qualitativ hervorragendes Werk, das Onufri zugewiesen wird; Hintergrund mit getriebenem Silberblech verkleidet, aus der Kathedrale von Berat, ursprünglich in der Kirche in Glavinica, 16. Jh.; *sechs Ikonen aus der Ikonostase der Evangelismoskirche* in Berat, die ebenfalls auf Onufri zurückgeführt werden: Geburt Christi, Taufe Christi, Verklärung Christi auf dem Berge Tabor (Metamorphosis), Auferweckung des Lazarus, Kreuzigung, Höllenfahrt (also Ostern – Anastasis); überaus fein gemalte Werke mit vielgestaltigen Landschafts- und Architekturelementen, vielen kleinteiligen Figuren, sehr leuchtenden Farben, unter denen besonders die charakteristischen Rottöne auffallen, beeindrukkende nachbyzantinische Werke in der Tradition spätbyzantinischer Kunst; *Ikone mit Konstantin und Helena mit dem Kreuz*, 16. Jh., Onufri zugeschrieben (die Qualität scheint allerdings geringer zu sein als bei den anderen Ikonen dieses Meisters); *Königliche Pforte*, ebenfalls aus der Evangelismoskirche in Berat und Onufri zugeschrieben; Onufri war Protopapas (›erster Priester‹) in Neokastra (Elbasan) und läßt sich um die Mitte des 16. Jh. dort nachweisen; *Ikone der Muttergottes Hodegitria*, mit der Beischrift ›Eleousa‹ (die Barmherzige), Nikolla, dem Sohn des Onufri, zugewiesen, späteres 16. Jh.; *Johannes Prodromos*, mit Flügeln versehen, Brustbild, 16./17. Jh.

Im **Erdgeschoß** sind im rechten Teil in einigen Vitrinen liturgische Gewänder, Geräte sowie verschiedene Trachten ausgestellt. – An der Wand eine riesige *Ikonostase*, wohl aus dem 18. Jh. (in einer Schriftquelle wird das Jahr 1768 genannt; das Holz stammt aus Vithkuq, Meister war ein Demetrios), im späten 19. Jh. in der heute nicht mehr vorhandenen Kirche der Zoodochos Pege (›der lebensgebenden Quelle‹) in Korça wiederverwandt (dabei wurde die untere Zone neu geschnitzt); die sehr großen Ikonen der Hauptreihe zeigen von links nach rechts: eine Versammlung der Apostel (wohl 1754 datiert), den hl. Spyridon, den Wundertäter, und den hl. Nikolaos, die thronende Maria mit dem Christuskind, rechts von der Königlichen Pforte dann den thronenden Christus als Pantokrator, vom Maler Athanas Zografi signiert und 1750 datiert, weiter den hl. Johannes und eine Engelversammlung mit Christus Emmanuel in einem Tondo; oben, wie bei Ikonostasen allgemein üblich, findet sich in kleinerem Maßstab der Festtagszyklus, der hier allerdings, der Größe der Ikonostase entsprechend, stark erweitert worden ist; es scheint sich nicht um eine einheitliche Serie zu handeln, die Ikonen dürften vielmehr von verschiedenen Stellen stammen und entweder schon in der Kirche oder vor kurzem neu für das Museum zusammengesetzt worden sein; schön geschnitzter *Bischofsthron*, 18. Jh., aus der Kathedrale aus Korça. – Besonders Interessierte können noch die *Studiensammlung* besichtigen, in der zahlreiche Ikonen, meist Volkskunstarbeiten, die in den letzten Jahren restauriert wurden, ausgestellt sind.

Korça dient als Ausgangspunkt für Ausflüge zu den nahe gelegenen Dörfern Mborje und Boboshtica im Südosten sowie nach Voskopoja und Vithkuq im Südwesten. Das Dorf Tudas-Opar südwestlich von Korça mit der Kirche Hg. Triada (Shen Triadha) aus dem 14. Jh. und die Marienkirche (Shen Meria) auf der kleinen Insel Maligrad im Prespa-See (einschiffiger Bau mit Wandmalereien, 1345 von einem Boyko, seiner Frau Eudoxia und ihren Kindern gestiftet, 1369 unter einem Kesar Novak wiederhergestellt und in den oberen Teilen neu ausgemalt) stehen derzeit leider nicht zur Besichtigung frei.

Korça, schmiedeeisernes Gitter eines Balkons, vom Jugendstil beeinflußt, 1900/20

Mborja, Christuskirche (Ristoz)

Im Dorf Mborja, etwa 5 km südöstlich von Korça, liegt an beherrschender Stelle die der Analepsis (Himmelfahrt) geweihte Kirche, an der sich deutlich drei Bauphasen abzeichnen (s. Abb. 61). Der ursprüngliche Bau vertritt einen Sondertypus der Kreuzkuppelkirche, die ›Kuppelhalle‹, die in Albanien in der Michaelskirche von Berat eine Parallele besitzt (Länge 7 m, Breite 5 m). In dem einschiffigen Raum deuten im Norden und Süden in die Wände getiefte Nischen eine Kreuzform an; über deren ›Vierung‹ erhebt sich die Kuppel. Einen Narthex gab es nicht, der Eingang lag ursprünglich im Süden, und im Osten tritt die Apsis mit drei Seiten polygonal vor. Apsis und Tambour der Kuppel sind im Außenbau durch Ziegelschmuck hervorgehoben, während der übrige Bau nur aus verhältnismäßig grob zugehauenen Steinen und unregelmäßig eingeschobenen Ziegeln besteht. Alle Dächer waren vermutlich von Baubeginn an mit Steinplatten bedeckt, wie sie noch heute erhalten sind, während sonst in der Regel Ziegel verwandt wurden.

Nachträglich brach man im Westen eine Tür ein und baute später einen Narthex an, der sich in seiner Mauertechnik mit den eingelegten Holzbalken deutlich von der älteren Kirche absetzt. Baufugen zeigen, daß zu einem noch späteren Zeitpunkt im Süden der Kirche und der Vorhalle eine Art Seitenschiff angefügt wurde.

Im Inneren des Baus blieben große Teile der malerischen Ausstattung erhalten, durch Kerzenruß und anderen Schmutz wurden sie jedoch im Laufe der Jahrhunderte weitgehend unkenntlich und zudem offensichtlich partienweise neuzeitlich übermalt. Das Bildprogramm läßt sich aber noch in Teilen ausmachen: in der Kuppel ursprünglich Christus als Pantokrator, in den Pendentifs die Evangelisten, in der Apsiswölbung Maria als ›Blachernitissa‹ (hier allerdings ohne Kind), an den Wänden im Osten die Verkündigung an Maria, im Süden Geburt Christi, Darstellung im Tempel, Einzug in Jerusalem und Verrat des Judas, dazu eine Deesis (Fürbitte von Maria und Johannes bei Christus), im Westen der Marientod (und außerdem die Einführung der Maria in den Tempel?), im Norden die Auferweckung des Lazarus, Kreuzigung, Marien am Grabe und Anastasis; unten Heilige, darunter die beiden heiligen Krieger Theodoroi, ferner Demetrios, Georgios, das Stifterbild des Bischofs Nymphon und im Osten Kirchenväter bei der Liturgie (Melismos). Die erhaltenen Malereien zeigen eine gute Qualität mit für die spätbyzantinische Zeit typischen Stilmerkmalen.

Nach der Inschrift über dem westlichen Eingang stammen sie aus dem Jahre 1389 und wurden von einem Bischof Nimphon (Nymphon) und einem Amerales, Sohn des Kesar Novak, und seiner Frau Kale (die 1369 die Ausmalung der Marienkirche in Maligrad gestiftet haben) in Auftrag gegeben. Die Kirche muß hingegen noch älter sein, da die Malereien nach Reparaturen in der Kuppel (u. a. wurde das nördliche Fenster zugemauert) entstanden sind und die Tür im Westen voraussetzen, die jedoch nicht vom Ursprungsbau stammt; so wäre eine Entstehungszeit um 1300 anzunehmen. Der Vorraum im Westen kam mit seinen Malereien (Jüngstes Gericht an der Außenwand der Kirche, Heilige an der Wand im Norden) möglicherweise im 17. Jh., der Raum im Süden noch später hinzu.

Boboshtica

Weit außerhalb des Dorfes, das einige Kilometer südöstlich von Korça liegt, finden sich zwei kleine Kirchen, zu denen man über die Felder wandern muß.

Die **Hg. Johannes** (Shen Jovani), ein einschiffiger, langgestreckter, mit hölzernem Dachstuhl versehener Raum (etwa 10 m lang, 6 m breit), besaß wahrscheinlich ursprünglich keinen Narthex. Im Osten ragt die dreiseitig gebrochene Apsis weit heraus. Die Wände bestanden aus sorgfältig gefügtem Schächtelmauerwerk, nach dem man auf das 13. Jh. als Erbauungszeit schließen kann. Der Bau wurde, vielleicht während eines Erdbebens, schwer beschädigt: die Südwand und der südliche Teil der Westwand stürzten völlig ein, die oberen Teile der Nordwand und des Ostabschlusses brachen zusammen. Bei der Restaurierung zog man die fehlenden Mauern neu auf, ergänzte die anderen in den oberen Partien, legte im Westen einen großen Narthex vor und brachte wahrscheinlich zu diesem Zeitpunkt auch im Inneren den Freskenzyklus an. Er ist beinahe vollständig erhalten und somit ein wichtiges Beispiel der türkenzeitlichen Malerei in Albanien.

Die vier Zonen geben von unten nach oben stehende Heilige, Tondi mit den Brustbildern von Heiligen, Szenen aus dem Leben des Johannes und den Festtagszyklus wieder. In der Apsis befindet sich Maria (mit der Beischrift ›Platytera‹; s. Abb. 72) über den Kirchenvätern bei der Liturgie (Melismos), im Narthex an der Eingangswand zum Kirchenraum das Jüngste Gericht – es dürfte von einem anderen Maler und aus späterer Zeit stammen als die Malereien im Inneren. Über dem Eingang sieht man in einer Nische die auf die Wand gemalte Ikone des Kirchenpatrons Johannes Prodromos.

Für die Restaurierungen des Baus und die Wandmalereien kennen wir keine genaueren Daten. Am Mauerwerk fällt als charakteristisch auf, daß Holzbalken in waagerechten Lagen eingefügt wurden, was erst in der Türkenzeit begegnet, also seit der 2. Hälfte des 15. Jh. Soweit sich die Malereien bisher beurteilen lassen, wird man sie in das 17. Jh. datieren können; vielleicht ist auch die Kirche zu dieser Zeit grundlegend erneuert worden.

Die **Hg. Demetrios** (Shen Mitri) ist ebenfalls ein einschiffiger Bau mit einer im Osten herausragenden Apsis; die lange Vorhalle im Westen, eine Art Narthex, fügte man erst später an. Die ursprünglichen Mauern weisen wiederum die für die Türkenzeit charakteristischen horizontalen Lagen von Holzbalken auf. Die Malereien und der Bau werden im 17. Jh. entstanden, die Vorhalle später angebaut worden sein.

Im Inneren blieben Reste von Wandmalereien erhalten, oben ein Festtagszyklus, darunter Szenen aus dem Leben des Titelheiligen der Kirche und unten stehende Heilige. Zu erkennen sind an der Südseite oben u. a. Darstellung im Tempel, Taufe Christi, Auferweckung des Lazarus, der ungläubige Thomas, der Tod des hl. Demetrios, darunter Isaaks Opferung, unten Heilige (zu iden-

Boboshtica, Hg. Demetrios

tifizieren der hl. Nikolaos); an der Westseite über der Tür der Marientod, rechts neben der Tür die in der Ostkirche als Heilige verehrten Konstantin und Helena mit dem Kreuz Christi; an der Nordseite der Einzug in Jerusalem, die Kreuzigung, die Marien am Grabe, die Anastasis, darunter Szenen aus dem Leben des hl. Demetrios, unterhalb von ihnen Heilige (u. a. Georgios, die beiden Theodoroi), Maria und die Vision des Petrus von Alexandria.

Voskopoja

Der Ort liegt 24 km westlich von Korça hoch oben in den Bergen in 1115 m Höhe, seit etwa 1300 ist er in Quellen bezeugt. Im 15. Jh., nach der türkischen Eroberung des Landes, wuchs er zu einer Stadt (damals Moschopolis genannt) an, da die Bevölkerung hier vor den Türken relativ sicher war. Durch den Ost-West-Handel, besonders zwischen Venedig und Istanbul, blühte sie weiter auf, die Einwohnerzahl stieg auf etwa 50000; im 18. und 19. Jh. erfreuten sich die Bewohner eines großen Reichtums. In dieser Zeit soll Moschopolis die zweitgrößte Stadt nach Istanbul in der europäischen Türkei gewesen sein. Gehandelt wurden vor allem Felle, Wolle, Wachs und Erdpech, das in der Nähe von Vlora (bei Selenica) vorkam. Auch wird von berühmten Teppichen mit phantasievollen Mustern berichtet, wir wissen jedoch nicht, ob hier tatsächlich Teppiche hergestellt wurden oder ob es sich um importierte Handelsware aus Kleinasien handelte.

Um 1720 wurde in der Stadt die erste Druckerei auf dem Balkan gegründet, die bis 1760 eine Reihe von Büchern (vor allem theologischen Inhalts, aber auch eine ›Einführung in die Grammatik‹) in griechischer Sprache herausgab. In der Blütezeit der Stadt existierte auch ein Schulzentrum, eine Art ›Höhere Schule‹, die zumindest zwischen 1741 und 1751 die Bezeichnung ›Akademie‹ trug; neben Lesen und Schreiben sowie Theologie wurden auch Philosophie und Geschichte gelehrt; der Schule waren ein Waisenhaus und ein Hospital angeschlossen.

Die ersten Kirchen entstanden im 17., vermehrt dann im 18. Jh., als die Türken das Verbot zur Errichtung neuer christlicher Kirchen gelockert hatten – insgesamt konnte man 26 Kirchen aus diesem Zeitraum feststellen. Allein in den Jahren von 1721–1724 wurden drei ungewöhnlich große Basiliken gestiftet, die jeweils etwa 1000 Gläubige aufnehmen konnten. Doch schon 1769 und 1789 schickten die Türken Strafexpeditionen nach Voskopoja, die die Häuser der Christen niederbrannten, die Kirchen jedoch respektierten. Die Bevölkerung flüchtete vor allem nach Korça. Weitere schwere Zerstörungen trafen die Stadt im Ersten und Zweiten Weltkrieg und bei einem Erdbeben im Jahre 1960.

Von der großen Anzahl an Kirchenbauten blieben fünf relativ vollständig erhalten, die man seit einigen Jahren restauriert. Da die Türken zur Auflage gemacht hatten, daß die Kirchen von außen nicht als solche erkennbar sein durften, mußte man auf Kuppeln verzichten; so entstanden große dreischiffige Anlagen mit gewaltigen Zeltdächern. Auch Kuppeln sind durchaus vorhanden, jedoch nur im Inneren auszumachen. Nur die Kreuzkuppelkirche

Voskopoja, Planskizze der ehemaligen Stadt:
1 Hg. Nikolaos
2 Michaelskirche
3 Marienkirche
4 Hg. Athanasios
5 Kloster des hl. Johannes Prodromos (weiter außerhalb gelegen)
6 ehemalige Umfassungsmauer

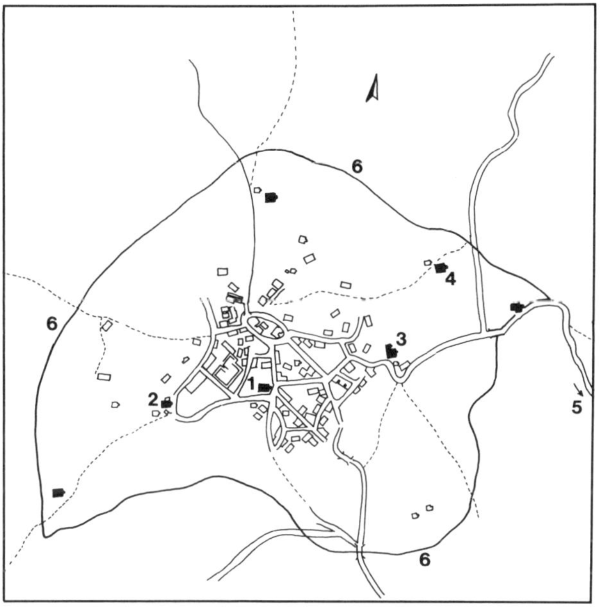

des etwas außerhalb liegenden Klosters des hl. Johannes Prodromos besitzt eine frei herausragende Kuppel.

Die übrigen Bauten sind dreischiffig und werden durch Säulen und Pfeiler in mehrere Kompartimente geteilt; diese Kompartimente verfügen über komplizierte Eindeckungen, im Mittelschiff meist mehrere Kuppeln hintereinander; im Osten tritt in der Regel die Mittelapsis vor, nur sie weist mit den aufgelegten Blendbögen ein wenig Schmuck auf. An der Südseite zieht sich eine offene Halle hin; der Narthex im Westen zeigt verschiedene Formen; die sehr kleinen Fenster lassen relativ wenig Licht in die Kirche. Ikonostasen, Pulte für Ikonen, Throne für die Priester und Kanzeln bestehen aus reich geschnitztem Holz.

In den Kirchen können wir noch mehr oder weniger vollständige, umfangreiche Freskenzyklen bewundern, außer an den Wänden in den Gewölbezonen, Kuppeln und an den Bögen; sie zeichnen sich durch ihren Szenen- und Figurenreichtum aus – allein in der Kirche des hl. Nikolaos hat man über 1000 Personen gezählt. Da man erst mit den Restaurierungsarbeiten begonnen hat, viele Darstellungen noch gar nicht zu erkennen sind und praktisch alles unpubliziert ist, wollen wir hier die Malereien nicht im einzelnen behandeln.

Zugrunde liegt jeweils ein Bildprogramm, das sich in den bisher bekannten vier Kirchen in den wesentlichen Zügen entspricht und einen bedeutend größeren Umfang als in den mittel- und spätbyzantinischen Kirchen besitzt; es begegnet auch in anderen Sakralbauten der nachbyzantinischen Zeit, wird also auf ein bedeutendes Vorbild zurückgehen. In der Apsis findet sich oben in der Wölbung Maria mit dem Christuskind (meist als Blachernitissa mit dem ungeborenen Kind frontal vor der Brust), von den Erzengeln Michael und Gabriel begleitet, darunter die Apostelkommunion, ganz unten eine Folge von Kirchenvätern, in der Regel bei der Liturgie. An den Wänden werden Szenen aus dem Festtagszyklus dargestellt, häufig auch Ereignisse aus dem Leben der Maria, aus dem Alten Testament und aus Heiligenlegenden. Die unteren Zonen und die Bögen der Gewölbe schmücken in überaus großer Zahl Heilige in ganzer Figur oder als Brustbild – Kirchenväter, Mönche, Nonnen, Bischöfe, viele Krieger und andere mehr.

Stilistisch zeigen die Malereien eine erstaunliche Nähe zur spätbyzantinischen Kunst; bei der Gestaltung der Gesichter, der Farbgebung und auch manchen Landschaftsdetails wird jedoch deutlich, daß es sich um relativ späte Werke der nachbyzantinischen Phase, nämlich des 18. Jh., handeln muß.

Der Besuch von Voskopoja gehört wegen der faszinierenden Landschaft und der prächtigen Kirchenbauten mit ihren überragend reichen Ausstattungen und Malereien zu den großen Erlebnissen einer Albanienreise. Auf einem Rundgang erreicht man die Kirche des hl. Nikolaos, die Michaelskirche, die Marienkirche und die Kirche des hl. Athanasios; das Kloster des hl. Johannes Prodromos liegt etwas entfernt vom Dorf und ist derzeit nicht zugänglich.

Die **Kirche Hg. Nikolaos** (Shen Kolli; 1) vertritt den Typus der großen dreischiffigen, mit einem Zeltdach gedeckten Kuppelbasilika, der für das nachbyzantinische Albanien charakteristisch ist. Gleichzeitig mit der Kirche entstand die luftige Vorhalle im Süden, später fügte man den geräumigen Narthex im Westen an. Der Glockenturm wurde 1936 errichtet (oder restauriert ?). Beim Mauerwerk fallen an der Apsis und an der Vorhalle die Ornamente auf. Nach der Inschrift an der inneren Westseite der Kirche wurde der Bau zwischen Juni 1721 und September 1722 errichtet und bis 1726 durch David Selenica und seine zwei Gehilfen, Kostantin und Kristo, ausgemalt. Der Stifter, der reiche Kaufmann Haxhi Jorgji, ließ sich neben dem Ausgang im Südwesten in etwa zwei Meter Größe in einem langen, pelzbesetzten Mantel porträtieren.

Die Szenen weisen die übliche Anordnung auf; unter dem Festtagszyklus im Süden eine Zone mit Bildern aus dem Leben des hl. Johannes. An der Westseite fallen der Marientod und der schlafende Christus (das ›Nichtschlafende Auge‹) auf. Die Fresken der Vorhalle im Süden mit Szenen aus der Apokalypse führten Kostatin und Athanas Zografi aus Korça 1751 in ihrem deutlich von den Fresken im Inneren abgesetzten Stil aus. Verschiedene Inschriften nennen wohl die Stifter der Ausmalung für die einzelnen Joche. Von der Ausstattung im Inneren blieben eine aufwendig geschnitzte Ikonostase, Ikonen, der große Hängeleuchter (Choros), der Priesterthron (datiert 1758), Proskynetarien und der ornamentierte Fußboden erhalten.

Auch die der Kirche Hg. Nikolaos gleichende **Michaelskirche** (Shen Mehilli; 2) gehört zum Typus der großen Kuppelbasiliken nachbyzantinischer Zeit (Länge 20,80 m, Breite 9,74 m).

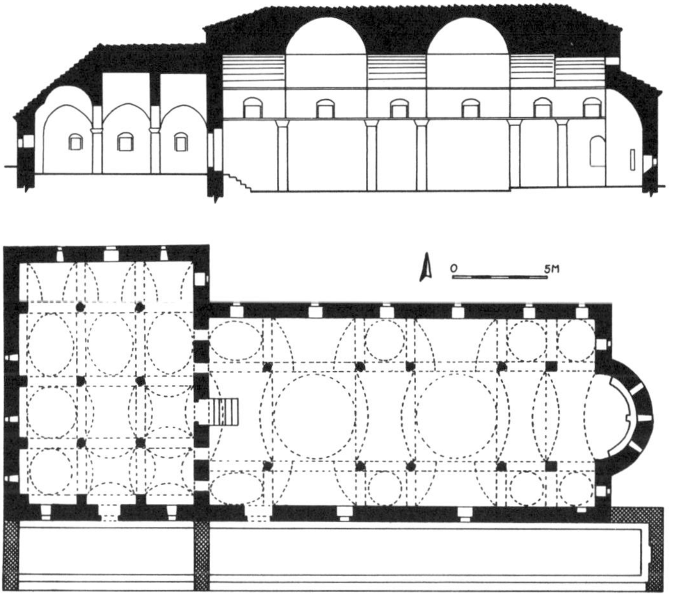

Voskopoja, Michaels-kirche, Längsschnitt und Grundriß

Von einer Vorhalle im Süden sind nur noch Reste vorhanden. Eine Inschrift über der Tür in den Narthex gibt als Erbauungszeit das Jahr 1722, eine Inschrift an der Nordwand des ersten Joches im Osten für die Malereien (ähnliches Bildprogramm wie Hg. Nikolaos; s. Farbabb. 25) das Jahr 1725 an.

Mit dem gewaltigen Bau der **Marienkirche** (Shen Meria; 3) haben wir eine der größten dreischiffigen Kuppelbasiliken nachbyzantinischer Zeit des Landes vor uns (Länge etwa 38 m, Breite 15,30 m); sie faßte über 1000 Gläubige und diente als Bischofskirche der Stadt. Inschriften datieren den Bau in das Jahr 1712, die Malereien, die das übliche Programm zeigen, in das Jahr 1715. Unsere Aufmerksamkeit verdienen vor allem die mit üppigem Rankenwerk und Köpfen bemalten Kapitelle. Den Glockenturm verweist eine Inschrift in das Jahr 1887.

Bauform, Ausmaße und Mauerwerk der 1724 begonnenen **Kirche Hg. Athanasios** (Shen Thanasi; 4; Länge etwa 19 m, Breite 10,50 m) ähneln der Nikolaus- und der Michaelskirche; alle drei entstanden auch zur selben Zeit. Die Vorhalle im Süden existiert noch, der Narthex wurde jedoch zerstört. Nach einer Inschrift beendeten Kostatin und Athanas Zografi aus Korça am 28. Juni 1745 (?) die Ausmalung, die zu größeren Teilen noch zu sehen ist und das übliche Programm zeigt (im Inneren außer zahlreichen Heiligen vor allem Szenen aus dem Alten und Neuen Testament, in der Vorhalle aus der Apokalypse).

Vithkuq

Das 26 km südwestlich von Korça in 1350 m Höhe gelegene Dorf, dessen Geschichte der von Voskopoja gleicht, kann der Tourist derzeit noch nicht besuchen. Aus der Blütezeit des 17. und 18. Jh. weisen Quellen 14 Kirchen nach, von denen nur zwei gut erhalten sind; hinzu kommt ein weit außerhalb des Ortes liegendes Kloster.

Die **Michaelskirche** (Shen Mehilli) ist eine dreischiffige Kuppelbasilika mit komplizierter Gewölbebildung (1. Bauphase 1682, Reste der Malereien von 1712; 2. Phase aus der 1. Hälfte des 18. Jh. mit weitgehend erhaltenen Malereien; in einer 3. Phase Anbau der Vorhalle im Süden; s. Abb. 68).

Den Typus der ›Kuppelhalle‹ vertritt die vielleicht im 17./18. Jh. entstandene **Marienkirche** (Shen Meria). Die Malereien scheinen weitgehend erhalten, aber neuzeitlich völlig übermalt worden zu sein.

Östlich außerhalb des Dorfes liegt das 1709 gestiftete **Kloster Hg. Petrus und Paulus** (Shen Pjetri dhe Pavli), dessen Wirtschaftsgebäude und Umfassungsmauern zerstört sind. Die kleine, den Heiligen Kosmas und Damian geweihte Kirche im Nordosten entstand 1737, die Hauptkirche, in deren Baukonzeption eine dreischiffige Basilika mit einer Kreuzkuppelkirche verschmilzt, 1759/60; die Ikonostase ist 1761 datiert (1773 vergoldet). 1763/64 malten Kostatin und Athanas Zografi aus Korça die Kirche aus; der gut erhaltene Zyklus zeigt eine hohe Qualität.

Rundfahrt in den Süden Albaniens

Im Süden Albaniens befindet sich eine große Anzahl höchst bedeutender Kunstdenkmäler: Berat und Apollonia kann man in einem Tagesausflug von Durres oder Tirana erreichen; dringend zu empfehlen für den Kunstinteressenten ist auch eine mehrtägige Rundfahrt, die möglichst die ›Albanische Riviera‹ zwischen Saranda und Vlora mit einbeziehen sollte, da sie dem Reisenden außergewöhnlich schöne Landschaften erschließt (Tal von Vjosa und Drino, Muzine-Paß, Gegend bei Ksamil [s. Farbabb. 5], Steilküste an der ›Riviera‹, teilweise mit eindrucksvollen Aufforstungsarbeiten, Llogara-Paß).

Von Durres aus folgt man zunächst der Via Egnatia. Kavaja, den ehemaligen Sitz der türkischen Behörden, umfährt man auf einer Umgehungsstraße (Teile der Vorhalle der zerstörten Moschee des 18. Jh. im Garten des Museums in Durres). Nach Überquerung des Shkumbin, des antiken Genusus, folgt die Tour in etwa dem südlichen Teil der Via Egnatia. Hinter Lushnja schlägt der Bus die Richtung nach Berat ein, um dann einige Kilometer vor der Stadt auf die Straße nach Perondi abzubiegen.

Perondi, Hg. Nikolaos (Shen Kolli)

Am Rande des kleinen Dorfes liegt dieser dem beliebtesten Heiligen der Ostkirche geweihte Bau (s. Abb. 60). Er vertritt den Typus der dreischiffigen, holzgedeckten Basilika, den in mittelbyzantinischer Zeit weitgehend die aufwendigeren Kuppelbauten ablösen. Die Proportionen der Kirche (Gesamtlänge etwa 11,50 m, Breite 6,30 m) und das nicht sehr sorgfältig ausgeführte Schächtelmauerwerk deuten darauf hin, daß die Kirche im 10. Jh. entstanden sein wird und damit zu den besonders kostbaren frühen Bauten in Albanien gehört; Quellen oder Inschriften fehlen jedoch. Der Glockenturm dürfte im 13. Jh. angebaut worden sein. Er ist insofern eine Besonderheit, da Glockentürme der byzantinischen Architektur ursprünglich fremd waren und erst nach 1204, bedingt durch den Einfluß der lateinischen Kreuzfahrer, vereinzelt auftraten; Perondi bietet das einzige Beispiel für Albanien. Über den Türen im Norden und Süden und an einigen anderen Stellen können wir – wohl türkenzeitliche – Flickarbeiten im Mauerwerk erkennen.

Die Kapitelle der beiden Säulen sowie die zwei Kapitelle, die als Unterbau der Altarplatte dienen, stammen von einem frühchristlichen Bau des späten 5. Jh. Die recht schlichte hölzerne Ikonostase entstand laut Inschrift 1785 (sie wird derzeit restauriert, die Ikonen hat man herausgenommen; s. Abb. 69). Die geringen Bruchstücke der ursprünglichen Abschrankung des Altarraumes verdeckt die Ikonostase. Die Kirche soll als archäologisches Museum eingerichtet werden. Unter den dortigen Fundstücken fällt ein fragmentiertes Relief auf, das einen Dreifuß und zwei Greifen mit Löwenköpfen zeigt (möglicherweise 2. Jh. v. Chr.).

An der östlichen Stirnwand oberhalb der Apsis findet sich noch ein Rest der malerischen Ausstattung (15./18. Jh.?): Man erkennt zwölf leere Throne und in ihrer Mitte zwei weitere, farblich abgesetzte; auf dem rechten sitzt ein Bärtiger, Christus als der ›Alte der Tage‹; auf dem linken liegt ein Tuch, darauf vielleicht das Evangelienbuch und die Marterwerkzeuge –

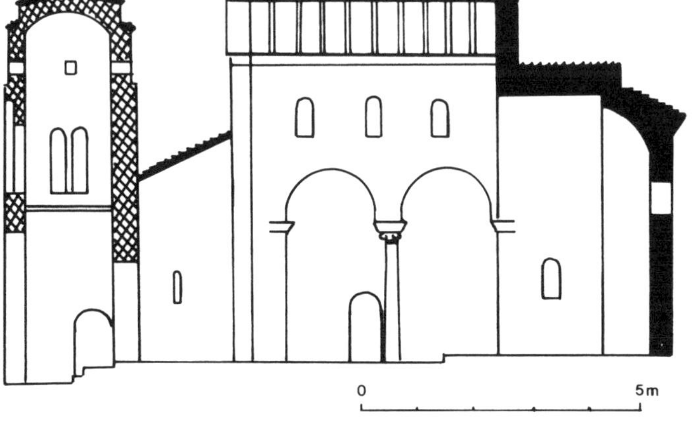

Perondi, Hg. Nikolaos, Längsschnitt

Speer und Stock mit Schwamm; es handelt sich um die ›Vorbereitung des Thrones‹ (Hetoimasia) für den kommenden Weltenrichter. Hinter den Thronen stehen Engel, unten links sind zwei Winde, unten rechts ein Engel mit einem König dargestellt. Die hier abgebildete Variante des Weltgerichts scheint den Psalm 122,4–6 zu illustrieren: »Denn dort standen einst Throne zum Gericht, Throne des Hauses David«. Als einzige Parallele hierzu aus der gesamten byzantinischen Malerei kennen wir eine illuminierte, in der 1. Hälfte des 12. Jh. entstandene Vatikan-Handschrift (Vat.gr. 1237, f. 234 v.).

Die nächste Station ist Berat, wo man bei Rundreisen auch übernachtet. Der bedeutende Ort mit seinen mittelalterlichen und türkenzeitlichen Bauten gehört zu den größten Anziehungspunkten in Albanien. Mehrere alte Stadtviertel stehen vollständig unter Denkmalschutz: Berat, das sich das Aussehen einer türkenzeitlichen Stadt weitgehend bewahrt hat, ist neben Gjirokastra eine der beiden ›Museumsstädte‹ des Landes. Die Festung, drei byzantinische Kirchen, Wandmalereien in mehreren nachbyzantinischen Kirchen, das Ikonenmuseum (Onufri-Museum), einige Moscheen und die zahlreichen Häuser des 18. und 19. Jh. mit ihren vielen Fenstern (›Stadt der tausend Fenster‹) lohnen einen Besuch. Man benötigt also mindestens einen ganzen Tag für Berat.

Berat

Erste Siedlungsreste lassen sich seit dem 2. Jt. v. Chr., vor allem dann im 6./5. Jh. v. Chr., nachweisen; die erste große befestigte Stadt mit Namen Antipatreia entstand im 4./3. Jh. v. Chr. Ihre strategisch günstige Lage an einer Engstelle des Osum, des antiken Apsus, sorgte dafür, daß man im Verein mit einer zur gleichen Zeit erbauten Festung auf dem gegenüberliegenden Berg Gorica die Durchgangsstraße in das Landesinnere sperren konnte. Ein weiträumiges, fruchtbares Gebiet um die Stadt herum trug außerdem zu ihrer raschen Entwicklung bei. Außer Resten der Mauern und eines Tores wurde allerdings fast nichts aus dieser frühen Zeit gefunden. Den Römern leistete die Stadt erheblichen Widerstand, wurde aber dennoch um 200 v. Chr. erobert.

Aus der Kaiserzeit blieb in Berat nichts erhalten, die Stadt muß aber, wie unter anderem zahlreiche Kleinfunde beweisen, von erheblicher Bedeutung gewesen sein. Unter Kaiser Theodosius II. wurde sie im 5. Jh. unter dem Namen Pulcheriopolis ausgebaut und zum Sitz eines Bischofs. Bei dem Schriftsteller Prokop (›Über die Bauten‹ IV 4) finden wir um 550 unter den von Justinian erneuerten Kastellen ein Antipagrai aufgeführt, das möglicherweise mit Berat gleichzusetzen ist. Aber auch aus dieser Zeit kennt man heute nur sehr wenige Bauteile frühchristlicher Kirchen oder anderer Gebäude.

Im 9. Jh. eroberten die Bulgaren die Stadt, die jedoch 1042 wieder byzantinisch wurde. Ein großer Aufschwung setzte seit dem Jahre 1205 ein, als Berat zum Despotat von Epirus kam und, möglicherweise unter einem lokalen albanischen Fürstengeschlecht, erneut gewaltig ausgebaut wurde. Die Mauern errichtete man auf den antiken Fundamenten und dehnte

Berat, Stahlstich mit Osum-Fluß, Brücke, Stadtteil am Fluß und Festung, frühes 19. Jh.

sie nach Süden bis hinunter zum Fluß aus; auch verschiedene Kirchen entstanden. 1259 wurde die Stadt zusammen mit Dyrrachium und Aulon sowie den dazwischen liegenden Gebieten vom Despoten Michael II. Komnenos als Mitgift für seine Tochter Helena dem König Manfred von Sizilien überlassen, nach dessen Tod fiel sie an das ›Regnum Albaniae‹ des Karl von Anjou. Die Serben eroberten Berat (das sie ›Belgrad‹ nannten) im Jahre 1346, bald danach kam es jedoch in den Besitz der albanischen Adelsfamilie Musaki. 1417 wurden dann die Türken Herren der Stadt, und Skanderbeg versuchte im Jahre 1455 vergeblich, sie zurückzugewinnen. Eine weitere Blüte, der wir zahlreiche Kirchenbauten, Moscheen und Privathäuser verdanken, erlebte Berat im 18. und 19. Jh. Neben der günstigen Verkehrslage und dem landwirtschaftlich ergiebigen Umland spielte nun das Handwerk eine immer bedeutendere Rolle. Die Zünfte erhielten vom Sultan selbst Privilegien, auch besaß Berat schon seit der türkischen Eroberung Religions- und Steuerfreiheit. Die Christen durften weiterhin in der befestigten Stadt wohnen, die Türken siedelten dagegen im Südosten außerhalb der Stadt am Hang und in der Ebene.

Die Mauern des 4./3. Jh. v. Chr. beschrieben ungefähr ein Dreieck, umfaßten eine Fläche von 9,6 ha, waren durch 24 Türme verstärkt und aus großen, leicht buckelig behauenen Quadern mit horizontalen Schichten (isodom) errichtet – beim Haupttor der Stadt im Nord-

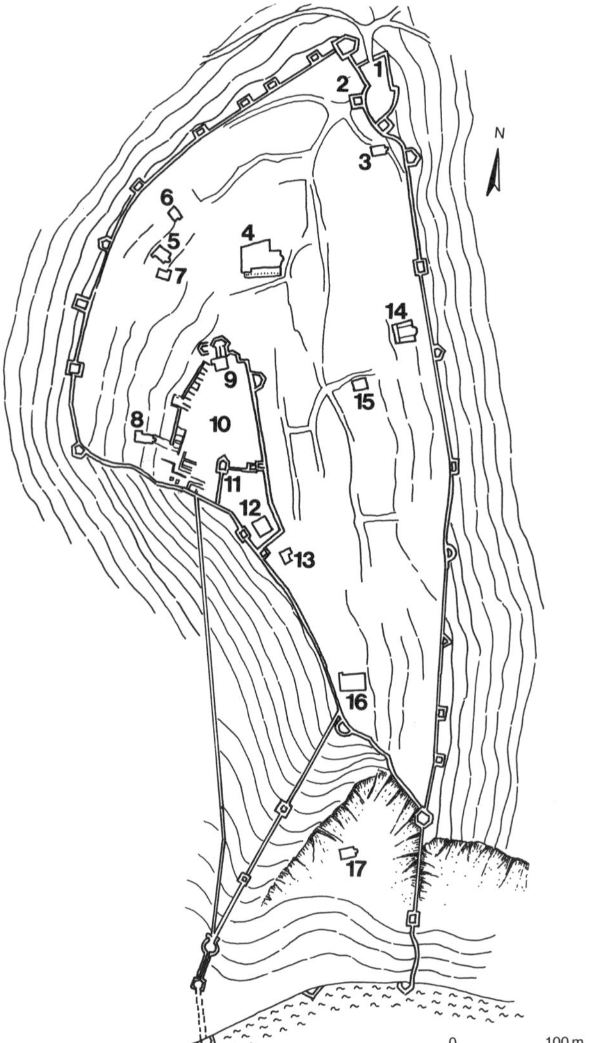

Berat, Planskizze der Stadt:

1 Zwinger
2 Haupttor
3 Hg. Theodoros
4 Marienkirche und Onufri-Museum
5 Blachernenkirche
6 Hg. Konstantin und Helena
7 Hg. Nikolaos
8 Hg. Triada
9 Lage der Weißen Moschee
10 äußere Zitadelle
11 innere Zitadelle
12 Zisterne
13 Reste der Roten Moschee
14 Evangelismoskirche
15 Hg. Demetrios
16 ehemalige Kirche des hl. Georgios, heute Touristenpavillon
17 Michaelskirche

osten kann man noch ansehnliche Reste erkennen (2). Nach 1205 wurden die inzwischen weitgehend eingestürzten oder abgetragenen Mauern auf den alten Fundamenten neu aufgebaut, das Tor durch einen Vorhof mit einem Eingang von Norden verstärkt; hier befindet sich ein in Ziegeln gesetztes Monogramm von Michael I. Komnenos Doukas, einem der Despoten von Epirus (1204–1215). Unter ihm führte man auch den dicken Turm an der Nordecke auf und verlängerte die Mauern nach Süden bis zum Fluß Osum hinunter; im

Nordosten entstand ein Zwinger (Vorburg; 1). Im 14. Jh. hat man noch weitere Erneuerungsarbeiten vorgenommen. Im 16. Jh. wurden die Mauern an vielen Stellen ausgebaut, der alte Verlauf jedoch beibehalten. Unter Ali Pascha kamen um 1800 einige Türme für die Aufstellung von Artillerie hinzu.

Bei einer Besichtigung der Oberstadt kommt man an dem mittelalterlichen Nordtor vorbei und betritt die Stadt durch das 1205 errichtete Vortor. Beim Haupttor erkennt man an der Außen- und Innenseite unten die Schichten des 4./3. Jh. v. Chr., darüber die mittelalterlichen Teile und oben die türkenzeitlichen Ausbesserungen. Das Tor konnte vorn und hinten verschlossen werden und besaß in der Mitte eine Kammer, in der man eingedrungene Feinde von oben bekämpfen konnte.

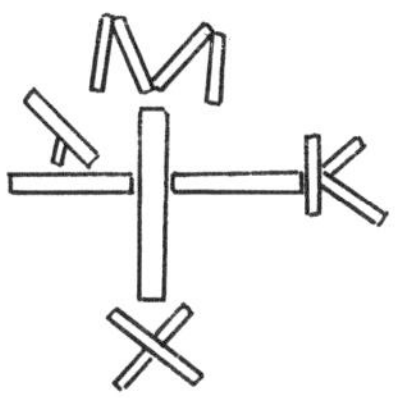

Berat, Tor des Zwingers, Monogramm des Despoten Michael I. Komnenos (um 1205)

In Berat lassen sich drei Stadtteile unterscheiden: Die Festung (Kale) wurde auch nach der türkischen Eroberung vor allem von Christen bewohnt, wie man aus den zahlreichen türkenzeitlichen Kirchen schließen darf. Am Fuße des Burgberges nach Süden und Südosten erstreckt sich das große Stadtviertel Mangalem, wo, wie mehrere Moscheen zeigen, hauptsächlich Moslems wohnten (s. Farbabb. 22 u. Abb. 78). Jenseits des Flusses Osum, durch eine Brücke mit der Stadt verbunden, liegt das wiederum weitgehend christliche Viertel Gorica (große, allerdings relativ neue Kirche).

Die gut erhaltenen Wohnhäuser, die mit ihren ›tausend Fenstern‹ eine besondere Attraktion von Berat darstellen, stammen überwiegend aus dem 19. Jh., einige auch schon aus der 2. Hälfte des 18. Jh., im Einzelfall lassen sich jedoch genaue Datierungen kaum geben. Ihre Besonderheit gegenüber Gjirokastra besteht darin, daß sie sich viel enger zusammendrängen und somit auch stärker in die Höhe gestaffelt sind. Die in der Regel querrechteckigen Bauten besitzen oft einen oder seltener zwei vorspringende Flügel und nur ein Untergeschoß – nicht zwei, wie in Gjirokastra üblich –, in dem sich Wirtschafts- und Vorratsräume befinden. Das Obergeschoß, in dem Wohnräume und das Gästezimmer lagen, kragt häufig etwas vor, Tschardaks und vorspringende Erker sind ebenfalls weit verbreitet; in vielen Fällen wurden die nach oben führenden Treppen außen angelegt.

Im Inneren erfuhr das Gästezimmer eine besondere Behandlung: Es besitzt reich geschnitzte Holzdecken, teilweise mit Holz verkleidete und geschnitzte Wände, in die Nischen eingelassen wurden; vielfach bemalte man auch das Holz. Eine Vorstellung von den für Berat typischen Holzschnitzereien kann man im Volkskunstmuseum (Beqar Moschee) sowie in der Mbret Moschee und der Helveti Tekke gewinnen. Ein recht großes Wohnhaus wurde kürzlich restauriert und soll nun als Museum zugänglich gemacht werden. Bei den

Berat, typische Wohnhäuser, 19. Jh.

Häusern von Berat ist der gesamte Bau einschließlich des Untergeschosses von außen verputzt, die abgewalmten Dächer wirken recht niedrig.

Eine Art Geschäfts- oder Basarviertel am Osum wurde kürzlich wiederhergestellt; dort steht eine Zeile recht kleiner Häuser nebeneinander, die als Werkstätten und Läden, nicht jedoch zu Wohnzwecken dienten. Ein großes Gebäude auf dem südlichen Teil des Burgbergs ist als Restaurant und Café eingerichtet, und von seiner hochgelegenen Terrasse aus kann man einen besonders schönen Blick auf die Stadt, das Osum-Tal und die Berge im Hintergrund genießen.

Hg. Theodoros

Südlich des Haupttores der Stadt liegt die relativ kleine Kirche Hg. Theodoros (Shen Todri; 3), ein einschiffiger Raum mit einer außen polygonal vorspringenden Apsis (Länge etwa 11,50 m, Breite 5 m). Er wurde über den Fundamenten einer älteren Kirche errichtet, von der man einige Teile im Inneren vor der Apsis freigelegt hat. Für das Apsisfenster verwandte man ältere Bauteile wieder, die aus einer frühchristlichen Kirche stammen dürften. Erweiterungen nach Norden, Westen und Süden wurden zu bisher noch unbekannter Zeit angefügt.

Die Reste der Malereien werden Onufri zugewiesen und damit auch die Kirche ins 16. Jh. datiert. Man erkennt in der Apsiskalotte Maria mit betend ausgestreckten Armen, darunter die Liturgie der Kirchenväter (links Johannes Chrysostomos, rechts Basileios), in den kleinen Apsiden links und rechts die Diakone Stephanos und Melodos, auf den Wandflächen darüber eine Verkündigung – links Gabriel und rechts Maria, ferner vom Festtagszyklus an der Nordwand die Grablegung Christi und die Anastasis.

Die Kirche dient heute als Ikonenmuseum (u. a. Christus Pantokrator, 16. Jh.[?]; ganz- und halbfiguriger hl. Johannes Prodromos, 16./17. Jh.; thronende Maria mit Kind, 18./19. Jh.; berittener hl. Theodoros im Kampf gegen den Drachen, 1741 datiert).

Kathedrale Hg. Maria und Onufri-Museum

Die Kathedrale Hg. Maria (Shen Meria; 4), heute vollkommen von Häusern eingeschlossen, war dem Marientod geweiht (s. Farbabb. 20). Die für die Türkenzeit charakteristische dreischiffige Kuppelbasilika zeigt erhebliche Ausmaße (Länge etwa 24 m, Breite 13 m) und trägt zwei Kuppeln, deren Tamboure auch im Außenbau hervortreten. In einer Inschrift über dem Eingang im Nordwesten steht die Jahreszahl 1797, die sich wohl auf die Erbauung der Kirche bezieht.

Die gesamte Innenausstattung (Ikonostase, Bischofsthron, Proskynetarien, Kanzel mit einem hervorgehobenen Aufgang, Sitzbänke für die Gläubigen, Öllampen und Kerzenleuchter) blieb beinahe unversehrt erhalten und vermittelt heute einen ausgezeichneten Eindruck von einer prunkvollen Kirche des 18. Jh. Die Ikonostase überzieht reiches Rankenwerk, in das Tiere und kleine figürliche Szenen eingestreut sind, die Ikonen stehen jedoch nicht mehr in ihrer ursprünglichen Anordnung (s. Farbabb. 24). Man erkennt u. a. Johannes Prodromos, thronende Maria, Marientod, Nikolaos (links der Königlichen Pforte), die Apostel mit einer Kirche, die drei Kirchenväter Johannes Chrysostomos, Basileios und Gregorios, nochmals den Marientod sowie eine ungewöhnliche Ikone mit den sieben slawischen Heiligen und der Michaelskirche von Berat am Hang (oben Kyrill, Methodios, Naum, Klemens, Savas, unten in einer Höhle liegend Gerasdon und Angelarios).

In den Anbauten im Norden und Westen der Kirche wurde im Jahre 1986 das Onufri-Museum eingerichtet, das in geschmackvoller Präsentation einige bemerkenswerte Ikonen ausstellt (s. Abb. 73–76). Als Blickfang fungiert eine Onufri zugeschriebene *Muttergottes mit dem Christuskind auf ihrem rechten Arm*, die zu den schönsten aus dem Gebiet Albaniens erhaltenen Ikonen gehört (s. Farbabb. 26). Der Typus der Darstellung ist ungewöhnlich, denn Marienbilder mit dem Christuskind auf dem rechten Arm begegnen relativ selten; die überaus feine Malerei steht noch ganz in spätbyzantinischer Tradition. Besonders hervorzuheben ist das malerisch zerwühlte Gewand des Christuskindes; als charakteristisch für Onufri können die leuchtenden Farben, besonders das auffallende Rot, gelten. Hintergrund und Rand bedecken fein getriebene Silberbleche, weitere Schmuckstücke sind in recht naiver Weise auf die Darstellung selbst aufgesetzt – Platten mit Steinen über der Stirn, am Hals und auf der Brust links und rechts; die Ikone stammt ursprünglich aus der Kirche von Glavinica, gelangte dann in die Kathedrale von Berat und war dort in der Hauptreihe der Ikonostase eingelassen; vermutlich Mitte 16. Jh.

In der nächsten Abteilung links an der Wand die beiden *Heiligen Theodoroi* (Tiron und Stratilates), betend zur Mitte und nach oben zu Christus gewandt, aus der Theodoroskirche in Berat, vielleicht ein Werk des Onufri, Mitte 16. Jh.; *Geburt Christi*, noch ganz in spätbyzantinischer Tradition und auf Nikolla, den Sohn des Onufri, zurückgeführt, 2. Hälfte 16. Jh.; *große Muttergottes mit dem Christuskind auf dem linken Arm* im Typus der Hodegitria, 16. Jh.; *kleine Verkündigung* an Maria durch den Erzengel Gabriel, vielleicht noch spätbyzantinisch, 14. Jh.; rechts in Vitrinen getriebene Buchdeckel, Flabella, Leuchter, ein Kreuz zum Aufstecken, Weihrauchgefäße, vor allem aus dem 18. Jh.; eine Arbeit der neueren Volkskunst stellt die getriebene Ikone der *Himmelfahrt des Elias* vor, 1929 datiert.

Im nächsten Raum: *Darstellung Christi im Tempel*, aus der Triadakirche in Berat, vielleicht auch ein Werk des Onufri, Mitte 16. Jh.; rechts stark beschädigte, einstmals aber sehr schöne *Muttergottes mit dem Christuskind auf dem linken Arm*, eine Variante der Hodegitria mit der Beischrift ›Eleousa‹ (die Barmherzige) aus der Kirche der Heiligen Konstantin und Helena in Berat, 16. Jh.; *Architravbalken* aus der Evangelismoskirche in Berat, in der Mitte eine Deesis mit Christus, Maria und Johannes, seitlich jetzt noch neun, ursprünglich sicher zumindest zwölf Apostel und Propheten, ein farbenprächtiges, elegantes Werk, das auch auf Onufri zurückgeführt wird, Mitte bis 2. Hälfte 16. Jh.; *hl. Johannes Prodromos*, Halbfigurenbild, mit Engelsflügeln und einer Schale mit seinem Kopf in der linken Hand, auch Onufri zugeschrieben, 16. Jh.; großformative *Verkündigung an Maria*, oben Jesaja und David, aus der Evangelismoskirche in Berat, ebenfalls mit Onufri verbunden, 16. Jh.; großformatiger *Christus Pantokrator* mit reichen Silberbeschlägen auf dem Rand, dem Hintergrund und dem Heiligenschein, qualitativ hervorragende Arbeit, die von Onufri stammen soll, aus der Ikonostase der Kathedrale in Berat und damit das Gegenstück zur Maria im ersten Raum, Mitte 16. Jh. (Gesicht vielleicht später übermalt). – Im Erdgeschoß und auf der Empore sind noch weitere Ikonen ausgestellt, die meist der Volkskunst zugehören.

Blachernenkirche

Bald nach der Marienkirche kommt man zur Blachernenkirche (Shen Meria Vllahernes; 5). Sie war ursprünglich eine Kreuzkuppelkirche üblicher Abmessungen (ohne Narthex etwa 10 m lang und 9,50 m breit), die sich im Grundriß analog zu der ihr gleichenden Hg. Triada rekonstruieren läßt. Aus ungeklärten Gründen erscheint der Grundriß trapezförmig verschoben. Wahrscheinlich während eines Erdbebens stürzten die oberen Teile der Kirche ein und wurden anschließend in vereinfachten Formen wiederaufgebaut.

Die vom ursprünglichen Bau erhaltenen Mauern zeigen, daß die unteren Teile nur aus relativ grob zugehauenen Kalksteinquadern, die oberen Partien und die Apsis dagegen aus Schächtelmauerwerk bestanden. Die Kirche dürfte etwa aus derselben Zeit wie die Hg. Triada stammen, also aus dem späten 13. Jh. oder um 1300. Der Wiederaufbau in bescheidenerer Form ist nach den Inschriften der Malereien um 1578 datiert.

Den weitgehend erhaltenen Freskenzyklus, der seit einigen Jahren gründlich gereinigt und gesichert wird, schuf Nikolla, der Sohn des Onufri. In seiner Vollständigkeit und hohen Qualität bietet er ein vorzügliches Beispiel der Malerei des 16. Jh. in Albanien. Es läßt sich

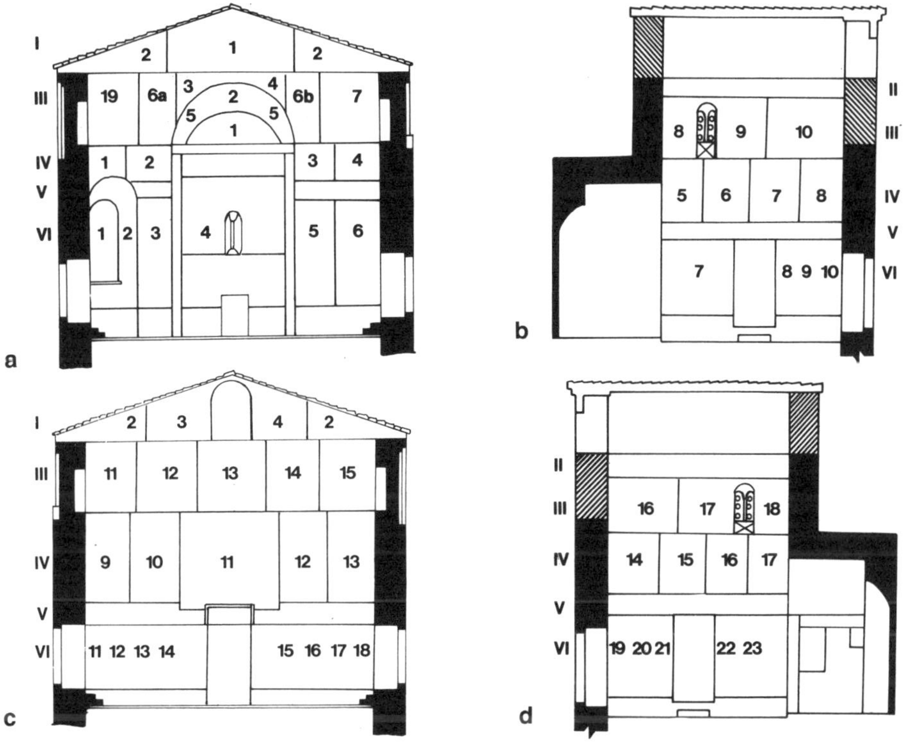

Berat, Blachernenkirche, Bildprogramm: a Ostwand b Südwand c Westwand d Nordwand

Zone I: 1 Thronender Christus (Majestas Domini) 2 Propheten, darunter 3 Elias 4 Moses

Zone II: Halbfigurenbilder von Propheten an der Süd- und Nordwand

Zone III (vor allem Festtagszyklus): 1 Maria Blachernitissa (mit Beischrift Platytera) 2 Mandylion 3 Sonne 4 Mond 5 Trochoi (›Räder‹ der Vision Hezekiels) 6a und b Verkündigung an Maria durch Gabriel 7 Geburt Christi 8 Heimsuchung 9 Darstellung im Tempel 10 Taufe Christi 11 Metamorphosis (Verklärung) 12 Auferweckung des Lazarus 13 Einzug in Jerusalem 14 Letztes Abendmahl 15 zerstört 16 Kreuztragung 17 Kreuzigung 18 Kreuzabnahme

Zone IV (Evangelisten und weiterer Festtagszyklus): 1 Markus 2 Matthäus 3 Johannes 4 Lukas 5 Ungläubiger Thomas 6 Christus erscheint den Jüngern in Emmaus 7 Christus erscheint Maria Magdalena (›noli me tangere‹) 8 Wunderheilung 9 Heilung des Gichtbrüchigen 10 Geburt der Maria 11 Tod der Maria 12 Einführung der Maria in den Tempel 13 Verrat des Judas 14 ›Mesopentekoste‹, Christus lehrt als Zwölfjähriger im Tempel: hier Christus bärtig (sehr seltene Darstellung) 15 Christus und die Samariterin am Brunnen 16 Heilung des Blinden 17 Pfingsten

Zone V: Heilige in Tondi

Zone VI: 1 Christus als Schmerzensmann, darüber das Mandylion und das Keramidion 2 Symeon Stylites 3 Nikolaos 4 Apostelkommunion und darunter Kirchenväter 5 Johannes Prodromos 6 Athanasios d. Gr. von Alexandria 7 Erzengel Michael 8 Kyriake 9 Barbara 10 ? 11 Antonios 12 Euthymios 13 ? 14 Theodoros Studites 15 Theodoros Tiron 16 Theodoros Stratilates 17 und 18 Konstantin und Helena mit dem Kreuz 19 Panteleimon 20 Damianos 21 Kosmas 22 Demetrios 23 Georgios

gut nachvollziehen, wie das ursprünglich für Kreuzkuppelkirchen entwickelte Bildprogramm in der nachbyzantinischen Zeit für einen derartigen kuppellosen Raum abgewandelt wurde. Die Darstellungen und der Stil stehen noch völlig in der Tradition byzantinischer Kunst, die Entstehung in nachbyzantinischer Zeit ist jedoch deutlich an einer gewissen Erstarrung der Bewegungen und Gewandfalten sowie an der relativ dunklen Farbskala zu erkennen. Am südöstlichen Pfeiler sind auf der Ostseite geringe Reste älterer Fresken bewahrt, die sonst überall durch die neue Ausmalung von 1578 überdeckt wurden.

Hg. Nikolaos

Südöstlich der Blachernenkirche liegt die einschiffige Kirche Hg. Nikolaos (Shen Kolli; 7; Länge etwa 9 m, Breite 5,50 m), deren Wände aus grob behauenen Steinen und eingelassenen Holzbalken bestehen, also eine für die Türkenzeit typische Technik zeigen. Reste von Mauern und Apsiden im Nordosten sprechen dafür, daß es einen größeren Vorgängerbau gegeben hat, über den wir jedoch nichts Näheres wissen.

Im Inneren befinden sich neben einem als Altar dienenden Kapitell und einer Doppelsäule aus frühchristlicher Zeit (6. Jh.) Reste der Wandmalereien mit dem üblichen Bildprogramm in vier Zonen, oben eine Folge von Propheten, darunter der Festtagszyklus, unten Büsten und ganzfigurige Heilige. Man erkennt unter anderem im Süden Geburt Christi, Taufe, Verklärung, Auferweckung des Lazarus, Einzug in Jerusalem, im Norden den Verrat des Judas, Christus vor Kaiphas, Kreuzigung, Kreuzabnahme, Grablegung, Anastasis und unter dieser Zone das Keramidion.

Eine Inschrift über der Tür an der Nordwand datiert die Fresken und damit vielleicht auch die Erbauung der Kirche in das Jahr 1591. Sie fügen sich in ihrem Stil in die Reihe ein, die mit der Blachernenkirche 1578 beginnt und sich in der Demetrioskirche von 1607 und der Kirche der Heiligen Konstantin und Helena von 1644 fortsetzt. Deutlich fallen der zeitliche Abstand und der große qualitative Unterschied im Vergleich zur Blachernenkirche auf.

Hg. Konstantin und Helena

Nordwestlich der Blachernenkirche steht die Kirche Hg. Konstantin und Helena (Shen Konstandin dhe Helena; 6; Länge etwa 9,50 m, Breite 7 m), ein einschiffiger, recht breiter Raum, der das für die Türkenzeit so charakteristische Mauerwerk mit eingefügten Holzbalken, eine hölzerne Dachkonstruktion und eine innen und außen gerundete Hauptapsis aufweist. Im Inneren fällt der kreisförmige Schmuck des Fußbodens ins Auge (Omphalos).

Anhand der geringen Freskenreste läßt sich ein Bildprogramm in vier Zonen erschließen: oben Büsten von Propheten, darunter ein Festtagszyklus (u. a. Letztes Abendmahl, Fußwaschung, Marientod, Grablegung der Maria, Verrat des Judas, Christus vor Pilatus an der Westwand; Kreuztragung, Kreuzigung, Kreuzabnahme und Beweinung Christi an der Nordwand), dann Rundbilder mit Heiligenbüsten und ganz zuunterst eine Reihe stehender Heiliger (unter ihnen Abt Zosimos und Maria Aegyptiaca gut erhalten im Nordteil der Westwand). Die Malereien sind 1644 datiert und damit, soweit bekannt, das späteste Beispiel nachbyzantinischer Wandmalerei in Berat. In einer gewissen Verwilderung des Stils gehen sie deutlich über die Malereien in der Kirche des hl. Demetrios (1607) und des hl. Nikolaos (1591) hinaus.

Hg. Triada

Im Westteil der Burg, dicht am Rande des steilen Abfalls zum Tal des Osum, besichtigt man die landschaftlich sehr reizvoll gelegene Kirche Hg. Triada (Shen Triadhes; 8; Länge etwa 12,50 m, Breite 7,50 m; s. Farbabb. 19 u. Abb. 57), eine gut erhaltene Kreuzkuppelkirche, die von der albanischen Denkmalpflege ausgezeichnet restauriert worden ist. Die Kuppel tragen im Osten Wandpfeiler, im Westen Säulen, deren Kapitelle aus älteren Bauten wiederverwandt wurden (das nördliche könnte aus dem 3./2. Jh. v. Chr., das südliche aus dem 5. Jh. n. Chr. stammen). Den Narthex trennt eine Baunaht von dem übrigen Gebäude, er dürfte aber trotzdem gleichzeitig mit der Kirche, vielleicht von einer anderen Gruppe von Maurern, errichtet worden sein.

Die Wände bestehen in den unteren Partien aus groben Steinen und viel Mörtel, darüber Schächtelmauerwerk, die Kreuzarme, die Giebel am Narthex und der Kuppeltambour hingegen aus Ziegeln in sehr sorgfältiger Schichtung. Für eine Datierung der Kirche liegen keinerlei Quellen vor, nach dem Mauerwerk darf man jedoch eine spätbyzantinische Entstehungszeit, etwa um 1300, annehmen (vergleichbare Bauten besitzen wir mit der 1295 datierten Klemens- oder Peribleptoskirche in Ochrid und mit der Kokkine Ekklesia bei Drosopege im westlichen Griechenland).

Im Narthex finden sich Spuren, im Naos etwas größere Teile der Wandmalereien, die noch aus der Erbauungszeit stammen und eine ausgezeichnete Qualität besitzen. Zu erkennen sind, teilweise nur in geringen Resten: in der Kuppel Christus als Pantokrator, darunter zwischen den Fenstern Propheten; im östlichen Kreuzarm Anastasis, die Marien am Grabe, Himmelfahrt und Abendmahl; im südlichen Kreuzarm Geburt und Taufe Christi, Fußwaschung und Christus im Garten Gethsemane, im Westen wohl der Marientod, außerdem Verklärung Christi und Auferweckung des Lazarus, im Norden Einzug in Jerusalem und Kreuzabnahme, dazu zwei nicht zu bestimmende Szenen.

Rote Moschee

Die Rote Moschee (Xhamija e Kuqe; 13), ein rechteckiger Saal mit Holzdach, stammt vom Ende des 15. Jh. und ist damit eine der ältesten Moscheen Albaniens; die im 19. Jh. fast völlig zerstörten Ruinen liegen dicht bei der einst den Moslems vorbehaltenen Zitadelle. Erhalten blieben die Grundmauern und die unteren Teile des Minaretts, das sehr sorgfältig aus Schichten von hellen Kalksteinquadern und breiten, roten Ziegellagen errichtet wurde.

Evangelismoskirche

Nahe der Ostseite der Stadtmauer findet man die Kirche des Evangelismos (Ungjillezimi; Verkündigung an Maria; 14), ein einschiffiger Bau mit hervortretender Apsis und einer nördlichen Vorhalle, der möglicherweise im späten 16. Jh. entstand; im Inneren sollen einige Wandmalereien bewahrt sein.

Hg. Demetrios

In der Nähe des weiter nach Süden führenden Weges steht die Kirche des hl. Demetrios (Shen Mitri; 15; Länge etwa 10 m, Breite 5 m), ein einschiffiger Raum mit im Osten vortretender Apsis, um den herum später U-förmig Nebenräume errichtet wurden. Die noch erhaltenen Freskenstücke im Inneren weisen das übliche vierzonige Programm auf, u. a. an der Südwand Auferweckung des Lazarus, Einzug in Jerusalem, Letztes Abendmahl, Fußwaschung, an der Westwand den Marientod, die Heiligen Christophoros und Michael als Büsten und die Heiligen Kosmas und Damian sowie Panteleimon ganzfigurig, an der Nordwand Verrat des Judas, Christus vor Pilatus, Verspottung Christi und Weg nach Golgatha. Im Gewände der westlichen Tür kann man an der Südseite noch die Vorzeichnung für einen Engel erkennen.

Die Inschrift über der Eingangstür enthält die Jahreszahl 1607, die für die Erbauung der Kirche sowie für die Ausmalung gelten dürfte. Stilistisch passen die Malereien gut in die eingangs erwähnte Reihe (vgl. S. 208). Die Westwand der Kirche trägt außen schlecht erhaltene Fragmente einer großen Darstellung des Jüngsten Gerichtes, die später als die übrigen Fresken ausgeführt zu sein scheinen.

Hg. Georgios

Im Süden der Burg entstand vermutlich im 14. Jh. die Kirche Hg. Georgios (heute Restaurant; 16), die im Laufe der Zeit verfiel und dann als Lagerraum diente. Aus den Ruinen der Wände und der Apsis hat man vor wenigen Jahren ein für Berat typisches Haus gestaltet, das nun als Restaurant fungiert; die innere Gliederung der Kirche ist unbekannt.

Michaelskirche

Die Michaelskirche (Shen Mehilli; 17; Länge etwa 10,50 m, Breite 5 m) schmiegt sich etwa auf halber Höhe an den Burgberg – der nach Süden zum Osum hinunter sehr steil abfällt – und ist deshalb sowohl von der Burg als auch vom Tal aus nur schwer zu erreichen. Es scheint keinerlei Überlieferung zu geben, die Aufschluß über die Beziehung der Kirche zu der neben ihr gelegenen großen Felshöhle vermitteln könnte, die durch unterschiedliche Mauern teilweise zugebaut ist.

Die Michaelskirche vertritt den Typus der ›Kuppelhalle‹, ist jedoch ungewöhnlich hoch gezogen. Darüber hinaus fällt das sauber gefügte Schächtelmauerwerk, die sorgfältig aufgeführte Kuppel sowie an der Südseite eine mit Ziegelornamenten eingelassene Nische auf; der Glockenstuhl stammt hingegen aus neuerer Zeit. Im schlichten Inneren verlangen die spitz gebrochenen, wohl von gotischer Architektur beeinflußten Bögen der Tonnen und Nischen, also die Kombination ›westlicher‹ Bauelemente mit der byzantinischen Bauform, unsere besondere Aufmerksamkeit. Der Mauertechnik nach zu urteilen, dürfte die Michaelskirche ungefähr gleichzeitig mit der Hg. Triada und der Blachernenkirche, also um 1300, entstanden sein.

Beqar Moschee und Ethnographisches Museum

Die Beqar Moschee (Xhamija e Beqareve; ›Moschee der ledigen Männer‹ – eine Vereinigung von Polizisten und Nachtwächtern im Basar) liegt im unteren Teil des sich an den südlichen Burgberg schmiegenden Mangalem-Viertels an der Straße, die parallel zum Osum verläuft. Der Bau zieht seinen besonderen Reiz aus der Tatsache, daß er am ansteigenden Hang steht und deshalb zwei Geschosse besitzt. Das Untergeschoß öffnet sich in drei Arkaden zur Straße; hier lagen einst die Läden, die vermietet wurden, um so zum Unterhalt der Moschee beizutragen. Von einer höher gelegenen Gasse aus gelangt man in das Hauptgeschoß, das aus einer luftigen, seitlich über die Flucht des Baukörpers hinausragenden Vorhalle und dem Gebetsraum, einem einfachen, holzgedeckten Saal, besteht. Die durch Bögen verbundenen Holzsäulen im Inneren vermindern die Spannweite der Holzkonstruktion.

Die Reste der Innenbemalung zeigen ein reiches Rankenwerk in kräftigen Rottönen, in das unter anderem Ansichten von Moscheen eingefügt sind. Außen zieht sich zwischen den Fenstern eine Zone mit floralen Motiven und Stadtansichten entlang, die durch das weit vorgezogene Dach geschützt wird. Eine Inschrift datiert Restaurierungsmaßnahmen sowie die Errichtung der Vorhalle in das Jahr 1827; vielleicht stammen auch die Malereien aus dieser Zeit; der Bau selbst könnte etwas älter sein und aus dem 18. Jh. stammen. Derartiger Malereischmuck scheint im 19. Jh. im Gebiet des heutigen Albanien sehr beliebt gewesen zu sein (vgl. die Ethem Bey Moschee in Tirana).

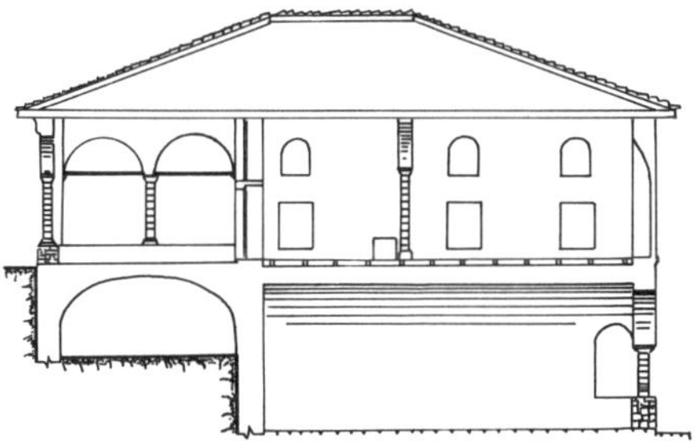

Berat, Beqar Moschee, Längsschnitt und Grundriß

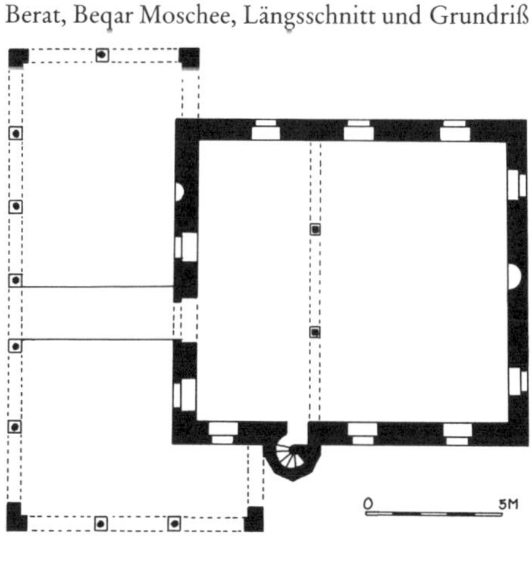

Die Moschee ist heute als **Volkskunstmuseum** (Ethnograph. Museum) eingerichtet. In der Vorhalle: geschnitzte Truhe, wohl 19. Jh.; an der Decke zwei Fragmente geschnitzter Holzdecken aus Privathäusern, 19. Jh.; kleines Reliquiar aus Marmor, wohl 6. Jh.; neuzeitliche Steinarbeiten. – Im Inneren: Webereien, Stickereien, Trachten, osmanische Metallarbeiten aus Kupfer und Messing, darunter eine große Kupferkanne, die von der Schwarzmeerküste aus der nordöstlichen Türkei kommt, sowie ein großes Messingtablett mit reichhaltigen Verzierungen, ferner Holzschnitzereien und Tonwaren; am Schluß des Rundganges neuzeitliche Stücke, die den Besucher den großen Unterschied zu den traditionellen Arbeiten erkennen lassen.

Mbret Moschee und Archäologisches Museum

Die Mbret Moschee (Xhamija Mbret; ›Moschee des Königs‹; s. Abb. 65), die zusammen mit der Tekke der Helveti und den umgebenden Bauten ein hübsches Ensemble bildet, wurde bisher noch nicht genauer untersucht. Es handelt sich um einen großen rechteckigen, holzgedeckten Saal mit einem Minarett im Südwesten und einer später noch vor die Eingangshalle gebauten Vorhalle. Das in einer Inschrift am Minarett angegebene Datum (1492) wird sich auf die erhaltene Moschee beziehen. Wahrscheinlich im 18. Jh. fügte man die Vorhalle an, trug einen neuen, Quaderwerk nachahmenden Verputz auf den älteren Baukörper auf (neben dem heutigen Eingang scheint ein kleiner Teil des alten Mauerwerks freizuliegen) und fügte im Inneren die Empore und die reich geschnitzte Holzdecke ein.

Die Moschee dient jetzt als **Archäologisches Museum** für den Bezirk von Berat. Das Modell der Oberstadt in der Mitte des Ausstellungsraumes ist zwar recht anschaulich, weist in den Details jedoch manche Fehler auf. In den Vitrinen finden sich einige Stücke von der prähistorischen bis zur römischen Kaiserzeit. Unter den freistehenden Werken sind hervorzuheben: kleine Aschenurne aus Kalkstein, auf deren Schmalseiten verschiedene Werkzeuge abgebildet sind, vielleicht 2. Jh. (für einen Tischler bestimmt ?); ausgezeichnet gearbeiteter Marmorkopf eines Mädchens mit kunstvoll geflochtenem Zopf am Hinterkopf, in Apollonia gefunden, frühes 2. Jh. (s. Abb. 25). – In der Nähe des Eingangs zur Vorhalle steht ein aufwendiges marmornes Grabmal mit für die osmanische Zeit typischer Form (um 1900; s. Abb. 84).

Tekke der Helveti-Derwische

Die um 1790 errichtete Tekke der Helveti-Derwische, auch Mohammed Tekke genannt, ist ein vorzügliches Beispiel für einen auf die Bedürfnisse eines Derwischordens (hier des Bektaschi-Ordens) abgestimmten Bautypus, der einen Versammlungsraum, eine Moschee sowie Wirtschafts- und Unterkunftsgebäude umfassen mußte (s. Abb. 64); auch ein Grab des Stifters konnte zu dem Komplex gehören. Der im Oberbau herausragende Versammlungsraum hat eine Mihrab-Nische, diente also auch für die Gebetsstunden. Empore und Decke bestehen aus prachtvollen Holzschnitzarbeiten.

Plumbit Moschee und Architekturmuseum

Die einschließlich des hohen Minaretts gut erhaltene Plumbit Moschee (Xhamija e Plumbit; ›Moschee mit dem Bleidach‹; s. Abb. 63) wurde 1553/54 als Zentrum des neuen Stadtviertels ›Skuraj‹ in der Ebene des Osum errichtet. Sie gehört zum Typus der Einkuppel-Moschee; die Vorhalle dürfte in der heutigen Form aus dem 18. oder 19. Jh. stammen. Die Wände bestehen aus sehr sorgfältig gearbeitetem Schächtelmauerwerk, das für die byzantinische Architektur des südlichen Balkans charakteristisch ist und von den Osmanen übernommen wurde; bei der Bleimoschee erscheint es in Albanien wohl zum letzten Mal. Im schlichten Inneren sind Reste der Ausmalung mit floralen Motiven, wohl des 19. Jh., erhalten.

In der Moschee ist ein kleines **Architekturmuseum** untergebracht, wo Photographien, Pläne und einige Modelle von kunstgeschichtlich oder historisch wichtigen Bauten im

Berat, Plumbit Moschee, Tongefäß mit Bohrung, das als Schallverstärker in den Gewölben von Moscheen eingebaut wurde

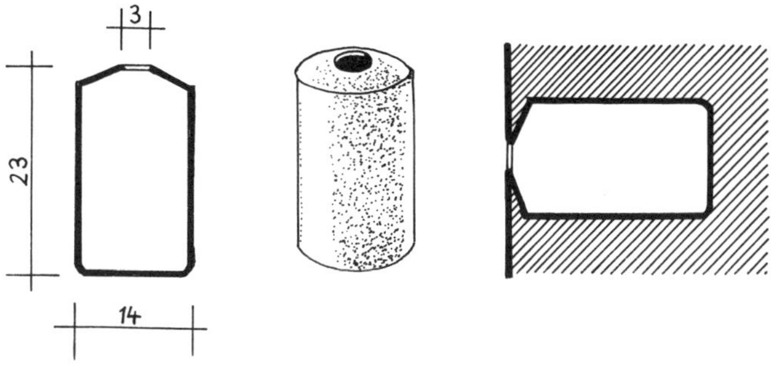

Bezirk von Berat zu sehen sind. In einer Vitrine liegt ein kleines Tongefäß in zylindrischer Form (Höhe etwa 25 cm, Durchmesser etwa 10 cm, Durchmesser des Loches an der Oberseite etwa 3 cm), das zur Verbesserung der Akustik in den Ecknischen und Kuppeln osmanischer Moscheen eingelassen war (manchmal kann man die kleinen Öffnungen noch erkennen, vor allem, wenn die Vorderseite des Gefäßes ausgebrochen ist).

Brücke über den Osum

Die Ura e Gorices verbindet den Stadtteil Gorica mit der übrigen Stadt und wurde 1777 durch Ahmet Kurd Pascha, den lokalen Herscher von Berat, errichtet (im Dezember 1888 bei einer Hochwasserkatastrophe und dann noch einmal während des Ersten Weltkrieges wurde sie stark beschädigt).

Von Berat fährt man zunächst zurück in Richtung Lushnja, in Poshnja biegt die Straße nach Fier ab. Südlich liegen beim Dorf Krotina die Reste der illyrischen Stadt Dimale (oder Dimallon), von der bisher allerdings nur geringe Reste ausgegraben wurden (vor allem eine Brunnenanlage und zwei Säulenhallen; 4./3. Jh. v. Chr., Umbauten des 2./1. Jh. v. Chr., wenige Funde des 1. Jh. n. Chr.). Von dieser Straße aus erreicht man auch die byzantinische Kirche beim Dorf Kurjan.

Kurjan, Hg. Nikolaos (Shen Kolli)

Auf einem Hügel oberhalb des Dorfes liegt völlig isoliert die große und recht aufwendige Kirche (Länge etwa 15 m, Breite 11 m), die möglicherweise zu einem Kloster gehörte. Wahrscheinlich bei einem Erdbeben stürzten die oberen Teile der Mauern mit den Gewölben samt Kuppel ein; sie wurden um 1570 in vereinfachter Form wiederaufgebaut.

Es handelt sich um einen Dreikonchenbau, der ursprünglich – wie man im Grundriß rekonstruieren kann – ein Tonnenkreuz und eine Kuppel getragen haben dürfte, die auf vier freistehenden Stützen ruhte; damit gehörte er zu dem recht seltenen ›Athos-Typus‹ (so benannt wegen seiner Verbreitung bei Klosterkirchen auf dem Berge Athos), das einzige

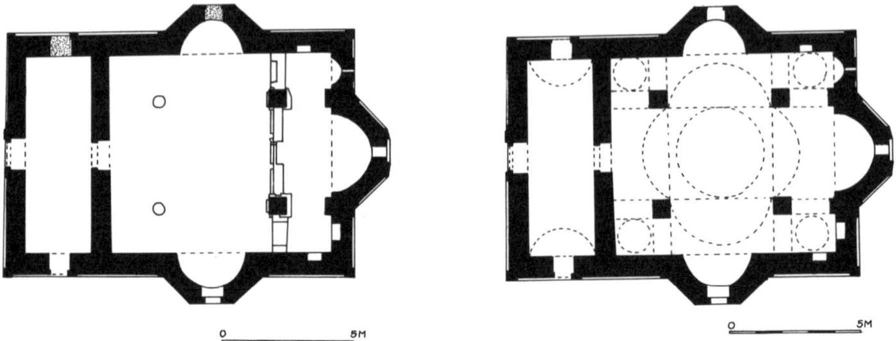

Kurjan, Hg. Nikolaos, Grundriß des heutigen Zustandes und Rekonstruktionsversuch des ursprünglichen Zustandes

Beispiel aus byzantinischer Zeit in Albanien; erst in der nachbyzantinischen Phase begegnet er häufiger (in Albanien in Voskopoja, Hg. Johannes Prodromos, und Goranxi, Marienkirche).

Der Außenbau besteht weitgehend aus Ziegeln, an den Ecken, den Türumrahmungen und einigen anderen Stellen hat man jedoch auch Quader verwandt. Den besonderen Reiz der Kirche bilden die zahlreichen eingemauerten antiken, frühchristlichen und mittelalterlichen Reliefs (einige in Abgüssen vorhanden, die Originale im Museum in Korça; s. Abb. 71). An Narthex und Naos finden sich Pilaster und Blendnischen, eine Dekorationsform, die der byzantinischen Architektur ansonsten fremd war und daher auf ›westlichen‹ Einfluß zurückzuführen sein dürfte. Äußere Anhaltspunkte für eine Datierung der ursprünglichen Kirche liegen nicht vor, anhand des Mauerwerks läßt sie sich dem 13. oder 14. Jh. zuweisen.

Bei der Wiederherstellung nach dem Erdbeben zog man die Mauern nicht wieder auf die alte Höhe hoch, sondern beließ sie niedriger und deckte Naos und Altarraum mit einer durchgehenden Holzkonstruktion und einem Zeltdach ein. Im Jahre 1570 wurde sie von zwei Söhnen des Onufri, Joan und Nikolla, ausgemalt, wahrscheinlich unmittelbar im Anschluß an die Restaurierung. Die Malereien gingen allerdings später größtenteils verloren und blieben nur noch an der Ostwand in Resten erhalten; die anderen Wände sind neu ausgestattet.

Im Osten in der Apsis befinden sich unten die Kirchenväter, darüber die Apostelkommunion, oben die thronende Muttergottes, als ›Platytera‹ bezeichnet; im Norden eine Inschrift unter dem kleinen Fenster (die Namen der Maler sind zu erkennen, ein Datum ließ sich bisher nicht identifizieren), oben dann Propheten und der Erzengel Gabriel, der der im Süden angebrachten Maria die Verkündigung überbringt; über der Apsis Reste der Himmelfahrt; im Süden oben Propheten, darunter die Pfingstdarstellung. Trotz des schlechten Erhaltungszustandes zeigt sich deutlich, daß die Malereien eine gute Qualität aufwiesen und noch ganz in der spätbyzantinischen Tradition standen.

Fier

Fier ist das Zentrum der heute wieder überaus fruchtbaren Myzeqeja-Ebene, die, seit der Spätantike Sumpfland, erst nach dem Zweiten Weltkrieg trockengelegt wurde. Die Stadt entstand im 19. Jh. und hat somit dem an Kunst Interessierten wenig zu bieten. Das kleine Museum lohnt jedoch einen Besuch; zudem kann man von Fier aus zum nachbyzantinischen Kloster Ardenica mit seinen Fresken sowie zu dem weiter westlich gelegenen Apollonia fahren, das zu den bedeutendsten Kunstdenkmälern Albaniens gehört und auch eines der wichtigsten Museen des Landes besitzt.

Das kleine **Museum** enthält einige übersichtlich ausgestellte Funde aus Apollonia, Ballsh und Byllis sowie eine Volkskunstabteilung. – Von den archäologischen Funden seien genannt: *Fragment mit Metopen und Triglyphen* von einem dorischen Bau aus Byllis; rechts ein typisch *makedonisch-illyrischer Schild,* 2. Jh. v. Chr.; *Grab- oder Weihrelief* mit zwei stehenden Frauen, zwei Hermen, einer Dienerin, die der rechten Frau ein Kästchen reicht, sowie einem von oben herabhängenden Vogelbauer, 2. Jh. v. Chr. (Gipsabguß, das Original jetzt im Hist. Museum in Tirana); stark bestoßenes *Grabrelief,* einst aber von guter Qualität, zur ›Gruppe von Apollonia‹ zu zählen; der auf einem Bett lagernde Tote nimmt von einem Angehörigen Abschied, im Hintergrund eine stehende Gestalt, wohl 3. Jh. v. Chr.; *Büste eines Eros* auf breitem Sockel aus Byllis, vielleicht 2. Jh. v. Chr.; *drei Grabreliefs,* darunter eines mit Ehepaar und kleinem Sohn, 2./3. Jh.

Fragment eines Pfeilers aus der Basilika von Ballsh, vergleichbare Stücke derselben Herkunft im Museum in Korça sowie im Archäol. und Hist. Museum in Tirana, ferner am Ort in Ballsh (s. Abb. 44); da bisher keine zeichnerische Rekonstruktion vorliegt, läßt sich die genaue Verwendung dieser Pfeiler in der Kirche nicht bestimmen; die Dekoration wirkt auf allen Pfeilern sehr ungewöhnlich, es handelt sich um lokale, nur schwer zu datierende Arbeiten, aus der Erbauungsphase der Kirche im 6. Jh. oder von einer mittelalterlichen Erneuerungsphase stammend; *Relieffragment* mit einem drachenartigen Fabelwesen aus Apollonia, vielleicht eine Schrankenplatte aus einer Kirche, mittelalterlich?

Am Mittelpfeiler *Fragment eines marmornen Hochreliefs* mit einem Mädchenkopf, aus Apollonia, 2. Jh.; *sitzende Sphinx,* vielleicht 2. Jh. v. Chr.; prachtvoller *Löwenkopf* aus Apollonia, wohl ursprünglich ein Wasserspeier, spätes 6. oder frühes 5. Jh. v. Chr. (s. Abb. 4); *fragmentiertes Weihrelief* mit einer Darstellung der Göttin Athena, Marmor, Typus des späten 5. Jh. v. Chr., Arbeit möglicherweise erst frühe römische Kaiserzeit; *römische Marmorstatue* einer Frau im Typus der sogenannten Großen Herkulanenserin, aus Apollonia; lebendige Arbeit des 2. Jh.

An der Wand daneben: *weibliche Statue,* bei der das Gewand die rechte Brust frei läßt, also wahrscheinlich Aphrodite, aus Apollonia, vielleicht 2. Jh. v. Chr.; *Kapitell* und *Gebälkfragment,* angeblich aus dem Theater von Byllis, 3. Jh. v. Chr. – In den Vitrinen *Kleinfunde,* vor allem aus Apollonia, dazu Photos von Apollonia und anderen Grabungsplätzen. – In der *Volkskunstabteilung* verschiedene Holzschnitzereien, darunter Teile von

Ikonostasen, wohl 18. und 19. Jh.; Keramik; handwerkliche Geräte, Webereien und Stickereien. – Vor dem Museum, leider ungeschützt der Witterung ausgesetzt, ein *ionisches, hellenistisches Kapitell* aus Kalkstein, 3./2. Jh. v. Chr., wahrscheinlich in Apollonia gefunden.

Ardenica, Kloster mit Marienkirche (Shen Meria)

Das von Zypressen umstandene Kloster erhebt sich etwas entfernt von dem gleichnamigen Dorf, das an der Straße von Fier nach Lushnja beherrschend auf einem Hügel mit wundervoller Aussicht liegt. Nach seiner Restaurierung, die in Kürze abgeschlossen werden soll, wird es einen besonderen Anziehungspunkt für Touristen bilden. Man betritt den Bezirk von Süden. Wie bei byzantinischen und nachbyzantinischen Klöstern üblich, steht die Kirche frei in einem Hof, den Trakte mit den Mönchszellen, Gästeunterkünfte und verschiedene Wirtschaftsräume rahmen. Nach der Überlieferung soll das Kloster eine Gründung aus der Zeit des Despotats von Epirus, also des 13./14. Jh., sein; der heutige Zustand entstammt jedoch einer erheblich späteren Phase; auch weiß man nicht, ob es einen Vorgängerbau gab.

Die der Mariengeburt geweihte und nach der Inschrift an der Ostseite am 1. Mai 1743 vollendete Kirche vertritt den Typus einer dreischiffigen Halle mit Holzstützen (Länge etwa

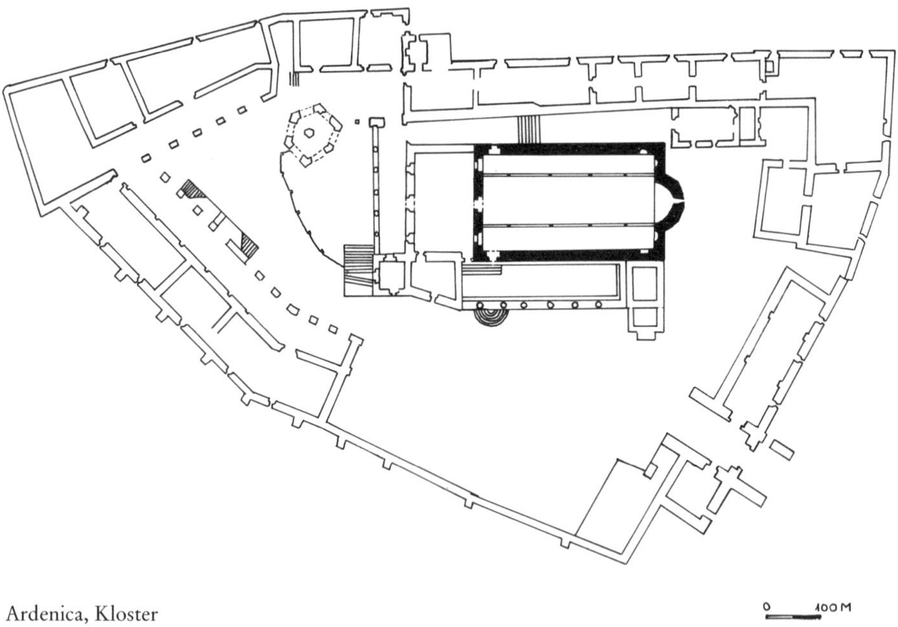

Ardenica, Kloster

26 m, Breite 14 m). Im Westen liegt ein Narthex, im Süden eine offene Vorhalle vor. Die Apsis wird durch flache Blendnischen und einige farblich abgesetzte Steine betont, sonst ist der Außenbau betont schlicht gehalten. An der Ostseite der Kirche und in verschiedenen Wänden der Klostergebäude sind antike, aus Apollonia stammende Fragmente, vor allem Grabreliefs der römischen Kaiserzeit, eingelassen. Der Glockenturm wurde 1925 neu errichtet.

Die Ausstattung blieb sehr gut erhalten, so daß man eine lebendige Vorstellung vom Aussehen einer nachbyzantinischen Kirche der Mitte des 18. Jh. erhält: eine reich geschnitzte Ikonostase, Ikonen, ein Thron für den Abt, Proskynetarien, das Gestühl, Öllampen aus Silber und Kerzenständer aus Messing. Das Programm der Wandmalereien entspricht demjenigen, das bei großen, langgestreckten Räumen der Türkenzeit üblich war; es werden allerdings Ereignisse und Legenden aus dem Marienleben bevorzugt. Die vierzonig unterteilten Wände zeigen oben einen breit ausgestalteten Festtagszyklus, darunter Felder mit – wie es scheint – Illustrationen des Akathistos-Hymnus (eines berühmten Hymnus auf Maria), Tondi mit Heiligenbüsten und zuunterst ganzfigurige Heilige. An der Westwand wird der Marientod besonders groß wiedergegeben, auf der Westfassade außen das Jüngste Gericht. Die Fresken des Inneren werden durch die Inschrift über der Tür in das Jahr 1744 datiert und als Werke der Maler Kostatin und Athanas Zografi aus Korça bezeichnet, die auch in Voskopoja gearbeitet haben.

Apollonia

Die Stadt, ungefähr in der Mitte des heutigen Albanien gelegen, war die bedeutendste griechische Siedlung des Landes, 588 v. Chr. von Korinth und Kerkyra (Korfu) auf einem Hügel in etwa 6 km Entfernung vom Meer gegründet. Der Sage nach soll ein gewisser Gylax aus Korinth die Siedler geführt haben, nach ihm hieß die große Ebene ›Gylakion pedion‹ (heute Myzeqeja-Ebene). Der Aoos (Vjosa) mündete früher weiter nördlich ins Meer, die Stadt selbst lag etwa 800 m von einem Flußknick entfernt; dort gab es einen Hafen, der bis zu 120 Schiffe aufnehmen konnte. Dieser Hafen, die Verbindung ins Binnenland und vor allem die große und fruchtbare Schwemmlandebene bildeten die Grundlage für Wachstum und Gedeihen Apollonias über die Jahrhunderte hinweg.

Die weitgehend autonome Stadt schloß nach Angriffen der Makedonen und Illyrer im Jahre 260 v. Chr. einen Bündnisvertrag mit Rom, stellte sich 229 v. Chr. freiwillig unter den Schutz der Republik und wurde 148 v. Chr. Teil der römischen Provinz Macedonia. Seit der Mitte des 2. Jh. v. Chr. bauten die Römer die Straßenverbindung in den Osten aus militärischen und wirtschaftlichen Gründen aus, und Apollonia kam als Ausgangspunkt des südlichen Stranges der Via Egnatia zu großem Reichtum. Im römischen Bürgerkrieg spielte die Stadt als Stützpunkt Caesars eine bedeutende Rolle. 45/44 v. Chr. hielt sich Octavian, der spätere Augustus, sechs Monate in Apollonia auf, um an der Rhetorenschule, neben Athen und Rhodos der berühmtesten im Römischen Reich, zu studieren. Die Friedenszeit unter den Römern im 2. und in der 1. Hälfte des 3. Jh. brachte, wie sich an den Bauten und anderen Funden ablesen läßt, eine hohe Blüte für die Stadt mit sich.

Das Christentum hatte sich wohl spätestens im 4. Jh. durchgesetzt; in den Jahren 431 und 451 vertraten Bischöfe aus Apollonia die Stadt auf den Konzilien in Ephesus und Chalkedon. Die Stadt hatte aber in der Spätantike mit zunehmenden Schwierigkeiten zu kämpfen, da der Aoos seinen Lauf veränderte und den Hafen zuschwemmte; die Küstenlinie schob sich vor (heute etwa 9 km von der Stadt entfernt) und das Land versumpfte, weshalb Apollonia etwa im 6. Jh. aufgegeben wurde. Vlora, das antike Aulon, übernahm die führende Rolle als Ausgangspunkt des südlichen Zweiges der Via Egnatia und als Bischofssitz. Die Bauten verfielen und wurden als Steinbruch benutzt; im 13. Jh. entstand im östlichen Teil der Stadt, unmittelbar an der alten Mauer, das Marienkloster, größtenteils aus dem Material der antiken Gebäude.

Die älteste Erwähnung Apollonias stammt von 1764 (Dr. A. F. Büschings neue Erdbeschreibung, des ersten Teils zweyter Band, 5. Aufl. Seite 1376). Grabungen führten seit 1923 französische, kurze Zeit italienische, nach dem Zweiten Weltkrieg dann albanische Archäologen durch; von der sehr umfangreichen Stadt wurden bisher allerdings nur recht kleine Flächen freigelegt. Die bei diesen Grabungen zutagegetretenen Funde aus der Frühzeit der Stadt befinden sich in den Museen von Tirana und Apollonia. Die Bauten stammen teilweise aus dem 4./3. Jh. v. Chr. (Mauern, Stoa, Kultpfeiler des Apollon, Brunnenhaus), vor allem jedoch aus dem 2. und 3. nachchristlichen Jahrhundert (Rathaus, Odeion, Theater, Privathäuser). Den Reichtum der Stadt in der römischen Friedenszeit bezeugen auch zahlreiche marmorne Statuen (in den Museen in Tirana, Apollonia und Fier).

Stadtanlage mit Mauern

Die Stadt liegt auf einem sich von Norden nach Süden erstreckenden breiten, bis zu 104 m hohen Hügel; von Westen und Süden her steigt er langsam an, die höchste Stelle befindet sich im Nordosten, im Osten fällt er steil ab.

Zuerst wurde bald nach 600 v. Chr. der nordöstliche Teil besiedelt. Die kleine Akropolis (Grundfläche 1,27 ha) umgab eine eigene Mauer von 3 m Dicke (1); das Stadtgebiet selbst umfaßte etwa 20 ha (2). Reste eines der Artemis oder dem Apollon oder beiden Göttern gemeinsam geweihten Tempels (3) und einiger Gebäude wurden entdeckt, weitere Grabungen fanden aber leider noch nicht statt (Grabungen im Sommer 1988 legten östlich des Klosters Mauerreste frei, die möglicherweise aus dem 6. Jh. v. Chr. stammen; die Stadt der archaischen Zeit war also vielleicht erheblich größer, als man bisher angenommen hat; weitere Grabungen werden hier eine Klärung bringen).

Im 4. Jh. v. Chr. erweiterte man die Stadt nach Süden und Südwesten und legte sie nach einheitlichen Gesichtspunkten an. Sie umfaßte nun 110 ha, die Mauer wies eine Länge von 4000 m auf. Das gesamte Gebiet der älteren Stadt wurde nun als Akropolis ausgebaut. Diese Neugründung reiht sich in die gewaltigen Baumaßnahmen ein, die an vielen Orten im heutigen Albanien, im westlichen Griechenland und in vielen anderen Städten des Reiches zu dieser Zeit stattfanden. Das Stadtgebiet wurde mit einem rasterförmigen System sich

Apollonia, Planskizze der Stadt:
1 ehemalige Akropolis
2 frühere Oberstadt
3 Reste des Artemis- oder Apollon-Tempels
4 dicker Rundturm im Westen
5 Zentrum der Stadt (s. Detailplan)
13 Bezirk mit Tonamphoren
14 Tor zur Oberstadt
15 und 16 Monumente in Säulenform, Apollon geweiht
17 Theater
18 Reste einer Straße
19 großes Privathaus (mit Mosaiken)
20 Nymphäum
21 und 22 römische Häuser
23 Gymnasium
24 Kloster

rechtwinklig kreuzender Straßen überzogen, wobei Häuservietel von 61 × 61 m entstanden (= 200 × 200 Fuß des in Apollonia gebräuchlichen Maßsystems). Für öffentliche Gebäude, also für das Theater, den Marktplatz mit umgebenden Bauten, das Gymnasium und – so werden wir annehmen dürfen, auch wenn es bisher noch keine Funde gibt – für Tempel, sparte man freie Flächen aus.

Im westlichen Teil der Stadt lassen sich einige der Straßen verfolgen, darunter eine, die sich den Hügel hinauf am Theater vorbei bis zum Marktplatz entlangzieht. Nach dem Verlauf dieser Straße richtet sich die ältere Stoa im Osten, während die lange Stoa im Norden einer anderen Orientierung folgt. Die Straßen besitzen eine Breite von 5,95–6,30 m. Über die Einteilung der Inseln (Häuserblocks), also über Größe und Zahl der Häuser, läßt sich bisher noch nichts sagen, da bei der einzigen größeren Grabungsfläche fast ausschließlich die spätere Überbauung durch kaiserzeitliche Häuser freigelegt wurde.

Der Sockel der Stadtmauer des 4. Jh. besteht aus sehr sauber gearbeiteten, großen Quadern, die vom Akrokeraunischen Vorgebirge stammen. Die Mauer selbst weist zwei Schalen mit Läufern und Bindern und eine Dicke von 3 m auf. Für die oberen Teile verwandte man luftgetrocknete Lehmziegel, die später, wohl in der römischen Kaiserzeit (nach Ansicht von A. Baçe jedoch schon im 3. Jh. v. Chr.) durch gebrannte Ziegel ersetzt wurden; die gesamte Höhe betrug 9–10 m. Auf den Steinen finden sich häufig die griechischen Buchstaben DA zu einem Monogramm verschmolzen; sie bedeuteten DAMOSIOS, ›öffentlich‹. Die Mauer folgt den Geländeformationen und macht deshalb so viele Knicke, die jedoch auch der Verteidigung dienten. Im Osten springen in unregelmäßigen Abständen rechteckige, an den anderen Seiten gerundete Türme vor, darunter im Westen einer von 16,50 m Durchmesser, der wohl der größte aus der griechischen Architektur bekannte städtische Verteidigungsturm sein dürfte (4). Es muß mehrere Tore gegeben haben, obwohl sich bisher lediglich ein größeres und eine Pforte im Osten sowie je eines im Westen und Süden feststellen ließen.

Zentrum der Stadt

Das Zentrum der Stadt (5) liegt innerhalb des ummauerten Gebietes nach Osten verschoben. Hier legten Ausgrabungen mehrere öffentliche Gebäude frei, unter denen das sogenannte **Agonothetenmonument** herausragt, dessen Fassade man vor wenigen Jahren wieder aufrichten konnte (6; s. Abb. 1). Es handelt sich um ein längsrechteckiges, nach Norden orientiertes Gebäude (Grundfläche 19,20 × 14,40 m), dem nördlich eine Säulenhalle mit vier freistehenden Säulen und zwei an die vorspringenden Mauerzungen angelegten Dreiviertelsäulen vorgelagert ist. Durch einen einzigen Eingang betritt man den Innenraum mit den U-förmig angeordneten, aus Ziegeln aufgemauerten Sitzreihen, die ursprünglich mit Marmorplatten verkleidet waren. Seitlich gibt es einen Umgang, auf der Rückseite befanden sich hölzerne Treppen, die nach oben führten, unten erscheint eine umlaufende Bank abgesetzt.

Die Wände des Raumes bestehen aus Ziegeln, nur für die Fassade und Teile der Innenausstattung nahm man importierten Marmor. Die im unteren Drittel glatten Säulen weisen nur oben Kanneluren auf; im Hellenismus und in der römischen Kaiserzeit ließ man die unteren Teile von Säulen gern glatt, da sie auf diese Weise Stöße besser aushielten. Drei der korinthischen Kapitelle, deren Akanthusblätter eine sehr lebendige Arbeit zeigen, blieben erhalten. Darüber liegt ein Architrav mit einer Inschrift in griechischer Sprache. Der Giebel ist nur ein schlichtes Feld, die Umrahmung jedoch überaus reich.

Die Fassade kippte offensichtlich durch ein Erdbeben nach vorn, die Ruinen wurden dann verschüttet und auf diese Weise weitgehend geschützt. Die Inschrift lautet in Übersetzung: »Zum Gedächtnis und zur Ehrung des Villios Valentinos Phourios Proklos, seines Bruders, des Präfekten der Kohorte ... in Syrien, des Tribunen der Legio ... Gemina in Pannonien, des designierten Agonotheten, hat dieses Bauwerk Quintos Villios Krispinos Phourios

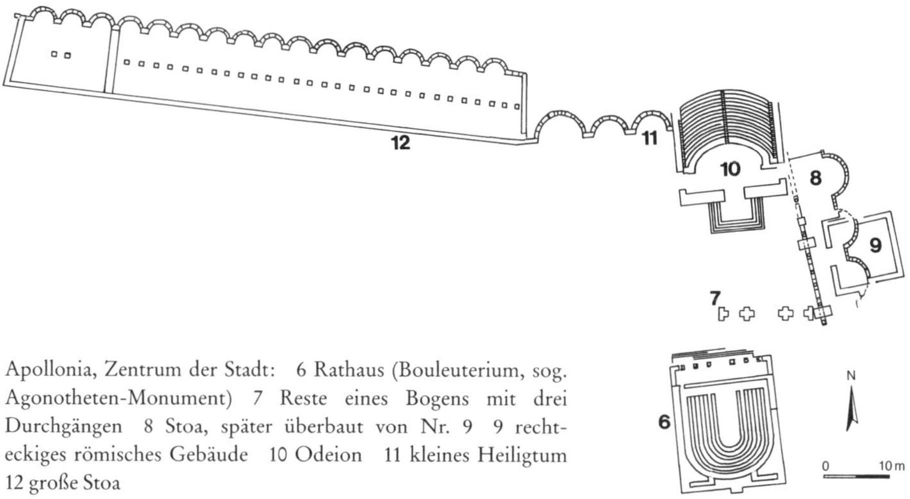

Apollonia, Zentrum der Stadt: 6 Rathaus (Bouleuterium, sog. Agonotheten-Monument) 7 Reste eines Bogens mit drei Durchgängen 8 Stoa, später überbaut von Nr. 9 9 rechteckiges römisches Gebäude 10 Odeion 11 kleines Heiligtum 12 große Stoa

Proklos, Prytane, Agonothet, Oberpriester auf Lebenszeit, errichten lassen; zur Einweihung sind 25 Paare Gladiatoren gestiftet worden.« Der Stifter – derjenige Magistratsbeamte, nach dem das jeweilige Jahr benannt wurde, verantwortlich für die Abhaltung der Spiele und oberster Priester des Kaiserkultes auf Lebenszeit – gehörte damit zur allerhöchsten Schicht in Apollonia. Seine Muttersprache war vermutlich Latein; um jedoch in Apollonia verstanden zu werden, ließ er die Inschrift ins Griechische übersetzen. Das Monument entstand zum Gedächtnis an seinen Bruder, der aus unbekannten Gründen im Militärdienst starb oder fiel. Der Stifter muß großen Reichtum besessen haben, konnte er doch alle diese Ämter übernehmen, ein derartig aufwendiges Gebäude stiften und dann noch zu seiner Einweihung Spiele mit 50 Gladiatoren abhalten.

Ein Datum teilt uns die Inschrift leider nicht mit. Man wird den Bau aufgrund der Ornamentik etwa in das 2. Viertel des 2. Jh. datieren können. Aus der Inschrift geht weiterhin nicht hervor, welchem Zweck das Gebäude diente. Die Form mit den Sitzstufen im Inneren und die Lage an einem Hauptplatz der Stadt legen es nahe, in diesem Bau das Rathaus (Bouleuterion) von Apollonia zu sehen.

Vor dem Rathaus stehen **vier Sockel,** die in anderer Orientierung als das Gebäude verlaufen (7). Die beiden äußeren haben im Grundriß die Form eines T, die beiden inneren die eines Kreuzes. Sie wurden aus Ziegeln errichtet, waren jedoch, wie sich an ganz geringen Resten noch erkennen läßt, ehemals mit Marmorplatten verkleidet. Man muß einen Aufbau mit drei Bögen ergänzen, von denen der mittlere breiter als die seitlichen war. Es handelt sich also um einen Ehrenbogen, der aus uns unbekanntem Anlaß zu unbekannter Zeit entstand. Die

Ziegel ähneln denen des Odeions, der Bogen stammt also wohl ebenfalls aus dem 2. Jh. Westlich vom Rathaus liegt ein Komplex, der zwar freigelegt, bisher aber noch nicht näher untersucht wurde. Man hat vermutet, daß es sich um ein Heiligtum, vielleicht der Göttin Artemis, handeln könnte.

Im Osten schloß den Platz ursprünglich eine **Säulenhalle** ab, die in ihrer Rückwand eine Reihe von Nischen aufwies (8). Sie muß ähnlich ausgesehen haben wie die besser erhaltene Stoa im Westen. Dieser Bau, vermutlich im 4. Jh. v. Chr. entstanden, wurde in der römischen Kaiserzeit aufgegeben, ein Teil davon im 2. Jh. von einem kleinen Gebäude überdeckt (9).

Das **Odeion,** ein kleines, gedecktes Theater für musikalische und andere Aufführungen, lehnt sich an die Südseite der Akropolismauer an (10). Es ist sehr schmal und steil nach oben gezogen, so daß wohl immer eine Stufe für den Sitz und eine Stufe für die Füße bestimmt war. Nach oben hin verbreitert es sich ungewöhnlicherweise noch etwas. Es konnte etwa 150 Zuschauer fassen. Die Mauern bestehen aus Ziegeln, die außen vielleicht verputzt, im Inneren des Gebäudes hingegen mit Marmorplatten verkleidet waren. Man beachte die dreieckigen, an einigen Stellen noch sichtbaren Ziegel. Der Haupteingang befindet sich an der Südseite, später zugebaute Nebeneingänge im Osten und Westen. Wie das Dach aussah, weiß man nicht, da keine Reste gefunden wurden. Das Odeion dürfte im frühen 2. Jh. erbaut worden sein, später kam in der Orchestra noch ein kleines Podium hinzu; dabei setzte man die Türen im Osten und Westen zu und gestaltete die Eingangswand innen aus.

Unmittelbar westlich vom Odeion findet sich ein **kleines Heiligtum** (11), das schon vor dem Odeion bestand, so daß dessen Bau darauf Rücksicht nehmen mußte. Im rückwärtigen Teil sieht man eine halbrunde Nische mit drei Basen, vielleicht für Altäre, von denen die mittlere besonders schöne Schmuckformen aufweist: an der Front und an den Seiten jeweils zwei große Blüten, an den Ecken Löwentatzen; die Einarbeitungen an der Oberseite deuten auf einen weiteren Aufbau hin. Den Vorraum begrenzten links und rechts wohl vorspringende Wände, vor deren Enden ionische Säulen standen (ein Kapitell hat man gefunden, es ist jetzt im Museum). Neben diesen Säulen befinden sich kleine Basen für Weihgeschenke, südlich der linken Säule erkennt man ein längliches Podest. Da man dort in der Nähe Reste einer bronzenen Pferdestatue fand, darf man annehmen, daß auf dem Sockel eine Pferde- oder Reiterstatue stand. Die Form dieses Heiligtums ist sehr ungewöhnlich. Es dürfte im 3. oder 2. Jh. v. Chr. errichtet und in der römischen Kaiserzeit ausgebaut worden sein.

Eine monumentale Anlage stellt die zweischiffige, doppelgeschossige und 75 m lange **Stoa** weiter im Westen dar (12; s. Abb. 10). An der Rückwand befinden sich im Untergeschoß 17 Nischen, die zum einen den Druck des Berges besser abfangen können, zum anderen aber auch der Aufstellung von Statuen dienten. Die innere und äußere Stützenreihe besteht im Untergeschoß aus achteckigen Pfeilern mit ebenfalls achteckigen dorischen Kapitellen. Im

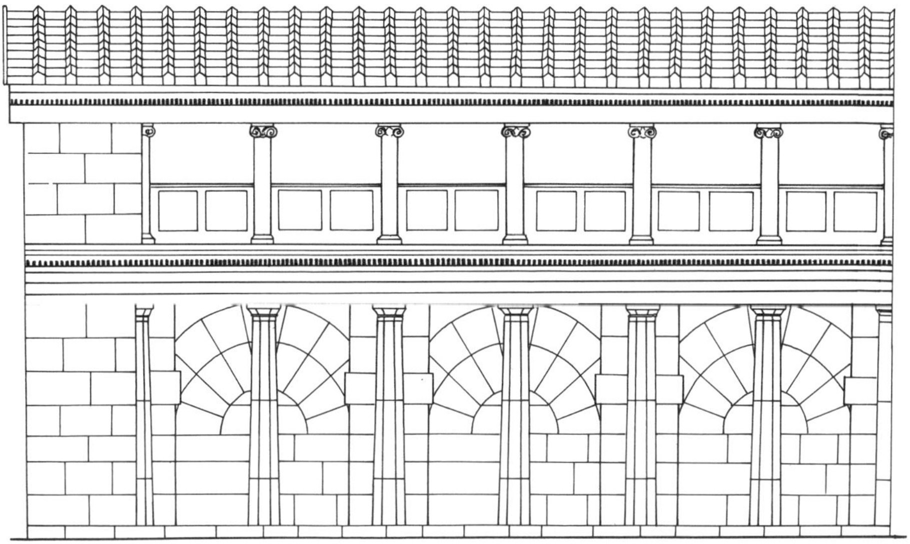

Apollonia, Stoa Nr. 12, Rekonstruktion

Obergeschoß standen an der Außenseite Pfeiler mit vorgelegten Halbsäulen und ionischen Kapitellen, der hintere Teil verfügte über eine Reihe durch Türen zugänglicher Zimmer. Eines der ionischen Kapitelle blieb an Ort und Stelle, andere kamen ins Museum. Sie besitzen die für Makedonien und Illyrien typische Form; vor allem in der Seitenansicht sieht man besonders schön, daß die Voluten von einer Blüte (Wasserlilie) gebildet werden. Sie lassen sich ins 3. Jh. v. Chr. datieren und geben damit auch einen Anhaltspunkt für die Entstehung der gesamten Stoa.

Im Obergeschoß hatte man zwischen den Pfeilern Brüstungsplatten angebracht (einige von ihnen heute im Museum). Von den Statuen, die ursprünglich in den Nischen standen, fand sich bisher nichts. In der römischen Kaiserzeit zwischen 100 und 150 stellte man neue Marmorstatuen dort auf. Sie zeigen Frauen und Männer, einige von ihnen mit Porträtköpfen. Es scheint sich um Porträts von Privatpersonen zu handeln, denn ein Kaiser ließ sich bisher nicht identifizieren. Basen mit Inschriften kennen wir nicht, man darf jedoch annehmen, daß dies für verdiente Bürger gestiftete Ehrenstatuen waren (heute teilweise im Archäol. Museum in Tirana und im Museum von Apollonia).

Auf dem Wege vom Bouleuterion zum Apollon-Monument sieht man einen kleinen, **von einem Zaun abgegrenzten Bezirk** (13), in dem dicht gedrängt und mit Mündungen nach unten zahlreiche Tonamphoren aus dem 4. Jh. v. Chr. stehen. Es dürfte sich hierbei nicht um ein Vorratslager handeln, da keinerlei Gebäudereste zu finden sind, vielmehr waren die Amphoren wohl einer Gottheit geweiht, der Platz also ein kleines Heiligtum.

Sehr schön ist der **Eingang zur Akropolis** erhalten (14; s. Abb. 12). Er weist einen spitzen oberen Abschluß auf, der durch ein sogenanntes ›falsches Gewölbe‹ gebildet wird. Eine kleinere und eine größere Nische für Weihreliefs und Statuetten befinden sich auf den beiden Seiten. An der folgenden Mauerpartie ist die exakte Bearbeitung der Steine deutlich zu erkennen, ihre unterschiedliche Farbe belebt die Fläche. Die rechteckigen Quader zeigen einen feinen Randbeschlag, die mittlere, nur grob behauene Partie springt hervor (›Rustika-Technik‹).

In der Nähe des Tores erhebt sich ein ungewöhnliches **Monument** (15): Auf einem rechteckigen, stufenförmigen Sockel steht eine Art Rundaltar und darauf eine sich nach oben verjüngende Säule (s. Abb. 11). Das Zwischenstück, den Rundaltar (vielleicht Teil eines weiteren Monumentes für Apollon), fügten Restauratoren wohl fälschlicherweise ein, wie man an den nicht übereinstimmenden Profilen sehen kann: Die Säule wird vielmehr gleich auf dem Sockel gestanden haben. Die konisch zulaufende Säule ist ein Kultbild für Apollon Agyieus, den Beschützer der Straßen, Helfer in Gefahren und Namengeber der Stadt.

Ein zweites derartiges Bild steht außerhalb der Stadtmauer im Osten an einem Wasserausfluß der Mauer (16). Die dortige Basis wurde aus mehreren Quadern zusammengefügt, darauf erhebt sich eine zweigeteilte Säule mit nur grob bearbeiteter Oberfläche; die oberen Teile fehlen. Wir haben hier eine sehr altertümliche Vorstellung vor uns, bei der der Gott noch nicht in Menschengestalt abgebildet wurde. Sie findet sich auch auf Münzen von Apollonia, so daß man dieses Kultmal wohl für das ›Wahrzeichen‹ der Stadt halten darf. Die beiden Monumente entstanden vermutlich im 3. Jh. v. Chr.

Auf der derzeit nicht zugänglichen Akropolis fand man geringe **Reste eines Tempels** (3) der dorischen Ordnung, der aber höchstwahrscheinlich einen durchlaufenden Figurenfries, wie er für ionische Tempel charakteristisch ist, besaß (Fragment mit kämpfenden Gestalten jetzt im Archäol. Museum in Tirana; s. Abb. 2). Diese Vermischung von dorischer und ionischer Ordnung hat in archaischer Zeit nur noch eine einzige Parallele in der gesamten griechischen Architektur, und zwar im Tempel in Assos im nordwestlichen Kleinasien. Der Tempel in Apollonia dürfte der Göttin Artemis oder ihrem Bruder Apollon oder beiden Göttern gemeinsam geweiht und im 3. Viertel des 6. Jh. v. Chr. errichtet worden sein.

Das **Theater** (17), die größte derartige Anlage, die man bisher im heutigen Albanien gefunden hat, ist sehr schlecht erhalten. Der Zuschauerraum zeichnet sich als Mulde im Hang ab, von den Sitzstufen sind nur noch sehr wenige vorhanden. Man schätzt, daß etwa 8000 Zuschauer Platz fanden. Vom Bühnengebäude kamen verschiedene Teile zutage, die zeigen, daß es mit dorischen Säulen und einem Fries aus Metopen und Triglyphen geschmückt war. Das Theater wurde wohl im 3. Jh. v. Chr. erbaut und im 2. nachchristlichen Jahrhundert grundlegend erneuert, wie die Reste des Bühnengebäudes und der Orchestra erkennen lassen.

Bisher legten Ausgrabungen nur ganz geringe Flächen der ehemaligen **Wohnbebauung** frei. Die frühen Schichten waren weitgehend zerstört, so daß man Baureste erst in geringer Anzahl aus dem 3./2. Jh. v. Chr. (darunter ein Peristylhaus), dann vor allem aus dem 2. Jh. n. Chr. und Reparaturen bis zum 3./4. Jh. feststellen konnte.

Es fanden sich einige Häuser mit einem säulenumstandenen Innenhof (Peristyl); bei einem ließen sich sogar doppelgeschossige Säulenstellungen nachweisen. Daneben gibt es auch kleinere Häuser mit korridorartigen Höfen. Mosaiken, teils mit Ornamenten, teils aber auch mit figürlichen Szenen, schmücken einige hervorgehobene Zimmer. Besondere Beachtung verdienen das Mosaik mit Meerwesen, die in üppige Schmuckformen eingestreut erscheinen, sowie ein anderes, leider nur in Teilen erhaltenes mit dem Kampf der Griechen gegen die Amazonen; man erkennt den griechischen Helden Achilleus, der die Amazonenkönigin Penthesilea hält, die er tödlich verwundet hat. Das Haus (19) entstand im 2. Jh. und besaß eine beträchtliche Größe und reiche Ausstattung. Den Peristylhof zierte ein Springbrunnen, einige Räume waren mit Fußbodenheizung versehen, es gab ein Bad. Das Mosaik mit Achill stammt vielleicht erst aus einer späteren Umbauphase des Hauses im 3. Jh.

In der Nähe traten Reste eines Straßenzuges zutage (18). Bei weiteren Häusern (21–22) und dem Gymnasium (23) wirken die Befunde noch sehr unübersichtlich. In den Häusern fanden sich überraschend viele marmorne Skulpturen, sowohl Götterbilder (z. B. Athena, Apollon) als auch Porträtstatuen. Die bisher bekannt gemachten Stücke stammen vor allem aus dem 2. Jh. Es wäre zu hoffen, daß die genauen Fundumstände beobachtet wurden, so daß man eine Vorstellung davon bekommt, wo genau die Statuen im Haus aufgestellt waren. Auf diese Weise erhielte man einen schönen Einblick in den Kunstgeschmack der Bewohner von Apollonia während der römischen Kaiserzeit.

Weiter nach Nordwesten liegt am Hang unmittelbar unterhalb der Akropolismauern ein **Nymphäum**, das zu den am besten erhaltenen und großartigsten Anlagen seiner Art gehört (20). Um das Wasser aus den Hangquellen aufzufangen, hat man ein aus vier Teilen bestehendes Gebäude errichtet: 1. Oben sammelte eine parallel zum Hang verlaufende, 70 m lange und 1,60 m hohe Mauer das Wasser, sie liegt 17 m höher als das Bassin; 2. fünf senkrechte Kanäle im Abstand von 11 m führen mit 35° Gefälle das Wasser in Stufen den Hang hinab; 3. eine untere Mauer mit einem Kanal von 40 m Länge nimmt dieses Wasser auf; 4. In der Mitte vor dieser Mauer steht das zweigeteilte Brunnenhaus; in ein hinteres Bassin, das etwa 37 m^3 faßte, floß das Wasser vom Kanal durch Löcher hinein; auf der Vorderseite besitzt es eine 1 m hohe Brüstung; den vorderen Teil des Brunnenhauses betrat man, um Wasser aus dem Bassin zu schöpfen; nach außen öffnet sich dieser Raum durch fünf Säulen, die das Dach trugen. In der mittleren Säule befand sich ein Ausfluß, zu dem das Wasser durch Röhren geleitet wurde. Die Säulen mit ihren 2,40 m Höhe und nur 0,30 m Durchmesser zeigen elegante Proportionen. Das Dach darüber fällt nach hinten ab, um bei Regen das Wasser aufzufangen. An einigen Steinen hat man eingeritzte Zeichen, die griechischen Buchstaben ›DA‹, entdeckt; ähnliche Zeichen finden sich auch an der Stadtmauer. Das Nymphäum wurde möglicherweise im 3. Jh. v. Chr. erbaut.

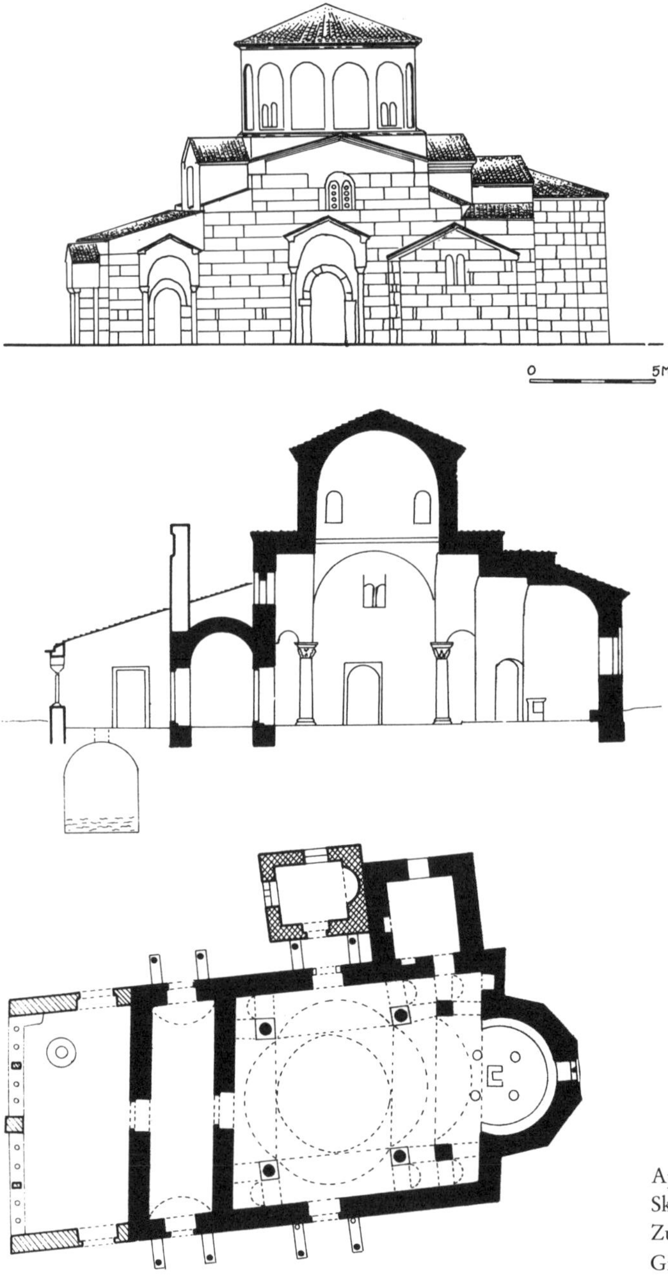

Apollonia, Marienkirche, Skizze des ursprünglichen Zustandes, Längsschnitt und Grundriß

Kloster mit Marienkirche (Shen Meria)

Am östlichen Rand der Stadtmauer, teilweise über sie gebaut, liegt das der Maria geweihte Kloster (24; s. Abb. 59). Die Kirche steht, typisch für byzantinische Klöster, frei in der Mitte und wird auf allen Seiten von Gebäuden eingerahmt. Sie gehört zu den Kreuzkuppelkirchen des Vierstützen-Typus, wobei ihre Kuppel auf vier Säulen ruht. Einschließlich der Vorhalle ist sie 24,50 m lang, ohne die Nebenkapellen 10,50 m breit. Man kann sich nicht erklären, warum der Bau im Grundriß völlig verzogen ist und keinen einzigen rechten Winkel aufweist. Das absolut ebene Gelände kann dafür nicht verantwortlich sein, auch hat man bei Grabungen keine älteren Fundamente gefunden, auf die man hätte Rücksicht nehmen müssen. Möglicherweise hat man beim Ausstecken des Grundrisses im Gelände einfach einen Fehler gemacht.

Der Übergang vom Quadrat des Grundrisses in das Rund der Kuppel erfolgt über Pendentifs. Die Kuppel wirkt im Verhältnis zum übrigen Bau ungewöhnlich groß, die Tonnenarme und die Eckkompartimente ›schrumpfen‹ dadurch sehr stark. Die innen hufeisenförmige, außen vieleckige Apsis wird von einem Fenster durchbrochen; vier Fenster sitzen in den Giebeln der Kreuzarme. Den runden Tambour der Kuppel gliedern außen zwölf hochgezogene Blendnischen. In den Diagonalen befindet sich jeweils ein Doppelfenster, das teilweise später zugemauert wurde. Im Norden und Süden führen zwei durch kleine Baldachine hervorgehobene Türen in die Kirche und in den Narthex. An den Kernbau wurde im Norden gleichzeitig mit der Kirche ein kleiner Raum (Grabkapelle?) angebaut. Die zweite Kapelle daneben gehört hingegen einer späteren Phase an.

Außergewöhnlich ist die Art der Mauertechnik: Die gut behauenen, groben Steinquader, meist aus Marmor, sind Spolien aus antiken Bauten Apollonias; die Zwickel der Dachschrägen und die Kuppel hingegen wurden aus karminroten Ziegeln gemauert. Üblicherweise begegnet im byzantinischen Bereich die Verwendung von Quadern und Ziegeln, während im heutigen Griechenland und südlichen Albanien das Schächtelmauerwerk üblich war (vgl. Berat). Die Marienkirche stellt somit nicht nur in Albanien, sondern in der gesamten byzantinischen Architektur einen Sonderfall dar. Als Parallele läßt sich nur die Kleine Metropolis in Athen heranziehen, bei der allerdings zahlreiche mit Reliefs versehene Steine wiederverwandt wurden. Bei der Marienkirche sind einige wenige ältere Bauteile, darunter die schöne byzantinische Schrankenplatte mit einem Adler (an der Südseite), eingelassen (s. Abb. 51).

Von der alten Ausstattung der Kirche blieben einige Stücke erhalten. Den Blockaltar überwölbte ein Ziborium, von dem die Basen an Ort und Stelle stehen. Eine Sitzbank läuft in der Apsis um. Die Einlaßspuren für die Schrankenplatten, die den Gemeinderaum vom Altarraum trennten, kann der Besucher noch erkennen. Ungewöhnlich sind die vier Kapitelle, die eng anliegendes, wie geschnitzt wirkendes Blattwerk und teilweise Köpfe tragen. Die Reste der Malerei dürften aus dem 18., die Ikonostase wohl aus dem 19. Jh. stammen.

Eine deutliche Baufuge trennt die Vorhalle von der Kirche; da jedoch ihre Mauertechnik der des Hauptbaus völlig gleicht, muß sie nicht unbedingt später zu datieren sein. Unter der Vorhalle liegt eine Zisterne; als Brunnenöffnung hat man die Trommel einer dorischen Säule wiederverwandt, die vom Tempel auf der Akropolis stammen könnte. Die Vorhalle besitzt im Norden und Süden Türen, nach Westen öffnet sie sich mit zwölf Bögen; in der Mitte steht ein dicker Pfeiler, seitlich wechseln zwei achteckige Säulen und ein längsrechteckiger, kleinerer Pfeiler ab. Als einzigartig im ganzen byzantinischen Bereich dürfen die Steinmetzarbeiten der Kapitelle gelten. In der Vorhalle zeigen sie verschiedene Tiere und Fabelwesen, im Inneren der Kirche pflanzliche Motive und Masken (s. Abb. 53–56).

Die Vorlagen werden aus Apulien gekommen sein. Von dort aus unternahmen ja die Normannen und die Herzöge von Anjou verschiedene Feldzüge gegen das Byzantinische Reich, so daß Teile Albaniens zeitweise unter den Einfluß Süditaliens gerieten. Denen der Marienkirche vergleichbare Kapitelle findet man beispielsweise in Otranto, Troia, Trani, Bitonto und in S. Nicola in Bari, doch obwohl die Motive sich ähneln, ist die handwerkliche Ausführung so unterschiedlich, daß die Beispiele in Apulien keinen Datierungsanhalt für die Marienkirche geben. Auf Einflüsse aus Italien wird man auch die Blendnischen an der Kuppel zurückführen, die im byzantinischen Bereich ebenfalls kaum begegnen.

Eine Grabinschrift an der Außenseite der Apsis gibt als Todesjahr des hier beigesetzten Mönchs das Jahr 1250 an; zu diesem Zeitpunkt muß der Bau also fertiggestellt gewesen sein. Sehr viel früher, also beispielsweise in das 12. Jh., kann er aber wohl nicht datiert werden, denn die ungewöhnlichen Proportionen mit der sehr großen Kuppel und den verkümmerten Eckkompartimenten finden sich nur bei Bauten der spätbyzantinischen Zeit. Die Marienkirche entstand demnach vermutlich im 2. Viertel des 13. Jh.

In der Vorhalle finden sich an der Westwand des Narthex im nördlichen Teil Reste eines Freskos, das wahrscheinlich die byzantinischen Kaiser Andronikos II., Michael VIII. und Michael IX. darstellt. (Leider ist die Malerei jetzt so beschädigt, daß sich vollständige Sicherheit nicht gewinnen läßt.) Diese drei Kaiser regierten um 1281/82 gemeinsam, das Fresko ist also in diesem Zeitraum gefertigt. Der Putz unter dem Fresko greift auf die Nordwand der Vorhalle über, die somit auf alle Fälle vor 1281/82 entstanden sein muß. Wegen der übereinstimmenden Mauertechnik wurden möglicherweise Vorhalle und Kirche sogar zur gleichen Zeit oder mit ganz geringem zeitlichem Abstand errichtet. Ein Problem bietet allerdings eine in das Jahr 1381 datierte Inschrift, die, auf dem nördlichen Mittelpfeiler eingeritzt, jetzt auf dem Kopf steht. Vielleicht stürzte die Vorhalle nach 1381 teilweise ein und wurde danach aus dem alten Baumaterial wieder aufgerichtet.

Die kleine Kapelle im Norden darf man zeitlich vor 1292 einordnen, denn in dem kleinen Raum zwischen Kirche und Kapelle, unmittelbar an der Außenwand des älteren Nordanbaues, befindet sich ein Grab mit einer gemalten Inschrift, die dieses Datum nennt. An der Südseite der Vorhalle findet sich unten eine eingemeißelte Grabinschrift von 1350. Der kleine Glockenstuhl stammt aus dem 18. Jh.

Die **Trapeza,** der Speisesaal der Mönche, liegt im Westen der Kirche und bindet, wie das bei byzantinischen Anlagen üblich ist, in die übrigen Klosterbauten ein. Die drei Apsiden des längsgerichteten Raumes weisen nach Osten, Süden und Westen. In der Trapeza befand sich ursprünglich, wie wir aus vergleichbaren Bauten wissen, ein langer, aufgemauerter Tisch, den an beiden Seiten niedrige, ebenfalls gemauerte Bänke rahmten.

Von der malerischen Ausstattung blieben einige Teile an der Ost-, Süd- und Westwand erhalten; sie wurden zwar gesichert, aber noch nicht restauriert, so daß Gestalten und Szenen teilweise schlecht zu erkennen sind. Auf einem gemalten Sockel, der Marmorplatten nachahmt, stehen frontal ausgerichtete Heilige, unter ihnen zwei Säulenheilige: Symeon der Ältere und der Jüngere. Darüber folgt im Westen und Osten eine Reihe von Tondi mit Heiligen und eine Zone mit Darstellungen aus dem Leben Christi, darunter im Osten die Auferweckung des Jünglings von Naim und die Heilung des Besessenen, im Westen die Hochzeit von Kanaan, in der Apsiskonche im Westen Christus im Garten von Gethsemane. Die Südwand ist besonders hervorgehoben, da man hier eine zweizonige Szenenfolge abbildete: Zu erkennen sind unten links Zosimos und Maria Aegyptiaca, rechts der Prophet Elias in der Wüste, oben links die Fußwaschung, rechts die Belehrung der Apostel, in der Konche vielleicht das Abendmahl, darüber Christus Emmanuel und zwei ihn anbetende Engel in Tondi; im Giebel kann man schließlich links Petri Fischfang und in der Mitte die Bewirtung der Engel durch Abraham erahnen.

Die Szenen weisen viele Figuren auf, die einzelnen Gestalten werden schlank und eckig bewegt dargestellt, die Gewänder stark gefältelt; auch die reiche Landschaft oder Hintergrundarchitektur weisen diese Darstellungen als zum spätbyzantinischen Stil gehörig aus. Äußere Anhaltspunkte für eine Datierung der Malereien gibt es nicht, vorläufig darf man die Jahre um 1300 als Entstehungszeit vorschlagen.

Auch an der Trapeza erkennt man viele Spolien aus antiken Bauten Apollonias, allerdings bei weitem nicht so gleichmäßig aneinandergefügt wie bei der Kirche; in den oberen Teilen findet sich zudem relativ sorgfältiges Schächtelmauerwerk. An der westlichen und östlichen Apsis sind jeweils ein Fenster und zwei mit Ziegelschmuck gefüllte Blendnischen vorhanden. Die Trapeza dürfte mitsamt der Ausstattung um 1300 oder im frühen 14. Jh. erbaut worden sein.

Die türkenzeitlichen Gebäude im Norden und Nordwesten wurden kürzlich renoviert. Im Obergeschoß stellt man jetzt Funde aus Apollonia aus, die langgestreckte Halle im Osten und Südosten entstand erst 1986/87, um antike Skulpturen aufzunehmen. Der Glockenturm im Südwesten stammt aus der Epoche zwischen den Weltkriegen.

Museum

Im **Obergeschoß** werden in mehreren Sälen Kleinfunde in Vitrinen sowie kleinere Skulpturen ausgestellt, u. a. im **1. Raum:** kleine zylinderförmige *Grabreliefs* des illyrischen Typus mit griechischen Inschriften, 3./2. Jh. v. Chr.; *Fragment eines korinthischen Helms,* 5. Jh. v. Chr.; *Keramik aus Korinth* sowie schwarzfigurige *Keramik aus Athen,* 6. Jh. v. Chr.; *Terrakottaformen* und Fehlbrände von Keramik, die eine lokale Produktion in Apollonia bezeugen, vor allem 4./3. Jh. v. Chr.; *ungewöhnliches Monument* mit einer Gestalt, die vor einem in Relief wiedergegebenen, tempelartigen Gebäude steht und mit einer Spendeschale an einem Altar opfert; unten links ein Panther; die Gestalt trägt Stiefel, ein kurzes Gewand und darüber das Fell eines Rehes oder Hirschkalbes und stützt sich mit der Linken auf einen Thyrsosstab; die Gestalt wurde als Artemis benannt, es wird sich aber wohl um Dionysos handeln, 2. Jh. v. Chr.; *Statuette einer Frau* in ungewöhnlich drapiertem langem Untergewand und Mantel, beide Arme ursprünglich vorgestreckt, 2./1. Jh. v. Chr. (?).

2. Raum: *Schrankenplatte* mit Schuppenmotiven, 2. Jh. v. Chr. (?); *Gebrauchsgegenstände* aus Bronze und Eisen, Waffen, schlichte einheimische Keramik; Gipsabguß einer *Hermenbüste,* die möglicherweise den Philosophen Kolotes darstellt (Original im Hist. Museum in Tirana), sehr gute Arbeit des 2. Jh. nach einem Original des frühen 3. Jh. v. Chr.

3. Raum: fragmentierte *Marmorstatuette eines Fischers,* auf dem breiten Sockel verschiedene Meerestiere und zwei Boote mit Eroten, diente als Wasserspiel, wahrscheinlich in einem vornehmen Privathaus, 3. Jh.; Sockel und Füße der Statue einer laufenden *Artemis,* aus Marmor, 2. Jh.; verschiedene *Weihreliefs* mit unterschiedlichen Darstellungen der Artemis; mehrere *Gläser,* darunter einige hübsche in blauen, gelben und grünen Farben, aus Syrien importiert, 6./5. Jh. v. Chr.; *Marmorstatue eines Jungen,* 2. Jh.; einheimisches *Grabrelief* aus Kalkstein, stehender Mann, der in der Rechten eine Weintraube hält, 2. Jh. (?); *große Vitrine* mit Beispielen für die vielseitigen Handelsbeziehungen von Apollonia; Gruppe einer *Nike,* die einen Stier opfert, wegen der schrägen Basis wohl Aufsatz eines Grabmonumentes, 2. Jh. v. Chr. (?); *Hochrelief eines bärtigen Mannes,* eines Atlas, der auf seinen Schultern ein Gebälkteil trägt und es mit beiden Armen stützt, aus dem Innenhof eines Hauses des 2. Jh.

4. Raum: sehr gut gearbeitetes *Porträt eines Priesters* mit langem Haar, der einen Kranz trägt, Mitte 2. Jh.; *Porträt eines Priesters* mit kurzem Haar und Kranz, 1. Hälfte 3. Jh.; *Grabrelief* des Faustkämpfers Oulpios Praktikos, der im Alter von 30 Jahren starb (bei einem Wettkampf umgekommen?), 1./2. Jh. (?); *Mantelherme* des Hirtengottes Pan mit einer Syrinx, 2. Jh.; in der Vitrine *Waffen,* darunter ein Helm des korinthischen Typus, 5. Jh. v. Chr., und einer des Pilos-Typus, 4./3. Jh. v. Chr.; *Fragment eines aufwendigen Grabdenkmals,* ursprünglich mit reicher Dekoration; auf der Vorderseite oben ein Fries mit gegen Griechen kämpfenden Amazonen, unten einer mit einer stehenden und zwei sitzenden Gestalten sowie einer Sphinx oder einem Greifen; auf den Nebenseiten oben Reste von Figuren, unten Schilde, besonders schön der typisch makedonisch-illyrische auf der rechten Nebenseite; bedeutendes Beispiel der lokalen Grabdenkmäler von Apollonia, 3. Jh. v. Chr.; in einer Vitrine der *Inhalt des Grabes eines Kriegers;* in einer Wandvitrine Gegenstände, die mit Theater, Sport und Erziehung zusammenhängen; *Fragment eines archaischen Weihreliefs* mit nach links gerichtetem Satyr, der eine Doppelflöte bläst, im Haar Bohrungen für einen eingesetzten Kranz aus Metall, Ende 6. Jh. v. Chr.; *Relieffragment* mit langbekleidetem, die Kithara spielenden Apollon, 2. Jh. v. Chr.; *Relieffragment mit nacktem Apollon,* links von ihm eine Kithara auf einem Dreifuß stehend, 2. Jh. v. Chr.; *marmorne Sitzstatue* eines nackten Apollon, den rechten Arm erhoben und auf dem linken Oberschenkel die Kithara aufgestützt, 2. Jh.

5. Raum: ausgezeichnet gearbeitete *Büste einer Frau* mit üppiger Haartracht, etwa 120/40; gröberes *Porträt einer Frau,* das Haar zu einem langen Zopf geflochten und oben auf dem Kopf zusammengelegt, etwa 140/60; in einer Wandvitrine kleine Stücke, meist aus Kalkstein, darunter das Fragment einer trauernden Sphinx, *Teil eines Grabreliefs* aus der ›Gruppe von Apollonia‹, 3./2. Jh. v. Chr.; in freistehenden Vitrinen verschiedene *Terrakotten* und *Bronzen,* darunter ein blitzeschleudernder Zeus (s. Farbabb. 16) und eine stehende Frau in Peplos, beides hervorragende Arbeiten des Strengen Stils, um 470/50 v. Chr., sowie ein Jüngling, der einen Speer in der rechten Hand schwang, ein typisches Werk der archaischen Zeit, Mitte 6. Jh. v. Chr. (s. Farbabb. 15); *Männerporträt,* 2. Jh. (s. Abb. 26); *Frauenporträt* mit einer hoch aufragenden Löckchenfrisur (Toupet), die typisch für die Jahre 80/90 ist; zwei *Gipsabgüsse von Männerporträts,* Originale jetzt im Hist. Museum in Tirana; gut gearbeiteter *Männerkopf,* 2./1. Jh. v. Chr.; *Männerkopf,* ursprünglich Kranz aus Bronze eingelegt, frühes 1. Jh., vielleicht später überarbeitet; ausgezeichnete *Porträtbüste der Billia Dikaiosyne,* wie die Inschrift auf der Basis besagt, in der Nekropole gefunden, also wohl in einem Grab aufgestellt, um 140/50; *Kopf* einer Erosstatue, 1./2. Jh.; fragmentierter *Kopf eines jungen Mannes,* römische Kopie nach einem Werk des 4. Jh. v. Chr. (?); gedrehter *Kopf eines Mannes,* oben eine Einlassung, wohl ein kostbares Original des 4. Jh. v. Chr.; *Kopf* eines Mannes der frühen Kaiserzeit; linker Teil eines gut gearbeiteten *Porträts* eines Privatmannes, 3. Jh.

Auf der **Galerie,** nach Verlassen der Museumsräume: *Fragment des Frieses* eines runden Gebäudes mit dem Kampf der Griechen gegen die Amazonen, 2./1. Jh. v. Chr.; *Bekrönung eines Grabreliefs* mit weiblicher Gestalt, die aus Blattwerk herauswächst und zwei Greifen am Zügel hält, aus der ›Gruppe von Apollonia‹, 3./2. Jh. v. Chr.; drei *Fragmente von reliefgeschmückten Sarkophagen* aus pentelischem Marmor, in der 1. Hälfte des 3. Jh. in Athen gearbeitet und nach Apollonia exportiert (Amazonen, Krieger, Teil mit Achill und seiner Freundin Deidameia); *Relieffragment mit einer bekleideten Gestalt,* die auf einer ionischen Säule mit Kapitell sitzt, 3. Jh. v. Chr. (?); oberer Teil eines *Grabreliefs mit Palmette und Sirene,* ›Gruppe von Apollonia‹, 4./3. Jh. v. Chr. (s. Abb. 5); verschiedene *lokale Grabreliefs* der römischen Kaiserzeit, 1./2. Jh. (s. Abb. 29); *Fragment mit tanzendem Satyr* und Syrinx blasendem Pan, 3./2. Jh. v. Chr. (?); *Grabrelief eines Ehepaares,* der Mann in Toga, rechts unten in kleinem Maßstab eine Dienerin, um 100; *Grabaltar eines Jungen* mit Namen Drakon (›Drache‹), der im Alter von drei Jahren verschied (s. Abb. 28); dargestellt ist der Junge mit einem Hund, 2. Jh. (?); *Aufsatz eines Grabreliefs* mit Löwen, der einen Stier reißt, 3. Jh. v. Chr.; *Grabrelief mit vier stehenden Gestalten,* die Frau rechts mit aufwendiger Rollenfrisur, schöne lokale Arbeit, um 100; großartiges *Grabrelief* der ›Gruppe von Apollonia‹ mit einer einzigartigen Darstellung: Abstieg einer vom Gott Hermes geleiteten Toten in die Unterwelt, wo Charon, der Fährmann über den Unterweltfluß Styx, mit dem Kahn wartet, spätes 3. oder frühes 2. Jh. v. Chr.; *marmorne Statue,* Ehrenstatue eines römischen Beamten, wohl Mitte 2. Jh.

In der **Halle östlich der Kirche,** von Norden nach Süden: *Oberteil einer Marmorstatue* mit Kopf eines Mannes, frühes 3. Jh.; *Statue der Göttin Athena,* Kopie des 2. Jh. nach einem auch durch andere Kopien bekannten Original des 4. Jh. v. Chr. (Typus der ›Athena Vescovali‹), gute attische Arbeit; *überlebensgroßes männliches Porträt,* Oberfläche verwaschen, die überaus lebendige Arbeit aber noch zu erkennen, Mitte 2. Jh.; *Ehrenstatue eines Mannes in Mantel* (Kopf fehlt), als Zeichen seiner Bildung eine Buchrolle in der linken Hand und links unten neben sich ein Kästchen für Buchrollen, 2. Jh.; *Statue des Apollon,* der sich auf einen Dreifuß stützt (von Schlangen umwunden); auf ihm stand ursprünglich eine Lyra mit einem Schildkrötenpanzer als Resonanzkörper; schönes Werk des 2. Jh., in Athen gearbeitet, nach einem berühmten Original etwa von 350/30 v. Chr., dem sogenannten ›Apollon Lykeios‹, der auf den bedeutenden attischen Bildhauer Praxiteles zurückgeführt wird; *Statue eines Mannes,* der sich in einen Mantel einhüllt und das linke über das rechte Bein schlägt, 2. Jh.; *zwei Statuen von Frauen* oder Göttinnen, die ein dünnes Untergewand (Chiton) und einen Mantel tragen, 2. Jh.

Im **2. Raum** *viele Fragmente von kleineren Statuen,* darunter dreien der Göttin Artemis; *zwei sitzende Löwen,* recht grobe, aber doch lebendige Arbeiten aus Kalkstein, vielleicht Grabmonumente, 3. Jh.; an der Wand hübsch gearbeiteter, kleiner *schlafender Eros,* 1. Jh. (?); überlebensgroßer, stark verwitterter *weiblicher Kopf* mit Frisur, wie sie die Kaiserin Faustina die Ältere getragen hat, vielleicht die Kaiserin selbst, etwa 140/60; *Tischfuß* in Form eines Eros, der einen großen Schmetterling hält, 1. Jh.

Im **letzten Raum:** *illyrische Grabsteine* in Form von Zylindern, 3./2. Jh. v. Chr.; einige *Steinkisten,* in denen die Asche der Toten beigesetzt wurde, davon eine ungewöhnlicherweise rund, mit trauernder Frau und Dienerin, eine andere hausförmig, mit sehr lebendig gearbeitetem stehenden Mann zwischen Pilastern auf der einen Schmalseite, wohl 2. Jh. v. Chr. (s. Abb. 18); weitere lokale *Grabreliefs,* 1./2. Jh.; *Platte mit einer Inschrift,* möglicherweise ehemals an einem Grabgebäude angebracht; genannt wird eine Caecilia Venusta aus Byllis, die mit ihrem Mann Lartidius, der aus Naissus (Niš im heutigen südlichen Jugoslawien) stammt, 42 Jahre ›ohne Streit‹ (sine querella) zusammengelebt hat, aus Byllis, 2. Jh.; *Teile des Frieses vom Theater,* abwechselnd Triglyphen (Platten mit senkrechten Kerben) und Metopen mit Reliefs (Blüte, Stierschädel, Gorgomaske mit langem Haar und kleinen Flügeln [s. Abb. 19], Kantharos), Mitte 3. Jh. v. Chr.; mehrere *Architekturfragmente,* darunter ein gut erhaltenes ionisches Kapitell, 3. Jh. v. Chr.

Im **Hof** weitere *Architekturfragmente,* darunter ein sehr schönes *ionisches Kapitell,* dessen Voluten von Blüten (Wasserlilien) gebildet werden, ähnlich den Kapitellen der großen Säulenhalle, 3. Jh. v. Chr.; ungewöhnliches *korinthisches Kapitell* mit Gorgokopf und Büsten von Figuren, kaiserzeitlich.

Die Fahrt von Fier nach Gjirokastra führt dicht an Ballsh und seiner frühchristlichen Kirche vorbei. Wenig später biegt ein Weg zu der herrlich gelegenen illyrischen Stadt Byllis, die zu den eindrucksvollsten antiken Siedlungen in Albanien gehört, sowie zum benachbarten Nikaia ab. Auf der Hauptstraße kommt man nach einiger Entfernung in das Tal der Vjosa und zum nächsten größeren Ort, Tepelena, am Zusammenfluß von Vjosa und Drino gelegen.

63 BERAT, Plumbit Moschee ▷

64 Berat, Mohammed Tekke von Südwesten

65 Berat, Mbret Moschee von Südwesten

66 Shkodra, Plumbit Moschee von Südwesten

67 Korça, Mirahor Moschee von Norden

68 VITHKUQ, Michaelskirche von Südosten

69 PERONDI, Hg. Nikolaos, Detail der hölzernen Ikonostase mit gefesselten Drachen

70 SHKODRA, Museum, hl. Georg, den Drachen tötend

71 KURJAN, Hg. Nikolaos (Original im Museum in Korça), Fensterbogen, Himmelfahrt Alexanders des Großen ausgearbeitet

72 Boboshtica, Hg. Johannes, Malerei in der Apsis, thronende Muttergottes, von Engeln begleitet, mit der Beischrift Platytera

73–76 Berat, Marienkirche, Onufri-Museum, Ikonen der Verkündigung, Geburt Christi, Geburt Mariae, des Abendmahls

Ponte di

77 Nähe von Shkodra, Ura e Mesit
(Aufnahme von 1912/13)

78 Berat, Burgberg und Altstadt

79 Gjirokastra, Stadtansicht mit Hauptstraße und Moschee

80–81 Gjirokastra, Ethnographisches Museum, Empfangsraum und Frauenempore im Empfangsraum

82–83 TIRANA, Ethem Bey Moschee, Wandmalerei in der Vorhalle

84 BERAT, bei der Mbret Moschee, Grabmal ▷

85–86 Tirana, Kunstgalerie, ›Inmitten des Volkes‹ von Zef Shoshi und ›Drejt Kuvendit‹ von Petro Kokushta

87 Mann in Tracht, Shkodra (Aufnahme von 1912/13) ▷

Ballsh

Unmittelbar an der Straße in Richtung Gjirokastra gruben Archäologen die Reste einer dreischiffigen frühchristlichen Basilika aus (Länge etwa 22,50 m, Breite 17,20 m). Im Westen liegt ein Narthex, der Osten schließt mit drei Apsiden (mittlere außen polygonal, seitliche gerundet). Die Grabungen wurden bislang nicht publiziert, lassen aber zumindest die drei folgenden Bauphasen erkennen: in Phase I (1. Hälfte 6. Jh.) trennten abwechselnd gemauerte Pfeiler (Länge 1,40 m, Breite 1 m) und Säulen aus ägyptischem Granit (Höhe 2,40 m, Durchmesser 0,50 m) die Schiffe; in Phase II (nicht zu datieren) verkürzte man die Schiffe im Westen und legte einen inneren Narthex an; in Phase III (11./12. Jh.?) schloß man fast alle Zwischenräume zwischen den Stützen (teilweise in Schächtelmauerwerk) und trennte die Hauptapsis durch eine gemauerte Ikonostase ab.

Im Nordosten liegt unmittelbar am nördlichen Seitenschiff ein kleiner Trikonchos, ursprünglich das Baptisterium oder eine Grabkapelle, in den nachträglich – wie auch in das nördliche Seitenschiff – eine Zisterne eingebaut wurde. Die Funktion der weiteren Nebenräume im Norden und Süden bleibt vorläufig noch unbekannt. Im Norden steht frei eine kleine mittelalterliche Badeanlage, es gab also auch ein Kloster. Dieses gehörte zur Nachfolgesiedlung von Byllis, die wahrscheinlich Glavinica hieß und aus Quellen bekannt, bisher aber nicht ausgegraben ist.

In der Kirche kamen viele Ausstattungsstücke, teilweise Spolien aus Byllis, zutage: Säulen aus Granit und Cipollino (Marmor von der griechischen Insel Euböa), Reliefs mit Waffen des 2. Jh. v. Chr., Inschriften von der Stadtmauer von Byllis aus dem 6. Jh., Kapitelle und vor allem ganz ungewöhnliche, vermutlich für die Kirche des 6. Jh. angefertigte Pfeiler mit reichem Schmuck (einige am Ort, andere in den Museen in Tirana, Fier und Korça). Wir stehen demnach vor den Ruinen einer sehr aufwendigen Anlage, über die jedoch aus den Quellen nichts zu erfahren ist.

Byllis

Von Nikaia aus wurde in etwa 2 km Entfernung auf einer langgestreckten Bergkuppe hoch über der Vjosa (524 m ü. d. M.) um die Mitte des 4. Jh. v. Chr. die neue Stadt Byllis gegründet, die bald zum Hauptort des Stammes der Byllionen wurde. Ihre strategische Lage ermöglichte eine bessere Kontrolle der wichtigen, von Apollonia im Tal der Vjosa (Aoos) nach Antigoneia und weiter südlich führenden Straße. Nikaia blieb weiterhin bestehen, vielleicht als eine Art Gemeinde von Byllis. Die Stadt muß, wie die erhaltenen Bauten zeigen, im 4. und 3. Jh. v. Chr. in hoher Blüte gestanden haben. Im 2. Jh. v. Chr. wurde sie als Colonia Byllidensium zur römischen Kolonie; aus dieser Epoche stammen einige lateinische Inschriften und Restaurierungsarbeiten an älteren Monumenten; eine umfangreichere

◁ 88 Ländliche Braut (Aufnahme von 1912/13)

Bautätigkeit läßt sich aber nicht feststellen. Eine letzte Periode des Wohlstands im 6. Jh. brachte noch einmal zwei große Basiliken (eine dritte soll lokalisiert sein) sowie eine neue Stadtmauer hervor, wenig später müssen die Einwohner jedoch Byllis offensichtlich verlassen haben. Ihre ›Nachfolge‹ im Mittelalter tritt Ballsh an.

Die vor wenigen Jahren begonnenen Ausgrabungen legten bisher nur einen geringen Teil des Stadtgebietes frei, ein Besuch lohnt sich aber dennoch. Die 2500 m lange, 2,50 m dicke und etwa 10 m hohe Mauer umschloß eine Fläche von 30 ha, in ihren unteren Partien wurde sie in Zweischalentechnik mit Läufern und Bindern aus rechteckigen Quadern in horizontaler Schichtung errichtet (isodomes Mauerwerk), die oberen Teile bestanden aus luftgetrockneten Lehmziegeln. Die teilweise sägezahnförmig geführte Mauer besitzt einige Vorsprünge sowie acht Türme, so daß sie ausgezeichnet zu verteidigen war. Zudem lassen sich fünf Tore im Tangentialtypus nachweisen; das Haupttor wird durch einen Zwinger verstärkt (1). Unter Kaiser Justinian verkleinerte man das Stadtgebiet auf das westliche Drittel (etwa 10 ha) und errichtete im Osten aus Quadern und Sitzstufen des antiken Theaters sowie aus Bruchsteinen eine neue Mauer mit sechs Türmen (13); als Tor diente die alte Anlage des Nebentores im Nordwesten (4).

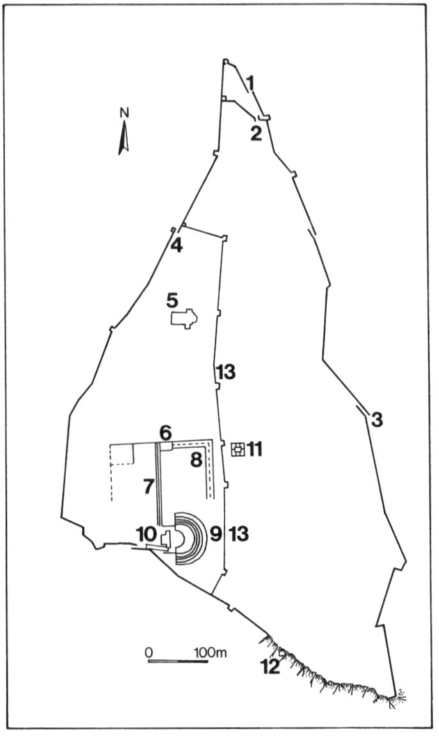

Byllis, Plan der Stadt: 1 Nordtor 2 inneres Nordtor 3 Nebentor aus Richtung Nikaia 4 Nebentor im Nordwesten, im 6. Jh. Haupttor 5 Basilika B 6 Basilika A 7 Agora mit Treppenstufen 8 winkelförmige Stoa 9 Theater 10 Stoa 11 Privathaus 12 Inschrift des Marcus Lollianus 13 Mauer der justianischen Zeit (6. Jh.)

Die Basilika B (5) hat drei durch Säulen getrennte Schiffe, Emporen, ein Querhaus, einen Narthex und auf niedrigerem Niveau ein Atrium (Länge 94 m, Breite 40 m; s. Abb. 43). Im Süden liegen ein Raum von bislang unbekannter Funktion sowie das Baptisterium. Ein großes Fußbodenmosaik im Narthex zeigt eine Meereslandschaft mit vielen Fischen und anderen Tieren (s. Abb. 41). Die Mosaiken im Naos weisen überwiegend Ornamente auf, in die einige Tiere sowie mehrere Inschriften eingestreut sind. Kapitelle und Schrankenplatten, die eine Datierung der Kirche in die 1. Hälfte des 6. Jh. ermöglichen, sind lokale Arbeiten aus einheimischem Kalkstein, legen jedoch in ihrer Ornamentik eine große Variationsbreite an den Tag, wobei Vorlagen aus Konstantinopel frei abgewandelt wurden.

Die Grundrißform mit dem ausladenden Querhaus besitzt Parallelen in Butrint, Phoinike und anderen Kirchen der Provinz Epirus Vetus, zu der Byllis allerdings nicht gehörte. Ein Bischof von Byllis besuchte im Jahre 431 das Konzil in Ephesos; der Ort war auch später als Bischofssitz bekannt; vielleicht diente die Basilika B mit den (noch nicht ausgegrabenen) Annexbauten im Süden als Bischofskirche des 6. Jh.

Die Agora (Marktplatz; 7), eine großartige Anlage von 4 ha, besteht aus zwei Terrassen auf unterschiedlichem Niveau, zwischen denen eine Treppe von 137 m Länge vermittelt. Die Vermutung, die Stufen könnten zu einem Stadion gehören, wird durch keine weiteren Hinweise gestützt. Westlich der Treppen liegt eine mit Tonnengewölben gedeckte Zisterne (Länge 50 m, Breite 4 m); da es in der Stadt keine Quellen gibt, mußte man Wasser in kleinen privaten und größeren öffentlichen Zisternen sammeln. Im östlichen, höher gelegenen Teil der Agora zieht sich eine L-förmige Säulenhalle entlang (8).

In den westlichen Teil ihres Nordflügels hineingebaut wurde die Basilika A mit drei durch Pfeiler getrennten Schiffen, einem herausragenden Querhaus, einem Narthex und einem Atrium (6). Recht gut erhalten und teilweise wiederhergestellt ist das Templon (s. Abb. 42), in der Apsis steht noch eine dreistufige Bank für die Priester (Synthronon). Die Mosaiken in Narthex und Mittelschiff zeigen reiche, teils mit Tierdarstellungen versehene Ornamente. Bei der Architekturplastik, den Kapitellen und Schrankenplatten, handelt es sich um lokale

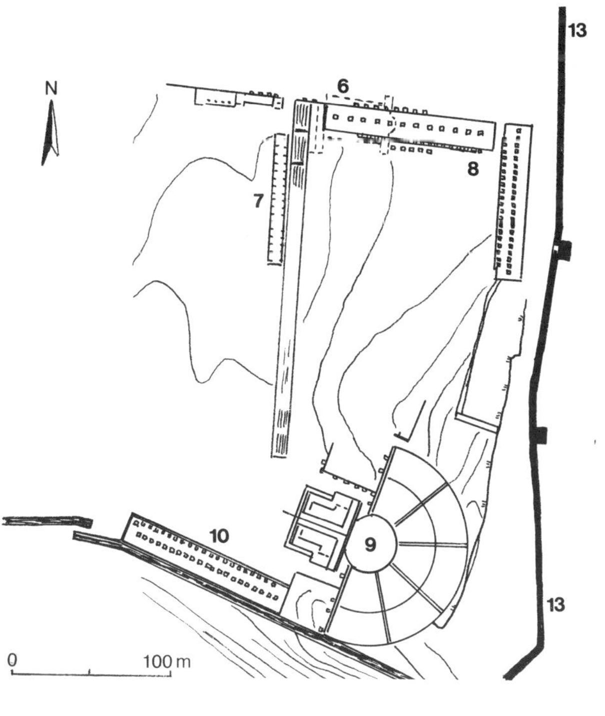

Byllis, Zentrum der Stadt:
6 Basilika A
7 Agora mit Treppenstufen
8 winkelförmige Stoa
9 Theater
10 südliche Stoa
13 Stadtmauer des 6. Jh.

Arbeiten aus Kalkstein, möglicherweise etwas älter als die der Basilika B; nach ihnen läßt sich die Basilika A in die 1. Hälfte des 6. Jh. datieren.

Zweischiffige Säulenhallen (3. Jh. v. Chr.) rahmen im Norden und Osten die Agora (8; s. Abb. 7), die – ähnlich wie die Stoa in Apollonia – im Untergeschoß in der Mitte achteckige Pfeiler mit dorischen Kapitellen und an der Außenseite dorische Säulen, im Obergeschoß hingegen ionische Säulen erkennen lassen. In den heißen Sommern boten sie Händlern und Geldwechslern ausreichend Schatten, und die Theaterbesucher konnten sich in den Pausen darin ergehen.

Das um die Mitte des 3. Jh. v. Chr. erbaute und im 2./3. Jh. n. Chr. renovierte Theater beschreibt einen Dreiviertelkreis und schmiegt sich in den steil ansteigenden Hang (9; Durchmesser 80,50 m, Höhe etwa 16 m, 20 Sitzreihen, etwa 7000 Zuschauer; s. Abb. 9); wahrscheinlich fanden hier auch die Versammlungen des Koinons der Byllionen statt. Die Steine des Theaters sind leider großenteils in der Mauer des 6. Jh. wiederverwandt worden. Die Bühne bestand aus einem Proskenion ionischer Ordnung und der zurückgesetzten, hoch aufragenden Bühnenrückwand dorischer Ordnung. Nach Westen führt eine weitere Stoa dorischer Ordnung, die unter anderem als Pausenhalle diente (10; Länge 60 m, Breite 11 m).

Unterhalb des Theaters sieht man, eingemeißelt in den als Steinbruch benutzten Felsen am Steilhang, eine Inschrift in einem rechteckigen, eingetieften Feld (12; Höhe 2,02 m, Länge 3,22 m). Ein M. Valerius Lollianus rühmt sich hierin, auf eigene Kosten eine von Byllis ausgehende Straße mit den dazugehörigen Brücken ausgebaut zu haben; er nimmt dies zum Anlaß, der Mit- und Nachwelt in aller Ausführlichkeit seine glanzvolle militärische Karriere zu beschreiben. Er lebte offensichtlich im Ruhestand in seiner Heimatstadt und war reich genug, sich auf diese Weise ein Denkmal zu setzen.

Östlich der spätantiken Mauer wurde ein großes Haus ausgegraben (Grundfläche 34 × 27 m), das überaus prächtig mit Mosaiken und Wandmalereien ausgestattet war (11). Die

Byllis, Rekonstruktionsskizze des Theaters von Westen

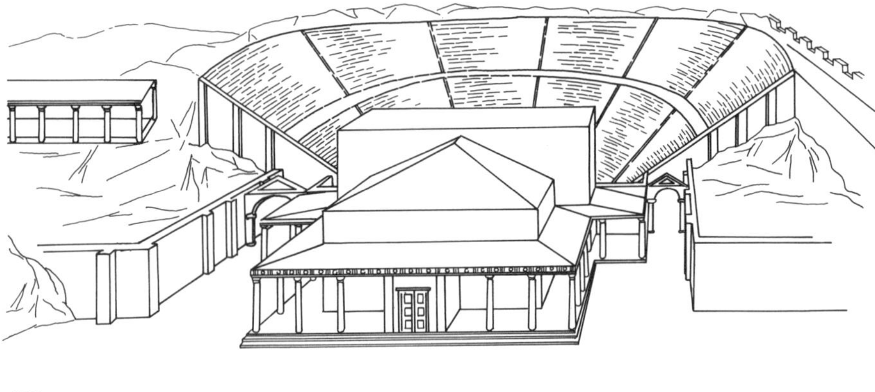

Räume gruppieren sich um einen säulenumstandenen Hof (Peristyl). Es dürfte aus dem 3. Jh. v. Chr. stammen und läßt etwas vom System der sich rechtwinklig kreuzenden Straßen erkennen, das einst die gesamte Stadtfläche überzog.

Klos – Nikaia

Beim Dorf Klos, etwa 20 Minuten von Byllis entfernt, liegen auf einem hohen Felsen die spärlichen Reste der illyrischen Stadt Nikaia, die im späten 6. oder frühen 5. Jh. v. Chr. gegründet und in der Mitte des 4. Jh., nach dem Bau von Byllis, erneuert wurde. Mauern von etwa 1920 m Länge, die streckenweise noch hoch aufragen, umschlossen ein Areal von 18 ha. Grabungen legten bisher Überreste eines Wohnhauses, einer Stoa, des Theaters sowie des Tores im Nordwesten frei.

Tepelena

Um Ufer der Vjosa, hoch über dem Fluß, erhebt sich die Festung Tepelena. Sie liegt strategisch überaus günstig an der bedeutenden Nord-Süd-Verbindung in der Nähe der Schlucht von Kelcyra, durch die eine Straße nach Südosten abzweigt. An dieser Stelle hatten schon die Byzantiner eine Festung erbaut (geringe Reste aus zwei Phasen wurden gefunden), eine neue führten die Türken im 15. Jh. auf (ein Trapez von 56 und 40 m Seitenlänge). Sie liegt heute innerhalb des großen Neubaus, den Ali Pascha 1819 als seinen zweiten Hauptsitz neben Jannina (Ioannina) errichten ließ. (Im Jahre 1809 besuchte ihn hier der englische Dichter Lord Byron.) Die Festung besitzt die Form eines langgestreckten, im Norden und Süden durch mächtige, polygone Türme verstärkten Vielecks (größte Länge über 400 m, Breite um 180 m) und war zur Verteidigung durch Kanonen ausgelegt.

Südlich von Tepelena folgt die Straße in Richtung Gjirokastra dem Drino. Man kann von hier einen Abstecher in das landschaftlich reizvolle Tal der Vjosa unternehmen, um die bedeutende byzantinische Kirche von Kosina zu besuchen. Die Kirche des Propheten Elias (Shen Ilia) beim Dorf Buhal ist hingegen kaum zu erreichen (einschiffiger, mittelalterlicher Bau mit geringen Malereiresten des 12./13. Jh.; vollständige Erneuerung und neue malerische Ausstattung 1814 datiert). Die weitgehend moderne Bezirkshauptstadt Permet hat dem Kunstinteressierten außer dem kleinen Ethnographischen Museum wenig zu bieten. Nachdem man zum Tal des Drino auf die Straße nach Gjirokastra zurückgekehrt ist, macht der Bus beim Ausflugslokal ›Uje ftoht‹ (›kaltes Wasser‹) Station, das in bewaldeter Umgebung in der Nähe von Quellen liegt, die für ihren erstaunlichen Wasserreichtum bekannt sind.

Kelcyra

Kurz vor dem heutigen Städtchen Kelcyra verengt sich das Tal der Vjosa sehr stark. An dieser Stelle konnte man leicht die ins Landesinnere führende Durchgangsstraße sperren; so liegt auch im Norden hoch über dem Fluß eine türkenzeitliche Festung, die an ihrer westlichen Seite Teile einer antiken Mauer wiederverwendet. Die Reste unterhalb der Mauer dürften von einer byzantinischen Burg des 13. Jh., also aus der Zeit des Despotats von Epirus, stammen. Noch weiter unten sieht man an der östlichen Seite des Hanges die Ruinen einer bereits vor 1800 verlassenen Siedlung sowie die aufragenden Mauern eines Serails (Palastes) des 19. Jh.

Kosina, Marienkirche (Shen Meria)

In dem kleinen Dorf Kosina, etwa 8 km vor der Bezirkshauptstadt Permet, steht die dem Marientod geweihte Kirche weithin sichtbar auf der Spitze eines Hügels (s. Farbabb. 18). Es handelt sich um eine Kreuzkuppelkirche mit im Westen vorgelegtem Narthex (Länge etwa 15,50 m, Breite 9,50 m), deren Kuppel im Osten auf Wandzungen, im Westen auf Wandecken ruht (vielleicht standen im Westen ursprünglich Pfeiler). Die innere Ausstattung ist neuzeitlich, am Außenbau konnte aber bei den jüngsten Restaurierungen der mittelalterliche Zustand weitgehend freigelegt werden. Besondere Aufmerksamkeit verdienen der Dekor der Ostseite, vor allem die fünf eingelassenen Rundziegel, der Schmuck des Kuppeltambours mit seinen stilisierten Palmen sowie das Fischgrätmuster an der Südseite. Der Tambour ist rund und nicht, wie sonst üblich, achteckig. Beim Mauerwerk hat man nur teilweise Schächtelmauerwerk verwandt, vielfach erscheinen die Ziegel ohne erkennbare Ordnung eingestreut. Da Parallelen für diese Besonderheit fehlen, läßt sich der Bau nur vorschlagsweise in das 13. Jh. oder die Zeit um 1300 datieren.

Permet, Ethnographisches Museum

Ein ausgezeichnet restauriertes Wohnhaus vom Anfang des 19. Jh. dient als Ethnographisches Museum des Bezirks Permet. Die hölzernen Wandverkleidungen und Decken vermitteln eine Vorstellung vom einstigen Aussehen der Innenräume. Im Raum unten rechts stellt man Messing- und Kupfergegenstände aus: Wasserkannen, Suppenschüsseln, Joghurttöpfe, Pfannen. Raum unten links: überwiegend neuzeitliche Holzschnitzereien, hervorzuheben die prachtvolle Königliche Pforte einer Ikonostase (vielleicht des späten 18. oder frühen 19. Jh.). Das Zimmer oben rechts diente dem Empfang von Gästen; in der Mitte steht ein Kohlenbecken aus Kupfer (Mangal, 19. Jh.). Der Raum in der Mitte, das einstige Schlafzimmer, besitzt einen Kamin; man beachte das große Tablett aus verzinntem Kupfer mit seinen reichen, eingravierten Mustern. Im Raum oben links sind – überwiegend neue – Webereien,

Stickereien und Flechtarbeiten zu sehen, dazu einige Arbeiten von Trachtenschmuck des 19. Jh.

Paleokastra

Etwa auf halbem Wege zwischen Tepelena und Gjirokastra wurden die Reste eines römischen Kastells ausgegraben (zwischen 311 und 313 entstanden), in dessen Abgrenzungen im 5./6. Jh. eine dreischiffige Basilika errichtet wurde.

Gjirokastra

Das Zentrum des Dropolli-Tales, Gjirokastra, liegt westlich des Drino an recht steil abfallenden Hängen, so daß sich die einzelnen Stadtviertel malerisch an den Hügeln verteilen (s. Farbabb. 7 u. Abb. 79); über ihnen ragt noch die mächtige Burg empor. Ein Besuch der ›Museumsstadt‹ mit ihren stattlichen Häusern aus dem 18. und 19. Jh. gehört zu den Höhepunkten einer jeden Albanienreise. Das Hotel Cajupi bietet vorzügliche Verpflegung und – bei einigen Rundreisen – auch Unterkunft.

Gjirokastra, Ansicht der Festung und des Aquäduktes, im Hintergrund das Tal des Drino; Stahlstich des frühen 19. Jh.

Gjirokastra, Haus der Familie Zekati, spätes 18. Jh.

Gjirokastra, Haustypen: 1 Wohnturm 2 Haus mit einem vorspringenden Flügel 3 Haus mit zwei vorspringenden Flügeln

1

2

3

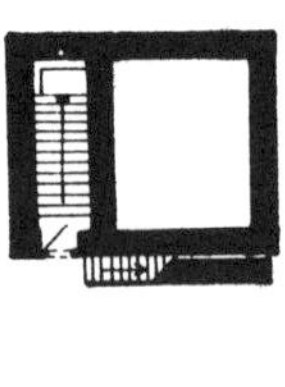

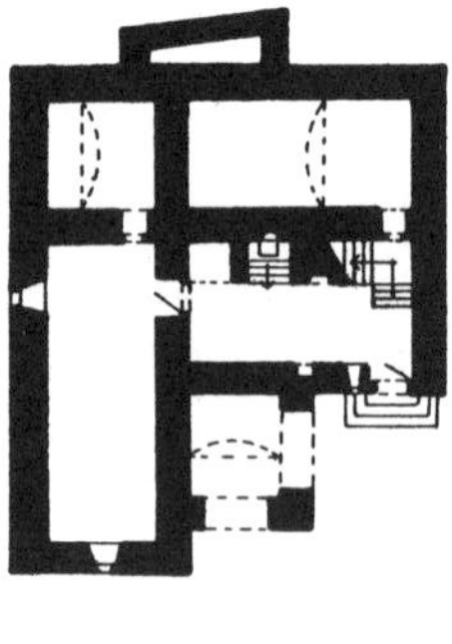

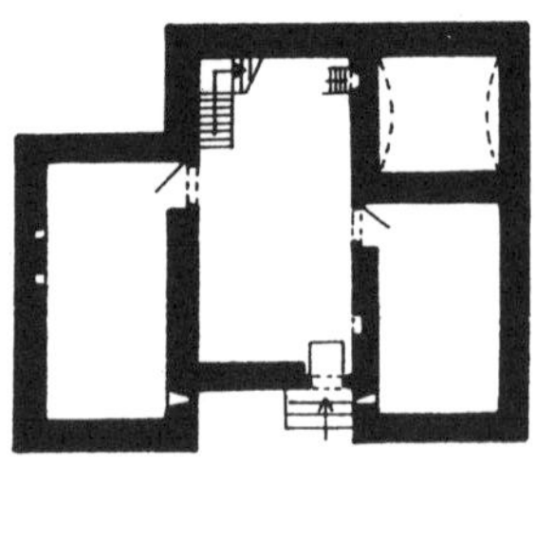

Zwischen 1150 und 1336 (wahrscheinlich um 1200) gründeten die Byzantiner die Stadt mit dem Namen ›Argyrokastron‹ als Nachfolgerin von Dryinopolis (Melan). (Von früheren Siedlungen stammen noch Keramikfunde des 4./3. Jh. v. Chr. und des 5. Jh. n. Chr.) 1399 fiel die Stadt an das albanische Adelsgeschlecht der Zenebissi, 1418 an die Türken. Ali Pascha eroberte sie 1812, ließ im folgenden Jahr die auf einem steil abfallenden Felsplateau liegende Festung gewaltig ausbauen und stationierte dort 5000 Soldaten sowie 85 Kanonen (Länge etwa 350 m, Breite bis zu 75 m). Heute befindet sich in der Festung, die herrliche Ausblicke auf das Tal und die Stadt bietet, ein Militärmuseum.

Eine 12 km lange Leitung brachte einst das Wasser von einer Quelle in die Stadt; einige kleine Aquädukte sind sogar noch erhalten, der 30 m hohe bei der Festung wurde 1932 abgerissen. Ali Paschas Sohn übergab Gjirokastra den Türken, unter denen es im 19. Jh. eine große Blüte erlebte. Die Wohngebiete bilden, bedingt durch die Geländeformationen, einige in sich abgeschlossene Viertel (z. B. ›Alter Markt‹, Plaka, Hasmurat). Der ›Neue Markt‹ (Basarstraße, die beim Hotel beginnt) im Zentrum der Stadt wurde zu Beginn des 17. Jh. an der Stelle des Alten Marktes errichtet, ist in seiner heutigen Form jedoch mit Sicherheit jünger.

Die Wohnhäuser in Gjirokastra lassen sich in drei Typen gliedern: 1. quadratische Wohntürme mit Wehrcharakter (vor allem spätes 18. Jh.); 2. Gebäude mit einem vorspringenden Flügel (19. Jh.); 3. Gebäude mit zwei vorspringenden Flügeln (19. Jh.). Die meist dreistöckigen Häuser besitzen eine hohe, unverputzte Sockelzone, in der Regel mit zwei Stockwerken (unten gibt es Zisternen, darüber Wirtschaftsräume). Der massive Steinsockel wird, um gut verteidigt werden zu können, nur durch kleine Fensterschlitze durchbrochen. Die Wohn- und Repräsentationsräume im Obergeschoß sind von außen verputzt, die Dächer kragen vor und werden von langen, über ein Geschoß hinausreichenden Holzstreben gestützt. Fast immer ist ein Tschardak vorhanden, manchmal auf ihm noch eine abgeteilte Loggia für Gäste. Das Empfangszimmer ist reich mit Wandmalereien, geschnitzten Holzdecken, Bettgestellen, Wandschränken und einem gemauerten Kamin ausgeschmückt. Als charakteristisch für Gjirokastra können ferner die mit Steinplatten bedeckten Dächer gelten.

Drei Häuser kann der Reisende auch von innen besichtigen: Das Geburtshaus Enver Hoxhas, das als ›Museum des Nationalen Befreiungskampfes‹ eingerichtet ist (ungewöhnliche Form, durch die Lage bedingt; nach dem Zweiten Weltkrieg weitgehend neu gebaut); das Haus Zgendula, das als Ethnographisches Museum dient (spätes 19. Jh.; s. Abb. 80 u. 81); schließlich das besonders eindrucksvolle Haus Zekati etwas außerhalb der Stadt im Norden, wahrscheinlich ehemaliger Sitz des Statthalters von Ali Pascha (frühes 19. Jh.).

Die Einkuppel-Moschee im Basar (Xhamija e Pazarit, 1757) ordnet sich in Hinsicht auf Mauerwerk und Eindeckung mit Steinplatten völlig in die übrige volkstümliche Architektur der Stadt ein. Sie wurde am Hang auf Substruktionen angelegt, die möglicherweise einst als Läden dienten. Die Michaelskirche (Shen Mehilli), eine große Kuppelbasilika (erbaut 1756, nach Brand 1833 erneuert) und die Soterkirche (Shen Sotiri), eine dreischiffige, mit Tonnen eingewölbte Basilika (1784), sollen restauriert werden.

Gjirokastra dient als Ausgangspunkt für verschiedene Besichtigungen in der Umgebung. Die antiken Orte Antigoneia, Sofratika und Melan, die byzantinischen Kirchen in Labova, Peshkepi und Zervat sowie die nachbyzantinischen Bauten in Poliçan und Goranxi würden zwar einen Besuch lohnen, wegen der Wegverhältnisse dürften aber nur Sofratika und Labova auch tatsächlich zu erreichen sein.

Antigoneia

Zwischen 295 und 190 v. Chr. gründete der Molosserkönig Pyrrhos die Stadt an der Stelle einer früheren illyrischen Siedlung als Nachfolgerin von Melan und benannte sie nach seiner ersten Frau. Teile der Stadtmauer liegen noch frei; bei Grabungen deckte man darüber hinaus in den letzten Jahren einige Häuserviertel, einen Teil des Marktplatzes mit einer langen Halle, eine Kapelle (9./10. Jh.) sowie ganz im Südosten der Stadt eine frühchristliche Kirche des 6. Jh. mit drei Konchen auf (etwa 15 m lang, an den Konchen 8 m breit); vor ihrer Hauptapsis liegt ein Mosaik mit höchst ungewöhnlicher Darstellung, einem seltsamen Fabelwesen mit Hundekopf, dazu Ranken und Inschriften; es wird sich um eine Arbeit lokaler Mosaizisten handeln.

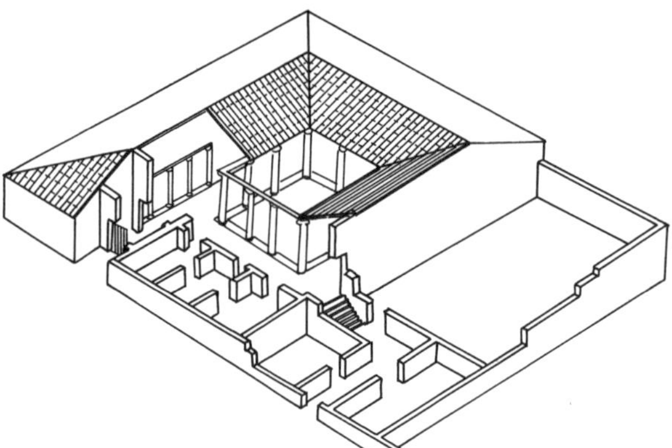

Antigoneia, Privathaus, Rekonstruktionsversuch

Poliçan, Hg. Athanasios (Shen Thanasi)

Die Kirche in Poliçan, einem Dorf in den Bergen etwa 19 km östlich von Gjirokastra, ist eine Kreuzkuppelkirche, deren Kuppel auf vier freistehenden Säulen ruht. Besonderheiten der Gewölbeformen sowie die recht grob ausgeführten Außenmauern weisen darauf hin, daß der Bau erst in der Türkenzeit, vielleicht am Anfang des 16. Jh., entstanden ist.

Goranxi, Kloster mit Marienkirche

Das Kloster liegt außerhalb des Dorfes Goranxi hoch in den Bergen südlich von Gjirokastra. Die Kirche (um 1600 errichtet), wohl die schönste ihrer Zeit in Albanien, vertritt den aufwendigen Typus des Dreikonchenbaus (›Athos-Typus‹), für die außergewöhnlich reiche Dekoration mit Halbsäulen und sich überkreuzenden Bögen gibt es in der gesamten nachbyzantinischen Architektur keinerlei Parallelen. Im Inneren haben sich Reste von Wandmalereien aus der Erbauungszeit erhalten.

Sofratika – Hadrianopolis

In der lange währenden Friedenszeit des 2. nachchristlichen Jahrhunderts wurde, wahrscheinlich unter Hadrian (117–138), im Tal des Drino, also in günstiger Flachlage nahe der Durchgangsstraße von Aulon (Vlora) nach Nikopolis, eine neue Stadt gegründet, die die Nachfolge von Antigoneia und Melan übernahm. Neben zahlreichen Gräbern des 2. und 3. Jh., teilweise mit Beigaben (alles unpubliziert), deckte man ein kleines Theater auf, das, im offenen Feld gelegen, sich nicht, wie sonst üblich, an einen Hügel lehnt (s. Abb. 20). Die Außenmauern bilden einen Halbkreis von 58 m, die Höhe betrug ursprünglich etwa 15 m, man schätzt ungefähr 4000 Sitzplätze. Reste von Marmorplatten und -säulen sowie Basen und Statuen zeigen, daß das Bühnengebäude über reichen Schmuck verfügt haben muß. Aus der Spätantike kamen nur geringe Reste zutage, darunter eine kleine Kapelle im Theater. Im 6. Jh. scheint man die Stadt aufgegeben zu haben, Zentrum des Tales wurde wiederum Melan.

Labova, Marienkirche (Shen Meria)

Das Dorf Labova e Kryqit liegt in den Bergen, etwa 14 km östlich von Gjirokastra. An weithin sichtbarer Stelle im oberen Teil des Dorfes ragt die recht große, dem Marientod (Koimesis) geweihte Kirche auf (ursprünglich etwa 17 × 18 m Grundfläche), die bedeutendste byzantinische Kirche in Albanien, die jedoch auch innerhalb der außeralbanischen byzantinischen Architektur einen besonderen Platz einnimmt (s. Farbabb. 17 u. Abb. 62).

Der Bau läßt sich nicht unter die bekannten Typen der mittelbyzantinischen Zeit einordnen, sondern vertritt eine singuläre Variante, eine Synthese aus dem ›Kuppelquadrat mit Umgang‹ und der Kreuzkuppelkirche mit vier freistehenden Stützen. Das Äußere zeigt eine aufwendige Dekoration, ein nicht sehr sorgfältig gearbeitetes Schächtelmauerwerk mit eingesetzten Ziegelmustern in Form eines ›K‹, eines ›X‹ sowie eines senkrecht durchkreuzten ›X‹, mit Ziegelbändern, Zahnfriesen und netzartigen Bändern aus dreieckigen und quadratischen, auf die Spitze gestellten Ziegeln (›Opus reticulatum‹).

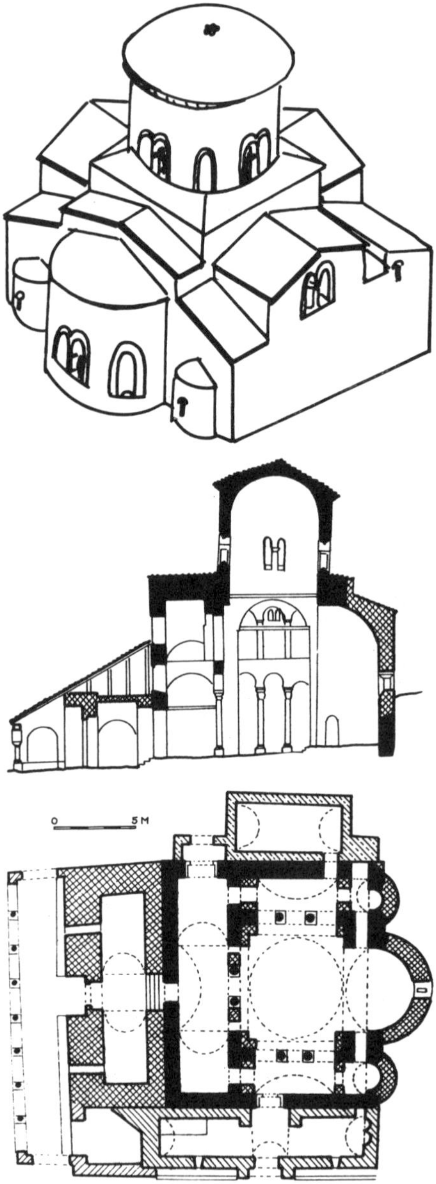

Labova, Marienkirche, Rekonstruktionsskizze des ursprünglichen Zustandes, Längsschnitt und Grundriß

Für die Datierung des Baus lassen sich keine Quellen heranziehen, so daß wir nicht wissen, wer diese großartige und in ihrer Zeit so ungewöhnliche Kirche gestiftet hat. Für die Dekoration beispielsweise bieten Bauten in Kastoria Parallelen; die Marienkirche wird demnach in der 2. Hälfte des 10. Jh. entstanden sein. Nach einem Erdbeben mußten 1776 die Apsiden und der südliche Kreuzarm erneuert sowie Verstärkungen in der Kirche eingezogen werden (Inschrift im Osten über dem Fenster); aus derselben Zeit stammt wohl auch der Narthex, aus dem 19. Jh. die Vorhalle sowie Anbauten im Norden und Süden.

Das Innere wurde im 18. und frühen 19. Jh. mit Stuckleisten an den Wänden, Stuckergänzungen an den Kapitellen (einige könnten Arbeiten des 4./5. Jh., eines im Westen des 2. Jh. sein), Bänken, einem Thron, der sehr aufwendigen Ikonostase (nach der Inschrift über der Tür zum südlichen Nebenraum 1805 datiert), Ikonen und Hängeleuchtern vollkommen neu ausgestattet, so daß es heute ein eindrucksvolles Ensemble einer reichen Kirche in der Türkenzeit bildet.

Melan – Justinianopolis – Dryinopolis

Das Zentrum des Drino-Tales (auch Dropolli-Tal genannt) war bis 295/90 v. Chr. Melan (geringe Reste der Mauern erhalten, die ein Gebiet von etwa 18 ha umschlossen), danach Antigoneia, in der römischen Kaiserzeit Hadrianopolis-Sofratika in der Ebene, unter Justinian im 6. Jh. wegen der Völkerwanderung und der Slaweneinfälle dann wieder das gut geschützte Melan (teilweise

Justinianopolis genannt, Reste eines Aquäduktes des 6. Jh. vorhanden); im Mittelalter setzte sich die Bezeichnung Dryinopolis durch (sehr geringe Funde). Auf dem Hügel von Melan steht eine Tekke des Bektaschi-Ordens (18. Jh.?, das Haus daneben 19. Jh.).

Peshkepi, Marienkirche (Shen Meria)

Das Dorf Peshkepi liegt südöstlich von Gjirokastra. Auf einem kleinen Hügel, etwas südlich außerhalb des Dorfes, erhebt sich inmitten üppig wuchernder Bäume die verhältnismäßig große Kirche, die vielleicht im Mittelalter Sitz des Bischofs von Dryinopolis war (Länge etwa 15 m, Breite des ursprünglichen Baus etwa 12 m). Es handelt sich um eine Kreuzkuppelkirche altertümlicher Ausprägung mit vier Wandzungen als Kuppelstützen. Dieser Typus, die recht gedrungenen Proportionen, der runde Tambour der Kuppel und das schlichte Äußere, bei dem nur die Mittelapsis etwas geschmückt ist, weisen darauf hin, daß der Bau in der 1. Hälfte des 10. Jh. entstanden sein muß und damit zu den frühesten Kreuzkuppelkirchen mittelbyzantinischer Zeit auf dem Balkan gehört. Eine Inschrift (heute verloren) aus der Zeit des Kaisers Alexios I. Komnenos (1081–1118) bezieht sich vielleicht auf eine Erneuerung, von der Teile der marmornen Ausstattung stammen könnten. Im 13. Jh. fügte man im Süden den Anbau hinzu, an dem die reichen Ziegelornamente der Ostseite ins Auge fallen. Bauverstärkungen und weitere Veränderungen nahm man in der Türkenzeit vor.

Zervat, Marienkirche (Shen Meria)

Am östlichen Rande des Dorfes, ungefähr 21 km südöstlich von Gjirokastra am Westrand des Drino-Tales, blieb eine dem Marientod (Koimesis) geweihte Kirche erhalten, die ursprünglich zu einem Kloster gehörte. Während der Bauphase I besaß die Kirche die Form eines ›Freien Kreuzes‹, wofür sich die Bauten in Marmiro und Zvernec als Vergleich anbieten (wahrscheinlich 1. Hälfte 10. Jh.). In Phase II änderte man die Form in eine Kreuzkuppelkirche mit vier Wandzungen als Stützen der Kuppel und mit einem vorgelegten Narthex um (vielleicht 1569 oder 1586; beide Daten beziehen sich auf die Malereien; in der Inschrift sind nur die Maler Michael und Nikolaos zu erkennen). Im Verlaufe einer dritten Bauphase wurden Vorhalle im Westen und Portikus im Süden angefügt (wohl 19. Jh.).

Von Gjirokastra aus folgt die Straße dem Tal des Drino nach Südosten. An der Westseite sieht man verschiedene Dörfer, die von der griechischen Minderheit bewohnt werden, am steil ansteigenden Hang liegen. Etwa 10 km vor dem Grenzübergang nach Griechenland (bei Kakavi-Ktismata) biegt die Straße nach Westen ab und führt in Serpentinen den Berg hinauf zum Muzine-Paß (Qafe Muzines); dabei bieten sich immer wieder faszinierende Ausblicke in das Tal des Drino. Die nun folgende Strecke ist landschaftlich ebenfalls mitunter recht reizvoll, und der Bus hält auch zu Photopausen. Nahe der Straße finden sich die byzantinische Kirche von Mesopotam sowie die Moschee in Rusanj, die Reste der antiken Stadt Phoinike kann man hingegen derzeit nicht erreichen. Saranda liegt in einer großen Bucht am Ionischen Meer, direkt gegenüber der griechischen Insel Kerkyra (Korfu). Man übernachtet hier im Hotel Butrint dicht am Wasser (kein Strand, man steigt über Leitern ins Meer). Empfohlen sei ein Spaziergang entlang der gepflegten und von Palmen gesäumten Uferpromenade, an der auch mehrere Gartenlokale zum Verweilen einladen.

Mesopotam, Hg. Nikolaos (Shen Kolli)

Das Dorf Mesopotam liegt an der Straße nach Saranda, etwa 15 km vor der Stadt, auf dem Gebiet des antiken Phoinike. Außerhalb des Ortes steht auf einem Hügel in einer Biegung des Flusses Bistrica das ehemalige Kloster, von dem außer der Kirche nur die Ruinen der Umfassungsmauern und eines Verteidigungsturmes erhalten sind (s. Abb. 58).

Die Klosterkirche, ein höchst origineller Bau, dessen Grund- und Aufriß keinem der bekannten Typen zuzuordnen ist (Länge etwa 19 m, Breite 11 m), darf in mancher Hinsicht wohl als die ungewöhnlichste Kirche der gesamten byzantinischen Architektur gelten, für die wir keine Parallelen kennen. Die Kirche hat einen Narthex sowie zwei Schiffe, über denen sich je zwei Kuppeln erheben, die auf einer einzigen, zentralen Säule (jetzt zu einem Pfeiler ummantelt) und den Außenwänden ruhen. Bei Erdbeben in den Jahren 1793 (Inschrift oberhalb der Apsis) und 1845 traten erhebliche Zerstörungen auf, die Nordwand mußte großenteils neu aufgeführt, eine neue Apsis statt der ursprünglichen zwei errichtet, vier Säulen im Osten eingezogen und die östlichen Kuppeln ausgebessert werden. An drei Seiten lief außen eine offene Vorhalle um (Reste der Fußbodenmosaiken im Museum in Korça).

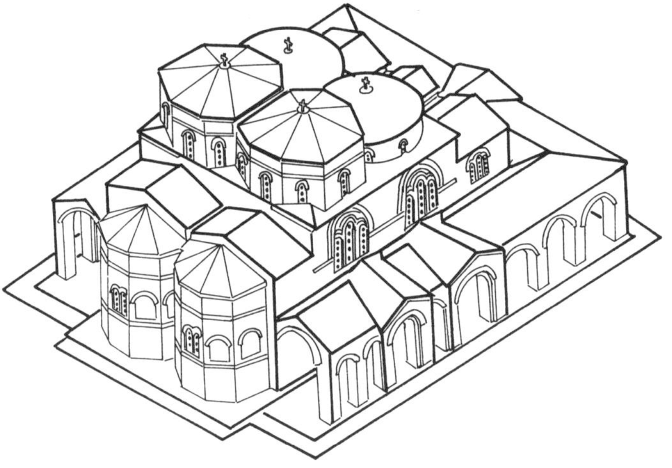

Mesopotam, Hg. Nikolaos, rekonstruierte Außenansicht des ursprünglichen Zustandes mit Umgang

Mesopotam, Hg. Nikolaos, Relief mit Drachen (13. Jh.)

Die zahlreichen großen Quader in den unteren Teilen des Außenbaus dürften Spolien von antiken Gebäuden aus Phoinike sein. Darüber findet sich sorgfältiges Schächtelmauerwerk und überaus reicher Ziegelschmuck (Fischgrät- und Zick-Zack-Muster, Zahnfriese, sogar Formziegel). Zudem sind außen verschiedene Reliefs eingelassen (Löwen, Adler, Drachen mit Fischschwänzen, Eber), eine Eigentümlichkeit, die nicht auf byzantinische Tradition, sondern wohl auf abendländischen Einfluß zurückzuführen ist (s. Abb. 48 u. 49).

Von der alten Innenausstattung blieben einige Reste des Fußbodens erhalten (Marmorplatten mit Lilien, an anderen Stellen ornamentale Mosaiken), ferner die vier ungewöhnlichen Kapitelle im Narthex, die Einlegearbeiten aus farbigen Pasten tragen (wohl nicht für den heutigen Bau gearbeitet, sondern älter, eines vielleicht aus dem 5./6. Jh., die anderen 11. Jh.?; die Einlegearbeiten 13. Jh.; s. Abb. 52). Nach der Überlieferung soll unter Kaiser Konstantin IX. Monomachos (1042–1054) in Mesopotam eine Kirche aufgeführt worden sein; vielleicht gehören die Kapitelle zu diesem Vorgängerbau. Der heutige Bau läßt sich anhand der Ornamentik in die 2. Hälfte des 13. Jh. datieren, verwandte Kirchen findet man im Despotat von Arta. Die Apsis wurde nach dem Erdbeben von 1793 ausgemalt (Maria mit der Beischrift ›Platytera‹, Liturgie der Kirchenväter).

Ein besonderes Problem stellt die Tatsache dar, daß beim Ursprungsbau zwei gleich große Apsiden vorhanden waren. Man hat vermutet, daß die Kirche zur Zeit Karls von Anjou um

1272–1286 geschaffen wurde (darauf könnten die Lilien im Fußboden des Narthex hindeuten) und für den lateinischen und orthodoxen Kult gleichzeitig bestimmt war. Wahrscheinlich werden aber die beiden Schiffe zwei Heiligen geweiht gewesen sein, beispielsweise dem hl. Nikolaos und Maria, wofür man Parallelen bei Kirchen mit zwei Apsiden anführen kann.

Phoinike

Die Stadt thront inmitten eines überaus fruchtbaren Umlandes auf einem langgestreckten, etwa 270 m hohen Hügel, der dem Kiel eines Schiffes ähnelt (sie ist von der Straße aus zu sehen, aber derzeit nicht zu besuchen). Einst war Phoinike die bedeutendste Siedlung in Nordepirus (in Onchesmos, dem heutigen Saranda, besaß sie einen eigenen Hafen) und Hauptstadt des Koinons der Epiroten in der Landschaft Chaonia; sie muß bereits im 6. oder 5. Jh. v. Chr. bestanden haben, die Funde setzen aber erst mit dem 4. Jh. v. Chr. ein. Reste der Mauern aus mehreren Bauphasen wurden identifiziert; man grub zudem einen kleinen Tempel (später in ein Baptisterium umgewandelt), die Fundamente einer dreischiffigen Basilika mit Querschiff (6. Jh.?) sowie kürzlich Teile eines Theaters aus. Fragmente von Marmorskulpturen befinden sich in den Museen von Saranda, Butrint und Tirana.

Rusanj, Gjin Aleks Moschee (Xhamija Gjin Aleksit)

Die von einem sonst unbekannten Gjin Aleks gestiftete Moschee des Einkuppel-Typus in der Nähe des kleinen Dorfes Rusanj, wenige Kilometer von Delvina entfernt, ist ein recht später Bau (Ende 17. oder Anfang 18. Jh.) und hat – bis auf die Strebebögen an der Kuppel – keine Besonderheiten aufzuweisen. Sie liegt jedoch malerisch zwischen hohen Bäumen, vier kleinen Grabgebäuden (Türben) und in der Nähe einer Quelle und lohnt deshalb einen Besuch.

Saranda – Onchesmos

Das antike Onchesmos gehörte zu Phoinike und war ein oft angelaufener Hafenort, da man bei Südwind bequem mit dem Segelschiff nach Italien hinübergelangen konnte. So berichtet Cicero, nachdem er von Onchesmos nach Brindisi gesegelt war: »So lieblich wehte von Epirus her der sanfteste Onchesmites« (Atticus-Briefe VII 2.1). Die verhältnismäßig große Bucht öffnet sich nach Südwesten und wird durch das gegenüberliegende Kerkyra (Korfu) geschützt. Eigenes Fruchtland besaß die Stadt jedoch nicht, da die Berge dicht ans Meer herantreten.

Über die Gründung und frühe Geschichte von Onchesmos wissen wir nichts, auch wurden nur geringe Reste aus der antiken Zeit gefunden. Im 5. Jh. war die Stadt unter dem

Namen ›Anchiasmos‹ Bischofssitz; in dieser Zeit muß auch die Mauer aufgeführt worden sein, die man noch heute an einigen Stellen sehen kann. Aus dem 5. Jh. könnten auch die erste Phase der Basilika beim Kulturpalast sowie vielleicht der Bau unter der heutigen Post stammen. Im 6. Jh. muß die Stadt einen erheblichen Aufschwung genommen haben, denn die Basilika beim Kulturpalast wurde erneuert und etwas außerhalb der Stadt auf einem Hügel die gewaltige Kirche für die ›Vierzig Märtyrer‹ errichtet (nicht zugänglich); von diesen ›Hagioi Saranda‹ hat sich dann die heutige Bezeichnung Saranda gebildet. Im Mittelalter scheint der Ort keine besondere Rolle gespielt zu haben. Mitte des 16. Jh. legten die Osmanen südöstlich oberhalb der Stadt bei Lekursi ein kleines Kastell an.

Saranda erfreut sich wegen seines milden Klimas großer Beliebtheit und hat in den letzten Jahren einen enormen Aufschwung genommen. Zwischen den zahlreichen Neubauten kann man die Reste der Stadtmauer, die Ausgrabungen der Basilika beim Kulturpalast sowie ein Gebäude bei der Post besichtigen, in dem zur Zeit auch das kleine Museum untergebracht ist.

Die **Stadtmauer** (Länge etwa 850 m) stammt aus der Spätantike, vielleicht dem 5. Jh., und wurde offensichtlich in großer Eile und relativ schlechter Mauertechnik aufgebaut. Sie umschließt ein annäherndes Rechteck am Meeresufer, das erheblich kleiner als die ältere Stadt sein dürfte; zahlreiche Türme verstärken die Mauer (sechs Türme sowie ein Tor sind bekannt). Die Strecke am Wasser fehlt, dort ist nur ein geringer Rest vorhanden (4). Neueste

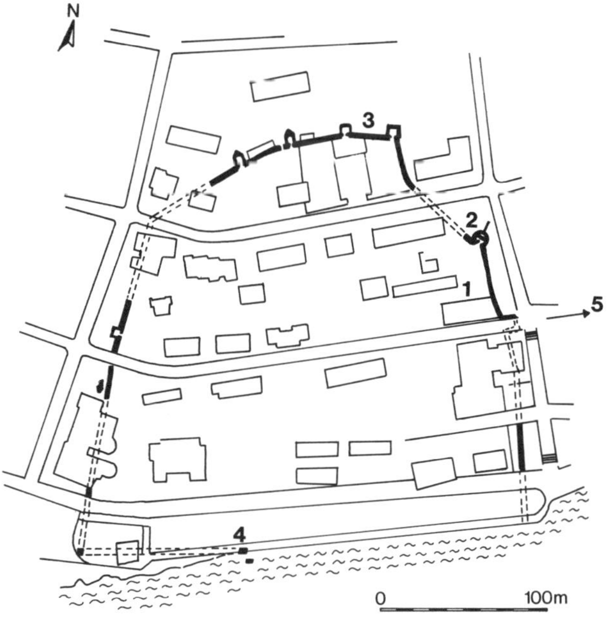

Saranda, Plan der Stadt:
1 Grabungen an der Stadtmauer, frühchristliche Basilika
2 Rundturm
3 gut erhaltener Teil der Stadtmauer
4 Rest der Mauer an der Seeseite
5 Reste eines frühchristlichen Gebäudes unter der Post

Ausgrabungen legten an der östlichen Innenseite Reste von Häusern frei, in die im 5. oder 6. Jh. eine Kirche hineingesetzt wurde (1).

Es handelt sich um eine dreischiffige **Basilika** (›Basilika beim Kulturpalast‹), deren südliche Teile eine Straße überdeckt. Drei Bauphasen lassen sich ablesen: Die erste wird ein Gebäude der römischen Kaiserzeit gewesen sein. In einer zweiten Phase hat man in seinen Überresten die Basilika errichtet, der im Westen ein großer Narthex vorliegt. Der untere Teil einer Treppe in der nordwestlichen Ecke zeigt, daß über Narthex und Seitenschiffen Emporen vorhanden waren. Das Mittelschiff trennten T-förmige Pfeiler von den Seitenschiffen; zumindest im Mittelschiff bedeckten Mosaiken den Fußboden. Im Altarraum blieben ein Synthronon und die Bodenplatte des Altartisches erhalten, die Einlaßspuren für das Templon kann man ebenfalls noch erkennen (bei dem späteren Umbau wurde im Norden eine Schrankenplatte in den Boden eingelassen).

In der dritten Phase wurden die Zwischenräume zwischen den Pfeilern zugesetzt und wohl auch in den Seitenschiffen Pilaster als Verstärkung der Außenwände angebracht. Ferner erhielt das Mittelschiff einen neuen Mosaikfußboden, der in unregelmäßiger Verteilung unter anderem geometrische Muster, pflanzliche Ornamente und Hirsche an einem Gefäß zeigt; in seiner recht beschränkten Farbskala überwiegen Weiß als Untergrund und Rot für die Darstellungen. Die Künstler, offensichtlich Einheimische, besaßen wohl keine Verbindung zu den führenden Zentren; man beachte nur den qualitativen Unterschied zu den hervorragenden Mosaiken des Baptisteriums im benachbarten Butrint. Eine Datierung der dritten Phase erscheint aus diesem Grunde erschwert, man kann vorläufig das 6. Jh. vorschlagen.

Bei den Bauarbeiten für das neue Postgebäude östlich der spätantiken Stadt hat man Teile von Mosaiken, Fragmente von Kapitellen und anderen Skulpturen sowie die einen Priester nennende Inschrift gefunden, die auf einen **frühchristlichen Kultbau** an dieser Stelle (5) hinweisen. Wie dieser Bau, der möglicherweise sogar einen Vorgänger aus dem 3. Jh. besaß, ausgesehen hat, läßt sich bisher nicht genau sagen. Vielleicht war es ein großer, einschiffiger Raum, der als Friedhofskapelle diente und möglicherweise im 5. Jh. entstand. Seine Reste sind teilweise im Erdgeschoß des Postgebäudes zugänglich.

In dem großen Raum über dem Mosaik hat man ein kleines Museum eingerichtet; ein Neubau ist in Planung. Es werden einige Funde aus Saranda und Phoinike ausgestellt, darunter: Kapitelle und andere architektonische Fragmente der Spätantike, vielleicht des 5. Jh.; die Marmorstatue einer laufenden Frau in einem Peplos, die auf dem Rücken wohl einen Köcher trug, also einer Artemis, aus Phoinike, vielleicht ein Original des 2. Jh. v. Chr.; ein kleiner Frauenkopf aus Marmor mit sehr zarter Oberfläche und verschwimmenden Übergängen aus Phoinike, 2. Jh. v. Chr.; verschiedene Kleinfunde, Vasen, Lampen, Gläser, Bronzen u. a.

Von Saranda aus besucht der Reisende die Grabungen in Butrint, die bedeutende Reste der Antike, der Spätantike und des Mittelalters zutage gebracht haben. Eine Besichtigung dieser überaus eindrucksvollen Stätte sollte bei keiner Albanienreise fehlen. Der außerordentliche

Wasserreichtum der Gegend bringt es mit sich, daß das Gebiet der Stadt von hohen Bäumen bestanden und mit einer grünenden Vegetationsdecke überzogen ist. Die Verbindung von einmaliger landschaftlicher Lage, ansehnlichen antiken und mittelalterlichen Ruinen und üppig wuchernder Flora machen den ganz besonderen Reiz von Butrint aus. In einiger Entfernung südlich von Butrint liegen die antike Anlage von Malathre, eine Art steinernes Blockhaus des 3. Jh. v. Chr. (s. Abb. S. 25), und die Reste der byzantinischen Kirche von Çiftlik (13. Jh.), die beide derzeit schlecht zu erreichen sind. Auf der Rückfahrt wird in der Regel in einem Ausflugslokal bei Ksamil dicht am Wasser Station gemacht, wo ausgezeichnetes Essen serviert wird. Dort kann man auch im herrlich sauberen Meer baden.

Butrint – Buthrotos – Buthrotum

Die Entstehung von Buthrotos, lateinisch Buthrotum, verlegten schon die Römer weit in die mythische Vorzeit. Wie Vergil in der Aeneis (3,293 ff.) schildert, soll es vom trojanischen Seher Helenos als neues Troja gegründet worden sein, nachdem seine Heimatstadt von den Griechen erobert und zerstört worden und er aus Kleinasien geflohen war. Er heiratete dann der Sage nach Andromache, die Witwe Hektors, und regierte als König in Butrint. Auf seiner wechselvollen Fahrt nach Italien soll auch Aeneas, der mythische Ahnherr der Römer, mit Vater Anchises und Sohn Askanios seit längerem umherirrend, nach Buthrotos gekommen sein. Bisher konnten jedoch in Butrint keinerlei Reste von einer Siedlung des späten 2. oder frühen 1. Jt. v. Chr. gefunden werden – möglicherweise lag das alte Buthrotos auch an anderer Stelle.

Nach den Ergebnissen der bisherigen Grabungen und Forschungen wurde die Stadt am heutigen Platz im späten 7. oder frühen 6. Jh. v. Chr. gegründet. Man weiß nicht, ob es nur griechische Siedler aus Kerkyra (Korfu) und Korinth, nur einheimische Epiroten oder sowohl Fremde wie auch Einheimische waren, die sich hier niederließen und den Ort befestigten. In der antiken Literatur fehlt jeglicher Hinweis darauf, daß Buthrotos eine griechische Kolonie war; gegen diese Annahme könnte auch sprechen, daß die Stadt der Sage nach den Gegnern der Griechen, den Trojanern, ihren Ursprung verdanken soll.

Butrint liegt an einer außergewöhnlich günstigen Stelle auf dem südöstlichen, erhöhten Ausläufer einer weit vorspringenden Halbinsel, die auf drei Seiten vom Wasser geschützt wird: Im Osten erstreckt sich der See von Butrint, im Süden eine breite, zum Meer führende Wasserverbindung, der ›Kanal‹, im Westen das Ionische Meer. Von dort aus konnten potentielle Angreifer die ganz im Osten der Halbinsel liegende Stadt kaum entdecken. Zum zusätzlichen Schutz riegelten die Einwohner die Halbinsel an der engsten Stelle im Norden mit einer Mauer ab (Dema bei Hexamilion, heute Ksamil; 1), so daß ein Gegner schon weit vor der Stadt abgefangen werden konnte. Diese günstige Lage brachte erheblichen Reichtum mit sich, allerdings blieb Butrint immer verhältnismäßig klein (größte Ausdehnung von Nordost nach Südwest etwa 500 m) und wurde nicht so erweitert wie beispielsweise Apollonia (größte Ausdehnung von Nord nach Süd etwa 3000 m). Eine besondere Blüte läßt sich an den Bauten im 4. und 3. Jh. v. Chr. ablesen (Mauern und Tore in zwei Bauphasen, Dema bei Ksamil, Theater, Tempel).

Unter Caesar und Augustus wurden römische Veteranen in Butrint angesiedelt (Colonia Iulia oder Colonia Augusta); die Stadt diente als Flottenbasis. Im 1. und 2. Jh. läßt sich dann eine weitere rege Bautätigkeit nachweisen (Neubau des Bühnengebäudes des Theaters, Neubau des Asklepios-Tempels, Badeanlagen, Gymnasium, Häuser).

Im 4. Jh. wurde die Stadtmauer erneuert und im südlichen Teil sogar neu errichtet, um dort die Erweiterungen mit einzubeziehen und zu schützen. Der Überlieferung nach fand das Christentum sehr früh Eingang in Butrint. Ein Therinos soll schon unter Traianus Decius (249–251) im Theater das Martyrium erlitten haben. Die Quellen erwähnen den ersten Bischof jedoch erst im Jahre 451, und die ältesten erhaltenen Baureste dürften aus dem späten 5. Jh. stammen. Im 5. und vor allem im 6. Jh. entstanden verschiedene christliche Kultbauten (große Basilika in der Unterstadt, Baptisterium, Basilika auf der Akropolis, Trikonchos in der Unterstadt). Danach fließen die Nachrichten spärlicher.

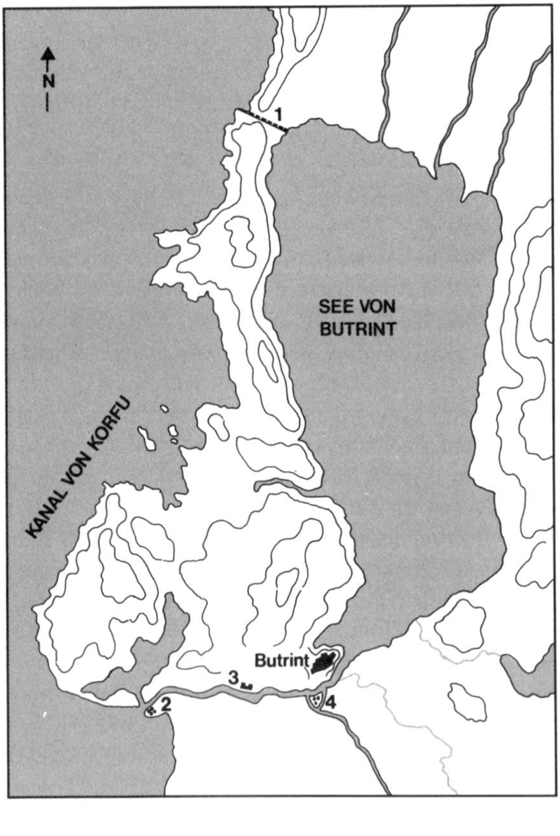

Halbinsel von Butrint:
1 Dema
2 Festung des Ali Pascha
3 mittelalterlicher Turm
4 dreieckige Festung südlich des ›Kanals‹

Auch im hohen Mittelalter bewahrte sich die Stadt einige Bedeutung: 1081 und 1084 versuchten die Normannen, Butrint zu erobern, 1204 fiel die Stadt an das Despotat von Epirus. Erst seit dem 15. Jh. setzte der Niedergang ein, vielleicht, weil das umliegende Gebiet versumpfte. Zuerst dienten die stark ausgebaute Akropolis, dann nur noch eine kleine Festung südlich des Kanals und der große Turm nördlich am jenseitigen Ufer Venezianern und Türken bis in das 19. Jh. hinein abwechselnd als Stützpunkte, um das fruchtbare Umland und den fischreichen See zu kontrollieren. Anschließend wurde die Stätte vollkommen verlassen, und eine üppige Vegetation deckte die Ruinen zu.

Grabungen führten in den Jahren 1926–1941 italienische, nach dem Zweiten Weltkrieg dann albanische Archäologen durch. Sie brachten zahlreiche Kleinfunde und marmorne Skulpturen zutage, vor allem aber ansehnliche Reste von Bauten, die eine anschauliche Vorstellung einer Kleinstadt der hellenistischen und römischen Zeit zu vermitteln vermögen.

Anlagen außerhalb der Stadt

Die Halbinsel von Butrint wird an einer Engstelle im Norden bei Ksamil (Hexamilion) durch eine gewaltige antike **Sperrmauer,** auch Dema genannt, abgeriegelt (1); sie schützte Butrint und die Halbinsel mit einer Fläche von etwa 13 km^2 gegen Angreifer von Norden. Die antike Mauer des 4. Jh. v. Chr. besteht aus sehr großen Blöcken, ist etwa 650 m lang, fast 10 m breit, über 5 m hoch und in Zweischalentechnik aufgeführt; einige nach Norden gerichtete, quadratische Türme springen vor. In der Spätantike wurde die Mauer erneuert.

Am sogenannten Kanal, der natürlichen Verbindung zwischen dem See von Butrint und dem Meer, entstand, unmittelbar am Meer auf der Südseite des Kanals, im Jahre 1807 unter Ali Pascha eine **kleine Festung** von 22 × 30 m Grundfläche mit Türmen an den vier Ecken (2). Sie sollte die Einfahrt in den Kanal gegen die auf Korfu stationierten französischen Truppen schützen. Mauern und Türme eignen sich strategisch für den Einsatz von Kanonen und sind dementsprechend niedrig und teilweise abgeschrägt. Der **Turm** auf der gegenüberliegenden Seite des Kanals dürfte erheblich älter sein und wohl noch aus dem Mittelalter, vielleicht dem 14. Jh., stammen (3).

Direkt gegenüber dem Parkplatz liegt auf der südlichen Seite des Kanals eine **dreieckförmige Festung** (4); in ihrer ersten Phase (vermutlich 14. Jh.) bestand sie lediglich aus dem Mauerzug. In einer zweiten Phase gegen Ende des 15. Jh. fügten die Venezianer im Südwesten den dicken Rundturm an, von dem aus sich die beiden am meisten gefährdeten Mauerseiten schützen ließen. In einer dritten Phase kamen schließlich im 17. Jh. die beiden anderen Rundtürme am Kanal hinzu. Noch später wurde das Innere ausgebaut und eine Vormauer nach Westen hinzugefügt.

Stadtmauern

Die Stadtmauern von Butrint lassen sich fast vollständig verfolgen und stehen teilweise noch hoch aufrecht. Sie zeigen verschiedene Bauphasen und wurden über die Jahrhunderte hinweg immer wieder ausgebessert und verändert, so daß man eine reiche Musterskala von Mauerbautechniken an einem einzigen Komplex sehen kann.

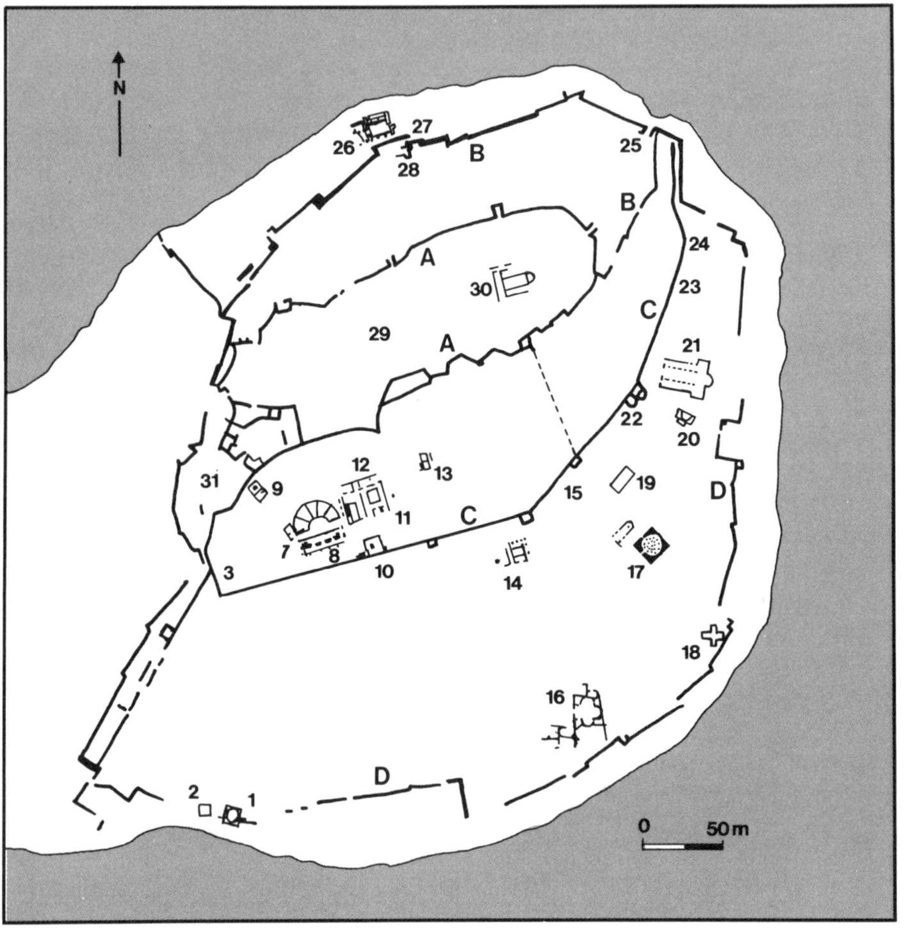

Butrint, Plan der Stadt: 1 venezianischer Turm 2 römisches Bad 3 Stadtteil westlich des Theaters (s. Detailplan) 7 Asklepios-Tempel 8 Theater 9 kleiner Tempel 10 römisches Bad 11 großes Haus 12 Stoa 13 neue Grabungen 14 sog. Gymnasium 15 neu aufgebaute Mauer mit Inschriftsteinen 16 frühchristlicher Trikonchos 17 frühchristliches Baptisterium 18 kreuzförmiger Bau (mittelalterliche Kirche?) 19 römisches Bad 20 Nymphäum 21 frühchristliche Basilika 22 ›Tor mit Türmen‹ 23 Haus des 3. Jh. v. Chr. 24 mittelalterliche Kapelle 25 Seetor 26 Magazin, in frühchristlicher Zeit Grabgebäude 27 Löwentor 28 Brunnen der Iounia Roupheina 29 Akropolis 30 frühchristliche Basilika auf der Akropolis 31 mittelalterliche Festung (von den Italienern wiederaufgebaut)

A Akropolismauer des 6./5. Jh. v. Chr. B Erweiterung des 5./4. Jh. v. Chr. C Mauer des 3. Jh. v. Chr. D Mauer des 4. Jh. n. Chr.

Die älteste Siedlung beschränkte sich auf Teile der Akropolis (29). Dort fand man Reste sehr grob gefügter, altertümlich wirkender Mauern, die man daher in das 7./6. Jh. v. Chr. datieren möchte. Sie schlossen vermutlich eine kleine Festung von nur 0,7 ha Grundfläche ein. Im 6./5. Jh. v. Chr. wurde dann die Akropolis von einer Mauer aus sehr großen, polygonalen Steinen eingefaßt (A).

Im 5./4. Jh. v. Chr. erfolgte eine Erweiterung nach Norden und Osten (B); zu dieser Mauer gehören das Löwentor, das Seetor und zwei weitere Tore im Nordwesten und Westen. Sie ist 870 m lang, etwa 9 m hoch, besitzt keine Türme, dafür jedoch zahlreiche zackenförmige Vorsprünge und umfaßt ungefähr 4 ha. Man hat die Steine rechteckig oder trapezförmig behauen, es gibt aber auch Partien mit polygonalen Steinen. Butrint erfreute sich offensichtlich einer großen Blüte, denn zu dieser Zeit entstand auch die Dema-Mauer.

Im 3. Jh. v. Chr. schob man die Mauer nach Süden vor, um Platz für den Asklepios-Tempel, das Theater und andere öffentliche Anlagen zu gewinnen (C); jetzt wurde auch das ›Tor mit Türmen‹ errichtet. Die Stadt wuchs aber dennoch nach Süden über die Mauer hinaus. Vielleicht in Zusammenhang mit der Koloniegründung unter Augustus führte man Ausbesserungen durch; einen Neubau, der die Stadterweiterung im Süden mit einbezog (D), hat es aber wohl erst im 4. Jh. gegeben (nach anderer Ansicht stammt die Mauer sogar aus dem Mittelalter). Die Länge betrug nun 2500 m und die Fläche etwa 14 ha.

Im Mittelalter hat man an vielen Stellen Reparaturen durchgeführt, vor allem aber die Westseite, die als einzige erheblich gefährdet war, zu einer Doppelmauer ausgebaut. Wahrscheinlich im 13. Jh. errichtete man die Festung im westlichen Teil der Akropolis (31). Später spielten dann strategisch nur noch die dreieckige Festung (4) und der Turm am Kanal eine Rolle (3), im 19. Jh. kam noch die Festung an der Mündung des Kanals (2) dazu.

Turm und Bad am Kanal

Nach dem Betreten des Grabungsgeländes fällt zunächst der große, quadratische Turm nahe am Wasser auf (1). Die Venezianer errichteten ihn im frühen 18. Jh. zum Schutz der Einfahrt in den See, der wegen seines Fischreichtums Bedeutung für sie besaß.

Westlich vom Turm wurden die Reste einer kleinen kaiserzeitlichen Badeanlage (2) ausgegraben (Grundfläche 15,50 × 13 m). Sie besteht aus einem breiten Auskleideraum (apodyterium), dessen Mosaikfußboden weitgehend erhalten blieb, einem achteckigen zentralen Raum mit Nischen in den Diagonalen und angefügten Becken, der wohl als Kalt- und Warmbad gleichzeitig diente und von einer Kuppel überwölbt wurde, und zwei Räumen im Süden mit Apsiden und Fußbodenheizung (Hypokausten), den Räumen für das Heißbad. Die Anlage dürfte aus der 1. Hälfte des 2. Jh. stammen, später kamen noch Räume im Nordwesten hinzu.

Stadtteil westlich des Theaters

Unter den sehr unübersichtlichen Ausgrabungen westlich des Theaters (3) kann man die Mauern des 3. Jh. v. Chr. sehen, die jedoch später teilweise abgetragen, teilweise überbaut und in römische Häuser einbezogen wurden. Die alte Mauer erkennt man an den schönen

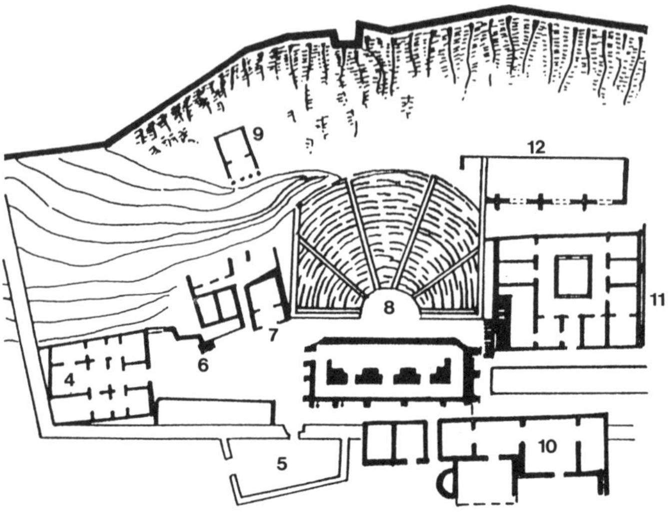

Butrint, Stadtteil im Südwesten:
4 sog. Prytaneion (Rathaus)
5 kleines Tor mit später vorgebautem Zwinger
6 römischer Brunnen
7 Tempel für Asklepios
8 Theater
9 kleiner Tempel
10 römisches Bad
11 großes Haus mit Peristylhof
12 Stoa, im Osten kleiner Brunnen

Quadern aus großen Blöcken. In der Kaiserzeit benutzte man verschiedene Techniken für die Herstellung der Wände, es fällt besonders das ›Opus reticulatum‹ mit den kleinen Steinen in Rhombenform auf.

Die Mauerreste im Südwesten hat man mit dem **Rathaus** der Stadt (Prytaneion) in Verbindung gebracht (4); es dürfte im 3. Jh. v. Chr. erbaut und in der römischen Kaiserzeit erneuert worden sein. Weiter östlich sieht der Besucher ein kleines Tor in der Mauer, vielleicht eine Schlupfpforte, die in einer späteren Phase durch eine Vormauer, eine Art Zwinger mit einem Tor nach Westen, geschützt wurde (5).

Südwestlich vom Asklepios-Tempel liegt ein kleiner, ebenfalls kaiserzeitlicher **Platz mit einem Brunnen** (6). Der **Tempel** des Gottes der Heilkunst, Asklepios, wurde im 3. Jh. v. Chr. errichtet und im 2. Jh. neu aufgebaut, wobei man sich zwar an die alten Grundmaße hielt, den Oberbau aber völlig neu gestaltete (7; s. Abb. 27). Er besteht aus einem Vorraum (Pronaos), der sich nach außen mit einer Tür und zwei Fenstern öffnet, sowie dem von einer Tonne überwölbten Hauptraum (Cella); hinten rechts in der Höhle entsprang die heilkräftige Quelle. Man hat viele Weihegaben an den Gott und eine große männliche Marmorstatue gefunden (jetzt im Museum), die vielleicht Asklepios darstellt.

Theater

Das Theater, auf das man besonders von der restaurierten Burg auf der Akropolis einen schönen Blick hat, ist ausgezeichnet erhalten und vermittelt eine vorzügliche Vorstellung von einer derartigen Anlage (8; s. Farbabb. 33 u. Abb. 8). Es entstand im 3. Jh. v. Chr.; im frühen 2. Jh. n. Chr. erhöhte man es und errichtete das Bühnengebäude. Mit mindestens 22

Sitzstufen sowie sechs Treppenläufen konnte es etwa 2000 Personen aufnehmen. Der Zuschauerraum, der etwas mehr als ein Halbrund umfaßt, ist überwiegend in den Fels eingetieft; für die römische Erweiterung, die nur nach oben und wegen anderer Bauten nicht zu den Seiten hin erfolgen konnte, mußten dann aber Substruktionen aufgeführt werden. Dadurch ergibt sich ungewöhnlicherweise ein rechteckiger Grundriß für das Theater.

An den seitlichen Stützwänden des Zuschauerraumes sind, vor allem im Westen, viele Inschriften eingemeißelt: Hier wurden die Freilassungen von Sklaven öffentlich verkündet. Im Zuschauerraum steht noch ein schlichter, mit einer Maske, einem Kantharos und einem Gorgokopf verzierter Altar (s. Abb. 13).

Im Theater sind verschiedene Statuen entdeckt worden, die aus der frühen Kaiserzeit (frühes 1. Jh.) stammen und in den Nischen des Bühnengebäudes standen. Sie bereiten den Forschern einige Probleme, denn es ist noch nicht geklärt, ob sie vorher schon das alte Bühnengebäude schmückten, ob das vorhandene Bühnengebäude bereits im 1. Jh. entstand oder ob man etwa im 2. Jh. für die Ausstattung des neu errichteten Bühnenhauses ältere Statuen wiederverwandte. Dazu gehören u. a. die berühmte ›Göttin von Butrint‹ (Kopf im Hist. Museum in Tirana, der zugehörige Körper wohl verschollen), zwei Panzerstatuen, darunter eine von dem Athener Sosikles gearbeitete (Hist. Museum in Tirana und verschollen), Köpfe von Agrippa, dem Feldherrn des Augustus (Archäol. Museum in Tirana) sowie des Augustus selbst und seiner Frau Livia (Butrint, Museum; s. Abb. 23 u. 24).

Bauten beim Theater

Oberhalb des Theaters stehen auf einer kleinen Terrasse die spärlichen Reste eines **ionischen Tempels**, im 3. Jh. v. Chr. erbaut und in der Kaiserzeit erneuert (9). Der Stufenunterbau ist noch zu sehen, ferner hat man eine, wenn auch verkürzte, Säule mit Kapitell wiederaufgerichtet. Es handelte sich um einen Tempel mit vier Säulen an der Front der Cella (Prostylos). Im Inneren ist der Unterbau für die Basis vorhanden, auf der das Kultbild stand. Wir wissen nicht, wem der Tempel geweiht war.

Südöstlich vom Theater ragen die **Reste eines Bades** des 2. Jh. auf (10): Vier Räume sind zu erkennen, weitere, bislang unausgegrabene zu vermuten. Ein Raum mit Fußbodenheizung und Apsis war für das heiße Bad bestimmt (caldarium), in zwei anderen Räumen liegen noch Fußbodenmosaiken mit geometrischen Mustern. Sie deuten auf die prächtige Ausstattung dieses Bades hin, seiner Größe nach die zentrale Anlage der Stadt (Grundfläche des ausgegrabenen Teils 28,70 × 10,70 m).

Unmittelbar östlich vom Theater befindet sich ein großes, ursprünglich zweistöckiges **Gebäude** (11), bei dem sich die Räume um einen offenen gepflasterten, einst von zwölf Säulen umstandenen Innenhof (Peristyl) gruppieren (Größe 40 × 35 m; s. Abb. 15); es stammt aus dem 2. Jh.

Oberhalb des Theaters verläuft eine **Stoa** nach Westen, die eine ungewöhnliche und altertümliche Form besaß (12). Nach Süden ist eine Terrasse vorgelagert. In die Halle hinein führen große Eingänge, die nach oben schräg zulaufen, also trapezförmig abschließen. An der Innen- und Außenseite stützen dicke, vorgelegte Pfeiler die Wand. Da diese Stoa für den

Bau des Theaters teilweise abgetragen wurde, muß sie früher, also vielleicht im 4. Jh. v. Chr., entstanden sein. Die Freskenreste an der Wand oberhalb der Halle stammen von einer Kapelle, die sich im Mittelalter an die Mauer lehnte.

Weiter nach Osten traten bei den neuesten Grabungen verschiedene **Gebäudereste** (13) zutage, u. a.: ein ebenfalls an die Stoa gelehntes Brunnenhaus, erbaut in hellenistischer, wiederhergestellt in römischer Zeit (Spuren der Seile, mit denen man die Wassereimer nach oben zog, sind zu erkennen); Reste eines Raumes mit großer Apsis, der Mauertechnik nach kaiserzeitlich; Magazingebäude mit zumindest zwei tonnengewölbten Räumen und doppelter Mauer, um die Waren kühl zu halten; ein weiterer Brunnen, im Mittelalter erneuert und von oben durch einen Schacht zugänglich.

Bauten östlich und südöstlich vom Theater

Eine größere Anlage wird zwar als **Gymnasium** bezeichnet, doch ist ihre einstige Funktion noch unklar (14). Von dem Komplex mit verschiedenen Räumen wurden bisher nur einige ausgegraben. In einer größeren, rechteckigen Ummauerung steht ein kleines, längsrechteckiges Gebäude, das an der östlichen Schmalseite eine Apsis aufweist; in drei Nischen der Apsis haben sich Reste von Mosaiken erhalten. Es handelt sich um einen prunkvoll ausgestatteten, einst verkleideten Brunnen, so daß das Ziegelmauerwerk ursprünglich nicht mehr zu sehen war. Das ›Gymnasium‹ dürfte im 2. Jh. errichtet worden sein.

Das **Mauerstück mit Inschriften** (15) wurde neuerdings wieder aufgebaut. Man fand die Steine mit den Inschriften in einer Wiederverwendung in einem römischen Turm; sie scheinen ursprünglich an einem öffentlichen Gebäude angebracht gewesen zu sein, dessen Lage und Aussehen wir allerdings bisher nicht kennen. Überwiegend nennen sie Ereignisse aus dem Stammesverband der illyrisch-epirotischen Prassaiber, dessen Hauptort Butrint war, und sind vor allem zwischen die Mitte des 2. und die Mitte des 1. Jh. v. Chr. zu datieren.

Weiter südlich liegt, im Gestrüpp in der Nähe der spätantiken und mittelalterlichen Stadtmauer verborgen, der große, noch nicht ausgegrabene Komplex (16) eines **Trikonchos** mit westlich vorgelagertem Narthex (Länge etwa 22 m, Breite 22 m). Wegen der großen Dicke der Mauern wird über der

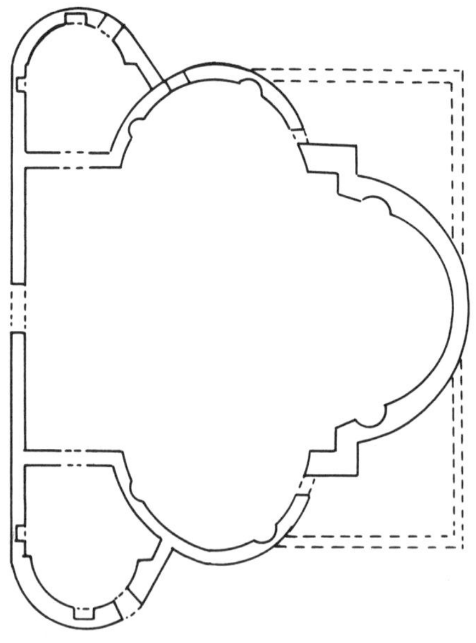

Butrint, Trikonchos in der Unterstadt, Grundrißskizze

Mitte eine Kuppel zu ergänzen sein. Eine solche Form begegnet äußerst selten, so daß dieses Beispiel besondere Bedeutung für die byzantinische Architekturgeschichte besitzt. Zentralbauten dienten allgemein häufig als Begräbnisstätten für Märtyrer, so daß es sich hier um eine im 5. oder 6. Jh. errichtete Gedächtniskirche für den hl. Therinos handeln könnte.

Das **frühchristliche Baptisterium** (17) gehört zu den bedeutendsten erhaltenen Bauten dieser Gattung im gesamten Römischen Reich (s. Abb. 35). Nach dem Toleranzedikt von 313 wuchs die Zahl derer, die sich taufen ließen, stark an, so daß man für die damals übliche Erwachsenentaufe große Taufbecken benötigte. So entstand ein eigener Gebäudetypus für die Taufzeremonie, das Baptisterium, das ein solches Becken (Piscina) im Boden aufnahm.

Den Hauptraum in Butrint bildet ein in ein äußeres Quadrat eingeschriebenes Rund (Durchmesser 13,50 m), die Mauern des Quadrates – nicht jedoch des Rundes – könnten zu einem römischen Gebäude gehört haben (Badeanlage des 4. Jh.?). Die Funktion der unregelmäßigen Eckräume, die mit dem Hauptraum durch Türen in Verbindung stehen, ist nicht bekannt. Das außen runde Taufbecken weist innen eine Vierpaßform auf.

Ungewöhnlicherweise trugen zwei Säulenkränze von jeweils acht Granitsäulen, die teilweise wieder aufgerichtet wurden, das Dach, wohl eine Holzkonstruktion; über dem mittleren Teil wird sich ein Tambour mit Fenstern erhoben haben. Der Haupteingang liegt im Westen, im Osten befindet sich eine kleine Nische mit einem Wasserzufluß in der Wand. Die Säulen dürften aus Ägypten importiert und von einem Bau der römischen Kaiserzeit übernommen worden sein; die Architravbalken waren an der Unterseite leicht bogenförmig geschwungen. Bei den Kapitellen handelt es sich um schlichte ionische Kämpferkapitelle, die ein Kreuz oder ein Blattornament als Schmuck tragen.

Die vorzüglich erhaltenen Fußbodenmosaiken zeigen sieben konzentrische Bänder mit reichen Ornamenten, in die teilweise Tiere eingefügt sind. Die Eingangsseite wird durch zwei Pfauen an einem großen Gefäß und zwei Hirsche an einem Kreuz besonders betont (vgl. Durres-Arapaj; s. Abb. 37). Das Mosaik steht in enger Verbindung zu Beispielen in der Hauptstadt von Epirus Vetus, Nikopolis, von der Buthrotum als Bischofssitz abhing. Das Baptisterium läßt sich aufgrund der Mosaiken wie die Basilika

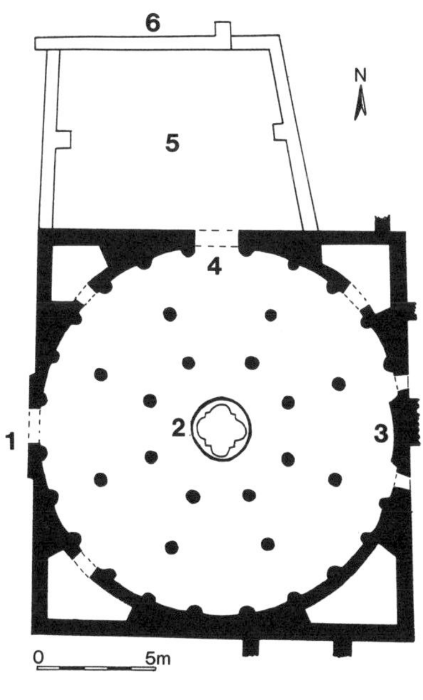

Butrint, Baptisterium, Grundriß: 1 Haupteingang 2 Piscina 3 Nische mit Wasserausfluß 4 Tür in Nebenraum Nr. 5 6 kleine Kapelle

A in Nikopolis in die 1. Hälfte des 6. Jh. datieren. Nördlich schließen sich ein trapezförmiger Raum und eine kleine Kapelle an. Bisher blieb unklar, ob das Baptisterium zu der großen Basilika, zum Trikonchos oder zu einer anderen, noch nicht ausgegrabenen Kirche gehörte.

Südlich vom Baptisterium steht, nahe an der Stadtmauer und in dichtem Gestrüpp, ein wohl mittelalterlicher Baukomplex, zu dem ein recht gut erhaltenes, **kreuzförmiges Gebäude,** vielleicht eine Kirche, gehört (18). Die vier Arme waren von Tonnen überwölbt, und über der Vierung erhob sich eine Kuppel, wie die erhaltenen Pendentifs zeigen.

Von der **Badeanlage des 2. Jh.** wurden einige Räume ausgegraben (19). Besonders schön sind hier die Fußbodenheizung (Hypokausten) in dem Heißbad (caldarium) zu erkennen.

In dem einst innen und außen mit Marmorplatten verkleideten Ziegelbau des 2. Jh. (20), einer aufwendigen **Brunnenanlage,** waren in den Nischen Marmorstatuen aufgestellt (Dionysos und Apollon gefunden, im Museum). Daneben haben sich einige Pfeiler des Aquäduktes erhalten, der Wasser von Süden aus der Nähe von Zara herbeibrachte und über den ›Kanal‹ hinwegführte (auf Münzen der Kaiser Augustus und Nero abgebildet).

Die **Basilika** (21) weist beträchtliche Ausmaße auf (Länge etwa 31 m, Breite 22,50 m) und gehört zu den am besten erhaltenen Beispielen ihrer Gattung im gesamten byzantinischen Bereich (s. Abb. 36). Sie hat drei durch Pfeiler getrennte Schiffe, ein weit ausladendes Querhaus und eine außen polygonal schließende Apsis. Wegen der großen Tür im Westen darf man wohl einen Narthex annehmen, der sich womöglich an die ältere Stadtmauer lehnte. Äußeres wie Inneres waren verputzt. Im Mittelschiff sind noch große Steinplatten des Fußbodenbelages zu sehen, doch hat es an einigen Stellen oder in einer anderen Phase auch Mosaiken aus kleinen Steinen gegeben. Reste des Templons liegen in der Apsis; sie ermöglichen es, die Kirche in die 1. Hälfte des 6. Jh. zu datieren.

Das Querhaus weist Parallelen zu mehreren Kirchen der Provinz Epirus Vetus auf, z. B. in der Hauptstadt Nikopolis, ist also eine dieser Landschaft eigentümliche Bauform; in

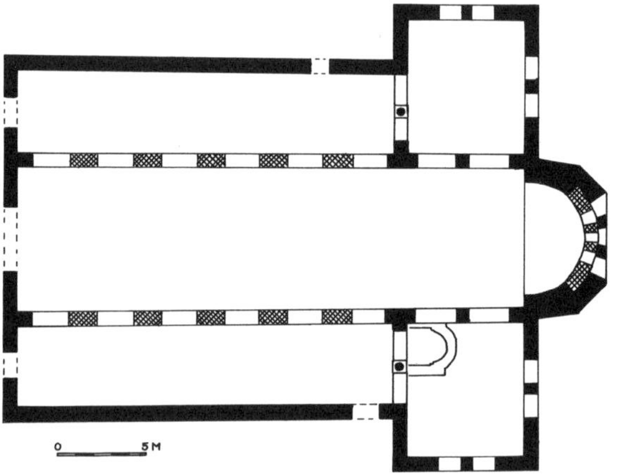

Butrint, frühchristliche Basilika, Grundriß

Butrint, frühchristliche Basilika, rekonstruierte Innenansicht nach Osten (mittelalterlicher Zustand)

Albanien begegnet es noch in Elbasan, Phoinike und Byllis. Pfeiler als Trennung der Schiffe finden sich in abgelegenen, provinziellen Bauten (in Butrint stellt sich die Frage, ob sie nicht überhaupt erst aus dem Mittelalter stammen).

Im Mittelalter (im 9./10. oder 12./13. Jh.?) scheint die Kirche teilweise zerstört und dann renoviert worden zu sein. Man führte die Pfeiler mit der Fensterzone des Mittelschiffs neu auf und veränderte die oberen Teile der Apsis mit den Fenstern und den reichen Ziegelornamenten. In noch späterer Zeit, nach Zerstörung der Basilika, wurde eine kleine Kapelle in den südlichen Querarm eingebaut.

Das überaus aufwendige ›**Tor mit Türmen**‹, eine der größten derartigen Anlagen der antiken Welt, wurde im 3. Jh. v. Chr. im Zusammenhang mit der neuen Mauer errichtet (22). Ein rechteckiger Turm im Westen und ein für Katapulte bestimmter, weit vortretender, halbrunder Turm im Osten schützten den Durchgang, der vorn mit einem Falltor und hinten mit einer Flügeltür versehen war.

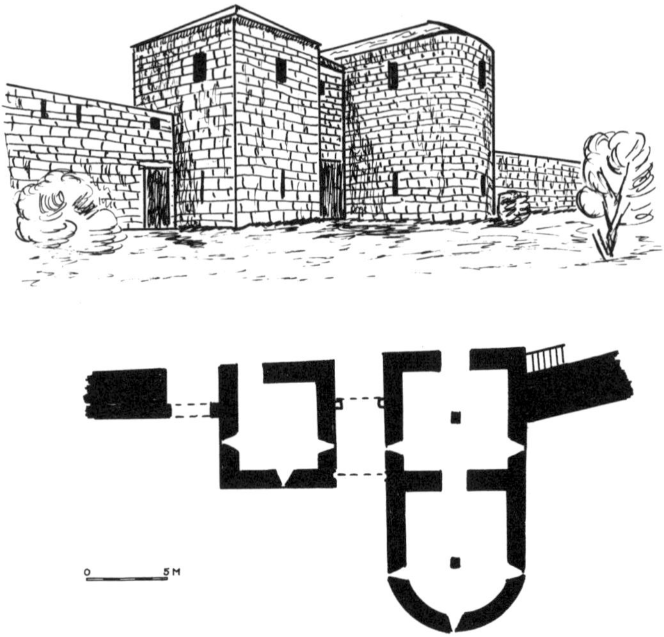

Butrint, ›Tor mit Türmen‹, Rekonstruktion und Grundriß

Die Mauern aus großen, sorgsam behauenen Quadern gehören zu einem **Wohnhaus** (23) des 2. Jh. v. Chr. Die kleine einschiffige, aus Bruchsteinen und viel Mörtel errichtete **Kapelle** mit gerundeter Apsis (24) bezeugt mittelalterliches Leben in Butrint.

Ostteil der Stadt

Das zur Befestigung des 4. Jh. v. Chr. gehörende **Seetor** nennt man in Anlehnung an die Schilderung Vergils ›Porta Scaea‹ (25; nach dem Skaiischen Tor an der Westseite Trojas, in der Ilias erwähnt). Das Tor in Butrint führte zum Hafen, von dem bisher keine Reste gefunden werden konnten. Es ist schmal und hoch und wird nur durch den südlichen Mauervorsprung geschützt; oben kragen gerundete Steine vor, die die horizontalen Steinbalken tragen. Hier und an der folgenden, hoch aufragenden Mauerpartie kann man besonders schön die buckeligen Steine erkennen, deren Ecken am Tor und am Mauervorsprung scharf abgesetzt und exakt gemeißelt sind.

Das **kaiserzeitliche Gebäude** (26) des 2. Jh. außerhalb des Mauerringes diente ursprünglich als Warenlager für den Hafen, der sich am Ufer des Sees entlangzog. In der Spätantike (5. Jh.?) wandelte man es in einen Grabbau um, indem im Inneren an einem zentralen Korridor zahlreiche längsrechteckige Gräber für Körperbestattungen in fünf Reihen übereinander angelegt wurden.

Das besonders eindrucksvolle **Löwentor** (27), von dem aus man einst zum Hafen gelangte, gehört zur Ummauerung des 4. Jh. v. Chr. und besaß ursprünglich eine ähnliche Form wie das Seetor mit seinen vorkragenden Steinen (s. Abb. 3 u. 21). Im 1. Jh. n. Chr. setzte man es weiter zu und fügte den reliefverzierten Türsturz ein; er zeigt einen Löwen, der einen Stier reißt, und dürfte aus dem späten 6. oder vom Anfang des 5. Jh. v. Chr. stammen. In der Kaiserzeit und noch später flickte man die Mauer am Löwentor vielfach aus, wie das unterschiedliche Mauerwerk augenfällig bezeugt.

Unmittelbar hinter dem Tor (28) ließ im 1./2. Jh. eine sonst nicht bekannte Iounia Roupheina, eine ›Freundin der Nymphen‹ (mindere weibliche Gottheiten, die u. a. Quellen beschützen), wie sie sich nennt, einen **Brunnen** ausgestalten, dessen 5 m tiefer Schacht zu einer Quelle hinabführt. Der Name der Stifterin steht in schön gemeißelten griechischen Buchstaben auf der Brüstung. Die Fresken an der Rückwand, die zwei Pfauen und einen Kantharos zeigten, sind beinahe ganz zerstört.

Akropolis

Durch dichtes Gestrüpp führt der Weg auf die Akropolis, die Stelle der ersten Siedlung und der Mauern des 6./5. Jh. v. Chr. (45 m ü. M.; 29). Ganz im Osten, schwer zu finden, liegen die Überreste einer frühchristlichen dreischiffigen Basilika mit Narthex, die möglicherweise im 5. Jh. entstand (30). Ihre Wände sind ungewöhnlich dick (etwa 1 m); Pfeiler, der mittlere in Form eines ›T‹, trennen die Schiffe voneinander; man hat deshalb vorgeschlagen, als Bedeckung steinerne Tonnengewölbe über den Schiffen und nicht die sonst übliche Holzkonstruktion zu ergänzen.

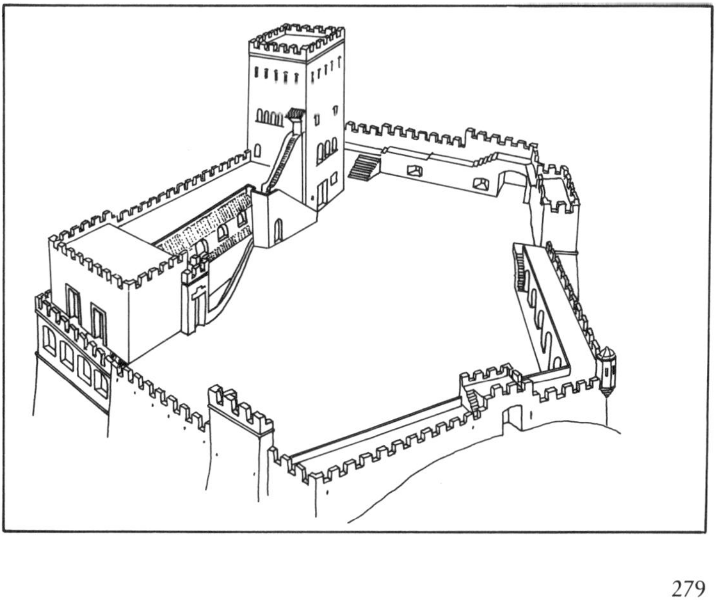

Butrint, mittelalterliche Festung, Rekonstruktionsskizze

Im Westen der Akropolis wurde im Mittelalter eine Festung mit unregelmäßigem, fünfekkigem Grundriß errichtet (31). Sie besteht aus einem gewaltigen Turm (Donjon), niedrigen Gebäuden sowie einer Ummauerung und könnte im 13. Jh., in der Zeit des Despotats von Epirus, aufgeführt worden sein. Die Italiener hielten die Burg für venezianisch und bauten sie als Museum für die Funde von Butrint teilweise neu auf.

Museum

Manche der bedeutenden Fundstücke aus den Grabungen von Butrint kamen in das Historische und das Archäologische Museum von Tirana, andere befinden sich jedoch noch hier (der Bau wird 1988/89 erweitert und danach die Ausstellung neu gestaltet).

In der Regel betritt man zunächst einen **kleinen Hof,** in dessen Umgang Marmorskulpturen stehen. Davon seien hervorgehoben: überlebensgroße *Statue eines Mannes* mit Untergewand und Mantel, die im Asklepios-Tempel gefunden wurde (s. Abb. 14); Kopf und Halsausschnitt waren getrennt gearbeitet und eingesetzt, sie sind aber verloren; der linke Arm war erhoben – die Hand stützte sich wohl auf einen Stab –, der rechte gesenkt; es könnte sich um eine Statue des Gottes handeln; Parallelen für diesen Typus kennen wir allerdings nicht, so daß es auch möglich wäre, daß ein Priester dargestellt ist, frühes 2. Jh.; sehr flüchtig gearbeitete *Statuen der Götter Apollon und Dionysos,* die zur Ausstattung des kleinen Nymphäums bei der frühchristlichen Basilika gehörten; Köpfe getrennt gearbeitet und eingesetzt; 2. Jh.; *Porträtstatue einer Frau* mit prächtiger Gewandung, einem fein gefältelten Chiton als Untergewand und einem umgeschlungenen Mantel; über der Stirn bilden die Haare zwei Reihen von Löckchen, die übrigen Haare sind zu einem Zopf zusammengenommen und fallen im Rücken herab; frühes 1. Jh.; *Statue einer Frau,* deren Oberkörper verloren ist, mit Untergewand und einem ungewöhnlich reich gefältelten Mantel, frühes 1. Jh.

Unter den Stücken, die im **Innenraum** ausgestellt sind, seien genannt: *Kopf einer Frau mit Diadem,* zum Einsetzen in eine Statue bestimmt, aus Phoinike, sehr lebendige Arbeit mit verschwimmender, weicher Oberfläche, wahrscheinlich 2. Jh. v. Chr.; *Kopf einer Frau,* zum Einsetzen in eine Statue bestimmt; die Nase war angestückt, vielleicht, weil sie bei der Arbeit oder später beschädigt worden war, frühes 1. Jh.; *Porträts des Augustus* (31 v. Chr. – 14 n. Chr.) *und seiner Frau Livia,* im Theater gefunden und zur Skulpturenausstattung des Baus gehörend, frühes 1. Jh. (s. Abb. 23 u. 24); *Statuette der laufenden Göttin Artemis,* Kopf, rechter Arm und rechtes Bein verloren, recht grobe Arbeit des 2. Jh.; stark beschädigtes *Kapitell,* das im unteren Teil einstmals einen korbartigen Überfall besaß; oben treten die Körper von vier nach außen gerichteten Vögeln vor; um die Mitte des 6. Jh. in Konstantinopel gearbeitet und nach Butrint exportiert, Zeugnis eines kostbar ausgestatteten Baus der Zeit.

Im **Garten** sind weitere kleine Fragmente ausgestellt. Von der Terrasse im Südwesten hat man eine schöne Aussicht auf den zum Meer führenden ›Kanal‹ und die griechische Insel Kerkyra (Korfu) im Hintergrund; von dem Gebäude im Süden ergibt sich ein hervorragender Blick hinab auf das Theater und die Bauten in seiner Umgebung.

Die Fahrt von Saranda an der Küste entlang nach Norden (›Albanische Riviera‹) gehört zu den landschaftlichen Höhepunkten einer Albanienreise. Ein Besuch der Sehenswürdigkeiten gestaltet sich hingegen etwas schwierig, da es in Vlora kein Hotel für ausländische Touristen gibt, man also zwischen Saranda und Durres nicht übernachten kann. In Borsh (Reste einer Festung des 4./3. Jh. v. Chr.) und Himara (Mauerzüge der Stadt aus dem 4./3. Jh. v. Chr.; Kirche der Heiligen Sergios und Bakchos, ein großer einschiffiger Saal, vielleicht 13./14. Jh.) wird man wohl nicht Station machen können. Dhermi weiter im Norden, oberhalb einer herrlichen Bucht mit breitem Sandstrand gelegen, würde einen Besuch lohnen.

Dhermi

Drei Kirchen bezeugen die Blüte des Dorfes in der Türkenzeit: die ehemals zu einem Kloster gehörende Marienkirche (Shen Meria), ein kleiner Kuppelbau des 13./14. Jh., der 1576 nach Westen erweitert wurde (Malereien mit Stifterbild und Datum); die Kirche der Hypapante (Ipapandi), ein einschiffiger Raum mit Fresken aus drei Phasen (17. Jh.; 1751; Mitte 19. Jh.);

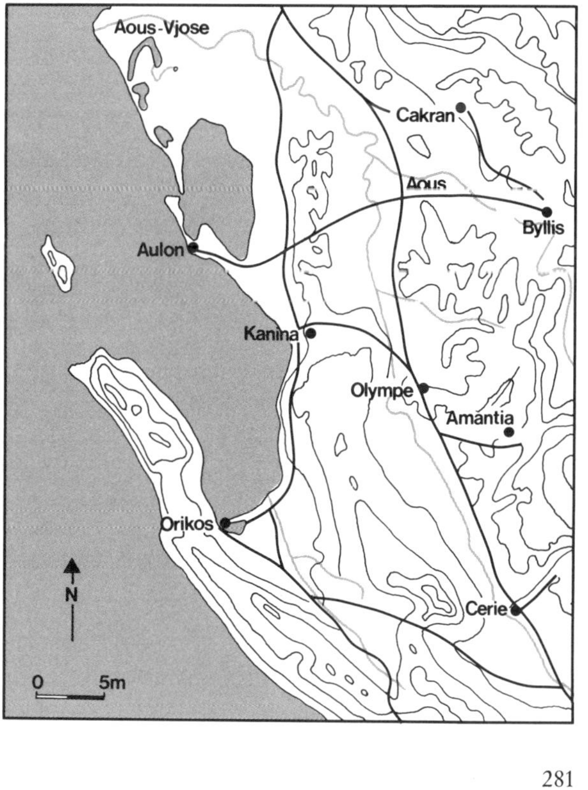

Golf von Vlora mit den antiken Orten

die kleine Kirche des hl. Stephanos (Shen Stefani), die unter anderem die Apsis eines älteren Baus wiederverwendet (Fresken vom 11./12. Jh.? und von 1856).

Bei der Weiterfahrt nach Norden erreicht man auf steilen Serpentinen den Llogara-Paß (1055 m ü. d. M.) inmitten eines herrlich bewaldeten und zum Naturpark erklärten Gebietes. Die Straße führt sodann hinunter an den Golf von Vlora. Im Westen ragt die Akrokeraunische Halbinsel (Karaburun) auf, die den Golf nach Westen abschirmt. Weiter im Nordwesten sieht man die Insel Sazan.

Im Gebiet des Golfes von Vlora liegen verschiedene sehenswerte Orte: Aus der Antike stammen die griechische Gründung Orikos, die illyrische Stadt Amantia mit ihrem Hafen Kanina, die illyrische Siedlung Olympe sowie die Hafenstadt Aulon. Aus frühchristlicher Zeit seien die Basilika von Amantia, aus dem Mittelalter die Kirchen in Marmiro und Zvernec genannt. In der Türkenzeit schließlich stand seit dem 16. Jh. Vlora als Hafenzentrum des gesamten Gebietes in hoher Blüte.

Marmiro, Zoodochos Pege

Die kleine, der Maria geweihte Kirche erhebt sich im Süden des Golfes von Vlora in etwa 3 km Entfernung von Orikos einsam auf einem Hügel. Sie vertritt den Typus des ›Freien Kreuzes‹, hat einen runden, sehr hohen Kuppeltambour und schlichte Außenwände, in die unregelmäßig Ziegel (teilweise wiederverwandtes antikes Material) eingesetzt sind. Das spricht dafür, den Bau in das frühe 10. Jh., also an den Beginn der mittelbyzantinischen Phase, zu datieren. Die geringen Reste der Fresken zeugen von hoher Qualität (frühes 14. Jh.?). Zu unbekannter Zeit entstanden die Stützmauern an der Kirche und das kleine Kloster.

Marmiro, Kirche der Zoodochos Pege, Ansicht von Südosten

Orikos (Orikon) – Oricum

Nach der Überlieferung gründeten im 6./5. Jh. v. Chr. griechische Siedler von der Insel Euböa die Stadt im südlichen Winkel des Golfes von Vlora (derzeit nicht zugänglich). Im römischen Bürgerkrieg diente sie Caesar als Flottenstützpunkt. Bei Grabungen scheinen bisher nur Reste der Mauern (4./3. Jh. v. Chr., Ausbesserungen aus dem 4.–6. Jh.) und eines kleinen Theaters mit etwa 600 Sitzplätzen (1. Jh.) zutage gekommen zu sein.

Kanina

Die Siedlung liegt an einem Verbindungsweg zwischen dem Golf von Vlora und dem Tal des Vlora, eines Nebenflusses der Vjosa, etwa 2 km vom Meer entfernt auf einem Hügel inmitten eines fruchtbaren Gebietes. Wahrscheinlich handelt es sich um ›Amantia am Meer‹, die Hafensiedlung von Amantia und des Koinons der Amantier; möglicherweise wurde der Ort auch zeitweise Thronion genannt, ein Name, der uns in Quellen überliefert ist. Umfangreiche Teile der Mauern aus mehreren Bauphasen blieben erhalten (4./3. Jh. v. Chr.; Mitte des 6. Jh. unter Justinian; 10./11. Jh. unter den Byzantinern; 13. Jh. unter den Anjous; 16. Jh. unter den Türken). Während Aulon über viele Jahrhunderte hinweg das Handelszentrum des Golfes von Vlora gewesen zu sein scheint, war Kanina wohl der politische und militärische Mittelpunkt. Erst nach dem Bau der Festung in Vlora (1531) verlor es seine Bedeutung.

Mavrove – Olympe

Die Reste auf dem Hügel von Mavrove, der am Vlora liegt, am Wege von Aulon über Kanina nach Amantia, konnten an Hand von Münzen und eines Ziegelstempels mit Olympe identifiziert werden, das in dem geographischen Katalog des Stephanos von Byzanz (6. Jh.) genannt wird und nach Amantia die zweitgrößte Stadt des illyrischen Stammes der Amantier war. Bei den bisherigen Ausgrabungen fand man einige wenige sehr alte Reste (10./9. Jh. v. Chr.), Teile der Stadtmauer (Ende 5. oder Anfang 4. Jh. v. Chr.) sowie einige Terrakotten, Bronzen und Münzen; die Stadt scheint, nachdem die Römer 168 v. Chr. Illyrien, Epirus und Makedonien erobert hatten, vollständig an Bedeutung verloren zu haben.

Vlora

Die recht junge Stadt verfügt über eine hervorragend geschützte Lage in der großen Bucht, die das akrokeraunische Vorgebirge (Karaburun) und die Insel Sazan bilden. Die antike Vorgängerin, Aulon, liegt etwas weiter in Richtung Nordwesten bei Treport. Allerdings haben Grabungen im Jahre 1988 in der Nähe der Muradie Moschee Reste einer Befestigungsanlage des 6. Jh. zutage gebracht, bei der es sich vielleicht um jene Gründung der Einwohner von Apollonia handelt, die im 6. Jh. ihre Stadt wegen der Versandung des Hafens verlassen mußten.

Im 16. Jh. errichteten die Osmanen unter Sultan Süleyman dem Prächtigen eine große Festung, wahrscheinlich während seines Aufenthaltes in Vlora im Jahre 1531 (ein Achteck

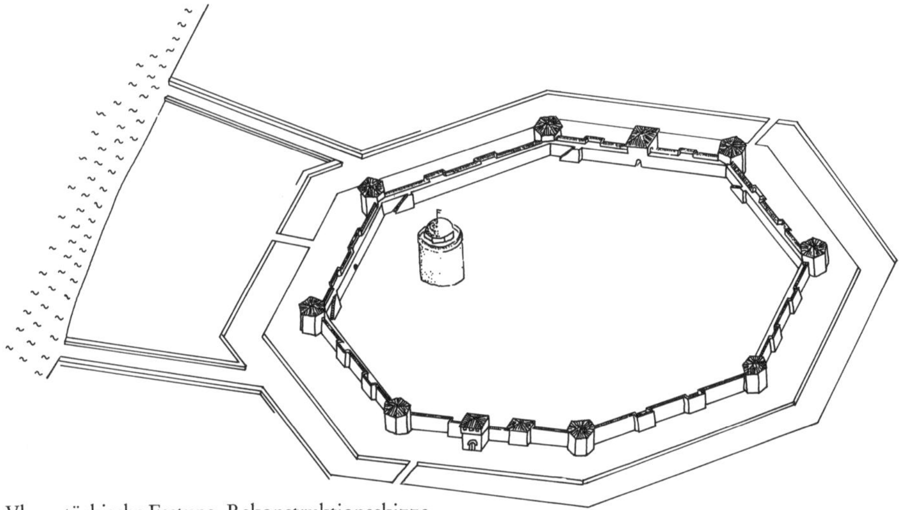

Vlora, türkische Festung, Rekonstruktionsskizze

von 90 m Seitenlänge, von einem Graben umgeben, der durch einen Kanal mit dem Meer in Verbindung stand). Sie sollte zusammen mit einigen Werften als Basis für einen Eroberungszug über die Adria nach Italien dienen. Das Baumaterial stammte, wie Quellen berichten, aus Treport. Der mächtige Turm im Inneren wurde 1542 unter der Leitung des Architekten Sinan, des bedeutendsten osmanischen Baumeisters, aufgeführt (etwa 20 m hoch, sieben Stockwerke; Reste kürzlich gefunden). Im Jahre 1906 wurden die noch großenteils aufrecht stehenden Mauern und der Turm abgerissen, um in einer Straße von der Stadt zum Hafen verbaut zu werden. Die Anlage läßt sich dennoch nach alten Beschreibungen, Zeichnungen, Stichen und einigen schlechten Photographien in einer Skizze rekonstruieren.

In Vlora wurde am 28. November 1912 die Unabhängigkeit Albaniens proklamiert, woran ein großes Denkmal auf dem Hauptplatz erinnert. Die türkenzeitliche Stadt wurde durch die Weltkriege und ein Erdbeben weitgehend zerstört.

Die **Muradie Moschee** (Xhamija e Muradies) vertritt den Einkuppel-Typus und zeichnet sich durch die saubere Schichtung von Quadern und Ziegeln aus; das Minarett besteht sogar gänzlich aus Quadern. Die hölzerne Vorhalle an der Eingangsseite fehlt heute. Der Bau entstand möglicherweise um die Mitte des 16. Jh. Man hat die Hypothese aufgestellt, Sinan hätte ihn entworfen und aufgeführt, als er auch den Turm in der Festung errichtete; im Vergleich zu gesicherten Bauten des Architekten in Istanbul und auch in der Provinz läßt sich dies jedoch nicht beweisen.

Nach der Restaurierung dient die Moschee nun als **Museum** für die Kulturdenkmäler des Bezirks von Vlora. Zu sehen sind Photographien und Pläne bedeutender Monumente, dazu einige Modelle, beispielsweise der Festung von Vlora mit dem 1542 von Sinan errichteten Turm sowie – leider in Details falsch – der Kirche von Marmiro aus der 1. Hälfte des 10. Jh. Unter den wenigen originalen Funden sticht ein kleines, lebendig gearbeitetes Relief hervor, das eine nach rechts gerichtete Chimaira zeigt (ein Mischwesen aus der griechischen Mythologie, das aus einem Löwen mit dem Schwanz einer Schlange und dem oben aus dem Rücken herauswachsenden Hals und Kopf einer Ziege besteht); rechts der Halbsäule ist nach den Resten der Held Bellerophon zu ergänzen, der, auf dem Flügelpferd Pegasos reitend, die Chimaira bekämpft (3./2. Jh. v. Chr.; s. Abb. 6).

Treport

Im Gebiet des antiken Aulon wurden in den letzten Jahren etwa nordwestlich der heutigen Stadt bei Treport Ausgrabungen begonnen (derzeit nicht zugänglich). Es lassen sich – neben ganz geringen prähistorischen Resten – drei Phasen scheiden: 1. die Besiedlung scheint im 4. Jh. v. Chr. einzusetzen, Aulon fungierte als Hafenort von Byllis; 2. Ende 3. Jh. bis Mitte 2. Jh. v. Chr. besaß die Stadt ihre größte Ausdehnung; 3. von der Mitte des 2. Jh. bis zum 1. Jh. v. Chr. war sie wohl zu einem bloßen Hafenplatz herabgesunken. Aus späterer Zeit existieren bisher nur wenige Reste; Aulon muß aber auch in der Spätantike bedeutend gewesen sein; denn als der Hafen von Apollonia verlandete und die Bewohner die Stadt im 6. Jh. verließen, wurde Aulon Ausgangspunkt des südlichen Zweiges der Via Egnatia und Bischofssitz. Neueste Grabungen in Vlora, die fortgesetzt werden sollen, brachten Reste einer Ummauerung zutage, die in das 6. Jh. datiert werden. Vorläufig muß offen bleiben, ob das ›Aulon‹ dieser Zeit in Vlora und nicht, wie bisher angenommen, in Treport zu suchen ist.

Amantia

Die Stadt liegt inmitten fruchtbaren Ackerlandes an der Verbindungsstraße vom Golf von Vlora in das Tal der Vjosa auf einem schmalen, langgestreckten Bergrücken, ist also eine jener typisch illyrischen Höhensiedlungen (Länge etwa 500 m, Breite 50–60 m). Der Koinon der Amantier (oder Amanten), deren Gebiet einen Landstreifen zwischen Himara und Borsh im Süden und dem Golf von Vlora im Norden bis hin zur Vjosa im Osten umfaßte, hatte hier seinen Hauptsitz. Die Stadt muß historischen Quellen zufolge schon um 350 v. Chr. bestanden haben.

Die Mauern stammen weitgehend aus dieser Zeit, nur die große Toranlage im Norden wurde erst später verstärkt. Offensichtlich hat man mehrere Techniken gleichzeitg verwandt: rechteckige Quader, trapezförmige Quader, vieleckige (polygone) und gerundete Steine (›Kurvenpolygonal‹). Es gab vier Schlupfpforten und im Norden eine große Bastion mit zwei Toren. Türme waren nicht vorhanden, nur Mauervorsprünge, die strategisch denselben Zweck erfüllten, und sägezahnförmig abgestufte Partien. Besonders schön ist die

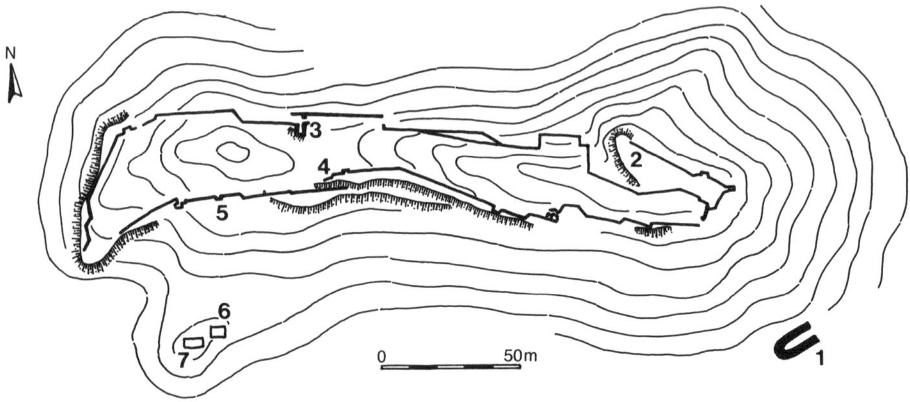

Amantia, Plan der Stadt: 1 Stadion 2 Akropolis 3 Bastion im Norden mit zwei Toren 4 vermutete Lage eines Tempels 5 besonders gut erhaltener Teil der Mauern, mit Steinen in Kurvenpolygonal 6 frühchristliche Basilika 7 Tempel

Mauer im Südwesten erhalten (5). Eine Art Akropolis – ohne eigene Befestigung – lag im Osten (2), eine Terrasse, auf der man einen Tempel vermutet, in der Mitte (4; dort steht noch eine Säulentrommel, es gibt aber keine Fundamente). Verschiedene Ausarbeitungen im Fels dürften auf den Bau von Häusern hindeuten.

Im Südosten, außerhalb der Stadt, liegt an einem größeren Platz das Stadion, in dem sportliche Wettkämpfe wie Laufen, Ringen, Speerwerfen, Diskuswerfen und Boxkampf stattfanden (1; Länge 55 m, Laufbahn 12,25 m breit). Auf der Westseite sind 17, auf der Ostseite 8 Sitzreihen angebracht; es gab etwa 4000 Sitzplätze. An den Steinen erkennt man verschiedene griechische Buchstaben (Werkstattmarken?), ferner Personennamen (z. B. LYSAN …; vielleicht stifteten die Genannten Geld für den Bau). Das Stadion entstand wahrscheinlich im 3. Jh. v. Chr. und blieb bis in das 3. Jh. n. Chr. in Benutzung.

Etwa 150 m südwestlich der Ummauerung befinden sich tief unterhalb der Stadt auf einer ovalen Terrasse die Reste eines Tempels und einer frühchristlichen Basilika (7 und 6). Der recht kleine Tempel (Länge unten an den Stufen 18,36 m, Breite 6,70 m) ist sehr schlecht erhalten, so daß eine Rekonstruktion Probleme aufwirft. Im Westen und Osten standen jedenfalls jeweils vier Säulen dorischer Ordnung an der Front. Aus dem Giebel kommt wahrscheinlich eine lagernde weibliche Gestalt aus Marmor (Archäol. Museum in Tirana). Der Tempel stammt möglicherweise aus dem späten 3. oder 2. Jh. v. Chr., wurde im 1./2. Jh. erneuert und im frühen 6. Jh. in Teilen in der Basilika wiederverwandt.

Die verhältnismäßig kurze und breite Basilika verfügt über einen Narthex mit Nebenräumen im Norden und Süden, drei Schiffe und eine große, halbrunde Apsis. Je vier Säulen trennten die Schiffe; es ist unklar, ob Emporen vorhanden waren. Reste der Ausstattung aus Kalkstein und angeblich teilweise auch aus Marmor (Schrankenplatten vom Templon, Altar,

Ambo; einige Stücke im Archäol. Museum in Tirana) erlauben eine Datierung der Kirche in die 1. Hälfte des 6. Jh.

Zvernec, Marienkirche (Shen Meria)

Das ursprüngliche Kloster liegt inmitten üppiger Vegetation auf einer kleinen Insel im See Narte, nördlich von Vlora. Die Klostergebäude stammen aus neuerer, die Kirche jedoch wohl aus spätbyzantinischer Zeit (13./14. Jh.; Länge etwa 11 m, Breite 6,50 m); später erweiterte man sie durch einen Vorraum und eine offene Säulenhalle (18. Jh.?). Es handelt sich um ein ›Freies Kreuz‹ mit leicht gelängtem westlichem Arm, dem ein Narthex vorliegt. Die recht dicken Mauern bewirken, daß die Kreuzform im Außenbau wenig in Erscheinung tritt. Die Wände werden durch Blendbögen gegliedert, der runde und schmucklose Kuppeltambour wird von vier Fenstern durchbrochen. In der Kirche findet sich im südlichen Kreuzarm ein klassizistischer Grabstein mit Totenkopf, außen im Südosten ein weiterer, sehr gut erhaltener Grabstein mit der Büste einer Frau (beide 19. Jh.).

Nachwort

Albanien hat eine große Anzahl bedeutender Monumente aus vielen Jahrhunderten seiner Geschichte bewahrt. Im vorliegenden Führer wird versucht, die wichtigsten Bauten und Museen für alle diejenigen zugänglich zu machen, die an Kunst interessiert sind. Es werden Stätten berücksichtigt, die von Reisenden auf gängigen Routen besucht werden konnen, dazu – zur Abrundung des Bildes – in Auswahl einige weitere, die im Augenblick noch nicht erreichbar sind.

Ohne die ausdauernde und nachhaltige Hilfe von albanischer Seite hätten die vorliegenden Texte nicht geschrieben werden können. Zwei Exkursionen mit Studenten ermöglichten den Besuch auch abgelegener Orte und Monumente. Während zweier Einladungen durch das Institut für Denkmalpflege und das Ministerium für Kultur und Kunst im Juni 1987 und Juli 1988 konnten viele der Objekte studiert und photographiert werden.

Der besondere Dank des Verfassers richtet sich an die Regierung der SVR Albanien, das Ministerium für Kultur und Kunst, die Akademie der Wissenschaften, das Institut für Denkmalpflege, das Archäologische Zentrum und Albturist in Tirana sowie an die Damen und Herren der örtlichen Denkmalsämter, die die ihnen anvertrauten Monumente bereitwillig zugänglich machten und jegliche Hilfe gaben.

NACHWORT

Apollon Baçe begleitete den Verfasser auf vier Reisen in den Jahren 1986, 1987 und 1988, ebnete viele Wege, ermöglichte den Besuch abgelegener Orte und gab viele Hinweise, vor allem zu den antiken Bauten, die in die Texte aufgenommen worden sind. Desgleichen begleitete Gjerak Karaiskaj, insbesondere Kenner der Befestigungsanlagen, vier Reisen in den Jahren 1982, 1984, 1987 und 1988. Beide Wissenschaftler zusammen sahen im Januar und Februar 1988 in Marburg sowie im Juli 1988 in Durres Teile des Manuskripts durch. Aleksander Meksi verdanken wir zahlreiche Hinweise zu den frühchristlichen und mittelalterlichen Kirchen.

Ganz besonderer und herzlicher Dank gilt auch den Mitarbeiterinnen und Mitarbeitern in Marburg: Rosemarie Berghöfer schrieb – ohne Rücksicht auf ihre Dienstzeiten – mit großer Umsicht das Manuskript und fügte die vielfachen Korrekturen ein; Rainer Althaus sah es durch und gab Ergänzungen; Katja Schimanski widmete sich mit Hingabe dem Protokoll unserer Exkursion vom Juli 1987, durch das auch viel Material für diesen Führer erarbeitet wurde; Andrea El-Danasouri zeichnete nach den Vorschlägen des Verfassers und Katja Schimanskis mit größter Sorgfalt die Skizzen, Pläne und Grundrisse sowie die Schemata zur Gliederung der Wandmalereien, von denen eine Anzahl im vorliegenden Führer aufgenommen werden konnte; Heidemarie Koch war auf allen Reisen mit dabei; ihr sind viele Beobachtungen zu verdanken; sie sah sämtliche Texte mehrfach durch, fertigte eine größere Anzahl von Zeichnungen an und trug in andere Ergänzungen ein, die sich während der Reise im Juli 1988 ergaben.

Frank Rainer Scheck gab die Anregung, diesen Führer zu schreiben; für die verständnisvolle Zusammenarbeit und vielfache Unterstützung sei ihm und den Mitarbeitern des DuMont Buchverlages, vor allem Frau Dr. Susanne Tschirner und Herrn Hans-Günter Semsek, auch an dieser Stelle gedankt.

Marburg, im Sommer 1989 — Guntram Koch

Praktische Reisehinweise

Landeskundlicher Überblick

Name des Landes

Die Bezeichnung ›Albanien‹ ist verhältnismäßig neu und wird vor allem außerhalb des Landes benutzt. Sie geht zurück auf die ›Albanoi‹, einen illyrischen, im mittleren Albanien siedelnden Stamm, der in griechischen Quellen auftaucht, zuerst bei dem Geographen Ptolemaios von Alexandria im 2. Jh. Hauptstadt dieses Stammes war Albanopolis, die ›Stadt der Albanoi‹, die möglicherweise mit Zgerdhesh (nördlich von Tirana), eher wohl mit Persqop (südlich von Tirana) gleichzusetzen ist. In den Quellen erscheinen seit 1043 die ›Albanoi‹ oder ›Arvanitoi‹.

Offiziell heißt Albanien ›Shqiperia‹ bzw. nach der neuen Verfassung vom Jahre 1976 ›Republika Popullore Socialiste e Shqiperise‹, also ›Sozialistische Volksrepublik Albanien‹, abgekürzt RPSSh. Der Bewohner Albaniens ist ein ›Shqiptar‹, was sich von ›shqipe‹ (deutlich) – wahrscheinlich nicht von ›shqipe‹ (Adler) – ableitet. Als ›shqip‹ wurde, wie sich seit dem 16. Jh. nachweisen läßt, nur die Sprache bezeichnet. Zu unbekannter Zeit, zumindest aber seit dem 18. Jh., setzten sich dann Shqiptar und Shqiperia durch.

Die Fahne des Landes zeigt einen schwarzen Adler mit zwei Köpfen auf rotem Grund und darüber einen gelben Stern. Sie läßt sich auf die Fahne des albanischen Freiheitshelden Skanderbeg zurückführen und ist damals aus Byzanz übernommen worden.

Lage und Größe

Albanien liegt auf dem Balkan und wird im Norden und Nordosten von Jugoslawien, im Südosten und Süden von Griechenland und im Westen von der Adria und dem Ionischen Meer begrenzt. Die Karaburun-Halbinsel im Süden trennt von Italien nur die 72 km breite Straße von Otranto. Die Küstenlinie beträgt etwa 470 km, die größte Ausdehnung von Norden nach Süden etwa 340 km, von Ost nach West etwa 150 km. Albanien erstreckt sich zwischen 39° 38′ und 42° 39′ nördlicher Breite und 19° 16′ und 21° 4′ östlicher Länge. Es umfaßt eine Fläche von 28748 km^2 und ist damit etwas kleiner als Nordrhein-Westfalen.

Landschaftsräume

Albanien ist ein sehr gebirgiges Land und wird von tiefen Einschnitten durchzogen; 76,7% der Fläche liegen höher als 200 m ü. d. M. Die Bergketten verlaufen meist von Nordwesten nach Südosten; in den Tälern, entlang der Flüsse, ziehen sich die Straßen hin. Vier Regionen lassen sich unterscheiden: die Albanischen Alpen, das Zentrale und das Südliche Bergland sowie das Westliche Flachland.

Die Alpen nehmen den Norden des Landes bis zum Drin in Höhe von Shkodra ein. Ihr höchster Berg ist mit 2694 m der Jezerca. Als charakteristisch für diese überaus waldreiche Region kann der große Kontrast zwischen den steilen Bergen und den tief eingeschnittenen, schmalen Tälern gelten.

Im Zentralen Bergland, das vom Drin-Tal im Norden bis etwas südlich von Elbasan im Süden reicht, sind die Höhenunterschiede nicht so ausgeprägt, die Täler breiter und die Übergänge sanfter. Der Ochrid- und der Prespa-See, die nur teilweise zu Albanien gehören, liegen in diesem Gebiet, dessen höchster Berg der Korab mit 2751 m ist.

Das Südliche Bergland stößt bis zum Ionischen Meer vor, wodurch sich landschaftlich sehr reizvolle Strecken an der Küste zwischen Dhermi und Saranda ergeben, die die ›Albanische Riviera‹ genannt wird. Der höchste Berg hier ist mit 2489 m der Papingu. Weite Teile des Zentralen wie des Südlichen Berglandes wurden aufgeforstet, zum Teil mit Laub- und Nadelhölzern, im Süden und in der Nähe der Küste auch mit Ölbäumen und Zitrusfrüchten.

Längs der Adria-Küste erstreckt sich das Westliche Flachland, das etwa 200 km lang und bis zu 50 km breit ist. Die zahlreichen Flüsse und Bäche, die aus dem Bergland kommen und in der Regel auch im Sommer Wasser führen, verleihen ihm seine große Fruchtbarkeit.

Zu Albanien gehören ein Teil des Sees von Shkodra (See von Scutari) im Norden, des Ochrid- und des Prespa-Sees im Osten sowie eine Reihe weiterer, kleinerer Seen, darunter der See von Butrint. Unter den Flüssen besitzt der Drin im Norden die größte Bedeutung für die Volkswirtschaft, denn hier entstanden drei Stauseen mit Wasserkraftwerken, weitere sollen noch folgen. Auch an anderen Flüssen baute man Stauseen, die zum einen der Erzeugung von Elektrizität, zum anderen aber auch der Bewässerung des Ackerlandes dienen. Unter den wichtigeren Flüssen seien ferner der Shkumbin genannt, der ungefähr in der Mitte des Landes von Ost nach West fließt, der Osum und die Vjosa mit dem Nebenfluß Drino, die von Süden kommt und nördlich von Vlora das Mittelmeer erreicht.

Verwaltungseinteilung

Albanien ist verwaltungsmäßig in 26 Bezirke mit unterschiedlicher Größe und Bevölkerungszahl eingeteilt, bei deren Festlegung man sich an geographische, wirtschaftliche und historische Gegebenheiten gehalten hat; in der Bezirkshauptstadt liegt jeweils das Verwaltungszentrum. Insgesamt gibt es in Albanien 66 Städte und 2701 Dörfer, die zu 444 ›vereinigten Dörfern‹ zusammengeschlossen sind.

Die Hauptstadt Tirana zählt etwa 250000 Einwohner. Weitere wichtige Städte sind Shkodra (etwa 80000 Ew.), Durres (etwa 80000 Ew.), Lushnja (etwa 25000 Ew.), Elbasan (etwa 70000 Ew.), Korça (etwa 60000 Ew.), Berat (etwa 40000 Ew.), Fier (etwa 40000 Ew.), Vlora (etwa 65000 Ew.), Gjirokastra (etwa 25000 Ew.) und Saranda (etwa 15000 Ew.).

Klima

Albanien gehört zwar zur mediterranen Klimazone, die klimatischen Bedingungen variieren jedoch stark, da das Land teilweise sehr bergig und stark zerklüftet ist.. Im Westlichen Flachland herrschen im Sommer warme bis heiße Temperaturen, man kann mit etwa 30–35°C rechnen (als Ausnahme wurden einmal im Juli 44°C gemessen); die Winter sind mild, Frost tritt nur selten auf. Im Bergland kann es in geschützten Gegenden auch im Sommer 25–30°C heiß werden, aber schon abends kühlt es sich in der Regel stark ab; im Winter sinken die Temperaturen teilweise bis weit unter 0°, und es kann, je nach Lage und Höhe, auch über längere Zeit hinweg Frost herrschen.

Von den ausreichenden Niederschlägen (1300 mm im Jahr) gehen 40% im Winter nieder, an der Küste als Regen, im Binnenland und in den Bergen auch als Schnee. Für den Reisenden ist es wichtig zu wissen, daß auch im Sommer – also auch im Juli, August oder September – ein oder zwei Regentage vorkommen können. Insgesamt gibt es jedoch im Sommerhalbjahr recht wenig Bewölkung.

Flora und Fauna

Dank der relativ hohen Niederschlagsmenge gibt es in Albanien eine reiche Pflanzenwelt, die sich wegen der starken Höhenunterschiede überaus vielseitig aufgliedert. Im Westlichen Flachland findet sich eine typisch mediterrane Flora, im Bergland dagegen begegnen häufig Pflanzen, die man sonst eher in nördlicheren Regionen des Balkans und Europas antrifft. Große Wälder bedecken insgesamt etwa 40% der Oberfläche Albaniens.

An landwirtschaftlichen Erzeugnissen werden vor allem Getreide (Weizen, Roggen, Mais, Reis), Baumwolle, Sonnenblumen, Tabak, Zuckerrüben, Obst (Äpfel, Pflaumen, Kirschen, Edelkastanien, Feigen), Walnüsse, Tomaten, Bohnen, Paprika, Auberginen, Oliven, Wein und Zitrusfrüchte produziert.

Auch die Tierwelt soll in Albanien relativ vielfältig sein; es werden genannt: Bären, Luchse, Wölfe, Schakale, Wildschweine, Wildziegen, Rehe, Füchse, Hasen, Fischotter, Federwild (Rebhühner, Wachteln, Auerhähne, Fasane, Adler) und Schwimmvögel (Wildenten, Wildgänse, Pelikane). Der Reisende wird aber in der Regel kaum Gelegenheit haben, sich davon einen Eindruck zu verschaffen.

Bevölkerung

Die Volkszählung im Jahre 1979 ergab 2594600 Einwohner, 1983 waren es schon 2870000, im Jahre 1986 wurde die 3-Millionen-Grenze überschritten. Die Bevölkerungsdichte beträgt jetzt etwas über 100 Einwohner pro km^2. Bei der ersten Volkszählung im Jahre 1923 waren es dagegen nur 817378 Einwohner, die Bevölkerungsdichte betrug 30 Einwohner pro km^2. Der Bevölkerungszuwachs hat sich besonders nach dem Zweiten Weltkrieg enorm gesteigert, derzeit beträgt er etwa 2,5% jährlich. Die Albaner sind stolz auf ihre hohen Geburten – (28 pro 1000 Ew.) und niedrigen Sterblichkeitsraten (6 pro 1000 Ew.), ferner auf die hohe Zahl der Eheschließungen (1981: 9 auf 1000 Ew.).

Die durchschnittliche Lebenserwartung beträgt heute 70 (gegenüber nur 38 im Jahre 1938), das Durchschnittsalter 26 Jahre. Damit ist Albanien das Land mit dem niedrigsten Durchschnittsalter in Europa. Etwa 35% der Einwohner sind jünger als 15 Jahre, nur 7% älter als 60 Jahre. Etwa 34% der

Bevölkerung leben in Städten, 66 % auf dem Lande.

Der weitaus größte Teil der Einwohner sind Albaner. Im Süden des Landes lebt eine griechische Minderheit, die über eigene Schulen und eine pädagogische Hochschule zur Ausbildung der Lehrer verfügt. Aus den 30er Jahren wird noch von anderen Minderheiten wie Aromunen, Bulgaren, Bosniern und Serben berichtet, die etwa 5 % der Bevölkerung ausgemacht haben sollen. Es ist jedoch nicht festzustellen, ob sie heute noch existieren.

Durch die Grenzziehung von 1912/13 blieb ein erheblicher Teil der Albaner außerhalb des Staatsgebietes. Eine große Minderheit ist in Jugoslawien vorhanden (von albanischer Seite wird eine Zahl von 2 Millionen angegeben): Die autonome Provinz Kosovo ist überwiegend albanisch besiedelt; Albaner wohnen auch in Montenegro, in Serbien und in der Republik Makedonien. Albanische Besiedlung findet sich auch in Griechenland, vor allem westlich des Pindos-Gebirges in Epirus sowie in Attika und der Argolis. Darüber hinaus gibt es noch manche verstreute albanische Dörfer auf der Peloponnes, auf Euböa und auf den Inseln Hydra, Poros, Spetsai und Salamis. Offizielle Angaben dazu sind nicht bekannt. Es läßt sich also nicht feststellen, in welchem Umfang dort derzeit noch Albanisch gesprochen wird.

Im 15. und 16. Jh., also während und nach der osmanischen Eroberung des Landes, wanderten viele Albaner nach Süditalien und Sizilien aus, die sogenannten ›Arbereschen‹. Noch heute gibt es in Kalabrien, Apulien und Sizilien eine Reihe von Dörfern und Städten, in denen Albanisch gesprochen wird. Die Zahl dieser Albaner wird auf etwa 250 000 geschätzt. In osmanischer Zeit wurden zudem viele Albaner im Gebiet der heutigen Türkei angesiedelt; hier sei beispielsweise an Arnavutköy erinnert, das ›Albaner-Dorf‹ am Bosporus bei Istanbul. Die Türken setzten sie gern als Soldaten und Polizisten ein, und viele haben es in der osmanischen Verwaltung zu höchsten Ämtern gebracht – so sind aus der Familie Köprülü viele Wesire der osmanischen Sultane hervorgegangen. Wir wissen jedoch nicht, ob heute in der Türkei in den ehemals albanischen Dörfern noch Albanisch gesprochen wird.

In diesem Jahrhundert emigrierten Albaner auch in die USA; sie bemühen sich dort noch heute, ihre Sprache und Kultur zu bewahren, obwohl sie weit verstreut leben. Auch in der Bundesrepublik gibt es eine größere, allerdings nicht genau bekannte Zahl von Albanern; sie kamen als Gastarbeiter aus dem Kosovogebiet und gelten offiziell als Jugoslawen.

Sprache

Das Albanische, das heute vielfach auf das Illyrische zurückgeführt wird, gehört zur indoeuropäischen Sprachfamilie. Es läßt sich jedoch keiner der großen Gruppen – Slawisch, Germanisch, Romanisch – zuweisen, sondern scheint, wie beispielsweise auch das Griechische, eine eigene Sonderform zu bilden.

Die Sprache ist erst relativ spät schriftlich belegt. Das älteste Dokument, eine ›Tauf-formel‹ von 1462 – also aus der Zeit Skanderbegs – wurde vom Erzbischof von Durres, Palengjelli, in lateinischen Buchstaben geschrieben. Das älteste bisher bekannte Buch in albanischer Sprache ist ein ›Meßbuch‹ von Gjon Buzuku aus dem Jahre 1555. Von 1635 stammt dann ein ›Lateinisch-albanisches Wörterbuch‹ des Frang Bardhi. Während der Türkenzeit war es kaum möglich, das Albanische als Schriftsprache zu benutzen. Erst im Zuge der ›albanischen Wiedergeburt‹ wurde 1887 die erste albanische Schule gegründet, und auf dem Kongreß von Manastir legte man im Jahre 1908 ein Alphabet in lateinischen Buchstaben mit einer Reihe von Sonderzeichen fest.

Es lassen sich zwei Dialektgruppen unterscheiden, das Gegische im Norden und das Toskische im Süden; die Sprachgrenze folgt dem Fluß Shkumbin. Lehnwörter stammen vor allem aus dem Türkischen, Griechischen und Lateinisch-Italienischen. Seit dem Rechtschreibekongreß im Jahre 1972 gibt es eine einheitliche albanische Schriftsprache, die auch die Albaner in Kosovo, Montenegro und Makedonien verwenden. Man bemüht sich, ›überflüssige Fremdwörter‹ auszuscheiden, und schuf eine ›wissenschaftliche Grammatik der albanischen Sprache‹, die Grundlage für zweisprachige Lexika. Inzwischen gibt es auch eine albanische Grammatik in deutscher Sprache sowie deutsch-albanische und albanisch-deutsche Wörterbücher.

Religion

Seit der Kulturrevolution im Jahre 1967 ist Albanien ein atheistischer Staat, der erste und bisher einzige auf der Erde. Aus den 30er Jahren wird folgende Gliederung nach der Religionszugehörigkeit genannt: 65 % islamisch, 23 % griechisch-orthodox, 12 % römisch-katholisch. Die Katholiken wohnten vor allem im Norden mit Zentrum Shkodra, die Orthodoxen im Süden und Südosten. Der Großmufti, der oberste islamische Geistliche des Landes, residierte in Tirana. Die orthodoxe Kirche erklärte sich im Jahre 1929 für unabhängig – autokephal – vom Patriarchat in Istanbul; der Metropolit nahm seinen Sitz in Korça. Katholische Erzbischöfe saßen in Durres und Shkodra.

Politische Situation

Albanien ist eine Sozialistische Volksrepublik, die ›Partei der Arbeit Albaniens‹ die einzige führende Kraft des Staates und der Gesellschaft. Das höchste Organ der Staatsmacht, die Volksversammlung, wird alle vier Jahre gewählt. Sie legt im Einklang mit der Generallinie und den Direktiven der Partei der Arbeit Albaniens die Hauptrichtungen der Innen- und Außenpolitik des Staates fest, verabschiedet und ändert die Verfassung und die Gesetze, entscheidet über die Verfassungsmäßigkeit der Gesetze und legt sie aus, billigt den Plan für die wirtschaftliche und kulturelle Entwicklung des Landes und den Staatshaushalt, verkündet die teilweise oder allgemeine Mobilmachung, den Ausnahmezustand sowie den Kriegszustand im Fall einer bewaffneten Aggression gegen die Sozialistische Volksrepublik Albanien, ratifiziert und kündigt internationale Verträge von besonderer Bedeutung, erteilt Amnestie, beschließt über Volksreferendien, wählt und ernennt das Präsidium der Volksversammlung, den Ministerrat, das Oberste Gericht, den Generalstaatsanwalt, seine Vertreter, den Vorsitzenden des Allgemeinen Untersuchungsgerichtes und seine Stellvertreter und beruft sie ab, legt die gebietsmäßigen Verwaltungseinheiten fest und beschließt über die Bildung oder Auflösung von Ministerien.

Die Wahlen zur letzten Legislaturperiode der Volksversammlung, die aus 250 Abgeordneten besteht, fanden 1986 statt. Das aktive und passive Wahlalter beträgt 18 Jahre. Das Präsidium der Volksversammlung ist das höchste und ständig funktionierende Organ (ein Vorsitzender, drei stellvertretende Vorsitzende, ein Sekretär, zehn Mitglieder). Es erfüllt die Aufgaben des Staatsvorsitzenden. Das höchste Organ der Staatsverwaltung, der Ministerrat, übt die Exekutive aus. Er besteht aus dem Ministerpräsidenten und den Ministern für die einzelnen Bereiche. Die Volksräte in den Verwaltungsgebieten werden für jeweils drei Jahre gewählt.

In der Verfassung wurde verankert, daß »die Partei der Arbeit Albaniens, Vorhut der Arbeiterklasse, die einzige führende politische Kraft des Staates und der Gesellschaft ist«. Auf der Grundlage des Marxismus-Leninismus entwickelt sich die gesamte sozialistische Gesellschaftsordnung. Grundlegendes Ziel und Aufgabe des Staates ist in erster Linie die ununterbrochene Entfaltung der Revolution; hierbei wird am Prinzip des Klassenkampfes festgehalten, um den endgültigen Sieg des sozialistischen Entwicklungswegs über den kapitalistischen zu sichern und den vollständigen Aufbau des Sozialismus und Kommunismus zu erreichen. Das höchste Gremium der Partei der Arbeit Albaniens ist das Zentralkomitee mit dem Ersten Sekretär an der Spitze. Er ist zugleich der Vorsitzende des Verteidigungsrates und der Oberkommandierende der Streitkräfte.
(gekürzt entnommen aus: Albanien. Allgemeine Notizen, Tirana 1985, S. 87ff.).

Einige Daten zur neueren Geschichte Albaniens

seit 1501	Albanien vollständig unter osmanischer Herrschaft
17. Jh.	Albaner weitgehend islamisiert
1877	Niederlage der Osmanen im russisch-türkischen Krieg
1878	Berliner Kongreß zur Regelung der Lage auf dem Balkan; albanische Gebiete, die zum Osmanischen Reich gehören, sollen aufgeteilt werden
1878	*Liga von Prizren* (›Liga zur Verteidigung der Rechte der albanischen Nation‹) wendet sich gegen die vorgesehene Aufteilung; Beginn der ›Rilindja‹ (Wiedergeburt) Albaniens; Forderungen: Vereinigung aller Albaner in einem osmanischen Vilayet (Verwaltungsbezirk) mit einer Hauptstadt im mittleren Albanien; eine eigene Nationalversammlung; alle Beamten sollen die albanische Sprache beherrschen; Gründung von Schulen mit albanischer Sprache (bis dahin lernten Muslime Türkisch, Katholiken Latein, Orthodoxe Griechisch); ein Teil der Steuereinnahmen sollte für das Vilayet verwendet werden; Aufstände gegen die Osmanen

1881	Truppen der Liga von Osmanen besiegt
1887	erste Schule mit Albanisch als Unterrichtssprache (in Korça)
1908	*Kongreß von Manastir* (Bitola); das lateinische Alphabet wird für die albanische Sprache zugrunde gelegt, Regeln für die Rechtschreibung festgesetzt
1909	erste albanische Lehrerbildungsanstalt (in Elbasan)
1911	albanischer Aufstand mit Beginn in Kosovo
28. 11. 1912	Erklärung der Unabhängigkeit Albaniens vom Osmanischen Reich in Vlora; Grenzen, die große albanisch besiedelte Teile nicht umfassen (vor allem Kosovo), aber bis heute gelten; Regierung unter Ismail Qemal
29. 7. 1913	Großmächte erkennen Albanien als selbständiges Fürstentum an
7. 3. – 3. 9. 1914	der neugewählte Fürst von Albanien, Wilhelm von Wied, (Hauptstadt Durres) muß Albanien infolge eines Aufstandes wieder verlassen
1915 ff.	Pläne der Großmächte, Albanien aufzuteilen; Besetzung des Landes durch Österreich-Ungarn (nördliche Teile), Italien (südwestliche Teile), Griechenland (Süden), Frankreich (›autonomes‹ Gebiet von Korça)
21.–31. 1. 1920	*Nationalkongreß* von Lushnja wendet sich gegen die Aufteilung des Landes und fordert Abzug der ausländischen Truppen; Italiener versuchen Vlora und Umgebung, das ›Gibraltar der Adria‹, besetzt zu halten, müssen aber schließlich abziehen; Regierung unter Suleyman Delvina
11. 2. 1920	Tirana wird Hauptstadt
2. 12. 1920	Ahmet Zogu wird Ministerpräsident
17. 12. 1920	Aufnahme in den Völkerbund; Bestätigung der Grenzen von 1913
10. 6. 1924	Sturz von Ahmet Zogu, ›Demokratische Revolution‹ unter Fan Noli; gefordert werden Abschaffung des Feudalismus, Einführung der Demokratie, Umverteilung des Großgrundbesitzes
Sept. 1924	jugoslawische Truppen dringen nach Albanien ein, Ahmet Zogu kehrt zurück
21. 1. 1925	Albanien wird Republik, Ahmet Zogu Staatspräsident
1926–27	wirtschaftliche Verträge und Militärabkommen mit Italien
1. 9. 1928	Ahmet Zogu führt die erbliche Monarchie ein und ernennt sich zum König von Albanien; zunehmend engere Beziehungen zu Italien, das z. B. Konzessionen zur Ausbeutung von Bodenschätzen bekommt und dafür umfangreiche Darlehen erteilt; Albanien wirtschaftlich und politisch weitgehend von Italien abhängig
7. 4. 1939	Italien besetzt Albanien, Flucht Zogus
12. 4. 1939	König Viktor Emmanuel III. von Italien nimmt die Krone von Albanien an
1940	von Albanien aus versuchen die Italiener, nach Griechenland einzufallen, werden aber zurückgeschlagen
8. 11. 1941	Gründung der Kommunistischen Partei Albaniens in Tirana, an der Spitze Enver Hoxha
16. 9. 1942	*Konferenz von Peza;* Organisierung des Widerstandes, ›1. Nationale Befreiungskonferenz‹

Sept. 1943	nach der Kapitulation der Italiener (8. 9. 1943) besetzen deutsche Truppen Albanien; erhebliche Zunahme der Partisanenaktivitäten
1943/44	trotz Offensive der deutschen Truppen dringen Partisanen vor, die im Frühjahr 1944 die südlichen Landesteile in der Hand haben und zum Angriff nach Norden vorgehen können
24. 5. 1944	*Kongreß von Permet:* Festlegung der künftigen politischen Ausrichtung Albaniens; es wird ein ›Antifaschistischer Rat der Nationalen Befreiung‹ gewählt, Vorsitzender seines Komitees wird Enver Hoxha, der auch Oberkommandierender der Streitkräfte ist
20.–23. 10. 1944	Konferenz von Berat, erste provisorische albanische Regierung, Ministerpräsident Enver Hoxha
29. 11. 1944	vollständiger Rückzug bzw. Kapitulation der Deutschen, ›Befreiungstag‹
2. 12. 1945	Wahlen
11. 1. 1946	Proklamierung der Volksrepublik Albanien; erste Verfassung; Ministerpräsident wird Enver Hoxha (außerdem Außenminister, Verteidigungsminister und Oberkommandierender der Streitkräfte)
1. 7. 1948	nach jugoslawischen Versuchen, Albanien als siebte Teilrepublik der Föderation anzuschließen, Abbruch der Beziehungen zu Jugoslawien (Verurteilung Titos durch das Komintern Juni 1948)
1948	Umbenennung der Kommunistischen Partei in ›Partei der Arbeit Albaniens‹
21. 2. 1949	Mitglied im COMECON
1954/55	Enver Hoxha legt Ämter des Verteidigungs- und Außenministers, dann auch des Ministerpräsidenten und Generalsekretärs der Partei der Arbeit nieder; er bleibt Erster Sekretär des Zentralkomitees der Partei der Arbeit Albaniens
14. 5. 1955	Beitritt zum Warschauer Pakt
14. 12. 1955	Mitglied der UNO
16. 9. 1957	Gründung der ersten albanischen Universität (in Tirana); Zweigstellen in mehreren Städten (Shkodra, Durres, Elbasan, Korça, Berat, Gjirokastra)
13. 2. 1961	Wirtschaftsabkommen mit China
3. 12. 1961	Abbruch der diplomatischen Beziehungen zur UdSSR
1966	Gründung des Instituts für Denkmalpflege (Instituti i Monumenteve te Kultures), das die Erhaltung, Restaurierung und Erforschung der Kulturdenkmäler zur Aufgabe hat
1967	Vollkollektivierung; Kulturrevolution
13. 9. 1968	Austritt aus dem Warschauer Pakt
Juni 1969	Schulreform; Grundlagen der Ausbildung sind Lernen, produktive Arbeit sowie körperliche und militärische Erziehung
25. 10. 1970	elektrischer Strom in allen Dörfern
1972	Gründung der Akademie der Wissenschaften; in der Abteilung für Gesellschaftswissenschaften gibt es u. a. ein Zentrum für Archäologische Forschungen, zuständig vor allem für die Ausgrabungen und die Museen

	(Qendra e Kerkimeve Arkeologjike), ein Institut für Geschichte (Instituti i Historise) und ein Institut für Albanische Ethnographie (Instituti i Kultures Popullore)
28. 12. 1976	neue Verfassung; Umbenennung in ›Sozialistische Volksrepublik Albanien‹
Juli 1978	China kündigt wirtschaftliche und militärische Abkommen mit Albanien und ruft Experten zurück
1978ff.	»Im 7. Fünfjahresplan (1981–1985) arbeitete Albanien den Plan der wirtschaftlichen und kulturellen Entwicklung aus, der sich vollständig auf die eigenen Kräfte stützt und der ohne jegliche wirtschaftliche, finanzielle und materielle Kredite und Hilfen aus dem Ausland, in rascherem Entwicklungstempo und mit größeren Zielsetzungen und Aufgaben als jemals zuvor in die Tat umgesetzt wird.« (aus: Albanien. Allgemeine Notizen 1985, S. 182); Entsprechendes gilt für den 8. Fünfjahresplan 1986–1990
11. 4. 1985	Tod von Enver Hoxha; Nachfolger als Erster Sekretär des Zentralkomitees der Partei der Arbeit wird Ramiz Alia
Sept. 1987	Aufnahme diplomatischer Beziehungen mit der Bundesrepublik Deutschland

Wirtschaft

In Albanien dürften sich Landwirtschaft und Industrie in Hinsicht auf das Bruttosozialprodukt ungefähr die Waage halten. Genaue Zahlen über die Höhe der Produktion werden jedoch nicht genannt. Man gibt lediglich die prozentualen Steigerungsraten an, die seit 1970, seit 1950 oder seit der Zeit vor dem Zweiten Weltkrieg erzielt worden sind. Mit landwirtschaftlichen Produkten kann sich das Land weitgehend selbst versorgen, nur beim Zucker müssen etwa 20 % des Bedarfes importiert werden. Generell werden in der Landwirtschaft erhebliche Überschüsse erwirtschaftet, so daß der Export eine wichtige Einnahmequelle für Devisen zu sein scheint. Albanien führt vor allem Tabak und Zigaretten, frisches und konserviertes Obst und Gemüse (darunter vor allem Frühtomaten), Kognak, Wein und Fleisch aus.

Das Land besitzt bedeutende Bodenschätze: Chrom, Kupfer, Eisen, Nickel, Steinkohle und Erdöl. Der Export auf diesem Sektor ist erheblich, beim Chromexport nimmt Albanien beispielsweise den zweiten Platz auf dem Weltmarkt ein. Es werden vor allem Fertigprodukte ausgeführt, die 70 % des Gesamtexports betragen; dazu gehören Produkte der Schwer-, Leicht-, Chemie- und Nahrungsmittelindustrie, Konfektionskleidung, Trikotagen, Leder- und Plastikartikel, Teppiche und kunstgewerbliche Artikel. Die eigene Produktion deckt etwa 90 % der benötigten Massenbedarfsgüter. Eingeführt werden hauptsächlich hochwertige Maschinen und einige Rohstoffe, die in Albanien nicht vorkommen.

Eine bedeutende Rolle in der Volkswirtschaft spielt die Energiegewinnung durch Stauwerke, die sich vor allem im Norden des Landes finden. Das Kraftwerk ›Licht der Partei‹ am Drin hat eine Leistung von 500000 Kilowatt, das im Bau befindliche ›Enver Hoxha‹ wird sogar 600000 Kilowatt leisten. 80% der gesamten Energieproduktion Albaniens machen Wasserkraftwerke aus. Seit 1970 sind alle albanischen Dörfer mit elektrischem Strom versorgt, man exportiert sogar Strom nach Jugoslawien und Griechenland.

Im Fünfjahresplan 1981–85 hatte die albanische Führung eine Steigerung der Exporte um 56 bis 58% vorgesehen, absolute Angaben fehlen hierzu jedoch. Charakteristisch für die albanische Wirtschaftspolitik ist, daß Importe und Exporte im Rahmen eines Austausches vor sich gehen müssen, da die Verfassung der Volksrepublik Kredite und Wirtschaftshilfen verbietet. Das chronische Außenhandelsdefizit anderer Länder gibt es also in Albanien nicht. Die hauptsächlichen Handelspartner Albaniens sind Jugosla wien, Griechenland, Italien, Österreich, die Bundesrepublik Deutschland, Schweden, Frankreich sowie die Tschechoslowakei, Bulgarien, die DDR, Rumänien und Polen.

Vor Reiseantritt

Informationsstellen

In der Bundesrepublik Deutschland, Österreich und der Schweiz gibt es zur Zeit kein albanisches Fremdenverkehrsbüro. Auskünfte erhält man über sein örtliches Reisebüro oder über einige Unternehmen, die sich auf Albanien spezialisiert haben. Genannt seien, ohne Anspruch auf Vollständigkeit:

Imholz Reisen
Birmensdorfer Str. 108
CH-8000 Zürich

Egnatia Tours
Piaristengasse 60
A-1082 Wien

Frankfurter Studienreisen
Neuenhainer Weg 4
D-6238 Hofheim am Taunus

Skanderbeg-Reisen
Altenbrucher Damm 165
D-4100 Duisburg 29

In der Bundesrepublik Deutschland gibt es eine Deutsch-Albanische Freundschaftsgesellschaft, die sich unter anderem zur Aufgabe gestellt hat: »Förderung freundschaftlicher Beziehungen zwischen dem deutschen und dem albanischen Volk; Entwicklung, Förderung und Vertiefung gegenseitigen Verständnisses durch vielfältige menschliche Beziehungen; umfassende Information über Albanien; Verbreitung und

Pflege der Kunst und Folklore des albanischen Volkes.«

Auskünfte erteilt:
Sekretariat der DAFG
Postfach 7622
2000 Hamburg 20

Reisemöglichkeiten

Derzeit kann man Albanien als Tourist nur im Rahmen einer Gruppe mit Sammelvisum besuchen. Einzelvisa erhalten ausschließlich Personen, die von offiziellen albanischen Stellen eingeladen werden. Man kann also nicht selbst bei der zuständigen Botschaft ein Visum beantragen. Das Sammelvisum besorgt der Reiseveranstalter. Zur Einreise benötigt man einen gültigen Reisepaß, zudem müssen bei der Beantragung des Visums einige Paßbilder abgegeben werden. Da sich die weiteren Bestimmungen ändern können, werden sie hier nicht in der gegenwärtig gültigen Form aufgeführt. Die Reisebüros erteilen zu gegebener Zeit genaue Auskünfte. Die Einreise mit einem privaten Pkw ist nicht möglich.

Die Gruppen werden im Lande durch das Staatliche Albanische Reisebüro ›Albturist‹ betreut und erhalten immer eine Reisebegleitung, die für die technische Abwicklung und das Dolmetschen zuständig ist. Diese Begleitung stellt auch den Ansprechpartner bei etwa auftretenden Schwierigkeiten dar. Sie und die anderen Angestellten von Albturist bemühen sich außerordentlich um das Wohl der Gäste; man ist bestrebt, alle auftauchenden Probleme im Sinne des Reisenden zu lösen.

Diplomatische Vertretungen

Derzeit ist für Österreich und die Schweiz die Albanische Botschaft in Wien, für die Bundesrepublik Deutschland diejenige in Bonn zuständig. Die Adressen seien hier der Vollständigkeit halber angegeben, auch wenn man sich in der Regel als privater Reisender nicht an die Botschaften, sondern an sein Reisebüro wenden sollte:

Botschaft der Sozialistischen Volksrepublik Albanien
Adenauerallee 46 A
5300 Bonn
✆ 0228/215088

Botschaft der Sozialistischen Volksrepublik Albanien
Jaquin-Gasse 41
A-1030 Wien
✆ 0043222/783795

Reisezeit

Die besten Reisezeiten sind Mai und Juni sowie der spätere August und September. Wenn man lediglich einen Badeurlaub anstrebt, kann man auch den Juli und August empfehlen. Hitzeunempfindliche werden auch im Hochsommer im Lande herumreisen können. Man sollte beachten, daß es sich abends – obwohl tagsüber meist sonnig und warm bis heiß – besonders im Bergland schnell abkühlen kann. Selbst im Hochsommer tritt hin und wieder ein Regenguß auf.

Gesundheitsvorsorge

Eine besondere Vorsorge, etwa Impfungen, sind nicht notwendig; zur Vorsicht kann man sich mit Mitteln gegen Durchfall versehen. Sonnenschutzmittel sollten hingegen auf alle Fälle mitgenommen werden. In Durres steht bei etwaigen Notfällen kostenlos ein Arzt zur Verfügung.

Devisenvorschriften

Ausländische Zahlungsmittel kann man in unbegrenzter Höhe ein- und ausführen, sie müssen jedoch deklariert werden. Die Ein- und Ausfuhr von albanischem Geld ist hingegen verboten.

Zollbestimmungen

Artikel des persönlichen Bedarfs und Gebrauchs dürfen zollfrei eingeführt werden. Alle wertvolleren Gegenstände, beispielsweise Photo- und Filmapparate, Kofferradios oder Kassettenrecorder, muß man in einer Devisenerklärung aufführen. Bücher, Zeitschriften und Zeitungen mit militaristischem, anti-sozialistischem, pornographischem und religiösem Inhalt sowie Abbildungen sollten keinesfalls mit auf die Reise genommen werden, man beschränke sich auf die älteren und neueren ›Klassiker‹ sowie auf unterhaltende Literatur.

Anreise

... mit dem Flugzeug
Der internationale Flughafen nördlich von Tirana wird von mehreren ausländischen Fluggesellschaften wie Lufthansa, Swiss Air, Malev, YAT, Interflug, Alitalia und Olympic Airways angeflogen. Die albanische Reisebegleitung nimmt die Gruppen direkt am Flughafen in Empfang. Falls man auf offizielle Einladung mit Einzelvisum reist, wird man ebenfalls am Flughafen erwartet, den ganzen Aufenthalt über betreut und schließlich wieder zum Flughafen gebracht.

... über Land
Einige Reisegesellschaften bieten Gruppenreisen mit dem Bus ab Deutschland an. Beim Grenzübergang kommt dann die albanische Begleitung dazu. Der Bus darf bis Tirana oder Durres fahren, für die weitere Rundreise steigt man allerdings in einen albanischen Bus um (neuerdings können ausländische Busse auch für die gesamte Rundfahrt benutzt werden). Der übliche Grenzübergang ist Hani Hoti nördlich von Shkodra; ein weiterer Grenzübergang liegt im Osten am Ochrid-See nach Struga auf jugoslawischer Seite und zwei andere im Südosten (Kapeshtica) und Süden (Kakavi) nach Griechenland. Reisegruppen aus Mitteleuropa benutzen diese drei Übergänge jedoch in der Regel nicht.

Manche Reiseveranstalter bieten auch Reisen mit Flug über Belgrad bis Titograd in Montenegro und von dort mit Weiterfahrt im Bus, wiederum über Hani Hoti, an.

... über See
Zumindest ein Reisebüro bietet die Anreise mit dem Schiff ab Triest nach Durres an. Diese Fahrt bringt zwar keine Zeit- oder Kostenersparnis, ist jedoch, da man so den Aufenthalt in Albanien mit einer Art Kreuzfahrt verbindet, sehr angenehm.

Kurzinformationen von A–Z

Bademöglichkeiten

Für einen Badeaufenthalt kann man den Strand von Durres empfehlen, an dem drei Hotels für ausländische Touristen liegen; der breite Sandstrand fällt hier sanft ins Meer hinein ab, ist also auch für kleine Kinder geeignet. Am Strand erhält man Liegen und Sonnenschirme. Auf den Rundreisen ergeben sich Bademöglichkeiten in Pogradec am Ochrid-See sowie am Ionischen Meer in Saranda und Ksamil. Das Hotel in Saranda liegt zwar am Wasser, es ist aber kein Strand vorhanden, so daß man über Leitern in das Wasser hineinsteigen muß.

Einkäufe und Souvenirs

In den Hotels, vor allem in Durres und Tirana, kann der Reisende verschiedene kunstgewerbliche Artikel erstehen, gewebte Kelims in den traditionellen Farben und Mustern, gestickte Blusen, Holzschnitzereien, Silberfiligran, Kupferarbeiten und anderes mehr. Die Bezahlung erfolgt ausschließlich in Devisen. Ferner kann man albanischen Kognak kaufen, den Kenner ganz außergewöhnlich schätzen.

Elektrizität

220 Volt Wechselstrom und Steckdosen, wie sie auch in Deutschland vorhanden sind.

Feste und Feiertage

Es gilt die 6-Tage-Woche, Feiertag ist der Sonntag. Nationalfeiertage liegen am 1. Januar, 1. Mai, 24. Mai, 28. und 29. November.

Geld- und Geldwechsel

Albanische Währungseinheit ist das Lek, 1 Lek hat 100 Qindarka. Für 1 DM erhält man gegenwärtig etwa 3,80 Lek. Der Geldtausch ist nur in den staatlichen Banken sowie, für die Touristen am einfachsten, in den Hotels gestattet. Der Umtauschkurs hängt vom Kurs des US-Dollars ab. Deutsche Mark, Schweizer Franken, Österreichische Schillinge und Holländische Gulden, Französische Francs sowie viele andere, frei konvertierbare Währungen werden akzeptiert. Seit 1987 ist es auch möglich, Euro-Schecks einzulösen.

Hotels

Den Reiseablauf, die Reiseroute und damit auch die Hotels bestimmt ausschließlich das albanische Reisebüro Albturist. Man kann darauf selbst also keinen Einfluß nehmen.

In Durres, etwa 5 km südlich außerhalb der Stadt, liegen am Strand drei Hotels der albanischen ersten Kategorie (Adriatik, Durres und Apollonia), die für Touristen vorgesehen sind.

Auf den Rundreisen wird in Hotels in Shkodra, Kukes, Kruja, Tirana, Korça, Berat, Gjirokastra und Saranda übernachtet. Man gibt sich große Mühe, die Hotels gut zu führen, die Reisenden dürfen aber keine Luxusunterkünfte erwarten. In einigen Hotels sind nicht alle Zimmer mit eigener Dusche/WC ausgestattet.

Kleidung

Für Ausflüge und Rundfahrten ist eine dezente Kleidung anzuraten; weit ausgeschnittene Kleidung, Miniröcke oder sehr kurze Shorts bei Damen und Turnkleidung oder sehr kurze Hosen bei Herren werden ungern gesehen; man läuft nicht barfuß. Ein leichter Regenschutz sowie wärmere Kleidung fur die kuhlen Abende sei anempfohlen.

Medizinische Versorgung

In den Hotels in Durres steht ständig ein Arzt zur Verfügung, der die ausländischen Touristen kostenlos behandelt. Falls ein Krankenhausaufenthalt notwendig werden sollte, wären die Kosten recht gering. Wenn man es jedoch vorzieht, bei einer schwereren Erkrankung in seine Heimat zurückzukehren, sollte man sich einen Auslandsschutzbrief besorgen, damit etwaig anfallende Zusatzkosten gedeckt sind.

Nebenkosten

Nach Albanien kann man nur Pauschalreisen mit Vollpension buchen. Bei einer Badereise an den Strand von Durres sind Besichtigungsfahrten nicht im Preis inbegriffen. Man bietet verschiedene Ausflüge mit einer Dauer von einem bis zu vier Tagen an, die der Tourist im Hotel in Durres buchen kann. Sie sind in ausländischer Währung zu bezahlen. Wenn man hingegen eine Rundreise gebucht hat, sind die Ausflüge schon im Pauschalpreis enthalten.

Die übrigen Nebenkosten halten sich recht niedrig: Für eine Tasse Mokka oder eine große Flasche Mineralwasser muß man etwa 0,50 DM, für eine Flasche Bier etwa 1 DM, für eine Flasche Wein etwa 2 DM rechnen. Einen kleinen Imbiß oder ein Stück Kuchen bekommt man für etwa 1 DM (in den Hotels Dajti und Tirana in Tirana sowie im Hotel Adriatik in Durres liegt das Preisniveau etwa doppelt so hoch).

Photographieren

Militärische Einrichtungen (im weitesten Sinne) und Industrieanlagen darf man nicht photographieren. Von Aufnahmen aus dem fahrenden Bus ist abzuraten. Mit Photomaterial versorgt man sich am besten zu Hause. In den Touristenhotels erhält man zwar gegen Devisen Filme, die Auswahl ist aber sehr eingeschränkt.

Dennoch bieten sich genügend Möglichkeiten, die Schönheiten des Landes auf Zelluloid zu bannen. Bei den Rundreisen hält der Bus an vielen Stellen, an denen die albanische Begleitung dann zum Photographieren einlädt. In den Museumsstädten Berat und Gjirokastra, in den Ausgrabungsstätten wie Butrint oder Apollonia und bei den Kulturdenkmälern darf man selbstverständlich photographieren. Gerade im Norden des Landes sieht man noch die traditionellen Volkstrachten. Man sollte jedoch höflicherweise erst um Erlaubnis bitten, wenn man eine Frau in Tracht photographieren möchte.

Post

In den Hotels kann man eine Auswahl an Farbpostkarten erwerben, die teilweise sehr gut gedruckt sind. Man erhält dort auch Briefmarken für Briefe und Postkarten.

Wenn man auf dem Landwege aus Albanien ausreist, empfiehlt es sich, Bücher, Zeitschriften, Zeitungen, die man im allerweitesten Sinne als ›politisch‹ einstufen kann, nicht mit sich zu führen, sondern schon von Albanien aus an den Bestimmungsort zu schicken. Erfahrungen der letzten Jahre haben gezeigt, daß derartige Literatur bei der jugoslawischen Zollkontrolle beschlagnahmt wird. Wenn man die albanischen Begleiter rechtzeitig um Hilfe bittet, dürften sich beim Versand keine Probleme ergeben.

Sprache

Da man ständig eine Begleitung als Dolmetscher zur Verfügung hat, gibt es bei den Rundreisen keinerlei Schwierigkeiten mit der ungewohnten Sprache. Für die Badereisenden stehen in den Hotels in Durres verschiedene Ansprechpartner zur Verfügung. In den größeren Hotels können Angestellte an der Rezeption, in den Verkaufsläden, in den Restaurants und Bars häufig eine oder mehrere Fremdsprachen, vor allem Deutsch, Englisch und Italienisch. So gibt es also keine Probleme, wenn man sich einen Kaffee oder ein anderes Getränk bestellen will. Besonders erfreut sind die Albaner natürlich, wenn man sich bemüht, etwas von ihrer Sprache zu lernen. Das ist mit einem Führer leicht möglich, der im Lande in den Hotels und in Buchhandlungen verkauft wird:

Skender Doku, Sprachführer Albanisch, Tirana 1983.

Für intensivere Bemühungen sind zu nennen:

A. Hetzer, Lehrbuch der vereinheitlichten albanischen Schriftsprache, Hamburg 1978

M. Camaj, Albanian Grammar, Wiesbaden 1984

O. Buchholz – W. Fiedler, Albanische Grammatik, Leipzig 1987

Fjalor Gjermanisht – Shqip (Deutsch-Albanisches Wörterbuch), Tirana 1978

Wörterbuch Albanisch – Deutsch, 3. Aufl., Leipzig 1987

Hinweis zur Schreibung der geographischen Bezeichnungen: Eine Besonderheit der albanischen Sprache besteht darin, daß sich bestimmte und unbestimmte Formen in den Endungen unterscheiden. So heißt es beispielsweise in der unbestimmten Form ›Tirane‹ und ›Berat‹, in der bestimmten ›Tirana‹ und ›Berati‹. Beide Formen werden aber nicht konsequent verwandt und begegnen nebeneinander auf Landkarten und in Büchern. Deshalb werden hier diejenigen Formen benutzt, die bei uns verbreitet sind, in der Regel also bei männlichen Wörtern die unbestimmte Form (z. B. ›Berat‹, ›Butrint‹, ›Durres‹), bei weiblichen Wörtern die bestimmte Form (z.B. ›Tirana‹, ›Vjosa‹, ›Gjirokastra‹).

Telephonieren

Die Hotels in Durres und Tirana vermitteln Ferngespräche in die Bundesrepublik Deutschland, nach Österreich und in die Schweiz.

Trinkgeld

Nach offiziellen Angaben gibt es in Albanien keine Trinkgelder.

Wasser

In den Hotels kann man das Leitungswasser unbesorgt trinken. Empfohlen sei aber auch das schmackhafte und preiswerte Mineral wasser, das es überall in großen Flaschen gibt.

Zeit

In Albanien gilt die mitteleuropäische Zeit.

Zeitungen und Literatur

Zeitungen aus dem westlichen Ausland sind im Lande nicht erhältlich. Die wichtigste albanische Zeitung, ›Zeri i Popullit‹, ist das Organ des Zentralkomitees der Partei der Arbeit Albaniens. Von Bedeutung ist weiterhin die Kulturzeitung ›Drita‹, die aber ebenfalls nur in albanischer Sprache erscheint.

Mehrere Zeitschriften werden jedoch auch in fremden Sprachen gedruckt, teilweise sogar in Deutsch. ›Albanien Heute‹ vermittelt politische Informationen aus albanischer Sicht. ›Neues Albanien‹ soll den Leser mit dem Leben in der sozialistischen Volksrepublik Albanien vertraut machen. ›Puna‹, die Zeitschrift des Gewerkschaftsverbandes, erscheint in englischer und französischer Sprache, behandelt Aspekte aus dem Leben der albanischen Arbeiterklasse und erläutert den Standpunkt des Gewerkschaftsverbandes Albaniens zu Fragen der internationalen Arbeiterbewegung. ›Commerce Exterieur‹, ebenfalls in Englisch und Französisch, ist die Zeitschrift der Handelskammer. ›Les Lettres Albanais‹, das Organ des Schriftsteller- und Künstlerverbandes in französischer Sprache, bringt unter anderem Auszüge aus der klassischen und zeitgenössischen albanischen Literatur. In ›Studia Albanica‹ finden sich, vor allem in französischer Sprache, Abhandlungen über verschiedene Gesellschaftswissenschaften.

Für die Freunde der antiken, mittelalterlichen und neuzeitlichen Denkmäler sind die Zeitschriften ›Iliria‹ (herausgegeben vom Archäologischen Institut der Akademie der Wissenschaften) und ›Monumentet‹ (herausgegeben vom Institut für Denkmalpflege) von Interesse; den einzelnen Artikeln werden Zusammenfassungen in einer westeuropäischen Sprache nachgestellt.

In den Hotels, vor allem in Durres und Tirana, sowie in den Buchhandlungen der größeren Städte kann der Reisende verschiedene Literatur zu den Kulturdenkmälern Albaniens finden, überwiegend in albanischer, manches jedoch auch in einer westlichen Sprache. Da das Sortiment häufig wechselt, sei hier nur auf die Bildbände über die Museumsstädte Gjirokastra und Berat sowie über Kruja hingewiesen (siehe Verzeichnis ausgewählter Literatur). In deutscher, englischer oder französischer Sprache kann der interessierte Tourist zudem eine Reihe von Werken Enver Hoxhas sowie weitere politische oder literarische Bücher erhalten.

Reise- und Besichtigungsvorschläge

Wer einen Badeurlaub gebucht hat, jedoch nicht ausschließlich am Strand liegen, schwimmen und sich bräunen lassen möchte, kann an zahlreichen Ausflügen teilnehmen; man kann sie nur in Durres buchen und muß in Devisen bezahlen. Tagesfahrten führen nach Tirana, nach Berat, zu einem Lager junger Pioniere, zu Besichtigungen von Fabriken oder landwirtschaftlichen Betrieben. Auf zwei- bis viertägigen Ausflügen kann man Shkodra und die Albanischen Alpen im Norden, Elbasan und Korça im Osten, Berat und Apollonia sowie Gjirokastra, Saranda und Butrint im Süden besuchen. Für diese Ausflüge muß sich allerdings immer eine gewisse Teilnehmerzahl finden.

Wer eine Rundreise bucht, kann schon am Programm sehen, ob Orte mit Kunstdenkmälern besucht werden. Die Denkmäler in Albanien sind so zahlreich, vielseitig und bedeutend, daß man für eine Studienfahrt mindestens zwei Wochen benötigt. Damit der Albanienreisende den angebotenen Reiseprogrammen entnehmen kann, was ihn an Kulturdenkmälern auf der Fahrt erwartet, werden hier, nach Epochen gegliedert, die wichtigsten Denkmäler aufgeführt (ungefähr von Norden nach Süden).

Vor- und Frühgeschichte

Bei Grabungen kamen in vielen Teilen des Landes Reste aus vor- und frühgeschichtlicher Zeit zutage, die sich jedoch nicht so konservieren ließen, daß heute oberirdisch etwas für einen Kunstreisenden Nennenswertes zu sehen wäre.

Antike

Monumente der Illyrer, Griechen und Römer sind recht zahlreich und weit im Lande verstreut.

Shkodra – Scodra: Reste der Befestigungsmauern

Lezha – Lissus: Stadtmauern und Tore

Durres – Dyrrachium: Amphitheater der römischen Kaiserzeit, Stadtmauern mit mehreren Türmen aus der Spätantike, verschiedene über die Stadt verstreute Reste der Kaiserzeit

Elbasan – Scampa: spätantike, von den Türken ausgebaute Festung

Selca: illyrische Felsgräber in landschaftlich überaus reizvoller Lage, jedoch schwer zu erreichen

Apollonia: Stadtanlage mit eindrucksvollen Resten der Mauern, des Bouleuterions, des Odeions, einer langen Halle, verschiedener Häuser und anderer Gebäude

Berat – Antipatreia: Reste der Stadtmauern der illyrischen Zeit

Byllis: herrlich gelegene illyrische Stadt auf hohem Berg mit Resten der Stadtmauern, des Theaters, langer Säulenhallen; wegen der schlechten Zufahrtswege wird die Stadt jedoch kaum besucht (für 1990 ist der Bau einer Straße geplant)

Amantia: illyrische Stadt mit Resten der Mauern, des Stadions und anderer Gebäude, ebenfalls sehr eindrucksvolle Lage, jedoch nicht einfach zu erreichen

Antigoneia: illyrische Siedlung mit Resten von Mauern und Häusern; auch hier sind die Zufahrtswege derzeit noch nicht ausgebaut, so daß die Stadt nur unter Schwierigkeiten besucht werden kann

Sofratika: römisches Theater

Phoinike: Stadtanlage mit Resten von Mauern und anderen Gebäuden, derzeit nicht zu erreichen

Saranda – Onchesmos: in der heutigen Stadt wurden Reste der alten Mauern und einiger Gebäude aufgedeckt

Butrint – Buthrotum: sehr eindrucksvolle Stadt mit griechischen und römischen Resten, die eine ausführliche Besichtigung lohnen; gut erhaltenes kleines Theater; Stadtmauern, die teilweise sehr hoch anstehen, darin zwei Tore; Reste weiterer Gebäude, beispielsweise eines Tempels des Gottes Asklepios und verschiedener Badeanlagen

Frühchristliche und frühbyzantinische Zeit

Von den relativ zahlreichen Monumenten lohnen einige nicht nur für Spezialisten, sondern auch für Kunstinteressierte einen Besuch.

Durres – Dyrrachium: kleine Kapelle im Amphitheater mit den einzigen im Gebiet Albaniens erhaltenen Wandmosaiken

Durres-Arapaj: Ausgrabungen einer großen frühchristlichen Kirche; in einem Annexraum vorzüglich erhaltene Fußbodenmosaiken, die zu den schönsten des Landes zählen

Lin, am Ochrid-See: Ausgrabungen einer frühchristlichen Kirche mit hervorragend erhaltenen Fußbodenmosaiken und einem Baptisterium mit Taufbecken

Byllis: Ausgrabungen von zwei frühchristlichen Basiliken mit umfangreichen Partien der Fußbodenmosaiken: ungewöhnlich vielfältig auch die Architekturplastik (s. o. zu den Möglichkeiten des Besuchs)

Saranda – Onchesmos: Ausgrabungen einer frühchristlichen Kirche in der Stadt mit Resten der Fußbodenmosaiken; Ruine einer Kirche von singulärer Form außerhalb der Stadt (derzeit nicht zu erreichen)

Butrint – Buthrotum: zwei Bauten, die zu den wichtigsten ihrer Zeit im gesamten Mittelmeergebiet gehören, blieben erhalten: Von der Basilika stehen noch große Teile der Mauern aufrecht, so daß der Reisende mit etwas Phantasie eine Vorstellung von einem Gotteshaus des 6. Jh. gewinnen kann; im Baptisterium, einer sehr großen und prachtvollen Anlage, haben sich die Fußbodenmosaiken vollständig und ausgezeichnet erhalten.

Byzantinische Zeit

Aus dem Mittelalter kennen wir eine größere Anzahl von Bauten, besonders Kirchen; die wichtigsten seien hier genannt:

Apollonia: Marienkirche und Kloster

Berat: Hg. Triada, Blachernenkirche, Michaelskirche, dazu eindrucksvolle Reste der Stadtbefestigung mit dem Haupttor

Perondi: Hg. Nikolaos

Mborja, in der Nähe von Korça: Christuskirche

Kosina, in der Nähe von Permet: Marienkirche

Labova e Kryqit, in der Nähe von Gjirokastra: Marienkirche

Mesopotam: Hg. Nikolaos

Türkenzeit

Aus dieser Epoche ist eine Fülle von Bauten vorhanden, Festungen, Moscheen, Kirchen und viele Häuser.

Festungen: Shkodra, Kruja, Elbasan, Tepelena, Gjirokastra

Moscheen: Shkodra, Tirana, Berat, Korça, Vlora

Kirchen: Marienkirche in Berat, Kloster von Ardenica, mehrere Kirchen in Voskopoja und Vithkuq, Marienkirche in Elbasan

Häuser: zahlreiche Häuser, vor allem im Bergland, stehen unter Denkmalschutz und werden restauriert; auf Rundreisen wird man sie jedoch kaum sehen können.

›Museumsstädte‹: in Berat und Gjirokastra steht das gesamte Stadtbild unter Denkmalschutz, Häuser, Moscheen und Kirchen werden restauriert; in mehreren anderen Städten sind einzelne Stadtteile geschützt, beispielsweise in Shkodra, Kruja, Tirana und Korça.

Museen

Tirana: Archäol. Museum mit einem Überblick über die Funde von der Vor- und Frühgeschichte bis zur Spätantike; Hist. Museum, das anhand verschiedenartiger Monumente die Geschichte von der Frühzeit bis in die modernste Zeit hinein abdeckt; Ethnograph. Museum mit einer kleinen Auswahl an Trachten, Schmuck und Geräten; Kunstgalerie mit Gemälden und Plastiken, vor allem der Nachkriegszeit; Ausstellung ›Albanien Heute‹, die eine Anschauung vom wirtschaftlichen Stand des Landes vermittelt.

Shkodra: reiche ethnograph. und kleine archäol. Sammlung

Lezha: kleine ethnograph. Sammlung in einem restaurierten Haus des 19. Jh.

Kruja: Skanderbeg-Museum, großer Neubau mit einer Dokumentation zum Wirken des berühmten Freiheitshelden

Durres: großes archäol. Museum mit vielfältigen Sammlungen

Apollonia: bedeutende Funde an Plastik und Kleinkunst, die in einer neuen Aufstellung in einem Teil des ehemaligen Klosters zu sehen sind.

Elbasan: kleines Museum mit archäol. Funden aus Stadt und Umgebung

Berat: kleines Architekturmuseum in der Plumbit Moschee (Xhamija e Plumbit); kleines archäol. Museum in der Mbret Moschee; ethnograph. Sammlung in der Beqar Moschee; Ikonenmuseum (Onufri-Museum) bei und in der Marienkirche; als Museum eingerichtetes Wohnhaus des 19. Jh.

Korça: zentrales Museum der mittelalterlichen Kunst in Albanien mit einer reichen Sammlung an Ikonen, architektonischen

Bauteilen aus verschiedenen Kirchen sowie liturgischen Geräten und Gewändern aus byzantinischer und nachbyzantinischer Zeit

Permet: ansprechende ethnograph. Sammlung in einem restaurierten Haus des 19. Jh.

Gjirokastra: Museum des albanischen Widerstandes im Geburtshaus Enver Hoxhas; kleine ethnograph. Sammlung in einem sehenswerten restaurierten Wohnhaus des 19. Jh., das typisch für die Stadt ist.

Saranda: kleine Sammlung von den Ausgrabungen der Stadt

Butrint: Archäol. Museum mit vielen Funden von den Ausgrabungen in der antiken Stadt

Verzeichnis kunsthistorischer Begriffe (Glossar)

Ädikula	lat. ›kleines Haus‹; Rahmung einer Nische, eines Fensters oder einer Tür durch einen Giebel tragende Säulen, Pfeiler oder Pilaster
Agora	Marktplatz antiker Städte (Handels- und Staatsmarkt)
Akanthus	Distel mit großen, stark gezackten Blättern; die Form ist in griechischer und römischer Zeit stilisiert in Stein übertragen worden, z. B. bei den korinthischen Kapitellen
Akropolis	hochgelegener, gesondert befestigter Teil antiker Städte, ›Hochstadt‹, Burg
Akroter	bekrönendes Element (figürlich oder ornamental) auf der Spitze und an den Ecken des Giebeldreiecks
Ambo	erhöhte ›Kanzel‹ für Lesungen aus dem Evangelium, häufig aus Marmor
Amphitheater	offener Großbau von elliptischem Grundriß mit stufenförmig ansteigenden Sitzreihen, für Gladiatorenkämpfe und Tierhetzen
Amphore	zweihenkliges, enghalsiges Gefäß zur Aufbewahrung von Öl, Wein etc.
Anastasis	Höllenfahrt Christi, also Ostern
Apollon	griechischer Gott des Lichtes, der Weissagung, der Künste, besonders der Musik, Herr der Musen, aber auch Beschützer von Ackerbau und Viehzucht, Gott der Heilkunst (er ist Vater des Asklepios) und Bruder der Artemis
Apsis	nischenartiger Bauteil an einem Hauptraum; bei den christlichen Kirchen in der Regel im Osten hinter dem Altar anschließend, im Außenbau meist gerundet oder vieleckig hervortretend
Aquädukt	Wasserleitung, manchmal auf einer Folge von Arkaden verlaufend
Architrav	waagerechtes Gebälk, meist auf Stützen aufliegend und den Oberbau tragend
Arkade	Bogen, auf Säulen oder Pfeilern ruhend
Artemis	griechische Göttin der Jagd, Herrin der Tiere und Schwester des Apollon
Asklepios	griechischer Gott der Heilkunst
Athos-Typus	spezielle Form der Kreuzkuppelkirche mit Dreikonchenabschluß; so benannt nach dem häufigen Vorkommen dieses Typus auf dem Berg Athos
Atrium	Innenhof eines römischen Wohnhauses; später Vorhof einer frühchristlichen Basilika, meist mit überdachtem Umgang auf allen vier Seiten
Baptisterium	besonderes Gebäude für die Taufe

Basilika mehrschiffiges, längsgerichtetes Gebäude; die Oberwände des Mittelschiffs ruhen auf Säulen oder Pfeilern; bei Verwendung als Kirche ist das Mittelschiff über die Seitenschiffe erhöht und weist im Obergaden (Lichtgaden) eine Fensterreihe auf, die das Mittelschiff beleuchtet

Basis ausladender Fuß einer Säule oder eines Pfeilers, zumeist mit Wulst (Torus) und Kehle (Trochilus) profiliert, auf einer rechteckigen Unterlegplatte (Plinthe)

Basar Geschäfts- und Gewerbestraße oder -viertel in orientalischen Städten, häufig überdacht

Bektaschi Derwischorden; angeblich durch einen Hadschi Bektasch im 13. Jh. gegründet, Blüte ab 16. Jh.; der Orden kümmerte sich u. a. besonders um Reisende und überzog das osmanische Reich mit einem Netz von Klöstern (Tekken), in denen man übernachten konnte; vgl. Berat, Helveti Tekke

Bema Altarraum, durch Schrankenplatten (Templon) und seit dem späteren Mittelalter durch eine Bilderwand (Ikonostase) abgeteilt und leicht erhöht

Bey türk. ›Herr‹, höherer Titel

Binder im Mauerverband mit seiner Schmalseite (Haupt), senkrecht zur Mauerflucht liegender Stein

Blachernitissa Typus der Mariendarstellung; in den nachbyzantinischen Kirchen in Albanien häufig in der Apsiskalotte; Maria frontal, meist halbfigurig, die Hände betend zu den Seiten nach oben erhoben; vor ihr in einem Rundschild (Tondo) der noch nicht geborene Jesus (sog. Emmanuel); der Typus ist benannt nach dem wundertätigen Schutzbild in der Blachernenkirche in Konstantinopel; nach ihr wurden auch andere Kirchen in vielen Orten des Byzantinischen Reiches benannt, z. B. in Berat

Blendbogen der Wandfläche vorgelegter Bogen ohne Öffnung

byzantinische Kunst Kunst des Oströmischen, Byzantinischen Reiches, also aller Gebiete, die unter dem Einfluß von Konstantinopel – Byzanz standen

Cami (gespr. Dschami) Moschee

Cavea der halbkreisförmige, terrassenförmig ansteigende Zuschauerraum antiker Theater

Demeter griechische Göttin der Erde und Fruchtbarkeit

Derwisch pers. ›Armer‹; islamischer ›Bettelmönch‹

Despotat von Epirus griechisches Teilreich mit der Hauptstadt Arta, das sich nach der Eroberung Konstantinopels durch die lateinischen Kreuzfahrer 1204 im westlichen Griechenland und südlichen Albanien halten konnte

Diakonikon Raum oder Raumteil in einer Kirche, in dem die liturgischen Geräte und Gewänder aufbewahrt werden; seit der frühbyzantinischen Zeit meist südlich der Hauptapsis gelegen

Diözese antike Verwaltungseinheit als Zusammenfassung mehrerer Provinzen; ursprünglich lediglich eine politische Gliederung, später auch die Bezeichnung eines kirchlichen Bezirkes, dem ein Bischof vorsteht

Dionysos griechischer Gott des Weines, in seinem Gefolge Satyrn und Mänaden

Dodekaortion → Festtagszyklus

dorisch → Kapitell

Empore Geschoß über den Seitenschiffen einer Basilika, dem Umgang eines Zentralbaus oder dem Eingang einer Kirche

Eros griechischer Gott der Liebe, dargestellt als geflügeltes, mit Pfeil und Bogen bewaffnetes Kind

Exedra halbrunde Anlage

falsches Gewölbe die Steine kragen von Schicht zu Schicht weiter vor, bis der Gewölbeabschluß erreicht ist

Festtagszyklus Darstellungen der hohen Kirchenfeste; Grundlage ist der Zwölf-Feste-Zyklus (Dodekaortion – Verkündigung, Geburt, Darstellung im Tempel, Taufe, Einzug in Jerusalem, Auferweckung des Lazarus, Verklärung auf dem Berge Tabor, Kreuzigung, Höllenfahrt, Himmelfahrt, Pfingsten, Marientod), der mehr oder weniger stark erweitert werden kann

Flabellum liturgischer Fächer

Fresko besondere Technik der Wandmalerei; die mit Kalkwasser angerührten Farben werden auf den noch feuchten Kalkverputz aufgetragen, so daß sich Farben und Putz nach dem Trocknen unauflöslich miteinander verbinden

Gaden Fensterzone im oberen Teil des Mittelschiffs einer Basilika (auch Obergaden, Lichtgaden)

Gewölbe krummflächiger, oberer Abschluß eines Raumes, gewöhnlich aus Natursteinen oder Ziegeln, die sich zwischen Widerlagern verspannen

Glykophilousa Maria und das Christuskind, die sich liebkosen

Gymnasium Platz oder Gebäude, wo die griechischen Männer nackt turnten

Hallenkirche mehrschiffige Kirche mit gleicher oder annähernd gleicher Höhe der einzelnen Schiffe und ohne selbständige Beleuchtung des Mittelschiffs

Hängekuppel die Basis der Kuppel bildet ein gedachter Kreis, der das Grundrißquadrat umschreibt; die seitlich über das Quadrat hinausgehenden Kugelsegmente sind als abgeschnitten vorzustellen

Herkulanenserin (Große, Kleine) Typen von zwei weiblichen Gewandstatuen, nach Exemplaren benannt, die in Herkulaneum gefunden wurden; die Vorbilder wurden im späteren 4. Jh. v. Chr. geschaffen und stellten vielleicht Demeter und ihre Tochter Persephone dar; in der römischen Kaiserzeit wurden sie sehr häufig kopiert und als Porträtstatuen verwandt

Herme pfeilerförmig gearbeiteter Schaft, ursprünglich mit dem Kopf des Got-

	tes Hermes, später mit Porträts von Philosophen, Dichtern, Privatleuten u. a.
Hermes	griechischer Gott der Herden, der Wanderer, des Handels (auch der Diebe und Betrüger), Götterbote und Geleiter der Seelen in die Unterwelt (sog. Psychopompos)
Hodegitria	Typus der Mariendarstellung; nach der Legende Porträtikone des Evangelisten Lukas; Maria ist halb- oder ganzfigurig frontal abgebildet, hält das Christuskind auf dem linken Arm und weist mit der rechten Hand auf es hin; Christus segnet mit der Rechten und hält in der Linken eine Buchrolle; die Urikone, eines der Schutzzeichen von Konstantinopel, wurde – nach der Legende – 1453 von den Osmanen zerstört
Hygieia	griechische Göttin der Gesundheit, Tochter des Asklepios
Hypapante	Darstellung Christi im Tempel
Hypokausten	römische Fußbodenheizung, in Badeanlagen verwandt; der Fußboden liegt auf runden oder quadratischen Stützen, die aus Ziegeln aufgemauert sind; die angewärmte Luft zirkuliert zwischen ihnen unter dem Fußboden
Ikone	Bild mit Christus, Maria, Heiligen oder biblischen Szenen, im eingeengten Gebrauch ein tragbares, auf Holz gemaltes Bild, charakteristisch für orthodoxe Kirchen
Ikonostase	häufig prächtig aus Holz geschnitzte Bilderwand, in die auch Ikonen eingelassen sind; sie trennt den Gemeinderaum (Naos) vom Altarraum (Bema)
ionisch	→ Kapitell
Johannes Prodromos	Johannes ›der Vorläufer‹, d. h. der Täufer
Kämpfer	rechteckiges Auflager auf einem Kapitell
Kannelur	vertikale Auskehlung an Säulen und Pfeilern, seit der römischen Kaiserzeit auch spiralförmig
Kantharos	Trinkgefäß mit großen Henkeln
Kapitell	oberer Aufsatz eines Pfeilers, Pilasters oder einer Säule, der zwischen der Stütze und dem Bogen oder der Mauer, die auf ihm ruhen, vermittelt. In der griechischen und römischen Zeit sind folgende Formen üblich: dorisch (ein Polster, das sich mehr oder weniger nach außen wölben kann); ionisch (Voluten an den Seiten, dazwischen Eierstab); korinthisch (Kapitell von Akanthusblättern überzogen, Eck- und Binnenvoluten); in römischer Zeit kommt das Kompositkapitell hinzu (Verbindung von ionischem und korinthischem Kapitell), in frühchristlicher Zeit das ionische Kämpferkapitell (Verbindung von ionischem Kapitell und Kämpfer)
Kathedra	Sitz oder Thron des Bischofs oder Ersten Priesters in der Mitte des

	Synthronons, das sich in frühchristlichen Kirchen in der Apsis befindet; in nachbyzantinischer Zeit auch der hölzerne Thron im Naos
Keramidion	in der byzantinischen Kirche das der Überlieferung zufolge auf wundertätige Weise entstandene Bild Christi auf einem Ziegel
Kibla	Gebetsrichtung der Moslems nach Mekka
Kibla-Wand	die nach Mekka ausgerichtete Wand einer Moschee, die die Gebetsrichtung angibt; meist in der Mitte der Mihrab, rechts davon der Minber
Kithara	altgriechisches 4- bis 18saitiges Zupfinstrument
Königliche Pforte	mittlere Tür einer Ikonostase
Koinon	griech. ›Gemeinschaft‹, Zusammenschluß von Städten, sakrale oder politische Vereinigung
Konche	halbrunde Apsis, von einer Halbkuppel überwölbt
Konsole	aus der Wand tretender Stein als Stütze für einen Bogen oder ein Gewölbe
korinthisch	→ Kapitell
Krater	altgriechischer Krug zum Mischen von Wasser und Wein
Kreuzgratgewölbe	Gewölbe, das bei der Durchdringung von zwei Tonnengewölben gleicher Höhe entsteht
Kreuzkuppelkirche	Bauform vor allem der mittel- und spätbyzantinischen Zeit (9.–15. Jh.), bei der Tonnengewölbe ein Kreuz inmitten des Grundrißquadrates bilden; über der Vierung erhebt sich eine Kuppel
Kuppelbasilika	basilikaler Bau, bei dem einzelne Teile von einer oder mehreren Kuppeln bedeckt sind
Läufer	längsrechteckiger Mauerstein, der in der Richtung der Mauer verläuft
Legion	römische Heereseinheit; unter Augustus (31 v.–14 n. Chr.) etwa 6000 Mann Fußvolk und 700 Reiter
Liturgie	der in eine feste Form gebrachte Verlauf der gottesdienstlichen Feier
Lyra	der Kithara ähnliches Zupfinstrument mit 5 bis 7 Saiten
Mäander	rechteckig gebrochenes Zierband, benannt nach dem sehr gewundenen Lauf des Flusses Mäander in Kleinasien
Martyrium	Gebäudeteil oder freistehendes Gebäude, das das Grab einer Märtyrerin oder eines Märtyrers umfaßt
Mausoleum	großes, prächtiges Grabmal; benannt nach dem Grab des Königs Mausolos in Halikarnassos, dem heutigen Bodrum in der Türkei, das zu den Sieben Weltwundern zählte
Metope	viereckige Platte mit Relief unter der Traufrinne dorischer Tempel, → Triglyphen
Mihrab	Nische in der Kibla-Wand einer Moschee, die die Gebetsrichtung angibt
Minarett	Turm für den Gebetsausrufer (Muezzim) bei einer Moschee
Minber	›Kanzel‹ in der Moschee

Mosaik in ein Mörtelbett gesetzte kleine Steine (meist mehrfarbig, seltener nur schwarz und weiß, häufig auch einfarbig) als Fußbodenbelag oder Wandschmuck

Moschee Gebäude, in dem sich die Moslems zum gemeinsamen Gebet versammeln

Muezzim Gebetsausrufer, der die Moslems fünfmal täglich zum Gebet ruft

Naos im Tempel Raum für das Götterbild; in der Kirche Hauptraum für die Gemeinde, vom Altarraum (Bema) durch Templon oder Ikonostase getrennt

Narthex im Westen gelegener Vorraum einer Kirche

Nike Siegesgöttin

Nymphäum ursprünglich Heiligtum für die Nymphen, dann aufwendige Brunnenanlage

Nymphen weibliche Naturgottheiten, die in Quellen, Bächen, Teichen, Seen, dem Meer, Bergen, Wäldern und Bäumen lebten

Obergaden → Gaden

Odeion kleines überdachtes Theater für musikalische Aufführungen

Oinochoe Weinkanne

Osmanen türkische Dynastie, deren Hauptstadt zunächst Bursa, dann Edirne, seit 1453 Istanbul war; sie herrschte etwa 500 Jahre über den Balkan und damit auch über Albanien (seit etwa 1500 bis 1912)

Ostothek Knochenkiste, Aschenurne

pagan nicht christlich, ›heidnisch‹

Palmette pflanzliches Ornament mit zungenförmigen Blättern, die von einem zentralen Motiv ausgehen

Pan bocksfüßiger, gehörnter Schutzgott der Hirten und des Kleinviehs

Patriarch ursprünglich Titel für jeden Bischof; seit dem 4. Jh. Bezeichnung für einige besonders angesehene Metropoliten in der Ostkirche (Konstantinopel, Antiochia, Jerusalem, Alexandria)

Pendentif sphärisches Dreieck, das beim Übergang vom Quadrat des Grundrisses in das Rund des Kuppeltambours entsteht (bei Vierstützen-Bauten verwandt)

Peplos schlichtes Gewand mit Überfall

Peristyl von Säulen umstandener Hof eines antiken Hauses

Persephone griechische Göttin der Unterwelt, Frau des Hades

Pilaster flache, pfeilerartige Wandvorlage

Piscina Becken; in den frühchristlichen Baptisterien mehr oder weniger tief in die Erde eingelassene Taufbecken für die Erwachsenentaufe

Platytera Ehrenbezeichnung der Maria; ›platytera ton ouranon‹, ›die Weitergemachte als die Himmel‹, Maria, ›deren Schoß Gott zum Thron machte‹; bei verschiedenen Mariendarstellungen zu finden, in Albanien in

	Wandmalereien der nachbyzantinischen Zeit, beispielsweise bei der Blachernitissa; in der neueren Literatur wird manchmal auch der Typus der frontal thronenden Maria mit dem Christuskind auf dem linken Knie als Platytera bezeichnet
polygonal	vieleckig
Portikus	offene Säulenhalle als Gebäude-Vorbau
Poseidon	griechischer Gott des Meeres und der Gewässer
Presbyterium	den Priestern vorbehaltener Raumteil einer Kirche im Bereich des Hauptaltares
Prokonnesos	Insel mit reichem Marmorvorkommen (gräulich-weiß mit dunklen Streifen) im Marmarameer (Propontis) in der Nähe von Istanbul; der Marmor wurde teilweise am Orte vollständig oder als Halbfabrikat ausgearbeitet (Kapitelle, Architrave, Sarkophage u. a.) und weithin exportiert, u. a. auch in das Gebiet des heutigen Albanien
Proskenion	dem Zuschauer zugekehrte Wand der Bühne
Proskynetarion	Pult in einer Kirche, auf dem Ikonen zur besonderen Verehrung aufgestellt werden
Prothesis	Nebenraum einer Kirche zur Vorbereitung des Abendmahles, seit frühbyzantinischer Zeit meist nördlich der Hauptapsis
Pultdach	schräg abfallendes Dach, das sich an einen anderen Bauteil anlehnt
Quader	Hau- oder Werkstein in regelmäßiger Rechteckform mit meist glatten, parallelen Flächen; Sonderformen sind Bossenquader oder Rustika (Spiegel weitgehend unbehauen, Randschlag meist vorhanden) und Buckelquader (Spiegel roh behauen, buckelförmig vorstehend)
Querhaus	quer zur Hauptrichtung einer Kirche verlaufender Bauteil, in der Regel vor dem Ostabschluß gelegen
Rustika	Bosse, grob behauenes Mauerwerk
Sandschak	türk. Regierungsbezirk
Satyr	Begleiter des Dionysos mit spitzen Ohren und Schwänzchen
Schächtelmauerwerk	Wechsel von Hausteinen und Ziegeln; die Ziegel fassen die Quader allseitig ein, so daß sie gleichsam in einer ›Schachtel‹ ruhen; besonders in mittel- und spätbyzantinischer Zeit (10.–15. Jh.) in Griechenland und im südlichen Albanien beliebt
Sirene	Mischwesen aus Vogelleib und menschlichem, meist weiblichem Oberkörper
Sphinx	geflügeltes Mischwesen mit Löwenleib und menschlichem, meist weiblichem Kopf
Spolie	älteres Architekturteil (z. B. Säule, Gesims, Kapitell, Fries), das in einem neuen Bau wiederverwandt wird
Stoa	langgestreckte Halle, an zumindest einer Seite durch Säulen geöffnet, häufig zweischiffig

Synthronon in frühchristlichen Kirchen eine in der Apsis umlaufende, oft mehrstufige Bank für die Priester; in der Mitte meist die Kathedra für den Bischof

Syrinx altgriech. Instrument, bestehend aus mehreren zusammengebundenen Flöten

Tambour zylindrischer Bauteil, auf dem das Gewölbe der Kuppel ruht

Tekke klosterähnliche Anlage islamischer Orden

Templon Schrankenanlage, die Gemeinderaum (Naos) von Altarraum (Bema) trennt; sie entwickelt sich im späteren Mittelalter zur geschlossenen Bilderwand, der Ikonostase

Terrakotta gebrannter Ton, zu Reliefs, Gefäßen oder kleinen Figuren verarbeitet

Thermen Badeanlagen

Thyrsosstab mit Blättern, Pinienzapfen, Efeu und Bändern geschmückter, für Dionysos und sein Gefolge charakteristischer Stab

Tondo Pl. Tondi, Bild von kreisförmigem Format

Tonnengewölbe Gewölbe in Form eines liegenden Halbzylinders, meist aus Steinen mit Mörtel errichtet

Trapeza Speisesaal eines Klosters

Triglyphen mit den → Metopen abwechselndes dreiteiliges Feld unter der Traufrinne dorischer Tempel mit zwei senkrechten Kerben

Triklinium Raum, in dem U-förmig drei Klinen (Betten) aufgestellt waren, Speisezimmer des römischen Hauses

Trikonchos (Dreikonchenbau) Kirche mit drei halbrunden oder polygonalen Konchen nach drei Richtungen (meist Osten, Norden und Süden)

Trompe Ecknische, beim Übergang vom Quadrat des Grundrisses in das Rund der Kuppel bei Achtstützen-Bauten verwandt

Tschardak offene Veranda

Via Egnatia Verbindung von Rom nach Konstantinopel; sie führt auf dem Landweg von Rom bis Brindisi, dann über See nach Dyrrachium (nördlicher Strang) oder Apollonia, später Aulon – Vlora (südlicher Strang), und von dort auf dem Landweg weiter

Vierung Raumteil, in dem sich Lang- und Querhaus bzw. die Kreuzarme durchdringen

Xhami (gespr. Dschami) Moschee (alban. Schreibweise)

Zeus höchster Gott der Griechen, ›Vater der Götter und Menschen‹

Ziborium Baldachin über dem Altar

Zwinger ummauerter Vorhof vor einem Burgtor

Ausgewählte Literatur

Allgemeine Werke

Reiseführer, Berichte, Bildbände

A. Kulpok, Europas letztes Geheimnis – Albanien (Frankfurt 1981)
Portrait of Albania (Tirana 1982)
40 Years of Socialist Albania (Tirana 1984)
P. Lendvai, Das einsame Albanien (Zürich 1985)
W. Peinsipp, Das Volk der Shkypetaren. Geschichte, Gesellschafts- und Verhaltensordnung (Wien 1985)
Albanien. Allgemeine Notizen (Tirana 1985)
C. Lienau – G. Prinzing, Beiträge zur Geographie und Geschichte Albaniens² (Münster 1986)
Die Albaner und ihre Gebiete (Tirana 1986)
J. Röhm – R. Pier, Albanien als Reiseland (München–Hamburg 1986)
N. Stanek, Albanien. Land der Skipetaren (Wels–München 1987)
R.-R. Braun, Albanien, Reise-Handbuch und Landeskunde (Rielasingen 1988)

Ausstellungskataloge

L'Art Albanaise a travers les siècles, Paris, Petit Palais 1974–1975
L'Arte Albanese nei secoli, Rom, Museo Nazionale Preistorico Etnografico ›Luigi Pigorini‹ 1985
G. Koch u. a., Albanien. Kulturdenkmäler eines unbekannten Landes aus 2200 Jahren (Marburg 1985)
Albanien. Schätze aus dem Land der Illyrer und der Skipetaren, Ausstellung Hildesheim 1988 (Mainz 1988)

Bibliographien

L. Papajani, Bibliografi per Monumentet e Arkitektures dhe te Arti 1945–1980 (Tirana 1982)
A. Hertzer – V. S. Roman, Albanien. Ein bibliographischer Forschungsbericht (1983)

F. Drini, Bibliografi e Arkeologjise dhe e Historise se Lashte te Shqiperise 1972–1983 (Tirana 1985) (mit franz. Resumées)

L. Papajani – M. Topi, Bibliografi e Monumenteve te Arkitektures dhe te Artit 1944–1984 (Tirana 1985)

The National Library. Albanica I (Tirana 1965). II (Tirana 1987) (Bibliographien von Publikationen zum 16.–18. Jh. und 1800–1849)

Konsultierte albanische Zeitschriften

Culture Populaire Albanaise (Kultura Populore) und Ethnographie Albanaise (Etnografia Shqiptare), beide herausgegeben vom Instituti i Kultures Popullore (Institut für Kultur des Volkes) der Akademie der Wissenschaften

Iliria. Reviste Arkeologjike, herausgegeben vom Archäologischen Institut der Akademie der Wissenschaften (abgekürzt: Il.)

Monumentet, herausgegeben vom Instituti i Monumenteve te Kultures (Institut für Denkmalpflege) (abgekürzt: Mon.)

Studia Albanica, herausgegeben von der Akademie der Wissenschaften

Studime Historike, herausgegeben vom Historischen Institut der Akademie der Wissenschaften

Wichtige ältere Reiseberichte und -führer

J. G. von Hahn, Albanesische Studien (Wien 1853; Jena 1954)

C. Patsch, Das Sandschak Berat in Albanien (Wien 1904, Nachdruck Nendeln 1976)

C. Praschniker – A. Schober, Archäologische Forschungen in Albanien und Montenegro (Wien 1919, Nachdruck Nendeln 1976)

C. Praschniker, Muzakhia und Malakastra, in: Jahreshefte des Österreichischen Archäologischen Instituts 21/22, 1922–24, Beiblatt 1–224

L. Rey, Guide d'Albania (Paris 1930)

Albania. Guida d'Italia della Consociazione Turistica Italiana (Mailand 1940)

Literatur zu den einzelnen historischen Abschnitten und Stätten

Gesamtüberblicke, Sammelbände

G. Stadtmüller, Forschungen zur albanischen Frühgeschichte² (Wiesbaden 1966)
N. G. L. Hammond, Epirus. The Geography, the Ancient Remains, the History and the Topography of Epirus and Adjacent Areas (Oxford 1967)
Monumente te Arkitektures ne Shqiperi (Monumente der Architektur in Albanien) (Tirana 1973)
P. Cabanes, L'Epire de la mort de Pyrrhos à la conquete romaine (272–167 av. J.-C.) (Paris 1976)
S. Pollo – A. Puto, The History of Albania from its Origins to the Present Day (London 1981)
G. Karaiskaj, Pese mije vjet fortifikemit ne Shqiperi (Fünftausend Jahre Befestigungen in Albanien) (Tirana 1981)
La très riche Albanie archéologique. Dossiers Histoire et Archéologie Nr. 111, Dezember 1986 (Dijon 1986)
H. Frommer, Die Illyrer (Karlsruhe 1988)
Verwiesen sei auf verschiedene Lexika: Reallexikon zur byzantinischen Kunst II (Stuttgart 1971) 207ff.; The Princeton Encyclopedia of Classical Sites (Princeton 1976); Theologische Realenzyklopaedie II (Berlin 1978) 160ff.; Lexikon des Mittelalters I (München 1980) 273ff.

Literatur zu einzelnen Epochen

1. Vorgeschichte

F. Prendi, The Prehistory of Albania, in: Cambridge Ancient History I 1 (Cambridge 1982) 187–237
M. Korkuti, in: P. R. Franke, Albanien im Altertum (siehe unten 2.1) 3–11
Z. Andrea, Kultura Ilire e Tumave ne Pellgun e Korçes (Tirana 1985)
A. Koka, The Illyrian Prehistorical Culture in Albania (Tirana 1985)
Mehrere Aufsätze in Il. 15, 1985, Band 2

2. Antike: Illyrer, Griechen, Römer

2.1 Allgemeines

J. J. Wilkes, Dalmatia. History of the Provinces of the Roman Empire (London 1969)
Shqiperia Arkeologjike (Tirana 1971)

Tabula Imperii Romani: Naissus, Dyrrhachium etc. (Ljubljana 1976)
P. R. Franke, Albanien im Altertum. Antike Welt, Sondernummer 1983
Z. Andrea, Archaeological Reports for 1983–84 (London 1984) 102–119
S. Islami u. a., Les Illyriens (Tirana 1985)
N. Ceka, Il. 15, 1985, 2, 119–161
P. Cabanes, Revue Archéologique 1986 (Paris 1986) 107–142
A. Baçe, Mon. 34, 1987, 5–55
L'Illyrie méridionale et l'Epire dans l'Antiquité. Actes du colloque international de Clermont-Ferrand (22–25 oct. 1984), réunis par P. Cabanes (Clermont-Ferrand 1987)
G. Koch, Mon. 35, 1988, 39–80
Antike Helme. Sammlung Lipperheide und andere Bestände des Antikenmuseums Berlin. Römisch-Germanisches Zentralmuseum, Monographien 14 (Mainz 1988)

2.2 Literatur zu den wichtigsten Stätten
(heranzuziehen ist immer das Literaturverzeichnis von P. R. Franke)

Amantia: S. Anamali, Il. 2, 1972, 67–148; N. Ceka, Mon. 10, 1975, 21–62
Antigoneia: D. Budina, Il. 2, 1972, 269–378; 4, 1976, 327–346; 15, 1, 1985, 151–165
Apollonia: L. Rey, Albania. Cahiers d'Archéologie, d'Histoire et d'Art 1–6, 1925–1938; K. Zheku, Mon. 4, 1972, 7–27; 18, 1979, 29–42; A. Baçe – N. Ceka, Mon. 22, 1981, 5–29; N. Ceka, Apolonia e Ilirise (Tirana 1982); H. Myrto, Mon. 35, 1988, 81–86
Butrint: L. M. Ugolini, Albania Antica III. L'acropoli di Butrinto (Rom 1942); G. Karaiskaj, Butrint dhe fortifikemit e tji (Tirana 1983); G. Pani, Mon. 35, 1988, 23–37
Byllis: N. Ceka, Il. 14, 2, 1984, 61–89; S. Anamali, Mon. 33, 1987, 63–72; N. Ceka, Il. 17, 2, 1987, 49–121
Dyrrachium: F. Miraj – H. Myrto, Il. 12, 1, 1982, 131–156; K. Miho, Amfiteatri i Durresit (Tirana 1984); L. Miraj, Il. 16, 2, 1986, 151–169
Lissus: F. Prendi – K. Zheku, Il. 2, 1972, 239–268; Mon. 2, 1971, 7–23; Il. 16, 1, 1986, 57–66; K. Zheku, Mon. 7/8, 1974, 7–24; F. Prendi, Il. 11, 2, 1981, 153–163
Phoinike: D. Budina, Il. 16, 1, 1986, 113–121
Selca: N. Ceka, Qyteti Ilir prane Selces se Poshtme (Tirana 1985)
Via Egnatia: N. Ceka – L. Papajani, Mon. 1, 1971, 43–59; N. Ceka, Mon. 7/8, 1974, 71–89; N. G. L. Hammond, Journal of Roman Studies 64, 1974, 185–194; C. Romiopoulou, Bulletin de Correspondance Hellénique 98, 1974, 813–816 (bei Thessaloniki gefundener Meilenstein mit der Inschrift des Gnaeus Egnatius, der eine Entfernung von 260 Meilen ab Dyrrachium angibt); P. Collart, Bull. Corr. Hell. 100, 1976, 177–200; F. W. Walbank, in: Althistorische Studien, Festschrift H. Bengtson (Wiesbaden 1983) 131–147; L. Gounaropoulou – M. B. Hatzopoulos, Les milliaires de la Voie Egnatienne entre Heraclée des Lyncestes et Thessalonique, Meletemata 1 (Athen 1985)

3. Frühchristliche und frühbyzantinische Zeit

3.1. Allgemeines

Tabula Imperii Byzantini 3, Nikopolis und Kephallenia, bearbeitet von P. Soustal – J. Koder (Wien 1981)
H. Freis, in: P. R. Franke, Albanien (1983) 65–73
R. Sörries, Antike Welt 14, 1983, Heft 4, 7–26
A. Meksi, Mon. 30, 1985, 13–44
R. Krautheimer, Early Christian and Byzantine Architecture[4] (London 1987)

3.2. Literatur zu den wichtigsten Stätten

Ballsh, Basilika: S. Anamali, Il. 7/8, 1977/78, 301–306; 11, 2, 1981, 237–242; Mon. 33, 1987, 63–72; K. Zheku, Mon. 34, 1987, 95–102
Butrint, Baptisterium: H. Nallbani, Mon. 18, 1979, 59–64; A. Meksi, Mon. 25, 1983, 51–63, 72–75
Butrint, Basilika: A. Meksi, Mon. 25, 1983, 47–51, 64–72
Byllis, Basiliken: S. Muçaj, Il. 16, 1, 1986, 321–327; 17, 1, 1987, 167–202
Durres, Kapelle im Amphitheater: N. Thierry, Cahiers Archéologiques 18, 1968, 277–289; V. Toçi, Mon. 2, 1971, 37–42; H. Nallbani, Mon. 7/8, 1974, 111–116; I. Nikolajević, Sbornik Radova 19, 1980, 59–70; J. Reynis-Jandot, Il. 13, 1, 1983, 225–232; M. Andarolo, in: Studien zur spätantiken und byzantinischen Kunst, F. W. Deichmann gewidmet III (Bonn 1986) 103–112
Durres-Arapaj, Basilika: S. Hidri, Il. 13, 1, 1983, 233–239; 16, 1, 1986, 329–335; S. Hidri, Il. 17, 2, 1987, 187–213
Lin, Trikonchos: S. Anamali, Il. 3, 1975, 339–353; G. Fiaccadoni, in: III. Colloquio Internazionale sul Mosaico Antico 1980 (Ravenna 1981) 185–196
Saranda, Grabungen: K. Lako, Il. 16, 1986, 1, 273–281

4. Mittelalter – Byzantinische Zeit

4.1. Allgemeines

Tabula Imperii Byzantini (siehe oben 3.1)
Krautheimer (siehe oben 3.1)
Reallexikon zur Byzantinischen Kunst, hrsg. von K. Wessel und M. Restle, Bd. Iff. (Stuttgart 1966ff.)
C. Mango, Byzantinische Architektur (Stuttgart 1975)
A. Ducellier, La facade maritime de l'Albanie au moyen age (Thessaloniki 1981)
K. Onasch, Liturgie und Kunst der Ostkirche in Stichworten (Leipzig 1981)
A. Meksi, Arkitektura Mesjetare ne Shqiperi (Tirana 1983)
A. Meksi, Mon. 26, 1983, 77–117; 27, 1984, 103–125 (mittleres und nördliches Albanien); 32, 1986, 37–50 (byzantinische Kirchen); 34, 1987, 58–72 (Bautechnik)

G. M. Belenis, Hermeneia tou exoterikou diakosmou ste byzantine architektonike (Thessaloniki 1984)

R. Sörries, Byzantinisches Albanien, in: Die Karawane 26, 1985, Heft 1/2, 134–161

A. Ducellier, L'Albanie entre Byzance et Venice, Xe–XVe siècle (London 1987)

Documente per Historine e Shqiperise te shek. XV (Tirana 1987)

K. Tsouris, Ho keramoplastikos diakosmos ton hysterobyzantinon mnemeion tes boreiodytikes Hellados (Kabala 1988)

4.2. Literatur zu den wichtigsten Stätten

Apollonia, Marienkirche: A. Meksi, Mon. 1, 1971, 103–117; 7/8, 1974, 229–246; H. und H. Buschhausen, Die Marienkirche von Apollonia in Albanien (Wien 1976); A. Meksi, Mon. 23, 1982, 141–168; P. Balenci, Gli esaforati del chiostro di San Benedetto in Conversano e della chiesa di Santa Maria in Apollonia (Albania) (Cascia di Reggello 1986)

Berat, Kirchen und Stadtmauer: A. Baçe, Mon. 2, 1971, 43–62; 12, 1976, 23–251 (Mauern); A. Meksi, Mon. 4, 1972, 59–102 (Kirchen); H. Spahiu, Iliria 13, 1, 1983, 119–135 (Mauern)

Kosina, Marienkirche: P. Thomo, Studime Historike 26, 4, 1972, 51–79

Labova, Marienkirche: P. Versakes, Archaiol. Ephemeris 1916, 108–117; P. Vokotopoulos, He ekklesiastike architektonike eis ten... Epeiron (Thessaloniki 1975) 86–92, 193–196 (und passim); A. Meksi, Mon. 9, 1975, 82–102; 23, 1982, 169–177; G. Koch, Mon. 33, 1987, 27–62; Studia Albanica 25, 1988, 151–181

Maligrad, Marienkirche: D. Dhamo, Studia Albanica 2, 1964, 107–119

Mborje, Christuskirche: P. Thomo, Studime Historike 2, 1967, 157–174; A. Meksi, Mon. 4, 1972, 199–204

Mesopotam, Nikolauskirche: Ph. Versakes, Archaiol. Deltion 1, 1915, 28–44; A. Meksi, Mon. 3, 1972, 47–94; 10, 1975, 151–159; P. Maraci, Mon. 14, 1977, 169–180

Perondi, Nikolauskirche: A. Meksi, Mon. 5/6, 1973, 19–42

Peshkepi, Marienkirche: P. Versakes, Archaiol. Ephemeris 1916, 114–117; P. Vokotopoulos (s. oben bei Labova) 74–80, 188/89 (und passim); A. Meksi, Mon. 9, 1975, 77–105; 23, 1982, 169–177

5. Nachbyzantinische Zeit – Türkenzeit

5.1. Allgemeines

P. Bartl, Die albanischen Muslime zur Zeit der nationalen Unabhängigkeitsbewegung (1878–1912) (Wiesbaden 1968)

Lexikon der christlichen Ikonographie, hrsg. von E. Kirschbaum, Bd. 1–4: Allgemeine Ikonographie, Bd. 5–8: Ikonographie der Heiligen (Freiburg 1968–1976)

G. Goodwin, A History of Ottoman Architecture (London 1971, Nachdruck 1987)

La Peinture Murale du Moyen Age en Albanie und Icones et Miniatures du Moyen Age en Albanie (Tirana 1974) (kleine Bildhefte)

Onasch (siehe oben 4.1)
B. Rothemund, Handbuch der Ikonenkunst[3] I (München 1985)

5.2. Literatur zu den wichtigsten Stätten

Bäder: V. Shtylla, Mon. 7/8, 1974, 119–137; 17, 1979, 83–95; 20, 1980, 131–136; A. Berger, Das Bad in der byzantinischen Zeit (München 1982)

Brücken: V. Shtylla, Mon. 11, 1976, 223–233; 14, 1977, 101–123; 18, 1979, 135–148; 21, 1981, 69–97; D. Kurti, Mon. 26, 1983, 31–45; V. Shtylla – G. Samimi, Mon. 30, 1985, 45–62

Festungen: G. Karaiskaj (siehe oben bei ›Gesamtüberblicke‹); ders., Mon. 32, 1986, 5–20; Mon. 35, 1988, 87–95

Häuser: zahlreiche Beiträge in fast allen Bänden von Mon. (vor allem von E. Riza); P. Thomo, Banesa fshatare ne Shqiperine e veriut (Tirana 1981); E. Riza, Ndertimet fshatare ne Laberi (Tirana 1984)

Kirchen: A. Meksi – P. Thomo, Mon. 11, 1976, 119–145; 19, 1980, 89–115; 20, 1980, 45–68; 21, 1981, 99–148; 22, 1981, 99–114; S. Mihalçka, Mon. 32, 1986, 77–97 (Ardenica); R. Gega, Mon. 35, 1988, 141–179 (Ardenica)

Moscheen: K. Miho, Mon. 11, 1976, 191–198; G. Frasheri – S. Dashi, Mon. 12, 1976, 237–241; A. Meksi–G. Frasheri, Mon. 14, 1977, 125–144; S. Dashi, Mon. 15/16, 1978, 101–109; A. Meksi, Mon. 18, 1979, 93–104; Studime Historike 34, 1980, 189–223; Mon. 33, 1987, 163–172; S. Dashi–G. Frasheri, Mon. 32, 1986, 51–76; G. Frasheri – S. Dashi, Mon. 35, 1988, 97–131

Museumsstadt Berat: G. Samimi, Mon. 5/6, 1973, 161–175; G. Strazimiri, Mon. 9, 1975, 127–140; E. Riza – H. Nallbani, Mon. 10, 1975, 117–132; L. Lazimi, Mon. 11, 1976, 173–189; E. Riza, Mon. 20, 1980, 83–103; 21, 1981, 5–34; G. Samimi, Mon. 24, 1982, 83–102; G. Strazimiri, Berati. Museumsstadt (Tirana 1987); A. Baçe – A. Meksi – E. Riza, Berati. Historia dhe arkitektura (Tirana 1988)

Museumsstadt Gjirokastra: E. Riza, Gjirokastra. Museumsstadt (Tirana 1978); ders., Qyteti-Muze i Gjirokastres (Tirana 1981); E. Riza, Mon. 28, 1984, 77–93

Korça: P. Thomo, Korça. Urbanistika dhe arkitektura (Tirana 1988)

Kruja: Kruja dhe Monumentet e saj (Kruja und seine Denkmäler) (Tirana 1981)

Nachweis der Abbildungsvorlagen

Abbildungen im Text

nach Albania 1, 1925: Abb. S. 81, 96
Anette Bisanz, Wuppertal: Abb. S. 14, 20
Andrea El-Danasouri: Abb. S. 24, 32, 35, 43, 44, 74, 82, 84, 89 oben, 114, 117, 120, 123, 135, 137, 141, 142, 143, 146, 148, 149, 150, 152, 154, 155, 158, 186, 195, 197, 211, 213, 214, 216, 219, 221, 223, 250, 252, 256 unten, 265, 268, 270, 275, 276, 277, 279, 281, 282, 284, 286; nach Entwurf von Apollon Baçe: Abb. S. 25, 202, 258, 272; nach Entwurf von Katja Schimanski: Abb. S. 159, 207
Foto Marburg: Abb. S. 94
Gluske, Bad Schwalbach: Abb. S. 122
Guntram Koch: Abb. S. 71, 263
Heidemarie Koch: Abb. S. 26, 28, 37, 41, 67, 69, 89 unten, 90, 91, 92, 93, 125, 133, 136, 138, 151, 188, 191, 193, 199, 203, 204, 226, 251, 255, 256 oben, 260, 262, 274, 278; nach Entwurf von Ferid Hudhri: Abb. S. 201
J. Laurentius, Berlin: Abb. S. 23
E. Thiem/A. Peik (Lotus-Film), Kaufbeuren: Abb. S. 129

Farbabbildungen

Gluske, Bad Schwalbach: Farbabb. 6, 7, 9, 10, 21
Guntram Koch: Farbabb. 5, 8, 17–20, 22, 24–26
E. Thiem/A. Peik (Lotus-Film), Kaufbeuren: Farbabb. 1–4, 11–16, 23, 27–33

Schwarz-Weiß-Abbildungen:

Bildarchiv Foto Marburg: Abb. 73–81, 85, 87, 88
Gluske, Bad Schwalbach: Abb. 15, 47
Guntram Koch: Abb. 1–14, 16–33, 35–46, 48–58, 60–62, 64–72, 82–84
Rolf Schulten, Octopus Fotoagentur, Bielefeld: Abb. 34, 59, 63

Register

Orte und Sehenswürdigkeiten

Personen, Völker, Stämme

MATHURIN MÉHEUT

IMPRESSIONS GRAVÉES

Mise en page : Studio Locus Solus
Photogravure : Procolor, Quimperlé (29)
Impression : Cloître, Saint-Thonan (29)
Dépôt légal 2e trimestre 2017

ISBN 978-2-36833-156-9

PEFC 10-31-1238

IMPRIM'VERT®

LOCUS-SOLUS.FR

MATHURIN MÉHEUT

IMPRESSIONS GRAVÉES

Philippe Le Stum
Denise Delouche
Virginie Caudron

Notices, Chrystèle Rozé

LOCUS SOLUS

Musée Mathurin Méheut

SOMMAIRE

Mathurin Méheut
Église St-Guénolé (détail)
1919-1920, gravure sur linoléum, 31 x 38 cm
collection Gilles Baratte

Mathurin Méheut
Licornes
Détail d'une lettre à Yvonne Jean-Haffen, Paris 27 nov. 1927, 30 x 40 cm
collection Maison d'artiste de la Grande Vigne – Ville de Dinan (LM 157)

AVANT-PROPOS

Au début du XXe siècle, la gravure exalte l'imagination créatrice des peintres. En 1908, Matisse dit rêver de la gravure comme « un art d'équilibre, de pureté, de tranquillité ». Munch réclame « un art que l'on crée avec le sang et son cœur ». Les artistes de l'époque vont utiliser principalement la gravure sur bois, considérée par les collectionneurs et les bibliophiles comme « la vraie gravure », et trouver leurs sources d'inspiration dans l'estampe japonaise. Cette technique de gravure devient un art à part entière, détrônant même la lithographie.

Rien d'étonnant alors que Méheut expérimente, parmi d'autres techniques, la gravure sur bois. Dès 1910, elle est au cœur de ses démarches artistiques. Il retient encore une fois la leçon d'Eugène Grasset selon laquelle « il n'est pas d'art majeur et que toutes les applications artistiques sont dignes d'intérêt ».

Dans ses gravures, on retrouve sans équivoque la même liberté du trait que dans son œuvre graphique. D'où la volonté d'associer, dans l'exposition et le catalogue, les différents domaines d'expression et d'instaurer un dialogue entre les gravures, les dessins et les peintures, sur des thèmes de prédilection comme la nature et la Bretagne.

Entre 1910 et 1926, Méheut produit peu de gravures. Véritables œuvres d'art à part entière, il les réalise à la force du poignet et en tire peu d'exemplaires. Pour cela, il utilise plus souvent le linoléum, le bois étant beaucoup plus hostile à travailler. Malgré sa faible production, l'artiste se fait remarquer pour son talent de graveur en 1924, dans la revue *Byblis*, référente en matière d'estampes. La même année, il devient membre de la Société de gravure sur bois originale (S.G.B.O.). Ce catalogue réunit ici la quasi-totalité des estampes répertoriées à ce jour.

Après 1926, Méheut ne produit plus de gravures sur bois. Probablement parce que la technique est très contraignante par rapport à sa rapidité d'exécution. Il en est de même pour les illustrations d'ouvrages. Soucieux de la qualité de reproduction de ses œuvres, il fait appel à des graveurs qui connaissent le métier : Louis-Joseph Soulas (1905-1954), un de ses anciens élèves, et Georges Beltrand (1880-1969). Par leur habilité et leur expérience, Soulas et Beltrand vont traduire les dessins de Méheut en gravure tout en conservant l'esprit du dessinateur et la puissance de son trait. D'où parfois un questionnement sur la réalisation matérielle des bois gravés ou matrices qui ont permis d'imprimer les images.

Nos recherches pour la réalisation de l'exposition ont permis de redécouvrir l'importance de cette collaboration et d'affiner l'implication de ces deux graveurs de qualité, dont les noms n'apparaissent pas toujours dans les ouvrages illustrés. Pour *Le Gardien du feu* (1923), la correspondance retrouvée entre le maître et son élève a levé le voile sur de nombreuses interrogations. De la production de Georges Beltrand, on retiendra également la découverte d'une dizaine de bois et tirages d'après des dessins de Méheut ; ces derniers sont conservés au musée Mathurin Méheut. Cet ensemble important, aux sujets bigoudens, constitue probablement un projet d'illustration qui n'a pas abouti. Il met en évidence la tâche immense du graveur et l'engagement dont il doit faire preuve pour rester fidèle à l'œuvre originale.

Le nombre croissant de commandes pour l'illustration d'ouvrages et l'impatience de Méheut ont peut-être incité l'artiste à déléguer son travail de graveur. Il reproche parfois aux techniques de reproduction de dénaturer ses œuvres et cette exigence l'amène à explorer sans cesse de nouvelles techniques. Cette curiosité sans limite le conduit à déposer ses propres brevets d'inventeur à l'Office national de la propriété industrielle en 1925, 1944 et 1948.

La gravure est une forme d'expression qui conjugue le travail d'artiste et celui de technicien. C'est probablement pour cette raison que Mathurin Méheut est constamment tiraillé entre son statut d'artiste et celui d'artisan ; son œuvre témoigne de cette préoccupation.

Chrystèle Rozé
Commissaire d'exposition

MÉHEUT GRAVEUR ORIGINAL EN TAILLE D'ÉPARGNE

Philippe Le Stum
Conservateur en chef du patrimoine

Comme l'ont démontré la monographie de Patrick Jude en 1997, la somme définitive publiée par Denise Delouche et Anne de Stoop en 2004, les expositions du musée de Lamballe et celle du musée national de la Marine en 2013, une des caractéristiques de la création de Mathurin Méheut est le spectre remarquablement étendu de ses modes d'expression. Dans le domaine de l'estampe, la multiplicité des techniques expérimentées – eau-forte, zincographie, taille d'épargne sur bois et linoléum, lithographie, procédé dérivé du cliché-verre, etc. – doit cependant être tempérée par l'importance relative que tient chacune d'entre elles dans l'œuvre de l'artiste. C'est essentiellement en praticien de la gravure en relief ou taille d'épargne que Mathurin Méheut se signale comme graveur. En 1924 dans la revue *Byblis* de l'éditeur Henri Babou, l'une des meilleures références en la matière en France, le critique Marcel Valotaire, spécialiste du livre et de l'illustration, le plaçait – sans doute avec un peu d'exagération amicale – « au premier rang des vrais graveurs sur bois de l'heure présente[1] ». Pourtant il faut constater, après Denise Delouche, « le faible nombre d'estampes originales, comparé à la prolixité de l'œuvre graphique[2] » : nous n'avons répertorié que trente-sept gravures sur bois ou linoléum « libres[3] » quand, par exemple, la production de ses contemporains bretons René Quillivic et René-Yves Creston approche le nombre de quatre-vingts gravures en relief pour le premier et dépasse les trois centaines pour le second.

Les ensembles d'illustrations pour *Le Gardien du feu* d'Anatole Le Braz (Paris, Mornay, 1923, soixante-huit gravures) et *La Brière*, d'Alphonse de Châteaubriant (Paris, Mornay, 1924, quatre-vingt-dix-sept bois) furent conçus et dessinés de manière à être aisément *traduits* en taille d'épargne et imprimés typographiquement. Mais cette tâche de traduction – on emploie également le terme d'interprétation – fut confiée par l'éditeur à un graveur professionnel, Louis-Marie Joseph Soulas (1905-1954) de sorte qu'on ne peut que de manière annexe compter cette production dans l'œuvre gravé sur bois de Méheut. Elle ne relève pas de sa production de graveur *original*, c'est-à-dire d'artiste gravant lui-même ses compositions, de « peintre-graveur » selon l'expression consacrée en France dans le courant des années 1890.

1 Marcel Valotaire, « Mathurin Méheut décorateur de livres », *Byblis*, n°X, été 1924, p. 45-48. L'article est accompagné, dans la série du « Répertoire de la gravure contemporaine », d'une liste – non exhaustive – des gravures de Méheut.

2 D. Delouche, A. de Stoop et P. Le Tiec, *Mathurin Méheut*, éd. Le Chasse-Marée, 2004, p. 278.

3 Dans notre thèse de doctorat d'histoire de l'art, *La Bretagne dans la gravure sur bois (1850-1950)*, dirigée par Marianne Grivel, Université de Paris-IV Sorbonne, 2014. Par estampes « libres », nous désignons celles qui n'appartiennent pas à un ensemble d'illustrations.

Mathurin Méheut
Charbonniers en forêt
1979 (retirage), gravure sur bois en deux tons, 22 x 40 cm
collection Yves Plusquellec

Mathurin Méheut
Bretonnes assises
vers 1912, gravure sur bois, 11,8 x 33,3 cm
bibliothèque de l'Institut national d'histoire de l'art MF 347 (17-366)
Ce tirage d'essai montre les deux passages qui ont été nécessaires pour réaliser la gravure qui se trouve à droite.

La gravure sur bois, une technique en vogue

À la fin du XIXe siècle, alors que Méheut était en formation, la gravure sur bois, après avoir failli tomber en désuétude, bénéficiait d'un renouveau artistique et critique qui perdura dans les deux premières décennies du siècle suivant tandis que s'épanouissait la carrière de l'artiste. Pratiquée tout au long du XIXe siècle par des centaines d'ouvriers graveurs professionnels, elle avait fourni l'illustration de quantité de livres et de la plupart des magazines. Puis elle s'était trouvée concurrencée dans cette fonction par des procédés de reproduction photomécaniques… annonciateurs de ceux que Méheut allait utiliser plus tard, et même perfectionner en mettant au point un « procédé Méheut » dérivé de l'héliogravure.

Dans les milieux de la gravure professionnelle, une réaction corporatiste s'était fait jour pour dégager le bois de la seule reproduction et lui conférer un prestige nouveau comme art à part entière, dans une pratique où créateur et graveur se confondraient désormais en un seul et même artiste. Ce mouvement fut initié principalement par Auguste Lepère (1849-1918) et Tony Beltrand (1847-1904), fondateurs de la *Corporation française des graveurs sur bois* (1885) puis de *L'Image* (1898-1897), revue « artistique et littéraire ornée de figures sur bois ». Dans le même temps, l'accession de la gravure sur bois à la dignité d'un art *original* fut stimulée par le courant du japonisme xylographique, marqué par la présentation au Salon des Peintres-graveurs français, en 1892 et 1893, des bois d'Henri Rivière (1864-1951), imprimés en couleurs selon les procédés de l'estampe japonaise. En mai 1902, une grande Exposition rétrospective de la Gravure sur bois ancienne et moderne, européenne et japonaise, était présentée à l'École nationale des Beaux-Arts, démontrant « le plus étonnant, le plus formidable

Mathurin Méheut
Bretonnes assises
vers 1912, gravure sur bois en deux tons, 7,5 x 15,5 cm
bibliothèque de l'Institut national d'histoire de l'art
Mf 347 (17-365)

exemple de résurrection d'un art[4] ». Ses principaux organisateurs étaient encore Auguste Lepère, Tony Beltrand et l'historien de la gravure Henri Béraldi (1849-1931). En 1911, ils devaient, dans le droit fil de cette œuvre de défense et illustration du bois, fonder la Société de la gravure sur bois originale, au sein de laquelle Méheut fut reçu treize ans plus tard. Simultanément, la pratique de la gravure sur bois se développait dans une autre mouvance du monde artistique, celle des « avant-gardes » : comme source d'inspiration, la Bretagne y contribua en inspirant à Pont-Aven, dès 1888, les premiers bois d'Émile Bernard. Vinrent ensuite ceux de Paul Gauguin (1848-1903), d'Armand Séguin, du « nabi suisse » Félix Vallotton ; puis encore ceux des Fauves Valtat, Derain, Vlaminck ou Dufy.

Dans les années qui précédèrent la Première Guerre mondiale, la gravure sur bois n'était donc plus en mal de reconnaissance, mais bien au contraire solidement installée comme forme d'art bénéficiant de la faveur des critiques, de la convoitise des collectionneurs et du goût des bibliophiles. Elle avait largement éclipsé la lithographie en faveur à l'apogée de l'Art nouveau et du Symbolisme. Elle avait aussi détrôné – spécialement dans le livre illustré – la gravure en taille-douce que peu d'années auparavant la critique académique considérait encore comme « la vraie gravure[5] ».

4 Henri Béraldi, dans *Exposition de la gravure sur bois à l'École nationale des Beaux-Arts*, catalogue, Paris, Librairie de l'Art ancien et moderne, 1902, p. 45.
5 Baron Roger Portalis (1841-1912), dans *La Gazette des Beaux-Arts*, février 1890, p. 127-128.

Les premiers bois

Dans ce contexte, il n'eſt pas étonnant que les premières participations de Méheut aux salons aient été, semble-t-il, ses envois de gravures sur bois à l'exposition de la Société nationale des Beaux-Arts en 1910 et 1913. Les *Animaux* mentionnés sous ce titre générique et sous un numéro unique (2 217) dans le catalogue de l'exposition de 1910 sont très probablement les *Pigeons*, la *Chouette*, les *Chèvres* et les *Canards,* dont de rares épreuves sont conservées grâce à la politique d'achat du collectionneur Jacques Doucet (1853-1929), dans la collection qu'il a léguée à l'Inſtitut national d'hiſtoire de l'art[6]. Leur format de vignettes carrées de 7,5 cm de côté imposait leur réunion sous un même cadre et c'eſt ainsi qu'elles figurèrent encore au Salon de 1913. Le catalogue de 1910 les désigne comme « gravures sur bois en couleurs » : c'eſt très abusif ; songeons aux bois d'une si riche et subtile polychromie de Rivière. Il s'agit en fait de gravures en un seul ton, imprimées pour deux d'entre elles en biſtre sur fond blanc, les autres en noir ; l'une (*Canards*) sur fond préalablement imprimé en jaune.

6 Inv. Méheut 9, 17-377 ; Méheut 10, 17-378 ; Méheut 11, 17-379 ; Méheut 13, 17-381. Les *Pigeons*, les *Chèvres* et la *Chouette* sont réunis sur une planche titrée *Animaux* et datée 1913, probable date de leur achat à la suite de leur présentation au Salon de la Société nationale des Beaux-Arts.

Mathurin Méheut
Canard
Chèvres
Pigeons
Chouette
1910, gravures sur bois, 7,5 x 7,5 cm
bibliothèque de l'Inſtitut national d'hiſtoire de l'art MF 347 (17-381), Mf 347 (17-379), MF 347 (17-378), MF 347 (17-377)

Cet essai modeste annonçait les réussites à venir. Car Méheut montrait d'emblée qu'il avait saisi les qualités graphiques propres à la taille d'épargne sur bois de fil, exécutée au canif et à la gouge. À la même époque d'autres graveurs sur bois – souvent issus de la gravure professionnelle et formés à la *traduction* en *fac-similé* de dessins – s'efforçaient toujours de rivaliser avec la minutie de l'eau-forte ou de la plume. Dans ce but, ils choisissaient des matrices de bois *de bout*, c'est-à-dire coupé dans le sens de la largeur, présentant une surface parfaitement lisse qui n'offrait pas d'obstacle au travail du burin. Méheut aurait pu emboîter le pas de ces burinistes afin de présenter les équivalents xylographiques des études naturalistes sur la précision desquelles reposait son succès naissant. Il choisit au contraire de graver sur bois de fil, coupé dans le sens de la longueur, présentant donc des nervures qui résistent à la taille au canif et au champlevage à la gouge. Ainsi négligea-t-il les détails anatomiques, synthétisant son dessin pour ne retenir que l'essentiel de la forme et de l'attitude de l'animal. Dans le bois de fil en effet, « l'artiste ne peut plus atteindre les finesses que permet le bois de bout, d'où l'influence sur la technique. Ce qu'il perd en finesse, il le gagne en vigueur. La matière, de par sa résistance même, s'impose davantage à l'attention de l'artiste. Au lieu de la traiter en quantité négligeable il doit composer avec elle et ainsi en arrive à la mettre en valeur[7] » : ces quelques lignes de l'historien belge de la gravure Roger Avermaete, défenseur de l'estampe expressionniste, pourraient s'appliquer à la petite suite animalière de 1910, et plus encore aux grandes planches de l'immédiat après-guerre.

7 Roger Avermaete, *La Gravure sur bois moderne de l'Occident*, Pars, Dorbon Aîné, 1928, rééd. Vaduz, Quartzo Press, 1978, p. 15.

Mathurin Méheut
Renards
1913, gravure sur bois en deux tons, 17 x 22 cm
collection Gilles Baratte

Les camaïeux de 1912-1913

La liste des estampes originales de Méheut publiée dans *Byblis* en 1924 date de 1912 trois bois en deux tons : *Bannisseurs des morts*, *Goémoniers* et *Charbonniers en forêt*. Les trois estampes furent présentées en 1913 au Salon de la Société nationale des Beaux-Arts[8] en même temps que le *cadre d'animaux* de 1910 et surtout d'autres belles planches animalières exécutées l'année du Salon, une *Famille de renards*, des *Béliers*, des *Cigognes*, un *Crabe* et un *Gode* (petit pingouin) *chassant*. Cette dernière estampe fut publiée en hors-texte dans le numéro de novembre de la prestigieuse *Gazette des Beaux-Arts*, manifestation d'une reconnaissance critique confirmée la même année par des articles dans *L'Art et les Artistes* et dans *Art et décoration*[9].

À l'évidence, la maîtrise de la technique s'était améliorée en deux ou trois années. Certainement au fil d'expérimentations, d'essais laissés inachevés dont les *Bretonnes assises* ou *Femmes de Roscoff* de la collection Doucet pourraient être un des rares témoignages connus[10]. La palette chromatique s'était également un peu accrue depuis 1910. Méheut, en dépit de ses talents évidents de coloriste, ne s'essaya jamais à la gravure sur bois polychrome à proprement parler, basée sur l'impression successive d'un nombre de matrices supérieur à trois ou quatre, encrée chacune d'une couleur différente selon la manière japonaise « réinventée » en France par Henri Rivière[11]. En 1912 et 1913, il suivait un

8 N°s 2388, 2389 et 2390.

9 Léandre Vaillat, « Mathurin Méheut », *L'Art et les Artistes*, septembre 1913, p. 259-267 ; Gustave Geffroy, « Mathurin Méheut », *Art et décoration*, novembre 1913, 133-156.

10 Deux états et une épreuve définitive, INHA, inv. Méheut 1 a (17-365) ; 1 b (17-366) et 17-367.

11 Nous nous permettons de renvoyer à notre étude : « La gravure sur bois en couleurs, la leçon japonaise », dans : *Japon, Paris, Bretagne, la gravure sur bois en couleurs*, catal. expo. Quimper, Musée départemental breton, 2012, p. 4-12.

Mathurin Méheut
Cigognes
1913, gravure sur bois en deux tons, 17 x 22 cm
collection Gilles Baratte

Mathurin Méheut
Béliers et brebis
1913, gravure sur bois en deux tons, 17 x 22 cm
musée départemental breton, Quimper (2008.7.4)

mouvement initié par les graveurs français Jacques Beltrand (1874-1977) et Pierre Gusman (1862-1941) et le Suisse Pierre-Eugène Vibert (1875-1937) pour remettre en vigueur l'ancienne technique du bois gravé en *camaïeu*, cultivée principalement en Allemagne et en Italie au XVIe siècle. Le camaïeu, dans son acception la plus simple, consiste à graver et à imprimer dans une couleur claire une planche dans laquelle on a ménagé des réserves. Puis on imprime en noir une *planche de trait* dont le dessin, selon l'effet recherché, s'inscrit dans les parties laissées en blanc ou recouvre des zones colorées : on obtient ainsi une estampe en deux tons, auxquels s'ajoute dans les réserves le blanc du papier. C'est le procédé que choisit Méheut pour les estampes animalières exposées en 1913 et pour les *Charbonniers en forêt*. Il l'utilisera encore au milieu des années 1920. C'est encore selon cette manière qu'il conçut les illustrations du *Gardien du feu* (1923).

Mathurin Méheut
Gode chassant

1913, gravure sur bois en deux tons, 21 x 8 cm

collection Yves Plusquellec

Cette gravure, avec *Crabe* et *Cigognes*, fait partie d'un ensemble de gravures exposées lors de la première exposition personnelle de Méheut en 1913, au musée des Arts décoratifs de Paris, dans le pavillon de Marsan.

Mathurin Méheut
Gode chassant

1913, gravure en noir, 21 x 8 cm

collection Yves Plusquellec

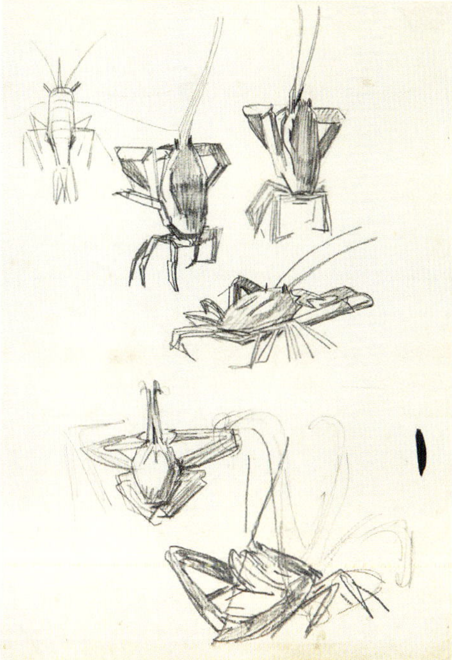

Mathurin Méheut
Crabe balancier
vers 1910-1912, crayon gras noir sur papier, 32,5 x 23 cm
musée Mathurin Méheut, Lamballe (72.11.B 31)

Mathurin Méheut
Crabe
1913, gravure sur bois en deux tons, 21 x 8 cm
musée des beaux-arts de Vannes

Dans l'Italie maniériste, le camaïeu s'enrichit en ajoutant, en sus de la planche de trait, non plus une seule, mais au moins deux matrices, afin de nuancer la gamme chromatique de l'estampe de deux ou trois tons d'une même couleur. Dès avant la Guerre, Jacques Beltrand s'imposa en France comme un virtuose de cette technique. Méheut l'employa, sans doute avec moins de maestria que ce spécialiste, dans ses *Bannisseurs des morts*, également titrés *Gens de Bretagne*. Ils nécessitèrent un bois pour le jaune de fond – dans lequel le contour des pierres à l'arrière-plan fut laissé en réserve – un autre pour le gris des vêtements, un autre enfin pour le noir. Ces étranges *Bannisseurs* annonciateurs des décès, il les avait observés en 1910 alors qu'il préparait à Roscoff l'illustration de trois articles de Maurice Pillard-Verneuil sur « La mer »[12] et les dessins de l'*Étude de la mer, faune et flore de la Manche et de l'Océan*[13].

Dans une cour de ferme l'estampe oppose, en deux blocs compacts et trapus comme le sont souvent les groupes humains chez Méheut, les femmes portant la coiffe *chikolodenn* et les hommes et enfants encagoulés du *kalabousenn* du pays *pagan*[14], précédés d'un vieillard

Mathurin Méheut
Bannisseurs des morts
1912, gravure sur bois en deux tons, 25 x 40 cm
collection Gilles Baratte
Sur une autre épreuve conservée à l'INHA, le mur du fond est imprimé en jaune.

Henri Rivière
Une femme et une vache, Pointe de la Haye (Saint-Briac)
1890, gravure sur bois de fil imprimée en couleurs, à l'eau (huit bois)
musée départemental breton, Quimper (2003.6.1)

12 « La mer », *Art et décoration*, janvier 1910, p. 1-20, mai 1910, p. 141-152 et deuxième semestre 1910, p. 161-176.
13 Édités en 1913 par la Librairie centrale des Beaux-Arts, *L'Étude de la mer* comprend quatre cent cinquante dessins de Méheut, reproduits en héliochromie.
14 *Chikolodenn* : coiffe en forme de bonnet des femmes des environs de Saint-Pol-de-Léon. *Kalabousenn* : sorte de « passe-montagne », cagoule de drap de laine descendant sur les épaules, portée par

unijambiste – l'éclopé, personnage récurrent chez Méheut. Les enfants – c'étaient, selon la tradition, des orphelins – tiennent des clochettes qu'ils font tinter avant de « glapir », comme le rapportait Anatole Le Braz dans *La Légende de la Mort* : « Recommandi a rer d'ho pédennou mad ann hini a zo bét héman pe hennont, maro hiriè hag a vo interret varc'hoaz[15]… »

Mathurin Méheut
Charbonniers en forêt
1912, gravure sur bois en deux tons, 22 x 40 cm
collection particulière

Mathurin Méheut
Charbonniers en forêt
1912, bois flotté, bois biface gravé
musée des beaux-arts de Brest métropole, (983.16.1)

Cette gravure a été présentée lors de la première exposition personnelle de Méheut en 1913, au musée des Arts décoratifs, dans le pavillon de Marsan, et reproduite dans la revue *Art et décoration* en novembre de la même année. À noter, comme pour toute gravure, l'inversion du sujet entre la matrice et la gravure.

les hommes du littoral nord-finistérien. Le pays *pagan* est la zone côtière comprise entre Guissény et Goulven, au nord de Lesneven.

15 « On recommande à vos bonnes prières un tel, mort aujourd'hui, et qui sera enterré demain… » Anatole Le Braz, *La Légende de la Mort chez les Bretons Armoricains*, Paris, Honoré Champion, 1928, T. 1, p. 289.

MARIE

Les *Charbonniers en forêt* peuvent être rapprochés à plusieurs titres d'estampes de certains *Paysages bretons* d'Henri Rivière. La situation, déportée sur la gauche, de la hutte des charbonniers est symétrique de celle de l'abri de pierres de l'estampe *Une femme et une vache* du graveur japonisant (1890). Avec d'autres compositions de celui-ci, le camaïeu de Méheut a également en commun le dessin d'un rideau d'arbres au premier plan, dont on a souvent relevé qu'il était un leitmotiv des graveurs occidentaux influencés par les paysages des maîtres japonais de l'estampe. Avec ceux-ci comme avec ceux de Rivière, les trois grands bois de 1912 partagent enfin de s'inscrire dans un format horizontal très allongé, dont les dimensions sont à quelques centimètres près celles de l'*oban* japonais. La connaissance des estampes japonaises et probablement des équivalents bretons qu'en donna Rivière apparaît de même dans la composition des *Goémoniers*. Comme celles du *Départ de sardiniers à Tréboul* de Rivière (1893) et du célèbre *Ushibori dans la province de Hitachi* d'Hokusai (vers 1831), elle plonge le regard du spectateur, en surplomb, dans une embarcation placée en diagonale et tronquée au premier plan.

En revanche, le dessin et l'utilisation de la couleur sont à l'opposé de la manière de Rivière et des Japonais, adeptes d'un tracé impeccable et d'une polychromie étendue, imprimée avec la subtilité et les dégradés qu'autorise l'impression à l'eau. Point de ces finesses chez Méheut, dont les bois sont imprimés à l'encre grasse familière aux Occidentaux et dont la gamme se limite

Page précédente et ci-dessus :

Mathurin Méheut
Goémoniers

1912, gravure sur bois en deux tons, 22 x 40 cm

bibliothèque de l'Institut national d'histoire de l'art Mf 347 (17-375 et 17-376)

Ce bois fait partie des premières gravures sur bois de Méheut. Pour réaliser cette gravure, deux bois, et donc deux passages ont été nécessaires : un pour les parties claires et un autre pour les parties foncées. En 1912, Méheut est à Roscoff et c'est probablement ce lieu qui l'a inspiré pour réaliser cette gravure ainsi qu'une autre de la même période *Bannisseurs de morts*. Il existe un autre tirage de cette gravure, dans des teintes ocre et grise (voir page précédente). Les deux épreuves reproduites ici montrent une variation des encres dans l'impression des bois de couleurs.

Henri Rivière
Départ des sardiniers à Tréboul

1893, gravure sur bois de fil imprimée en couleurs, à l'eau (douze bois)

musée départemental breton, Quimper (2011.4.1)

ici à trois tons – brun, bistre, gris ou olivâtre – outre le noir du bois de trait et le blanc du papier. De ce parti pris d'austérité ressort une impression d'intégration dans la nature, de dissolution presque des travailleurs de la mer ou du bois. Ils se fondent dans leur environnement par un mimétisme de coloration dont le règne animal offre tant d'exemples. Au premier regard, les silhouettes des *Charbonniers* ne se distinguent pas de la masse brune de leur cahute primitive. Vus de dos ou les traits dissimulés sous leur large béret, les *Goémoniers* ont la teinte des algues ou du roc et disparaissent dans l'enchevêtrement des masses végétales, des rochers, de la mâture et des avirons de la barque, tandis que des réserves blanches font scintiller la mer et la récolte gluante arrachée au récif.

La suite bigoudène de 1919-1920

En taille d'épargne, l'entreprise la plus réussie de Méheut ressort de l'esthétique du noir et blanc, fondée sur l'opposition franche de l'encre et du papier. Elle avait été illustrée à la fin du XIXe siècle et au début du suivant par Vallotton et nombre de ses émules : on citera seulement, parmi les Bretons, le Nantais Jean-Émile Laboureur (1877-1943) – notamment dans ses *Images bretonnes* de 1902 – et le Finistérien René Quillivic (1879-1969).

Mathurin Méheut
La Remontée de la barque
vers 1920, crayon gras noir sur papier, 19 x 30,5 cm
musée Mathurin Méheut, Lamballe (72.02.B 57)

Mathurin Méheut
Remontée des barques
1919-1920, gravure sur linoléum, 31 x 38 cm
collection Gilles Baratte

Mathurin Méheut
Bigoudènes au travail
1919-1920, gravure sur bois, 31 x 38 cm
collection Gilles Baratte

Mathurin Méheut
Bigoudènes arrachant les pommes de terre
vers 1920, gouache, mine de plomb sur papier
musée Mathurin Méheut, Lamballe (72.08.B 155)

Après sa démobilisation, Méheut séjourna de l'été 1919 à l'automne 1920 à Saint-Guénolé-Penmarc'h dans une maison louée à l'écrivain Auguste Dupouy (1872-1967). Observant en artiste ethnographe les populations côtières et paysannes du Cap Caval en Pays bigouden, il leur consacra huit grandes planches dont la gravure s'acheva en 1920. Passant très vite à une autre tâche, il ne prit le temps que d'en effectuer quelques tirages, suffisants pour que son incursion dans la gravure en noir fût remarquée lors de son exposition au pavillon de Marsan au printemps 1921[16] : l'État se porta acquéreur de plusieurs d'entre elles, ainsi que de dessins préparatoires.

Dans la liste de *Byblis* et le catalogue de l'exposition de 1921, toute la série est présentée comme ayant été gravée sur bois : c'est une généralisation inexacte mais

16 *Union centrale des arts décoratifs. Exposition Mathurin Méheut, croquis, dessins, aquarelles, peintures*, Paris, pavillon de Marsan, 28 avril-29 mai 1921. Toutes les planches de cette série furent exposées à l'exception de *Sardiniers à l'aviron*.

Mathurin Méheut
Récolte des pommes de terre près du calvaire de Tronoën
vers 1920, caséine sur tolle, 75 x 105 cm
collection particulière

assez fréquente, motivée par la plus grande noblesse conférée à ce matériau par rapport au linoléum. Les matrices ont été conservées : seules deux d'entre elles sont sur bois de fil ; les six autres sont des linogravures[17]. En 1979, avec le concours du conservateur du musée de Brest René Le Bihan, la fille de l'artiste les fit réimprimer à cinquante exemplaires, avec les *Charbonniers en forêt*, pour constituer un album de *Neuf gravures d'épargne* préfacé par Maurice Genevoix. L'académicien s'y souvenait de sa première rencontre avec Méheut, soixante-cinq ans auparavant, dans les salles de la première exposition personnelle de celui-ci au pavillon de Marsan, durant l'hiver 1913. Reprenant un mot de Théophile Gautier, Genevoix l'appliquait à Méheut en le décrivant de manière très adéquate comme un artiste voué, « *cœur et main, aux appels du monde extérieur* ». L'expression caractérise précisément la différence de tempérament qui distingue Méheut, tout entier observateur et, pourrait-on dire, « reporter », de son contemporain Quillivic porté davantage à l'introspection et à la métaphore.

17 Ce qui évidemment ne confère aucune supériorité esthétique des unes sur les autres. Les deux gravures sur bois sont *L'Entretien des barques* et les *Bigoudènes au travail*.

Mathurin Méheut
Bigoudènes aux filets
1919-1920, gravure sur linoléum, 31 x 38 cm
collection Gilles Baratte

Mathurin Méheut
Pays bigouden, ravaudeuses de filets
vers 1920, encre noire, mine de plomb sur papier, 20,8 x 28 cm
musée Mathurin Méheut, Lamballe (72.02.B 222)

Mathurin Méheut
On jette la rogue
crayons gras sur papier, 32 x 40 cm
musée Mathurin Méheut, Lamballe (72.02.C 16)

Page de droite, en haut :

Mathurin Méheut
Le jeteur de rogue
1919-1920, gravure sur linoléum, 31 x 38 cm
collection Gilles Baratte

Page de droite, en bas :

Mathurin Méheut
Le jeteur de rogue
1919-1920, linoléum gravé contrecollé sur bois, 33,5 x 41 cm
musée des beaux-arts de Brest métropole (983.16.3)

S.I GUENOLE .DECEMBRE 1917

Double-page précédente :

Mathurin Méheut
Les sardiniers
vers 1920, caséine sur toile, 96,8 x 146,8 cm
Port-musée Douarnenez (2016.1.1)

Mathurin Méheut
Laboureurs à Penmarc'h
1919-1920, gravure sur linoléum, 31 x 38 cm
collection Gilles Baratte

Mathurin Méheut
Église St-Guénolé
1919-1920, gravure sur linoléum, 31 x 38 cm
collection Gilles Baratte

La synthèse est présente comme chez Quillivic, mais différente de nature et d'intention : ici, massification des corps et des vêtements, effacement des disparités individuelles des traits, suppression de détails secondaires, omission des nuances tonales au profit des seuls noir et blanc, etc. Ce parti simplificateur n'est pas mis au service d'un récit ou d'une réflexion morale ; il permet d'atteindre l'efficacité expressive dans le rendu réaliste des attitudes, des mouvements, du climat, dans le positionnement de chaque figure parmi ses semblables, à proximité des éléments d'architecture et dans un paysage naturel. Devenu ami et soutien critique de son hôte, Auguste Dupouy écrivait : « L'art de Méheut ne fait, je crois, ni sociologie, ni morale, ni littérature. La vie l'intéresse telle qu'elle est[18]. »

18 Auguste Dupouy, « Mathurin Méheut », *La Bretagne touristique*, n° 26, 15 mai 1924, p. 118.

Le talent de Méheut se fondait en effet sur sa capacité à saisir les combinaisons des formes et des mouvements dans les raccourcis de quelques touches et traits. Aujourd'hui encore sa notoriété tient à l'admiration que suscitent la vivacité et la vérité d'innombrables dessins, et l'on tient pour l'une de ses premières qualités son habileté à conserver l'expressivité du croquis dans les formes plus abouties de l'illustration, de la peinture, de la céramique ou de l'estampe. Sa manière de pratiquer la taille d'épargne confirma sa prédilection pour le croquis. Elle explique le choix du linoléum, presque aussi docile à la gouge, tenue par une main habile, que le papier l'est au pinceau ou au bâtonnet de pastel. En entaillant la plaque, Méheut voulait retrouver les équivalents des signes graphiques qu'il traçait sur le papier et ne rien perdre de sa liberté de dessinateur. Pour les figures et les objets, c'était chose assez aisée : la coupe au canif et le champlevage à la gouge permettent de reproduire jusque dans leur irrégularité les traits d'un fusain. D'autre part, l'encrage de zones largement épargnées, éclairées seulement par quelques éclats en taille blanche, peut restituer comme un pinceau la masse sombre et les

Mathurin Méheut
Penmarc'h, grand labour en pays bigouden
vers 1920, caséine sur toile, 47 x 60 cm
collection particulière

plis d'une vareuse ou d'une robe. Au besoin, l'usage du « vélo » (burin à pointes parallèles) donne à l'impression de fines lignes rapprochées comme on en trace à la plume. En revanche, à moins d'avoir la virtuosité et la patience d'un Jacques Beltrand ou d'un Jules Chadel, il est beaucoup plus difficile d'obtenir par la gravure en relief les nuances, les superpositions, les fusions et les variations de coloris d'une mer ou d'un ciel peints à la gouache ou en lavis d'encre. Prenant son parti de ses propres limites comme graveur, Méheut choisit de représenter l'océan dans lequel s'avance la chaloupe sardinière, ou les nuées qui menacent les laboureurs, en lardant sa plaque d'encoches irrégulières en largeur, longueur et orientation. Ce traitement confère à ses estampes une fougue et une liberté qui avaient peu d'équivalents dans la gravure de paysage de cette époque, hormis celles des bois gravés par Vlaminck en 1914.

Mathurin Méheut
Le port de Saint-Pierre, Penmarc'h
1919-1920, gravure sur bois, 31 x 38 cm
collection Gilles Baratte

Page de droite, en bas :

Mathurin Méheut
Sardiniers à l'aviron
1919-1920, gravure sur linoléum, 31 x 38 cm
collection Gilles Baratte

Mathurin Méheut
À bord du sardinier
vers 1920, mine de plomb sur papier,
17 x 20,5 cm
musée Mathurin Méheut, Lamballe
(72.02.A 90)

Mathurin Méheut
La pose du filet
vers 1920, mine de plomb sur papier,
16 x 21 cm
musée Mathurin Méheut, Lamballe
(72.02.A 41)

Mathurin Méheut
Pardon de Notre-Dame-de-la-Joie
1920, gravure sur bois, 26 x 38 cm
collection Gilles Baratte

Après 1920, un graveur reconnu… mais peu productif

Des exemples contemporains de la grande suite bigoudène témoignent de la façon dont Méheut pouvait exploiter un même sujet dans diverses techniques. Une figure de mendiant infirme sollicitant un groupe de Bigoudènes, observé peut-être en 1912 au pardon de Saint-Guénolé à Penmarc'h, donna d'abord naissance à l'une de ses rares eaux-fortes. Le sujet ressurgit à l'époque du second séjour en Pays bigouden, dans une linogravure dont une épreuve, conservée au musée départemental breton de Quimper, fut tirée sur le feuillet d'une lettre de vœux au critique Claude Roger-Marx en janvier 1920. Le motif fut encore intégré entre 1920 et 1923 dans une grande composition peinte à la caséine de la collection du musée de Lamballe. Il fit encore le décor sur carreaux de céramique de la faïencerie Henriot, orna même le couvercle d'une boîte de biscuits… En 1925 la même composition fut reprise inversée dans le bois d'une carte postale publiée par la Société de la gravure sur bois originale (S.G.B.O.) en 1925.

En 1924 en effet, Mathurin Méheut était reçu comme membre de la Société, reformée après la Guerre. Sous l'impulsion de son vice-président et de son secrétaire, les

Mathurin Méheut
Au pardon
1925, gravure sur bois, 9 x 14 cm
collection Gilles Baratte
Cette carte postale éditée à quinze exemplaires par la Société de la gravure sur bois originale est la carte n° 9.

Mathurin Méheut
Atelier de sabotiers en forêt
vers 1920, gouache sur papier, 48 x 63 cm
collection particulière

Mathurin Méheut
Potier breton
1921, gravure sur bois, 17 x 23 cm
collection Gilles Baratte

Mathurin Méheut
Sabotiers
1924, gravure sur bois en deux tons, 25 x 33 cm
collection Gilles Baratte

graveurs Paul-Émile Colin (1867-1943) et Pierre Gusman (1862-1941), la S.G.B.O. s'attachait à regrouper ceux qu'elle considérait comme les meilleurs graveurs sur bois français de l'heure. Elle favorisait des expressions formelles que l'on pourrait qualifier de « classiques » – sans que ce terme ait ici aucune valeur péjorative – éloignées de celles que les historiens de l'art moderne considèrent aujourd'hui comme avant-gardistes ou novatrices, représentées surtout, dans l'estampe de l'entre-deux-guerres, par le courant expressionniste. Elle se montrait très réceptive à l'illustration des thématiques provinciales qui alimentaient à la même époque la bibliophilie française. Mathurin Méheut y avait donc sa place naturelle ; sa venue était ainsi saluée lors de l'assemblée générale de janvier 1925 : « Un nouvel artiste est venu aussi, et non des moindres, M. Mathurin Méheut. Chacun connaît sa puissance de travail, son talent varié et solide, ses bois en couleurs et les livres superbes qu'il a illustrés, et qu'il illustre encore. La Société est heureuse de souhaiter la bienvenue à M. Méheut, aussi bon camarade que bel artiste[19]. »

Dans les premières années de la décennie 1920, quelques gravures en taille d'épargne, moins ambitieuses que celles de la suite bigoudène, furent imprimées en hors-texte de prestigieuses publications : *Le Potier breton* dans

19 S.G.B.O., « Assemblée générale du 26 janvier 1925, rapport pour l'année 1924 », dans *Annuaire*, 1927, p. 24.

Mathurin Méheut
Dernier schlittage
1924, gravure sur bois en deux tons, 22,5 x 28,5 cm, in *Byblis*
collection Gilles Baratte

Mathurin Méheut
Le schlitteur : étude
vers 1920, gouache sur papier, encre noire, 25 x 33 cm
musée Mathurin Méheut, Lamballe (72.17.B 36)

Ce dessin est une étude préparatoire pour la gravure publiée dans la revue *Byblis* en 1924. Avec le cerne noir dessiné autour du dessin, on peut déjà percevoir la finalité de ce croquis, destiné à être traduit en gravure.

Page de gauche :

Mathurin Méheut
Baie de la Torche, scène de goémoniers bigoudens
vers 1920, gravure en couleurs 26,5 x 39,7 cm
collection Yves Plusquellec

Cette gravure est intéressante car elle est réalisée grâce à plusieurs passages de couleurs contrairement aux autres gravures de l'artiste traitées la plupart du temps en deux tons, noir et blanc pour la série bigoudène et camaïeu de brun pour les premières gravures. La partie gauche de cette estampe est reprise comme illustration dans *Chan'nik* de François Griffol (éditions de l'Arbalète, Paris, 1934).

Mathurin Méheut
Cour de ferme
1924, gravure sur bois en deux tons, 13,3 x 20,2 cm
musée départemental breton, Quimper, (2004.5.29)

Mathurin Méheut
Dindon : étude
vers 1910, crayon gras noir, mine de plomb, gouache sur papier, 32,5 x 29,5 cm
musée Mathurin Méheut, Lamballe (72.10.C 237)

la *Revue de l'Art ancien et moderne*, en décembre 1923 ; dans la dixième livraison de *Byblis*, en 1924, un *Dernier schlittage* en deux tons. Une autre manifestation de la reconnaissance de Méheut par ses pairs graveurs sur bois fut la reproduction du *Baptême de la barque* (1921) à titre d'exemple, dans le *Manuel pratique de la gravure sur bois* que Morin-Jean publia en 1924 et qui demeura longtemps la principale ressource technique sur le sujet. Mais, hormis surtout un beau – et fort rare – *Homard* imprimé en trois tons en 1921, des *Cormorans* de 1922 dont nous ne connaissons pas d'épreuves, les bois de Méheut qu'il nous reste à mentionner furent tous des commandes de la S.G.B.O. Celle-ci publiait pour ses sociétaires, chaque année, douze estampes originales tirées à 160 exemplaires, frappées du cachet sec de la société et regroupées dans un portfolio, l'*Imagier de la S.G.B.O.* Méheut s'y montra fidèle à deux de ses thématiques favorites, le monde animal et l'ethnographie bretonne : en 1924, l'*Imagier* contenait le camaïeu d'une *Cour de ferme* dont le dindon, rapproché d'une étude

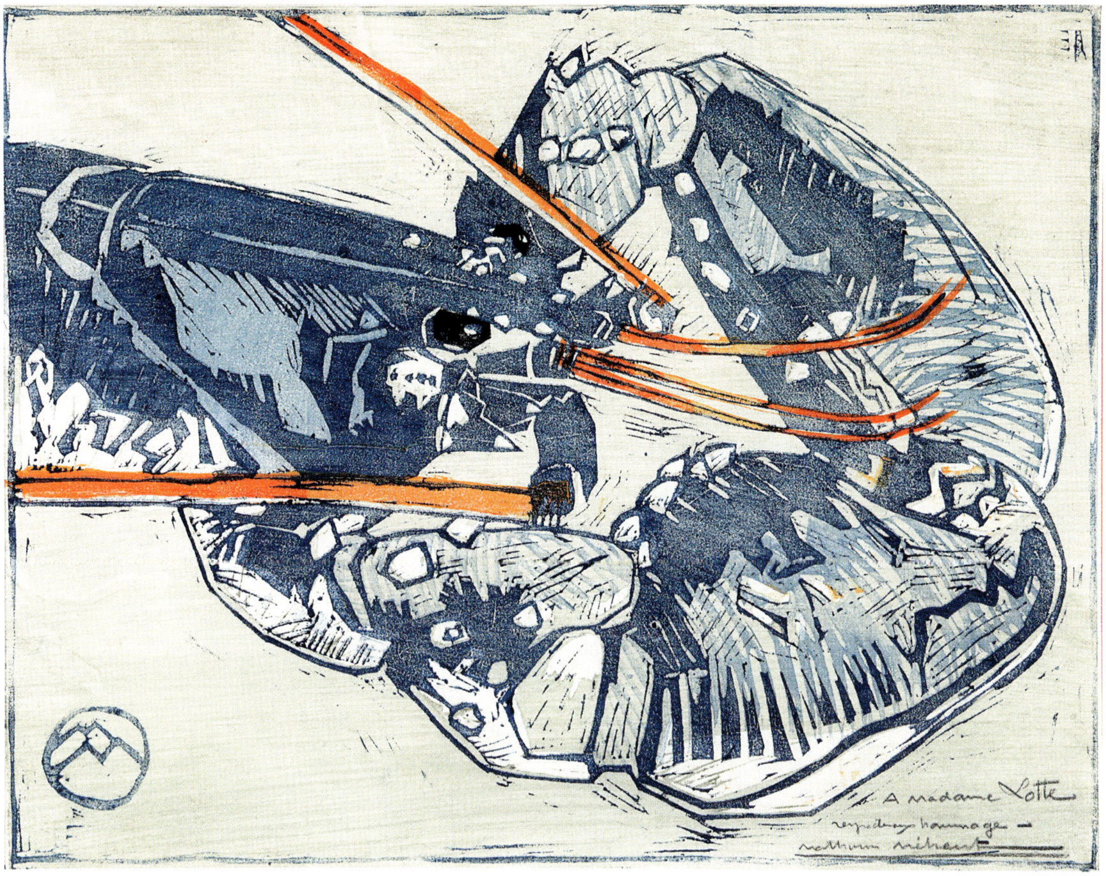

Mathurin Méheut
Homard
1921, gravure sur bois en trois tons, 38 x 31 cm
collection Gilles Baratte

très minutieuse conservée au musée de Lamballe, illustre le processus de synthèse graphique favorisé par le recours à la taille d'épargne. Les *Sabotiers bretons* de l'*Imagier* de 1926 sont encore un camaïeu, imprimé comme le premier dans l'atelier de Jacques Beltrand.

La production en taille d'épargne de Méheut connut ensuite, semble-t-il, une éclipse de six années jusqu'à la fourniture de quatre vignettes en trois tons destinées à l'ornementation d'une des *Chansons populaires françaises de 1870 à nos jours* publiées par la S.G.B.O. À l'illustrateur de *Pêcheur d'Islande* et de *Mon frère Yves*, on confia de mettre en images *La petite Tonkinoise*, écrite au début du siècle et remise en vogue par Joséphine Baker, qui l'interpréta et l'enregistra en 1930. À l'évidence, la commande ne passionna ni n'inspira beaucoup Méheut. Elle n'enrichit guère un corpus de graveur en relief essentiellement remarquable par les grands camaïeux de 1912 et ce chef-d'œuvre que demeure la suite bigoudène en noir et blanc.

Mathurin Méheut
La petite Tonkinoise
poème illustré, 32,5 x 25 cm
collection particulière

MÉHEUT ILLUSTRATEUR

Denise Delouche

On croit connaître : *Au pays des pardons, Les vieux métiers bretons* viennent tout de suite à la mémoire… Pourtant l'exploration du fonds d'atelier de deux de ses graveurs nous apporte des surprises, remercions les descendants de Louis-Joseph Soulas (1905-1954) et de Georges Beltrand (1881-1969) de nous avoir communiqué leurs découvertes, ici des bois, là des lettres.

Dans l'abondante bibliographie de Méheut, quatre livres illustrés m'ont retenue, qui permettent une approche chronologique :

– 1923, *Le Gardien du feu*, d'Anatole Le Braz ;
– 1924, *La Brière*, d'Alphonse de Châteaubriant ;
– 1927, *Raboliot*, de Maurice Genevoix ;
– 1937, *Au pays des pardons*, d'Anatole Le Braz.

Les deux premiers, illustrés par Soulas, sont édités par G. et A. Mornay libraires à Paris. Le troisième est une commande privée du Cercle parisien du livre, illustré par Georges Beltrand ainsi que le quatrième qui porte la marque d'Albert Richard, rue de Laborde à Paris ; de très beaux livres que les bibliophiles s'arrachent aujourd'hui[1] et qu'ils habillent de somptueuses reliures.

Méheut et Soulas

C'est l'éditeur Mornay qui a sollicité Méheut en 1922 pour illustrer le roman d'Anatole Le Braz *Le Gardien du feu*, paru en 1913. L'éditeur confie : « Méheut je le connais depuis longtemps : sentiment, métier, travail. Il a tout pour lui. C'est un artiste de grande qualité, je cherchais un texte à sa mesure : j'ai trouvé *Le Gardien du feu*[2]. »

Le nom de Méheut est déjà attaché à plusieurs publications, *Études d'animaux* en 1911, *L'Encyclopédie artistique et documentaire de la plante* en 1913, *Étude de la mer, flore et faune de la Manche et de l'Océan* en 1913 également, toutes de caractère scientifique. Ses croquis de guerre ont été publiés mais il n'a pas encore vraiment fait œuvre d'illustrateur. *Le Gardien du feu* est sa première belle expérience, « mon premier livre de luxe », dit-il[3].

1 Remercions Gilles Baratte qui nous a prêté pour cette étude quelques magnifiques spécimens.
2 Jacques Deville, « Un livre vrai, *Le Gardien du feu* et l'illustration de Mathurin Méheut », in *L'Art du livre et le livre d'art*, janvier 1924.
3 On pourrait nuancer cette appréciation car les livres précédents sont de beaux livres, mais plus construits sur la présentation des dessins de Méheut qu'illustrés au sens précis du terme.

Mathurin Méheut
Paysage de Brière
hors-texte pour *Raboliot* de Maurice Genevoix, Cercle parisien du livre, 1927
collection Gilles Baratte

Louis-Joseph Soulas à l'école Estienne, promotion de 1922
photographie
collection C. et A. Soulas

Il eſt au 1er rang, troisième élève en partant de la droite.

Soulas graveur du *Gardien du feu*

Dans le livre, aucun nom de praticien graveur n'eſt mentionné. La couverture comme la page de titre portent « bois de Méheut », ce qui sous-entend que Méheut a tout fait, dessin et transcription. Depuis assez longtemps le nom de Soulas était évoqué par les connaisseurs de Méheut, mais sans preuve. La découverte de seize lettres de Méheut à L.-J. Soulas, datées d'août à décembre 1922, apporte la preuve manquante : Soulas a bien été l'interprète de Méheut pour cette illuſtration, comme il le sera pour *La Brière* l'année suivante. Ces lettres avaient été reliées dans l'exemplaire offert au graveur ; le livre perdu, détérioré a été retrouvé[4].

Louis-Joseph Soulas a dix-sept ans en 1922, il sort tout juſte de l'école Eſtienne où il a passé quatre ans en spécialité gravure. Il a appris la gravure sur bois avec Léon Jouenne (1873-1961). Il y a eu Méheut comme professeur en 1921, brièvement, mais ils ont sympathisé, Soulas eſt reçu dans la famille de Méheut.

Pour cette illuſtration, l'échange semble exclusivement épiſtolaire : Soulas habite à Patay dans le Loiret, Méheut eſt à Paris ou, à la fin de 1922, en Alsace[5].

4 De façon presque miraculeuse : la maison de L.-J.Soulas au 40, rue Bannier à Orléans a été détruite lors du bombardement du 15 juin 1940. En 2013, on propose à André Soulas son fils, par le biais du site qu'il a créé, deux livres édités par Mornay, *Le Gardien du feu* et *Le Moulin du Frau*. Les deux livres contiennent une note qui précise qu'ils ont été retrouvés au 40, rue Bannier !

5 Les dessins de schlitteurs que le musée possède pourraient dater de ce séjour.

Les lettres du maître sont empreintes, à l'égard de son jeune praticien, d'une sympathie un peu condescendante et d'une autorité qui se veut cordiale (« Mon cher Soulas, mon ami, vieux frère, mon vieux... », écrit Méheut). Il le rétribue : « Tes prix seront les miens » et Marguerite Méheut lui envoie 150 francs le 13 novembre 1922 (en soulignant qu'avec une telle somme il va devenir riche).

Le travail se fait dans la hâte, Méheut a passé un contrat avec l'éditeur et doit respecter une date : « Active, active, répète-t-il, sinon mon contrat va être fichu... Voilà trois fois que Mornay vient m'attraper, aussi arrive vite... »

La collaboration

Cette correspondance éclaire la collaboration d'un artiste et de son graveur[6]. On pourrait imaginer un échange régulier qui prendrait l'illustration dans l'ordre du livre, du début à la fin, il n'en est rien. « La mise en page est chahutée par la typographie », écrit Méheut, et des culs-de-lampe supplémentaires sont à faire (on suppose que le corps des caractères a été diminué, dégageant des blancs en fin de chapitre). Des illustrations deviennent plus pressées que d'autres, « il manque encore deux bois pour commencer à tirer une partie du livre », et l'artiste doit préciser ce qui devient urgent : « Active dans cet ordre... avec ces épreuves-là, ils (les maquettistes ?) nous f. la paix durant quelque temps » et de donner une liste précise des images à faire au plus vite. Mais des imprévus surgissent, il faut recommencer certaines épreuves trop grandes.

L'échange classique (dessins envoyés par l'artiste, propositions en retour du graveur sous forme d'épreuves, avis ou corrections de l'artiste, nouvelles épreuves, etc.) ne semble pas ici aussi simple. Un troisième acteur (un certain Muller) intervient, rétribué par Méheut, et tout autant houspillé : serait-il chargé de reporter les dessins sur le bois, avant gravure ? Une phrase le laisserait penser : « Voici un dessin qui presse énormément, porte chez Muller au plus vite et grave cela. »

Louis-Joseph Soulas
Portrait de Mathurin Méheut
1919
collection particulière
Ce portrait paraît dans la revue *Les Artistes du livre* d'Henri Babou en 1929.

Devant les épreuves reçues, Méheut est souvent satisfait : « très bien, très bien... les épreuves du phare et de la chapelle me satisfont pleinement... », mais il est très

6 Merci à mon ami et graveur Georges Le Fur de m'avoir aidée dans l'interprétation technique de ces lettres.

attentif aux nuances : « On dégage la bonne femme cela fera mieux... » Il suggère des retouches : « ramener du gris et du blanc dans cette partie-là... quelques teintes à apporter dans la porte qui est ouverte... quelques parties de mon dessin à atténuer dans le pli de la bouche... » Veille à ce que « cela ne s'empâte pas trop au tirage... » Cependant il est prêt à reconnaître ses propres faiblesses : « Tâche que le trait vibre un peu et ne soit pas comme dans mon dessin un peu trop à plat, trop monotone. »

Méheut n'en est pas à sa toute première illustration, mais c'est la première importante avec des gravures en deux tons : « Conserve-moi les épreuves d'état avec les retouches, car c'est un enseignement pour moi, tu comprends[7]. » Et il insiste pour que, Soulas envoyant directement des matrices à Mornay, il n'oublie pas de lui « envoyer parallèlement une épreuve ». Et l'auteur inquiet insiste beaucoup sur la sécurité des envois : « Fais très attention à mes bois (...) ne va pas en égarer ni les amocher... en recommandés et bien emballés, hein... »

Le livre, le dix-septième de la collection « Les beaux livres », sera achevé d'imprimer le 2 avril 1923 (par l'imprimeur Kapp de Vanves), le tirage est de mille exemplaires.

7 Un mot employé par Méheut pose une question : « Je fais clicher en ce moment et t'enverrai la suite. » Méheut utiliserait-il la photo pour mémoire ? Ce serait la seule mention connue d'une pratique de la photo pour son travail.

Mathurin Méheut
Au large, dans le creux de la lame
crayon gras noir, gouache sur papier
20,4 x 29,7 cm
musée Mathurin Méheut, Lamballe
(72.02.B 90)

Page de droite, en haut :

Mathurin Méheut
Les gouffres du Raz
illustration du livre *Le Gardien du feu* d'Anatole Le Braz, p. 242, 1923, éditions Mornay, Paris
collection particulière

Mathurin Méheut

Les gouffres du Raz

bois gravés par Louis-Joseph Soulas pour le livre *Le Gardien du feu* d'Anatole Le Braz, 1923, éditions Mornay, Paris, p. 242 (1er et 2e bois)

collection particulière

Page de gauche, en haut :

Louis-Joseph Soulas
La croix du Laz
bois gravés par Louis-Joseph Soulas pour le livre *Le Gardien du feu*, éditions Mornay, Paris, 1923, p. 137 (1er et 2e bois)
collection particulière

Le Gardien du feu : l'illustration

Le choix, probablement fait par l'éditeur, est allé à la gravure sur bois de fil en deux tons, avec un gris qui accompagne les blancs et les noirs. Ce choix entraîne pour chaque image deux matrices, l'une pour le graphisme, l'autre pour les gris traités le plus souvent en aplat, mais Soulas a su jouer de ces paramètres en utilisant le gris également comme trait : fines horizontales pour le ciel, volutes pour les nuages, mise en valeur d'un modelé soit sur fond blanc, soit sur fond noir. La fréquence de l'accord du gris et du noir procure à l'ensemble une tonalité crépusculaire. Les blancs réservés dans la matrice donnent un éclat inattendu pour une coiffe, l'écume des vagues ou une lumière dans la nuit. La disposition des illustrations est tout à fait conventionnelle : bandeau en tête de chapitre, pleine page, culs-de-lampe, tous de format carré ou rectangulaire ; de rares fois au milieu du texte, l'illustration se poursuit, d'une page à l'autre, pour un paysage alors interrompu par le blanc des marges. Cette mise en page très régulière s'accorde à la tragédie et au projet machiavélique monté par le gardien du phare.

Méheut s'est gardé d'illustrer l'action elle-même (un seul bandeau évoque les deux amants enfermés). Il a choisi d'évoquer le pays, qu'il connaît déjà, mais explore longuement pour parfaire l'illustration du livre : « Tout mon effort a tendu à rendre l'impression sauvage de ces lieux déserts (…) cette immense lande de huit kilomètres, sol aride sans un arbre, sans autre végétation que de courts ajoncs ou bruyères broutés par des chevaux étiques (…) Du haut de la lanterne la pointe du Raz vous menace comme une proue de navire (…) Autour du phare, aucun être vivant, que des oiseaux sauvages, des fous, des cormorans et des goélands dont le cri lugubre rappelle celui du chien qui hurle à la mort… » Plutôt que l'action elle-même, il préfère évoquer le

Anatole Le Braz
Le Gardien du feu
éditions Mornay, Paris, collection « Les beaux livres », 1923
collection Gilles Baratte

L'ouvrage mentionne que celui-ci est illustré de 68 bois de Méheut. En réalité, ces bois ont été gravés par Louis-Joseph Soulas d'après des dessins de l'artiste.

Page de gauche, en bas :

Mathurin Méheut
La croix du Laz
illustration du livre *Le Gardien du feu* d'Anatole Le Braz, éditions Mornay, Paris, 1923, p. 137
collection Gilles Baratte

« …La croix du Laz ainsi nommée parce qu'elle fut érigée dans ces parages solitaires en souvenir d'un meurtre. L'usage veut qu'on n'y passe point sans ramasser dans la sente schisteuse un caillou que l'on jette ensuite au pied du socle. » (extraits du livre)

Mathurin Méheut
Le phare dans la tourmente
illustration (frontispice) pour le livre *Le Gardien du feu* d'Anatole Le Braz, éditions Mornay, 1923, Paris, p. 137
collection Gilles Baratte

Page de droite, en haut :

Mathurin Méheut
La récolte de la tourbe
illustration pour le livre *La Brière* d'Alphonse de Châteaubriant, éditions Mornay, Paris, 1925, (page de garde)
collection Gilles Baratte

quotidien, la montée des casiers, la venue du ravitailleur, le brûlage du goémon, des chevaux dans la lande, une charrette, les oiseaux de mer. L'intrigue se prête à évoquer costumes et tempéraments de régions qu'il aime : « Quand Mornay me présenta *Le Gardien du feu*, tout me séduisit, cadre et caractères. Breton des Côtes-du-Nord (de Lamballe), mais fils adoptif du Finistère par mes études, familier de Tréguier, de Roscoff et du Raz, je reconnaissais à la fois les types du roman et le cadre où Le Braz les fait vivre. Je voyais l'homme du Léon, religieux et rude formant contraste avec la Trégorroise, fleur d'un pays charmant, plus gaie d'un caractère plus fringant dans un costume plus coloré, si éloignée de la femme de Sein, austère sous son costume noir, d'aspect religieux, monacal, virginal et je fixais par la pensée tous ces coins de Bretagne où nous mène Le Braz. Six mois durant, j'ai voulu travailler sur place et pendant la rude saison que l'auteur nous décrit[8]. Rude, elle le fut ; j'ai dû attendre un mois, travaillant à l'Hôtel de la Pointe, de pouvoir risquer sur le ravitailleur le quart d'heure de traversée qui me séparait du phare de Gorlébella[9]. » Il y a accumulé les dessins, plus de quatre-vingts connus.

Reste à s'interroger sur l'occultation du nom de Soulas dans le livre. Pourquoi Méheut n'a-t-il pas insisté pour que la double signature soit affichée ? Cette attitude est peu généreuse à l'égard de son jeune associé débutant dans le métier, elle exprime une sorte de mépris pour un praticien et révèle son ambition pour s'affirmer dans le champ artistique.

Mathurin Méheut
Le phare de la Vieille sur le rocher de Gorlebella
illustration (pleine page) pour le livre *Le Gardien du feu* d'Anatole Le Braz, éditions Mornay, 1923, Paris, p. 137
collection Gilles Baratte

8 La correspondance avec Joseph Henriot dément cette assertion : c'est en juillet qu'il séjourne à Sein et réussit à s'embarquer pour le phare de Gorlébella, (lettre citée dans D. Delouche, *Mathurin Méheut et la Cornouaille*, Palantines, 2008, p. 64).
9 Article cité.

Méheut et Soulas : *La Brière*

Louis-Joseph Soulas n'en a pas tenu rigueur à son maître, puisqu'il assure, tout de suite après, la gravure des illustrations de *La Brière*, le roman d'Alphonse de Châteaubriant. Le vingt-cinquième volume de la collection « Les beaux livres » chez Mornay, imprimé aussi chez Kapp à Vanves, paraît le 30 décembre 1924, il est tiré également à mille exemplaires. Les deux livres se ressemblent. Hélas pour celui-ci, aucune correspondance ne vient nous détailler sa fabrication. On peut penser que les choses se répètent, échanges postaux et rétribution de son graveur par Méheut. Sur la couverture, la seule mention est « Illustration de Mathurin Méheut », sur la page de titre seulement il est précisé « Compositions de Méheut gravées sur bois par Soulas et Méheut ». L'artiste fait une concession mais affirme toujours son rôle primordial d'auteur. Au demeurant, dans la suite des gravures destinées aux bibliophiles, seule la couverture est reprise, donc sans le nom de Soulas.

Comme le livre d'Anatole Le Braz, *La Brière* est un roman ancré dans une région de forte personnalité dont l'auteur évoque les paysages, les genres de vie

Mathurin Méheut
La récolte de la tourbe
illustration pour le livre *La Brière* d'Alphonse de Châteaubriant, éditions Mornay, Paris, 1925, (page de garde)
collection Gilles Baratte

Mathurin Méheut
Oies sauvages
illustration pour le livre *La Brière* d'Alphonse de Châteaubriant, éditions Mornay, Paris, 1925
collection Gilles Baratte

Mathurin Méheut
Canard : étude
vers 1911, crayon gras noir, rehauts de gouache sur papier, 31 x 20 cm
musée Mathurin Méheut, Lamballe (72.10.B 840)

Mathurin Méheut
Deux oies et leur couvée
vers 1920, crayon gras noir, gouache sur papier, 17,5 x 23,5 cm
musée Mathurin Méheut, Lamballe (72.10.A 177)

et les mœurs originales, une région tout aussi dure à l'homme que la pointe du Finistère dans *Le Gardien du feu*. Même collection, même caractère fondamental, les deux livres illustrés se ressemblent. La mise en page est également classique, avec des illustrations toutes rectangulaires, ici quelques rectangles très allongés pour des panoramas placés en fin de chapitre ; les lettrines semblables sont plus grandes et de rares illustrations se prolongent d'une page à l'autre du livre ouvert.

La technique est toujours la gravure sur bois de fil, en deux couleurs nécessitant deux matrices, l'une pour le noir, l'autre pour la couleur. Au niveau de l'impression, deux tirages ont été faits, l'un en gris[10], l'autre en brun sépia. De façon parente, le graveur a usé des mêmes traits parallèles serrés pour traduire l'eau, les roseaux, les plis, le chaume d'une toiture ou le plumage des canards. Il arrive avec un dessin rapide et de longues obliques parallèles à suggérer l'averse ou les roseaux couchés par le vent. L'art du graveur a gagné en aisance et en finesse.

Fidèle à sa règle, Méheut consacre peu d'images à l'intrigue elle-même. Il a mené une sérieuse enquête sur la Brière[11], ses paysages, marais et roseaux, ses villages, l'intérieur de ses maisons, les costumes, les animaux familiers, canards, hérons, oies sauvages. L'extraction de la tourbe et le transport des mottes noires donnent lieu à des pleines pages très denses. Les longues perches des mariniers lui donnent l'occasion de belles compositions sur l'oblique. Mais il a privilégié la description, et les essais de mise en page originale, comme ces ronces faisant écran au premier plan d'un paysage, sont rares. Une fois, un héron dressé lui fait adopter un format japonisant.

10 Un volume regroupant les suites de gravures a été tiré en gris.

11 Dont, curieusement, le musée de Lamballe ne possède aucune trace. Le séjour de Méheut en Brière est peu documenté. Merci à Gildas Buron pour ses informations.

Mathurin Méheut
Oies sauvages
vers 1920, crayon gras noir, gouache sur papier, 20,3 x 18,5 cm
collection Gilles Baratte

Mathurin Méheut
Dans les marais
illustration pour le livre *La Brière* d'Alphonse de Châteaubriant, éditions Mornay, Paris, 1925
collection Gilles Baratte

Une relation qui se poursuit

La collaboration va s'arrêter avec ces deux livres. L.-J. Soulas développe une belle carrière de graveur, avec une trentaine d'ouvrages à son actif[12], des expositions, des récompenses diverses. En ce qui concerne le champ breton, il gravera les illustrations de Louis Garin pour *La chanson du cidre* de Frédéric Le Guyader dès 1925. Il est intéressant de souligner que Louis-Joseph Soulas réalisera un rêve que Méheut a longtemps porté : l'illustration du *Livre de la jungle* de Rudyard Kipling.

Méheut reste attentif au devenir professionnel de son ancien élève, il en entretient Yvonne Jean-Haffen en 1927 : « C'est un artiste qui arrivera d'ici quatre ou cinq ans certainement. » Un peu plus tard, il fait état de la réplique qu'il a lancée à un détracteur du graveur : « Un tempérament certain et tout prochain[13]. » Soulas continue à être reçu dans la famille : « Terne comme type, écrit Méheut, mais avec une série de bois, scènes de battage épatantes, réellement épatantes et des burins de premier ordre ; c'est un bel artiste à 24 ans vraiment, il a de grands et légitimes espoirs… » Son portrait par Soulas, en 1929, témoigne de cette amitié : dans un graphisme solide, géométrisé, le graveur a su saisir la fermeté et l'énergie, l'acuité du regard derrière les lunettes. Ce portrait au dessin est l'un des plus beaux de Méheut (voir p.43).

Ils continueront à échanger à propos de différentes techniques et, quand Méheut découvre celle du vélo, ce burin à deux pointes, il ne manque pas d'interroger Soulas : « J'ai demandé à Soulas qu'il m'en mette de côté pour vous, écrit-il à Yvonne Jean-Haffen, les siens sont en deux tons et beaucoup plus faciles de ce fait ; voici deux de ses culs-de-lampe, mais ce ne sont pas les meilleurs, ses grands paysages sont beaucoup mieux (…) C'est fou comme rapidité. »

Rudyard Kipling
Le Livre de la jungle
compositions de Deluermoz gravées sur bois par Louis-Joseph Soulas, frontispice (en 5 couleurs), 13,1 x 9,5 cm
Éditions Mornay, Paris, 1930 (25 février)
collection C. et A. Soulas

Méheut et Georges Beltrand

C'est un autre graveur, Georges Beltrand, qui va transcrire les dessins de Mathurin Méheut pour illustrer *Raboliot* de Maurice Genevoix ; on ne sait qui est à l'origine de ce choix, probablement Méheut.

Georges Beltrand, du même âge que Méheut, est l'un des piliers de cette grande famille de graveurs, troisième fils de Tony Beltrand (1848-1904), frère de Jacques Beltrand (1874-1977), de Camille (1877-1951) et de Marcel (1886-1910). Tony a contribué avec Georges Lepère au renouvellement de la gravure sur bois, après le triomphe des procédés mécaniques au XIXe siècle. Ils travaillaient ensemble : pour *Raboliot*, les bois de Georges Beltrand ont été tirés sur les presses à bras de Jacques et la présence dans le fonds d'atelier de Jacques d'essais de mise en page du livre laisse penser qu'il y a participé.

Rudyard Kipling
Le Second livre de la jungle
compositions de Deluermoz gravées sur bois par Louis-Joseph Soulas, frontispice, 12,9 x 9,5 cm
Éditions Mornay, Paris, 1930 (3 décembre)
collection C. et A. Soulas

12 A. et C. Soulas, *Louis-Joseph Soulas (1905-1954) l'œuvre gravé, catalogue raisonné*, 2016.
13 Lettres LM 96 et LM 108, 116 et 221, Dinan, maison d'artiste de la Grande Vigne.

Tony Beltrand
Croquis de Bretagne et d'ailleurs
édition Louis Conard, Paris, 1903
collection particulière

Tony Beltrand, précurseur de Méheut

On ignore quand Méheut a fait leur connaissance. En 1903 le Lamballais a sûrement lu et compulsé le livre *Croquis de la Bretagne et d'ailleurs* de Tony Beltrand et d'Anatole Le Braz publié en 1903. Louis Conard l'éditeur en a expliqué la genèse dans la préface : découvrant dans l'atelier de Tony une série de « croquis bretons ébauchés simplement à la façon des primitifs et avec un souci de l'exactitude et un sens artistique du plus grand mérite », il a l'idée d'en demander le commentaire à Anatole Le Braz qui « accepte d'être leur illustrateur moral. »

Le livre de Tony Beltrand est un condensé annonciateur des livres de Mathurin Méheut, tels que les *Vieux métiers bretons*, et *Au pays des pardons*. Les titres des chapitres le révèlent ; sont évoqués les types humains et sociaux : *L'aïeule, La veuve, La marchande, La servante d'auberge*, les métiers : *Fille de fabrique, la fileuse, La boyaudière, La brûleuse de goémon*, des moments vécus : *Le départ des bateaux, Le choix d'une étoffe* et aussi des lieux : *L'église, Le calvaire…* « en montrant parallèlement, écrit le préfacier Roger Marx, l'habitant et le décor, l'être et le milieu, l'homme et la nature. »

Mathurin Méheut
Église de Brinon
hors-texte pour *Raboliot* de Maurice Genevoix, Cercle parisien du livre, 1927
collection Gilles Baratte

L'objectif est déjà celui qui guidera Méheut toute sa vie : « Nul n'a goûté plus vivement le particularisme des mœurs locales, la forte originalité des coutumes qui se sont transmises dans le fond de nos provinces et son dépit de les voir disparaître lui a suggéré de s'en constituer l'imagier afin de les soustraire à l'oubli. »

Comme Méheut, Tony Beltrand a parcouru la Bretagne ; dans une lettre non datée à Maurice Denis, il annonçait un voyage en famille de quinze à vingt jours, Vannes, presqu'île de Rhuys, Quimper, Douarnenez... Des dessins montrent son travail à Penvénan dans les Côtes-du-Nord et les caractères de son enquête multiforme[14].

Méheut n'a pu qu'être sensible au style graphique des illustrations du livre, ainsi commentées par Roger Marx : « Aux abréviations synthétiques des xylographies primitives, les bois de M. Tony Beltrand unissent la vertu ornementale des estampes du Nippon ; par là même ils offrent un mélange de naïveté et de délicatesse en accord avec les spectacles qu'ils retracent. »

L'illustration de *Raboliot*

Dans ses Mémoires, Yvonne Jean-Haffen[15] raconte leur séjour solognot au printemps 1926 et le travail de Méheut pour cette illustration. Ils logent à Brinon-sur-Sauldre et sont reçus par l'écrivain. « Croquis chez Touraille l'empailleur (...). Nous le trouvions tel que Maurice Genevoix l'a dépeint, au milieu d'un fouillis indescriptible entouré de tous ses animaux empaillés aux yeux de faïence dans des poses les plus invraisemblables et dont il nous expliquait les mœurs, les chants pendant que nous dessinions (...) Il nous fit assister à une partie de chasse en plein jour puis la nuit comme font les braconniers

Mathurin Méheut
Église de Brinon
vers 1927, gouache sur papier, 27,5 x 29,5 cm
collection Gilles Baratte

14 Denise Delouche, « Les Beltrand et la Bretagne », in *ArMen*, n° 123, août 2001.

15 Mémoires manuscrits, Dinan, maison d'artiste de la Grande Vigne.

Paris Vendredi 7 mai 26

Chers amis.

Nous voici bien loin de Belley journées de Brinon s/ Sauldre

Ces vilaines semaines de pluie n'aident guère à diriger et à chasser le cafard dont ce maudit temps finit par vous inoculer le microbe. Vous devez en savoir quelque chose, vous particulièrement éprouvés tout récemment.

Hier ne pouvant vous avoir au téléphone j'avais commencé cette lettre que les visites imprévues m'ont obligé à terminer seulement aujourd'hui.

Ce petit mot n'a plus de raison maintenant que notre Jean m'a communiqué les dernières nouvelles de vos santés ainsi que de la convalescence de Madame Haffen qui se poursuit très normalement.

Avec l'espoir, et dans l'attente du plaisir de bavarder quelques minutes avec vous demain matin au retour du Salon. Recevez chers amis, l'assurance de mes sentiments les plus dévoués

M. Méheut

Mathurin Méheut

Église de Brinon et l'empailleur

lettre à Yvonne Jean-Haffen, Paris, vendredi 7 mai 1926, gouache, encre noire sur papier, 30 x 40 cm

maison d'artiste de la Grande Vigne – Ville de Dinan (LM 3)

Mathurin Méheut
Scène d'intérieur
hors-texte pour *Raboliot* de Maurice Genevoix, Cercle parisien du livre, 1927
collection Gilles Baratte

Mathurin Méheut
Chasseur ramassant son gibier
hors-texte pour *Raboliot* de Maurice Genevoix, Cercle parisien du livre, 1927
collection Gilles Baratte

Mathurin Méheut
Étude de lièvres
vers 1920, gouache, crayon gras noir sur papier, 32,7 x 40 cm
musée Mathurin Méheut, Lamballe (72.10.C 106)

(...) chasse à la lanterne menée grelots battant (...) Nous avons vu le furet faire sortir les petits lapins de leur terrier et le garde les cueillir en leur brisant les reins d'un coup de pouce. Et nous faisions des masses de croquis. » Elle poursuit : « Méheut rapportait une quantité de dessins et d'aquarelles de paysages et d'animaux extraordinaires. Il avait ébloui tout le monde par son habileté. »

À la différence de l'illustration des livres précédents, Méheut ne propose des compositions achevées que pour les pleines pages ; les autres illustrations, bandeau et culs-de-lampe sont des croquis qui s'introduisent aussi dans le texte lui-même, les lignes imprimées épousant leur forme. Ce qui donne au livre une vie que n'avaient ni *Le Gardien du feu*, ni *La Brière*.

Plongé dans cette illustration, Méheut envoie des « lettres ornées » à son amie – les premières –, émaillées d'allusions à *Raboliot*. Le 13 juillet, il écrit : « L'on commence à pavoiser. Mon Raboliot s'y met aussi. Les pies ont des reflets bleus, le grand lièvre de chez Touraille se colore de roux, avec un peu de bonne volonté j'arrive au tricolore. »

Mathurin Méheut
Étude d'animaux
lettre à Yvonne Jean-Haffen, vers 1926, gouache, encre noire sur papier, 30 x 40 cm
maison d'artiste de la Grande Vigne – Ville de Dinan (LM 7)

Dans une autre lettre, l'écrit a du mal à s'affirmer au milieu des croquis : « Pouvez-vous suivre ma pauvre lettre au travers du dédale des "bestioles" échappées de Raboliot ?[16] »

Le livre est tiré à 132 exemplaires, le nombre des membres du Cercle parisien du livre. Ses images sont des gravures sur bois de bout, technique dans laquelle Georges Beltrand est un virtuose. Un volume de bibliophile rassemblant toutes les épreuves préparatoires dévoile la somme impressionnante de travail pour la transcription des couleurs : dix et onze épreuves pour les paysages et scènes en hors-texte, trois ou quatre pour les autres illustrations (un tirage par couleur, un essai avec deux couleurs superposées et un état pour le dessin en noir) – avec, rappelons-le, une matrice par couleur. Il est passionnant de suivre les essais du graveur pour arriver à la nuance juste.

16 LM3 (7 mai), LM6 (13 juillet), LM7 (14 ou 15 juillet), Dinan, Maison d'artiste de la Grande Vigne.

Page de gauche, en bas :

Mathurin Méheut

Oiseaux : étude préparatoire

vers 1927, crayon gras noir, gouache sur papier, 21 x 29,7 cm

collection Gilles Baratte

s'aplatirent, animèrent l'étendue des cham
du
ra
ill
dé
do
sa
ex
in
E
dans
le vaca
feu. Et
Berlaisier a
brand, se gonf
aux épaules du g
Une demi-heure passa. Ils atteignirent le pr

Mathurin Méheut

Décompositions d'une gravure pour *Raboliot* de Maurice Genevoix, Cercle parisien du livre, 1927

collection Gilles Baratte

Certaines éditions sont complétées par des décompositions de l'ensemble des gravures qui illustrent l'ouvrage. Dans le cas de *Raboliot*, les gravures sont décomposées au minimum en quatre planches, pour les plus petites illustrations, et jusqu'à onze planches pour les hors-texte, soit une planche par couleur. Pour *Raboliot*, il existe quinze exemplaires avec ces décompositions.

Mathurin Méheut
Le taxidermiste
hors-texte pour *Raboliot* de Maurice Genevoix, Cercle parisien du livre, 1927
collection Gilles Baratte

Louis-Joseph Soulas
Chez le taxidermiste
vers 1928, gouache sur papier, 21,4 x 16,2 cm
collection C. et A. Soulas
Première esquisse pour le 2e hors-texte p. 75 de *Raboliot* de Maurice Genevoix, éd. Pierre Fénis, Paris, 1928

Louis-Joseph Soulas
Chez le taxidermiste
vers 1928, gouache sur papier, 15 x 12,5 cm
collection C. et A. Soulas
Deuxième esquisse pour le 2e hors-texte p. 75 de *Raboliot* de Maurice Genevoix, éd. Pierre Fénis, Paris, 1928

Louis-Joseph Soulas
Chez le taxidermiste
vers 1928, gouache sur papier, 16,3 x 12,7 cm
collection C. et A. Soulas
Deuxième hors-texte p. 75 de *Raboliot* de Maurice Genevoix, éd. Pierre Fénis, Paris, 1928
La parenté stylistique entre Méheut et Soulas est évidente.

Tout le bestiaire de la Sologne s'anime au fil des pages, aussi vivant que l'œil et la main de Méheut l'ont saisi, grenouilles, hiboux, éperviers, écureuils, faisans, perdrix, lièvres, sangliers… L'atelier de l'empailleur a été souvent reproduit, mais le braconnier sortant le lièvre de son gîte est tout aussi remarquable.

Un an après le *Raboliot* Méheut-Beltrand, L. J. Soulas publiait « son » *Raboliot* illustré et gravé par lui-même. On ne peut s'empêcher d'y déceler un certain regret qu'un autre graveur lui ait été préféré et une volonté délibérée de s'affirmer sur les deux registres : auteur et graveur. Il donne sa propre interprétation du texte de Genevoix et propose son atelier du taxidermiste, sa place de Brinon, son braconnier à l'affût et ses paysages de Sologne. Après avoir accumulé, comme son maître et initiateur, crayons et gouaches préparatoires avant de les graver sur bois en quatre tons. Méheut juge le livre « un peu lourd, un peu chargé [17] ».

17 Lettre à Yvonne Jean-Haffen Dinan, maison d'artiste de la Grande Vigne, LM 96.

Louis-Joseph Soulas
Raboliot à l'affût
gravure sur bois en quatre couleurs 16,2 x 12,5 cm
collection C. et A. Soulas
Premier hors-texte p. 3 de *Raboliot* de Maurice Genevoix, éd. Pierre Fénis, Paris, 1928

Louis-Joseph Soulas
Paysage de Sologne
1929, gravure sur bois en deux tons (camaïeu), 22 x 57 cm
collection C. et A. Soulas (Soulas 133)

Pour illustrer *Raboliot*, Louis-Joseph Soulas va accompagner Maurice Genevoix sur les traces de ce personnage central du livre. Il découvre ainsi les paysages de Sologne qui ne cesseront d'inspirer son œuvre. Ici, c'est l'étang des Brosses qui est représenté, non loin du village de Brinon-sur-Sauldre, village de Raboliot. Soulas nous offre un magnifique panorama avec les vallons boisés et les étangs de Sologne. De cette gravure, trente-cinq exemplaires seulement seront tirés. Sur l'épreuve conservée à la Bibliothèque Nationale (qui est indiquée comme « état » et signée au crayon) est écrit de la main de Soulas : « Paysage de Sologne, environs de Brinon-sur-Sauldre 1929. »

Page de droite, en haut :

Louis-Joseph Soulas
L'empailleur Solognot

1928, gravure sur bois en deux tons (camaïeu), 34,5 x 47,7 cm

collection C. et A. Soulas

Le tirage initial de cette gravure était de 20 épreuves, porté ensuite à 35. Si bien que, malgré sa rareté, on peut trouver des épreuves numérotées sur 20 ou sur 35. Du fait de sa grande taille, elle ne fait pas partie des illustrations qui composent le *Raboliot*, mais elle réunit le couple du roman, M. et Mme Beaufils : l'empailleur dit le père Touraille et sa femme, la mère Touraille. Lui est représenté en train d'empailler une tête de cerf et elle, assise à ses côtés, égrène un chapelet dans le décor de l'atelier, entourés d'animaux naturalisés. Cette gravure a figuré à la 3e exposition organisée par la S.G.B.O. (Société de la gravure sur bois originale) à Paris, au pavillon de Marsan en 1928 sous le n° 498 du catalogue, ainsi qu'à l'exposition « Les jeunes graveurs contemporains » à la Galerie Marcel Guiot (Paris) du 12 au 29 juin 1929. Puis dans diverses expositions en 1934, 1935, 1949, 1955.

Louis-Joseph Soulas
La mère Touraille

vers 1928, crayon gras noir avec rehauts de gouache, 31,5 x 24 cm

collection C. et A. Soulas

Dessin préparatoire pour cul-de-lampe page 213 de *Raboliot*, éd. 1928

Louis-Joseph Soulas
Le taxidermiste ou le père Touraille

vers 1928, crayon sur papier avec rehauts de gouache, 32,5 x 48,5 cm

collection C. et A. Soulas

Dessin préparatoire pour cul-de-lampe p. 16 de *Raboliot*, éd. 1928.

Louis-Joseph Soulas

La sapinière

gravure sur bois en quatre couleurs, 16 x 12,7 cm

collection C. et A. Soulas

Troisième hors-texte p. 165 de *Raboliot* de Maurice Genevoix, éd. Pierre Fénis, Paris, 1928.

Louis-Joseph Soulas
Village de Brinon
vers 1928, crayon noir sur papier, 33 x 25 cm
collection C. et A. Soulas
Esquisse préparatoire pour le 4e hors-texte p. 255 de *Raboliot* de Maurice Genevoix, éd. Pierre Fénis, Paris, 1928.

Page de droite, en haut :

Louis-Joseph Soulas
L'étang des Brosses
vers 1928, gouache sur papier, 32,5 x 50 cm
collection C. et A. Soulas

Louis-Joseph Soulas
Village de Brinon
gravure sur bois en quatre couleurs, 16 x 12,7 cm
collection C. et A. Soulas
Quatrième hors-texte p. 255 de *Raboliot* de Maurice Genevoix, éd. Pierre Fénis, Paris, 1928.

Louis-Joseph Soulas
Le piège
vers 1928, gouache sur papier, 20,1 x 16,3 cm
collection C. et A. Soulas
Esquisse préparatoire non retenue pour une illustration de *Raboliot* de Maurice Genevoix, éd. Pierre Fénis, Paris, 1928.

Louis-Joseph Soulas
Raboliot tenant ses collets
vers 1928, gouache sur papier, 12,2 x 10 cm
collection C. et A. Soulas
Esquisse préparatoire pour la lettrine de *Raboliot* de Maurice Genevoix, éd. Pierre Fénis, Paris, 1928.

Mathurin Méheut

Les tambours de Locronan

illustration pour le livre *Au pays des pardons* d'Anatole Le Braz, éditions Albert Richard, Paris, 1937

collection Gilles Baratte

Au pays des pardons

Dix ans plus tard, c'est la même collaboration pour le livre d'Anatole Le Braz *Au pays des pardons* : « cinquante-trois compositions originales de Mathurin Méheut gravées sur bois en couleurs par Georges Beltrand. » Le livre, de même format que *Raboliot*, est tiré à 390 exemplaires, plus luxueux par le papier (spécialement fabriqué et filigrané pour cette édition), le tirage de 80 suites en noir et en couleurs et il est précisé au début que les lettrines et capitales sont d'une couleur différente pour chaque pardon.

Méheut retrouve Anatole Le Braz mais le classicisme conventionnel du livre de 1922 est bien loin : En 1937, il atteint une expression hautement personnelle, tant au point de vue graphique que bibliophilique. Ses œuvres dialoguent avec le texte librement, avec fluidité, dans une grande diversité de disposition : bandeaux et croquis de silhouettes au milieu de l'imprimé qui leur fait place, croquis dans les angles du livre ou bandes

Mathurin Méheut

Les tambours de Locronan

vers 1937, bois (buis) gravé par Georges Beltrand (bois debout), 12 x 16 cm

musée Mathurin Méheut, Lamballe (2013.00.2)

Après avoir servi à la réalisation des illustrations, certains bois gravés sont mis en couleur pour une présentation décorative. Mais, en réalité, il y a plusieurs bois utilisés pour une seule illustration ; à chaque couleur correspond un bois différent.

Mathurin Méheut

Locronan, la procession

crayon gras noir, gouache sur papier, 31,8 x 46,8 cm

musée Mathurin Méheut, Lamballe (72.04.C 1)

verticales cadrant le texte, croquis en couleurs même pour les fins de chapitre. Noir, bichromie, couleurs alternent sans autre nécessité que la vision de l'artiste.

Méheut dispose alors de milliers de dessins classés dans ses cartons, moissons de nombreux voyages et de multiples enquêtes menées en Bretagne. Il n'a eu qu'à puiser dans cette documentation et choisir le meilleur pour les pardons des pauvres, des chanteurs, du feu, de la montagne ou de la mer qu'il connaît tous. Et la diversité est grande : paysages, foules en procession, églises et statues, prière, avec des sujets particulièrement aimés comme la montée des tambours ou l'entrée dans l'église à Locronan.

Le graveur, toujours avec la même technique du bois de bout, réussit à suivre Méheut dans toute sa diversité, à donner l'impression d'une totale spontanéité en dépit du travail. L'accord des deux artistes est total ; ce qui n'empêche pas Georges Beltrand, me semble-t-il, d'oser être lui-même, entraînant Méheut vers un graphisme plus simplifié et synthétique.

Mathurin Méheut
Locronan, passage sous les reliques
illustration pour le livre *Au pays des pardons* d'Anatole Le Braz, éditions Albert Richard, Paris, 1937
collection Gilles Baratte

Mathurin Méheut
Locronan, passage sous les reliques
crayons gras sur papier, 32 x 23,5 cm
musée Mathurin Méheut, Lamballe (72.04.B 13)

Page de droite :

Mathurin Méheut
Locronan, passage sous les reliques
encre noire, gouache sur papier, 38,2 x 28,2 cm
musée Mathurin Méheut, Lamballe (72.04.C 2)

Mathurin Méheut

Statue de Sainte-Anne

vers 1937, bois (buis) gravé par Georges Beltrand (bois de bout), 16 x 12 cm

collection Gilles Baratte

Le blanc céruse est utilisé pour faire ressortir la taille.

Mathurin Méheut

Statue de Sainte-Anne

pierre noire, crayon gras de couleur sur papier, 29,8 x 19 cm

musée Mathurin Méheut, Lamballe (72.04.B 73)

SAINTE-ANNE DE LA PALUDE

LE PARDON DE LA MER

A Alexandra Vassilievna.

Mathurin Méheut

Statue de Sainte-Anne

illustration pour le livre *Au pays des pardons* d'Anatole Le Braz, éditions Albert Richard, Paris, 1937

collection Gilles Baratte

Mathurin Méheut
Procession au Minihy lors du pardon de Saint-Yves
illustration pour le livre *Au pays des pardons* d'Anatole Le Braz, éditions Albert Richard, Paris, 1937
collection Gilles Baratte

Mathurin Méheut
Procession au Minihy lors du pardon de Saint-Yves
crayons gras sur papier, 24,8 x 32,5 cm
musée Mathurin Méheut, Lamballe (72.04.C 76)

Mathurin Méheut

Procession à Sainte-Anne-la-Palud

décomposition en quatre couleurs pour une illustration du livre *Au pays des pardons* d'Anatole Le Braz, éditions Albert Richard, Paris, 1937

collection Gilles Baratte

Pour *Au pays des pardons*, il existe quarante-sept exemplaires avec décompositions.

Mathurin Méheut

Procession à Sainte-Anne-la-Palud

illustration du livre *Au pays des pardons* d'Anatole Le Braz, éditions Albert Richard, Paris, 1937

collection Gilles Baratte

Des décors marins inconnus

Mathurin Méheut
Procession à Sainte-Anne-la-Palud
crayon gras noir, encre noire et gouache sur papier, 24,8 x 32,8 cm
musée Mathurin Méheut, Lamballe (72.04.B 235)

Les fonds d'atelier des deux graveurs apportent des données inattendues, qui vont entraîner les chercheurs vers quelques activités totalement oubliées de Méheut.

Dans ces seize lettres à L. J. Soulas, brèves, rapides, concernant *Le Gardien du feu* deux phrases nous alertent sur les occupations parallèles à l'illustration du livre. Le 23 août 1922, il écrit : « J'ai un gros travail en ce moment-ci avec mon grand panneau décoratif. » La lettre du 11 septembre précise : « Je termine en vitesse mes commandes pour mes paquebots. » Méheut est donc en train d'exécuter une commande décorative pour une compagnie maritime, laquelle ? Ce n'est qu'en 1924 qu'il réalise ses premiers décors pour la Compagnie des Messageries maritimes.

Il a été contacté, alors qu'il séjourne en Pays bigouden après la guerre, par le directeur de la Compagnie des Chargeurs réunis : « Nous avons souvent eu l'occasion

de remarquer vos œuvres et nous pensons qu'il pourrait s'établir entre nous un courant de relations profitables. Nous estimons en effet que votre genre de décoration s'adapterait parfaitement et serait tout à fait à sa place dans le cadre de nos grands navires. Dans cet ordre d'idées, il nous semble qu'une exposition de vos œuvres dans les salons des paquebots rapides de la Compagnie sud-Atlantique, ligne Bordeaux-Brésil-La Plata serait appelée à un certain retentissement[18]. » Il est question d'une exposition et non de décor, mais d'autres propositions ont pu suivre. On sait qu'on lui a proposé un voyage d'études en Amérique du Sud ou en Afrique et qu'il n'a pas donné suite.

Les données sont claires dans leur caractère elliptique : en 1922, il est en train de terminer un grand panneau décoratif pour un paquebot (mais relevons qu'il emploie le pluriel). Voilà une piste à explorer d'abord près des archives de la Compagnie des Chargeurs réunis[19].

Mathurin Méheut
Les ramasseurs de pommes de terre
vers 1920, pierre noire, encre sur papier, 20 x 30 cm
musée Mathurin Méheut, Lamballe (72.08.C 78)

18 Lettre conservée dans les archives familiales, citée par Denis-Michel Boëll, *Mathurin Méheut, la mer et les marins*, 2013, p. 112.
19 L'exploration est commencée, sans résultat pour le moment.

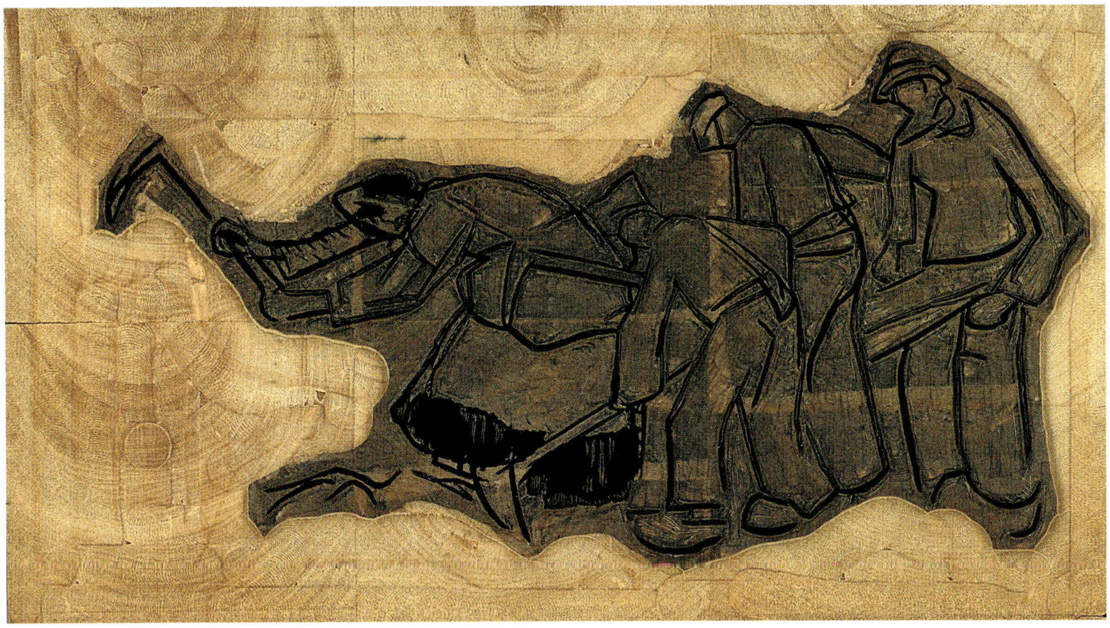

Mathurin Méheut
Les ramasseurs de pommes de terre
bois (buis) gravé par Georges Beltrand (bois de bout), 8 x 16 cm
collection fils de G. Beltrand

Un livre inconnu, jamais publié

Aujourd'hui dispersées parmi les descendants de Georges Beltrand, des épreuves et des matrices ont été rassemblées pour la présente exposition.

Plusieurs correspondent à des illustrations de livres connus, *Les Vieux métiers bretons* et *Au pays des pardons* ; elles ne nous apprennent rien de nouveau, sinon que Georges Beltrand avait gardé certains bois[20]. Mais d'autres matrices et des épreuves correspondantes ne s'attachent à aucune des publications connues actant la collaboration des deux hommes :

– des paysages, la tour carrée de Saint-Guénolé, la cour du manoir de Pors Lambert à Penmarc'h, une ferme isolée ;

– des scènes captées lors de pardons, femmes en cape de deuil dans le cimetière de Penmarc'h, l'église Saint-Nonna en fond[21], des femmes assises au sol, le mendiant béquillard (que Méheut avait croqué en 1912 en notant son nom, Leroux de Romeur, et qu'il a souvent repris), un tirage inédit en deux couleurs gris et roux est joint ;

– des scènes de travail rural, l'arrachage des pommes de terre, femme en tête, la mort du cochon ;

– deux scènes de mer : marins souquant sur les avirons...

20 Il se peut que ce soit des essais non retenus par Georges Beltrand lui-même ou par l'éditeur.

21 Merci à Solenn Boënnec pour l'identification des lieux.

Mathurin Méheut
Tour carrée de Saint-Guénolé
mine de plomb, lavis d'encre sur papier, 20,5 x 28,8 cm
musée Mathurin Méheut, Lamballe (72.13.B 72)

Mathurin Méheut
Tour carrée de Saint-Guénolé
bois (buis) gravé par Georges Beltrand (bois de bout), 8 x 16 cm
collection fils de G. Beltrand

Mathurin Méheut
Tour carrée de Saint-Guénolé
tirage sur papier, 29,7 x 21 cm
collection fils de G. Beltrand

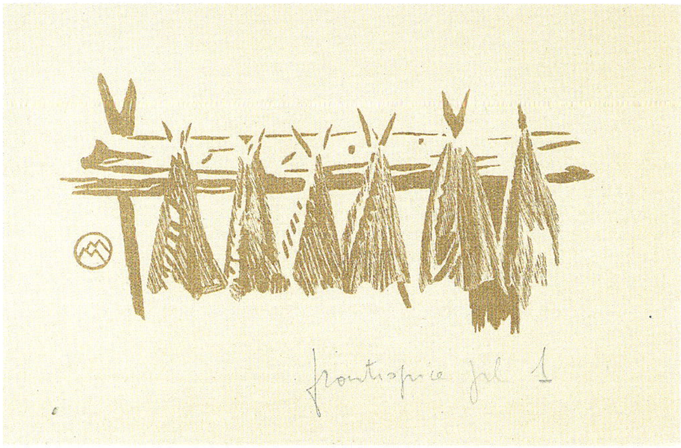

Mathurin Méheut
Pays bigouden, séchage du poisson
bois (buis) gravés par Georges Beltrand (bois de bout), 9 x 17 cm
collection fils de G. Beltrand

Mathurin Méheut
Pays bigouden, séchage du poisson
tirages sur papier, 29,7 x 21 cm
collection fils de G. Beltrand

Mathurin Méheut
Pays bigouden, séchage du poisson
vers 1920, pierre noire, crayon gras de couleur, gouache sur papier, 22 x 26 cm
musée Mathurin Méheut, Lamballe (72.02.B 155)

Mathurin Méheut
Le mendiant au pardon de Notre-Dame-de-la-Joie
bois (buis) gravé par Georges Beltrand (bois de bout), 10 x 17 cm
collection fils de G. Beltrand

Mathurin Méheut
Le mendiant
gravure en couleurs, 20 x 20 cm
collection fils de G. Beltrand

Certaines œuvres sont des variantes de dessins connus ou de grandes gravures de 1919-1920.

Toutes ont un point commun : monuments et costumes les situent en Pays bigouden[22] et doivent surtout correspondre aux séjours que Méheut y fait en 1912 et en 1919/1920[23].

À quel projet peuvent-elles répondre ?

Il s'agit d'un projet de livre, puisqu'une gravure représentant des poissons à sécher porte l'inscription « frontispice ». Méheut l'annonce très tôt, dans le catalogue de son exposition au pavillon de Marsan en 1913, il expose des sujets bigoudens et l'article d'*Art et décoration* de novembre 1913 reproduit des photos intitulées « maquettes décoratives pour le livre *Les Bigoudens* ». Dans le catalogue de l'exposition de 1921, les numéros 502 à 513 portent à nouveau le titre « Maquettes pour le livre *Les Bigoudens* ». Mais à ces dates, Méheut ne connaissait pas Georges Beltrand qui a gravé tous ces sujets.

On ignore à quel moment Méheut est entré en relation directe avec les Beltrand et plus particulièrement avec Georges. Sûrement avant 1927. Serait-ce par l'entremise d'Anatole Le Braz, ami dès 1923 des Beltrand, et de Jacques ? Se sont-ils rencontrés au sein de la « Société de la gravure sur bois originale » dont Jacques Beltrand est un des membres fondateurs avec Auguste Lepère en 1911 ? Camille y adhère en 1921 (mais pas Georges) ; Méheut y est admis comme sociétaire en 1924[24].

Le projet de livre sur *Les Bigoudens* a-t-il été réactualisé avec la proposition d'un éditeur à une date qui reste inconnue, Beltrand y travaillant ? Et le projet n'aboutissant pas, Méheut et lui ont utilisé quelques-unes de ces gravures pour d'autres livres, en 1937 et 1944, des bois restant dans l'atelier du graveur, inutilisés. Souhaitons que le dévoilement d'archives chez un éditeur vienne répondre à notre interrogation…

Décor et livre : deux domaines à approfondir pour compléter notre connaissance des déjà innombrables activités de Mathurin Méheut.

Mathurin Méheut
Le mendiant
mine de plomb, vers 1920, gouache sur papier, 17,2 x 21,7 cm
musée Mathurin Méheut, Lamballe (72.04.A 77)

---

22 Un seul bois évoque une autre région : une veuve de Plougastel.

23 Les costumes sont ceux du début du siècle.

24 Merci à Jacques Baillier pour ses réflexions sur cette question.

L'ESTAMPE, L'IMAGE IMPRIMÉE

Virginie Caudron
Directrice du musée du Dessin
et de l'Estampe originale de Gravelines

Les techniques de l'estampe sont nombreuses et parfois complexes, aussi est-il utile de faire une classification distinguant les familles d'impression, ceci en fonction de l'endroit où se trouve l'encre sur la matrice. Ainsi, il existe quatre grands principes d'impression : les procédés en relief, en creux, à plat et ajourés.

1 | LES PROCÉDÉS EN RELIEF

La gravure en relief se pratique essentiellement sur bois et sur linoléum. Il existe deux types de planches à graver : le bois de fil, c'est-à-dire la planche prise dans le sens de la hauteur d'arbre (la fibre apparaît en longueur) ou le bois de bout, taillé dans la rondelle, donc la largeur de l'arbre. Le bois de bout présente une surface homogène plus facile à tailler en tous sens, notamment avec un burin multi-lame : le vélo.

À l'aide d'outils tranchants, le graveur évide les parties blanches et épargne le dessin, laissé au niveau initial. Le trait se détache en relief. L'encre est déposée sur les reliefs, à la manière d'un tampon. La gravure est imprimée, en Occident, à l'aide de la presse typographique.

Gouges et échoppes utilisées par Méheut pour la gravure sur bois et sur linoléum.

De gauche à droite : échoppe rayée ou vélo, échoppe à bois, gouges à dégrossir et petite gouge de finition.

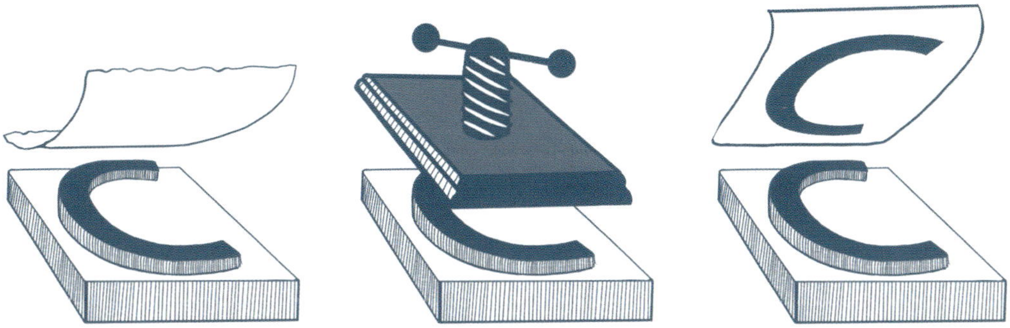

LINOGRAVURE

Le procédé est semblable à la gravure sur bois de fil, les couteaux et les gouges dégagent les reliefs qui reçoivent l'encre. Toutefois le matériau est plus tendre que le bois et son homogénéité favorise un travail spontané. Il est également moins onéreux. Le linoléum est un matériau à base de liège en poudre, mêlé d'huile de lin, de gomme et de résine, comprimés sur une toile.

Le graveur creuse avec souplesse et sans retenue. Les tailles sont amples et variées : croisées, en fuseau, en pointillé, etc. Le grain très fin du linoléum donne de beaux aplats réguliers. Il peut recevoir de fines tailles blanches, à la manière du bois de bout. Méheut utilise la linogravure pour une série d'estampes exposée au Louvre en 1921.

Sous la dénomination linogravure, on rencontre d'autres matériaux aux qualités semblables, ou d'autres manières de creuser la plaque, notamment le procédé inventé par Méheut, pour lequel il a déposé un brevet en 1925. Méheut propose une gravure de la plaque obtenue par une attaque chimique, donc sans outils. Les zones de dessin sont protégées par de la cire ou de la paraffine tandis que la plaque est mordue avec une solution de potasse ou de soude puis rincée à l'eau chaude. Ce système lui permet de traduire fidèlement son dessin en relief.

Page de gauche :

Mathurin Méheut
Composition marine

vers 1925, linoléum gravé, 43 x 34 cm

collection Gilles Baratte

Il semble que Méheut s'est essayé de nombreuses fois à la gravure sur linoléum, un matériau plus tendre que le bois et donc plus facile à travailler. Entre 1919 et 1920, Méheut réalise une série de huit gravures sur le Pays bigouden. Certaines des matrices sont en bois mais la majorité est en linoléum. En 1925, Mathurin Méheut et Édouard-Prosper Jean, le mari d'Yvonne Jean-Haffen, déposent un brevet d'invention pour un « procédé pour la décoration en relief du linoléum, par traitement chimique, et produit obtenu » (brevet ONPI FR604492). Le brevet est délivré le 29 janvier 1926 et publié le 5 mai 1926.

Le procédé a pour objectif d'obtenir une décoration artistique dont les parties, en relief, sont teintées avec la couleur souhaitée.

Le linoléum ci-contre, aux motifs marins, non daté, a probablement été réalisé grâce à ce procédé au regard des traces de morsures visibles dans les parties sombres et de son aspect décoratif dû à la peinture dorée. D'ailleurs, nous ne connaissons pas d'épreuves d'après ce linoléum, preuve peut-être qu'il était destiné simplement à être montré. Il fait partie d'un ensemble de cinq panneaux de linoléum, gravés à la soude et rehaussés d'or, à décor de fonds marins qui décoraient les murs de l'entrée de la maison de Méheut rue d'Alleray à Paris. Ces pièces ont été dispersées lors de la vente de son atelier en 1978.

Mathurin Méheut
Le baptême de la barque

caoutchouc durci, 30 x 24,5 cm

bibliothèque de Rennes Métropole – Fonds Henri Pollès

Méheut a vraisemblablement utilisé le même procédé décoratif que le linoléum *Composition marine* sur ce caoutchouc durci, en reprenant comme motif la gravure intitulée *Le baptême de la barque*. En effet, ce caoutchouc ne peut avoir servi de matrice pour la gravure car le sujet n'est pas inversé comme il devrait l'être.

Mathurin Méheut
Le baptême de la barque

1921, gravure sur bois, 17 x 23 cm

musée Mathurin Méheut, Lamballe (2010.2.18)

Cette gravure fut reproduite la même année dans l'ouvrage *Manuel pratique du graveur sur bois* de Morin-Jean. Ce dernier indique qu'il s'agit d'un « bois de fil au canif (...) qu'une grande habileté de main est nécessaire pour rendre la souplesse du dessin, sans perdre la saveur et la hardiesse du trait primitif ».

2 | LES PROCÉDÉS EN CREUX

La gravure en creux, ou taille-douce, se pratique à l'époque de Méheut uniquement sur métal. La taille est soit directe – des outils creusent le trait –, soit indirecte – le métal, verni, est mis à nu par endroits et mordu à l'acide. La plaque est recouverte d'encre, que le graveur fait pénétrer, par un mouvement tournant, dans les tailles. Puis il essuie la surface avec un chiffon de tarlatane. La forte pression exercée par la presse taille-douce, enfonce le papier chiffon humide qui va chercher l'encre dans les creux. La pression est exercée à la fois par le haut et par le bas, entre deux rouleaux.

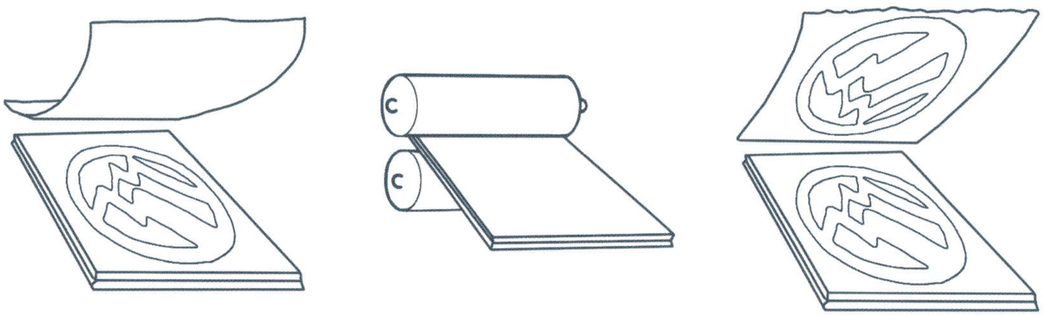

EAU-FORTE

L'eau-forte est une gravure en taille indirecte, procédé de gravure passif, puisque l'outil ne fait qu'égratigner le vernis sur la plaque. Le creux est produit chimiquement par la morsure de l'acide. Il en découle une manière très libre. L'eau-forte est « la gravure des peintres », par opposition au burin, qui nécessite un long apprentissage.

De manière classique, l'artiste emploie une plaque de métal recouverte de vernis protecteur, sur laquelle il trace avec une pointe métallique mettant le métal à nu, c'est l'eau-forte au trait. La plaque est plongée dans un acide (d'où l'eau-forte) qui mord le métal apparent. Le vernis est retiré avant l'encrage.

L'effervescence de l'acide produit des bords de trait irréguliers. Le tracé peut être accentué par le calibre des pointes et les morsures successives, ainsi après une première attaque, une partie de la surface est revernie, celle-ci reste inchangée, tandis que les zones remordues sont renforcées. L'eau-forte est souvent associée aux autres techniques en creux. L'aquafortiste est un dessinateur, son geste libre ne subit aucune retenue.

Mathurin Méheut
La cordière
eau-forte, 24 x 19,5 cm
musée départemental breton, Quimper (2012.5.1)

En 1924, la revue *Byblis* consacre un article à Méheut et cite dans le Répertoire de la gravure contemporaine l'ensemble des gravures réalisées par l'artiste entre 1910 et 1924. Sept eaux-fortes sont répertoriées et datées de 1912 : *Roscovites au pardon, Pardon bigouden, Encyclopédie florale, Études d'animaux, La Mer, Croquis de guerre* et *La Forêt.* Mais, curieusement, *La Cordière* ne figure pas dans cette liste.

Mathurin Méheut
Roscoff
1920, eau-forte
musée départemental breton, Quimper (2003.23.31)

Cette eau-forte, intitulée également *Roscovites au pardon*, est la première de l'artiste. Ici, il campe trois Bretonnes assises, vues de dos, devant la chapelle de l'île de Batz en ruines. En effet, quarante ans plus tard, il dédicace cette estampe à son ami Pollès avec la mention « ma première eau-forte ». Le nombre de tirage de ces estampes est actuellement inconnu mais il est probablement assez faible. Elle paraît cependant dans la revue *La Gazette des beaux-arts* en novembre 1913.

Mathurin Méheut
Au pardon, l'estropié
eau-forte, 13,5 x 19,5 cm
bibliothèque de l'Institut national d'histoire de l'art Mf 347 (17-369)

Seules sept eaux-fortes de Méheut sont connues et répertoriées dans la revue *Byblis.* Si on se réfère à cette liste, celle qui est ici intitulée *Au pardon, l'estropié* doit probablement correspondre à la gravure intitulée *Pardon bigouden.*

PROCÉDÉ PHOTOMÉCANIQUE

Le cliché-verre procède du principe photographique. Il résulte de l'action de la lumière qui, partiellement filtrée au travers de l'équivalent d'un négatif photo réalisé en dessin, marque le papier photosensible. Méheut reprend ce principe de transfert d'un dessin par l'action de la lumière sur un produit photosensible pour créer des matrices fonctionnant sur le principe de l'eau-forte. Ainsi, Méheut invente son propre procédé photomécanique proche de l'héliogravure (procédé déposé par lui en 1944 et 1945 à l'ONPI) dont le rendu est celui du dessin au trait. Le dessin est fait sur un support transparent, calque, verre ou film. Cette fois ce n'est pas le papier photo qui reçoit la lumière filtrée mais la plaque de métal recouverte d'une gélatine photosensible. Les parties non insolées (correspondant au noir du négatif dessiné) se désagrègent et se rincent, puis l'on fait une morsure. Méheut emploie ce procédé photomécanique pour l'ouvrage de Roger Vercel *Sous le pied de l'archange* en 1947.

Mathurin Méheut
La Mort invitée à un repas
procédé photomécanique, 23,7 x 32 cm
musée Mathurin Méheut, Lamballe (1988.3.7)
En lien avec le projet d'illustration du livre d'Anatole Le Braz intitulé *La Légende de la Mort.*

Mathurin Méheut
Singes et éléphants dans la jungle
procédé photomécanique, 33,8 x 43 cm
musée Mathurin Méheut, Lamballe
(72.09.C 30)

Mathurin Méheut

illustration pour le livre *Sous le pied de l'archange* de Roger Vercel, Au Moulin de Pen-Mur, Paris, 1947

musée Mathurin Méheut, Lamballe (1996.2.16)

Pour illustrer cet ouvrage, Méheut va utiliser une technique de son invention. L'artiste a déjà expérimenté un certain nombre de procédés de gravure et d'impression qui ne l'ont pas toujours convaincu. Depuis quelques années déjà, il est à la recherche d'une technique qui pourrait convenir à sa rapidité d'exécution et obtenir un rendu fidèle de ses œuvres. Il s'oriente vers un procédé photomécanique en creux, proche du cliché-verre expérimenté par des artistes de l'École de Barbizon et notamment par Camille Corot au cours de la seconde moitié du XIXe siècle.

Méheut connaissait-il cette technique ? Probablement, puisque le brevet qu'il dépose le 19 avril 1945 et qui sera publié le 8 octobre de la même année, décrit les « perfectionnements apportés aux procédés de reproduction d'images par impression ». Ce qui ressort en premier à la lecture du brevet c'est la volonté de simplifier le travail. Cette pratique tend à se substituer aux techniques traditionnelles de gravure comme la lithographie, la gravure sur bois ou lino, en supprimant le travail direct de l'artiste sur ces supports contraignants : « Ainsi, selon tous ces procédés, l'artiste devait travailler sur la surface même de la plaque devant constituer le cliché et avoir recours à des techniques compliquées ou difficiles dont le manque de souplesse était souvent une gêne pour l'exécutant. Au contraire, selon l'invention, l'artiste peut travailler sur un support indépendant du cliché et qui pourra être constitué par toute matière transparente ou translucide, souple ou non, tel que du papier-calque, du film en matière cellulosique ou tout autre produit synthétique, du verre dépoli ou non… »

Page de droite :

Mathurin Méheut

illustration pour le livre *Sous le pied de l'archange* de Roger Vercel, Au Moulin de Pen-Mur, Paris, 1947

musée Mathurin Méheut, Lamballe (1996.2.16)

Mathurin Méheut

Mont-Saint-Michel, pêcheurs de crevettes

vers 1940, mine de plomb, encre brune, lavis sur papier, 13,5 x 22 cm

musée Mathurin Méheut, Lamballe (72.14.A 9)

Le mont Côté S-ouest

3 | LES PROCÉDÉS À PLAT

Les matrices sont totalement plates soit en pierre soit en zinc préparé. L'image peut être dessinée ou peinte. L'encrage se fait en surface.

En lithographie, seul le dessin réalisé avec une matière grasse (à la craie ou au pinceau) accepte l'encrage. L'impression se fait sur une presse lithographique. La pierre, posée sur le chariot, est mouillée, encrée, puis elle reçoit la feuille. L'ensemble est ensuite entraîné sous le « râteau » (barre garnie de cuir) qui le compresse de manière égale. L'encrage est renouvelé avant que la pierre ne sèche.

Le monotype est une peinture réalisée sur plaque (métal, plastique...) puis imprimée directement, par contact de la feuille. Le tirage est en un seul exemplaire. Le monotype est imprimé soit à la main à l'aide d'un rouleau dur soit à la presse taille-douce.

Mathurin Méheut

illustration du livre *Les Croix de bois* de Roland Dorgelès, éditions du Grand-Chêne, Lausanne, 1947

musée Mathurin Méheut, Lamballe (1990.1.1)

Démobilisé en 1919, Méheut cesse de dessiner la guerre. Il accepte d'évoquer ces heures terribles pour illustrer le roman *Les Croix de bois* de Roland Dorgelès en 1947. Pour ce faire, il reprend les dessins qu'il réalise entre 1914 et 1918. Pour la reproduction des œuvres, l'artiste choisit la lithographie, technique qu'il avait déjà utilisée et expérimentée pendant le conflit. Ce livre illustré par Méheut comporte douze lithographies en couleur et vingt-deux illustrations en noir.

Mathurin Méheut

Pièce contre avion, Somme 28 oct 1916

estampe rehaussée de gouache sur papier, 27 x 40,8 cm

musée Mathurin Méheut, Lamballe (1974.1.C 16)

LITHOGRAPHIE

La lithographie permet, pour la première fois par rapport aux techniques précédentes, de multiplier une image, non pas gravée mais directement dessinée sur la matrice même. Le procédé d'impression exploite le fait que le gras et l'eau se rejettent mutuellement. Le mot lithographie, du grec *lithos* « pierre », indique la nature de la matrice employée.

Ce support peut être remplacé par une plaque de zinc préparée chimiquement pour avoir les mêmes qualités que la pierre lithographique. On parle alors de zincographie, système employé d'ailleurs par Méheut en 1934 pour l'illustration du livre *Les Filles de la pluie* d'André Savignon.

En premier lieu, le lithographe apprête la pierre en la ponçant pour créer des aspérités, c'est le grainage. L'artiste dessine avec une matière grasse : crayon ou encre sur la pierre calcaire au grain fin et régulier. Pour fixer le gras et rendre la pierre « amoureuse », c'est-à-dire poreuse dans les espaces vierges, le lithographe prépare la pierre. Il passe sur la surface une solution de gomme arabique et d'acide nitrique. La pierre est séchée. Puis le noir du dessin est effacé à l'essence de térébenthine, l'image disparaît, seule demeure une trace grasse. Au moment de l'impression, la pierre mouillée d'eau à l'éponge est maintenue humide. On charge le rouleau encreur d'encre d'imprimerie grasse. Lorsque le rouleau est passé sur la pierre, l'encre se dépose à l'endroit où était le dessin, c'est-à-dire sur les parties grasses, tandis qu'ailleurs, les parties humides rejettent l'encre. Selon la pression du rouleau, le dessin est plus ou moins chargé en encre. Le papier déposé sur la pierre est recouvert d'une macule. Le tirage se fait à l'aide d'une presse lithographique, l'imprimeur intercale une macule entre le dos du papier et la presse, la pierre passant sous le râteau (raclette dure).

Le lithographe exploite tous les modes de dessin : le crayonné avec des mines de duretés différentes, le trait estompé, le lavis d'encre dilué à l'eau ou à l'essence, le tracé à la plume, les projections, le grattage d'une surface noire, etc. La lithographie offre à la fois des nuances de valeur et des aplats denses.

Pendant la Grande Guerre, Méheut utilise les presses de l'armée et fait de nombreux essais, notamment pour des cartes de vœux. Il utilise ce procédé pour illustrer *Les Croix de bois* de Dorgelès.

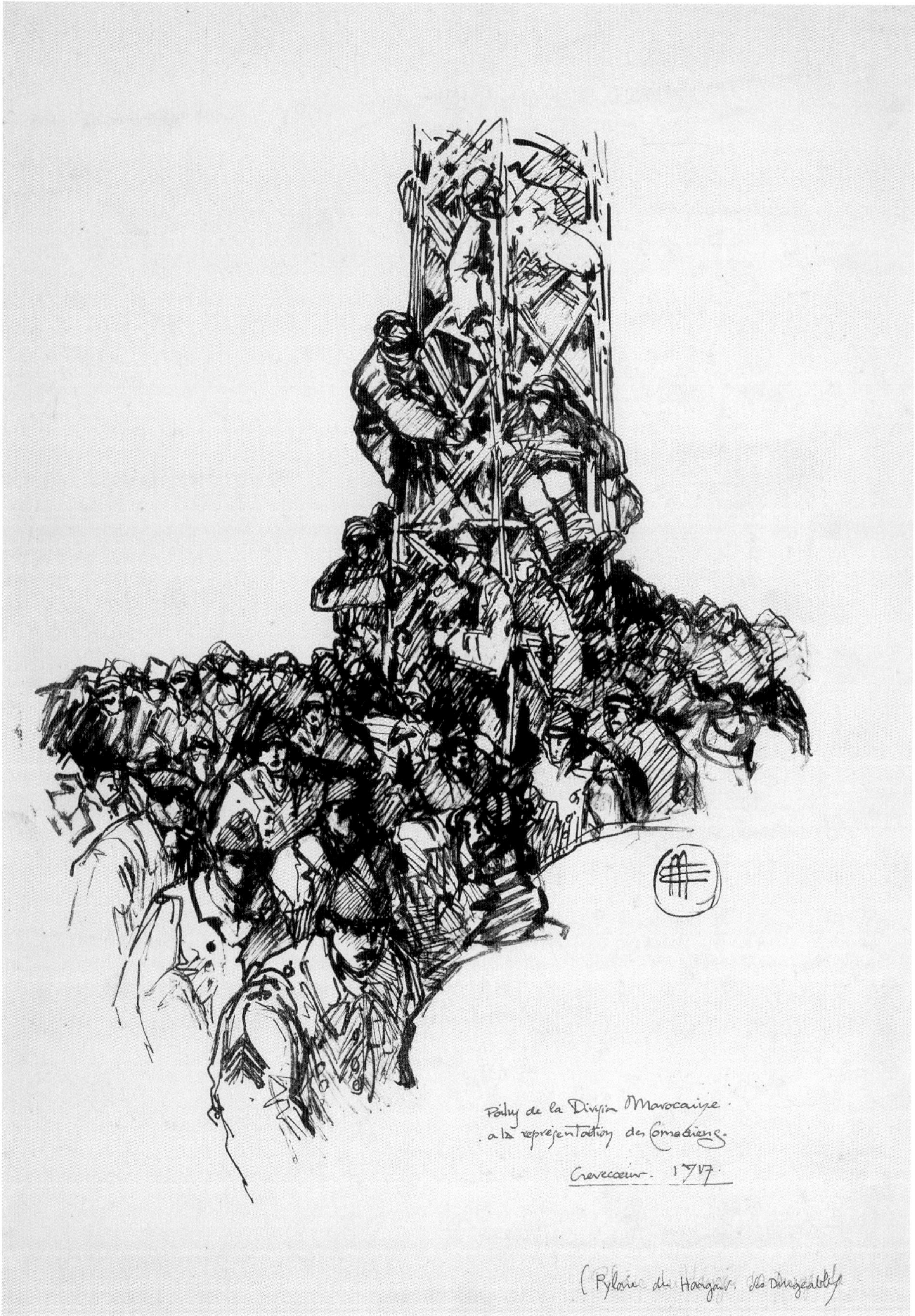
Poilus de la Division Marocaine.
. a la representation des Comediens.
Crevecoeur. 1917.
(Pylone du Hangar. des Dirigeables

Page de gauche :

Mathurin Méheut
Poilus de la division marocaine en représentation

1917, estampe, 47,7 x 32,8 cm

musée Mathurin Méheut, Lamballe (1983.1.C 9)

Mathurin Méheut
Noël 1917

estampe rehaussée de gouache sur papier, 24 x 28 cm

musée Mathurin Méheut, Lamballe (1974.1.B 38)

En août 1916, Méheut se sert de la presse lithographique du service topographique de la Section topographique du corps d'armée 10 (ou S.T.C.A. 10). Il se livre à des recherches de procédés nouveaux, mélangeant crayon, aquarelle, gouache, essence, encres d'imprimerie et estampage avec des feutres. Il arrive à obtenir des effets étonnants : « Alors, petite mère, la litho, ça te plaît ? C'est mon avis, c'est très chic… Le truc est idiot mais donne des effets surprenants, éblouissants ! », écrit-il. Il utilisera aussi la lithographie pour réaliser des cartes de Noël et des cartes de vœux pour la 1re armée, de 1916 à 1918.

Mathurin Méheut
Le cheval mort

monotype

musée Mathurin Méheut, Lamballe (64.1.HF 8)

Ayant abandonné les procédés de gravure traditionnels après 1926 comme la gravure sur bois ou l'eau-forte, Méheut s'essaie à la technique du monotype. Il l'utilisera très peu, preuve peut-être de son envie de continuer à chercher un procédé d'estampe adapté à ses besoins. Dans une de ses lettres à Yvonne Jean-Haffen vers 1933, il explique un de ses essais avec cette technique : « Jeudi 4h, résultats épatant au Pyrolex : voici mon premier monotype fait sur le zinc avec cette matière inflammable. Vous allez faire aussi de votre côté des choses épatantes. » Le Pyrolex, qui est un matériau ininflammable, doit probablement servir ici de support sur lequel Méheut va exécuter son dessin. Il offre quelques monotypes à ses amis et expose douze monotypes, inspirés du Japon et de la Camargue, lors de l'exposition chez Bernheim-Jeune en 1955.

MONOTYPE

Le monotype permet toutes les nuances de la peinture. Le passage sous la presse lui apporte un aspect unifié en épaisseur. L'artiste travaille une **plaque lisse**, le plus souvent à la **brosse**, avec des **couleurs à l'huile** ou des **encres grasses**. Un autre moyen consiste à enlever l'encre en surface à l'aide d'un bâtonnet ou d'un chiffon. Le dessin est imprimé, en **un seul exemplaire**, sur un papier absorbant.

L'artiste joue sur l'écrasement ou l'épuisement de l'encre. La pression provoque la fusion des couleurs posées en couches épaisses. Seuls quelques rares monotypes de Méheut sont connus.

Mathurin Méheut

illustrations pour le livre *Pêcheurs d'Islande*, 1936, Calmann-Lévy éditeur, Paris

musée Mathurin Méheut, Lamballe (1994.2.1)

Les hors-texte en phototypie ont été réalisés par Duval et coloriés aux pochoirs par Beaufumé.

PHOTOTYPIE

En 1936 Méheut emploie la phototypie pour *Pêcheur d'Islande*. Ce procédé à plat reprend le principe photographique de transfert de l'image par la lumière. Le dessin en positif sur transparent est transféré sur une plaque dont le principe d'impression est celui de la lithographie. Une dalle de verre est enduite d'une gélatine photosensible, puis sur celle-ci on pose le dessin sur transparent. La plaque est insolée, puis mouillée et graissée. Les parties exposées à la lumière absorbent l'eau et refusent ensuite l'encre grasse.

4 | LES PROCÉDÉS AJOURÉS

Ces procédés dérivent du pochoir, l'encre passe au travers de la matrice. La matrice est en métal ou carton pour le pochoir, en tissu tendu sur un cadre pour la sérigraphie. Soit la plaque est ajourée par découpage. Soit la matrice transparente est en partie obturée, occultée. L'encre passe par les jours. À l'impression, la feuille est placée sous la matrice. Ces procédés ne nécessitent pas de presse. Le pochoir est imprimé à la brosse.

POCHOIR

Le pochoir permet d'imprimer des silhouettes découpées. La matrice, de carton ou de métal apparaît donc ajourée.

Le découpage est réalisé au stylet. La feuille qui reçoit l'impression est placée sous le pochoir. L'encre est passée dans les ouvertures. Soit l'artiste recouvre la forme à la gouache à l'aide d'une brosse, soit il vaporise de l'encre diluée dans les jours, à la verticale. On pratique généralement plusieurs passages de différents pochoirs sur une même feuille. Les pochoirs sont juxtaposés, superposés, pour permettre de travailler un dessin complexe ou d'apporter différentes couleurs. Le pochoir est souvent utilisé comme technique de coloriage, il ne se prête pas au trait. L'encrage peut être franc ou modulé. Les illustrations de Méheut pour *Regarde* de Colette, publié en 1929, sont reproduites par zincogravure (procédé photomécanique en relief) et mises en couleur au pochoir par Jean Saudé.

Mathurin Méheut

illustrations du livre *Regarde* de Colette, 1929, Imprimerie nationale, Paris

musée Mathurin Méheut, Lamballe (2004.00.57)

Les illustrations de cet ouvrage, tiré à seulement 720 exemplaires, ont été réalisées en deux phases : le contour des dessins a d'abord été reproduit par zincogravure, un procédé de gravure en relief où la plaque, une fois gravée par l'acide, est retravaillée au burin. Les dessins au trait ont ensuite été coloriés au pochoir par Jean Saudé. Le travail se fait à la main. Pour chaque image, soit vingt pour l'ensemble de l'ouvrage, il y a six ou sept couleurs différentes et un calque pour chaque couleur.

LES RECHERCHES DE MÉHEUT

Au cours de sa carrière, Méheut fera de nombreux essais, constamment à la recherche d'une technique facile à mettre en place et qui corresponde davantage à sa rapidité d'exécution. Et c'est parfois dans des lettres qu'il adresse à des amis qu'il fait part de ses trouvailles. Ici, ses résultats s'apparentent à la gravure mais les procédés sont simplifiés par l'artiste qui, visiblement, s'en amuse.

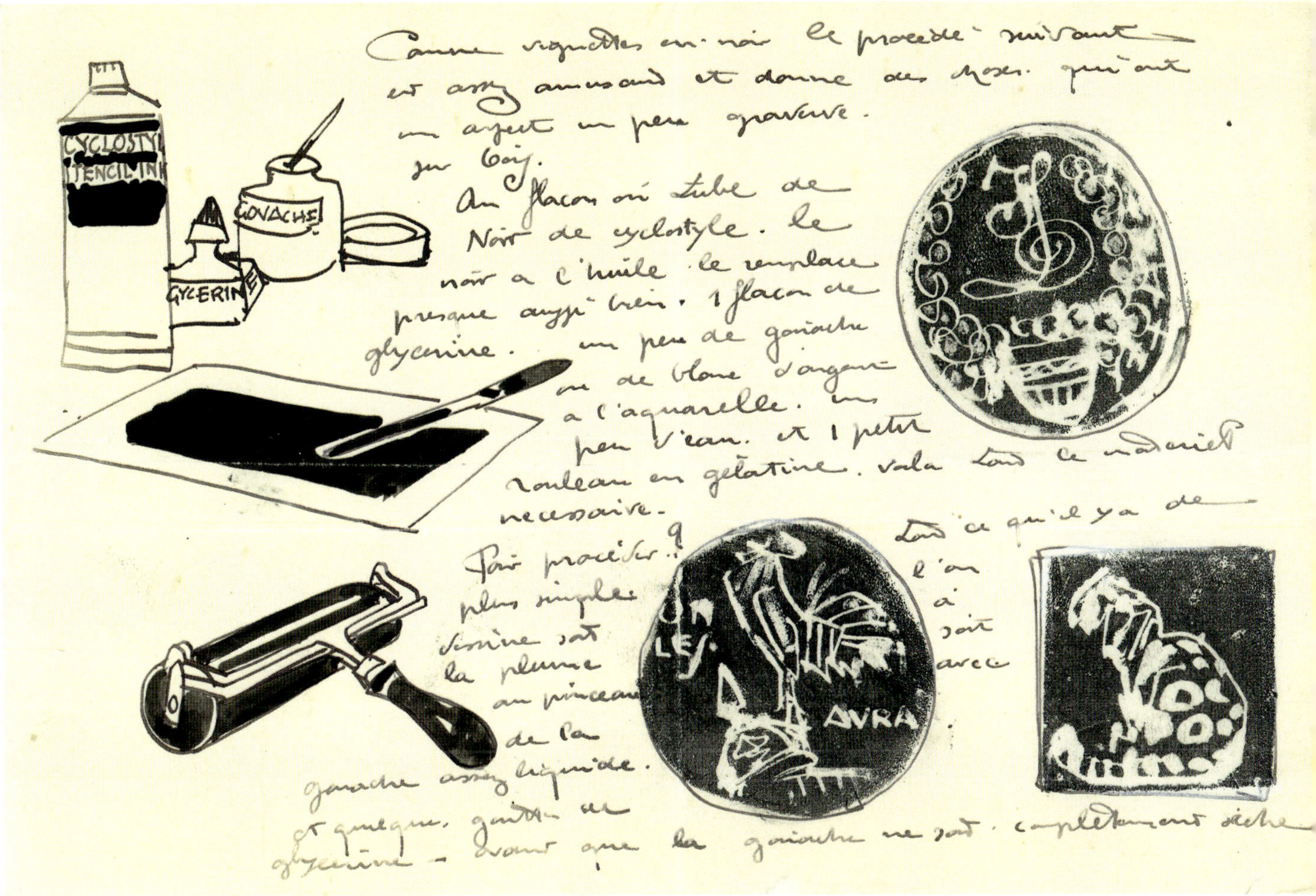
Comme vignettes en noir le procédé suivant est assez amusant et donne des choses qui ont un aspect un peu gravure sur bois.
Au flacon ou tube de Noir de cyclostyle. le noir à l'huile le remplace presque aussi bien. 1 flacon de glycerine. un peu de gouache ou de blanc d'argent à l'aquarelle. un peu d'eau. et 1 petit rouleau en gélatine. voila tout le materiel necessaire.
Pour procéder ? le plus simple dessine soit la plume ou pinceau de la gouache assez liquide. et quelques gouttes de glycerine – avant que la gouache ne soit complètement sèche –
tout ce qu'il y a de l'on a soit avec

Mathurin Méheut

Lettre à Jeanne Dutilh, non datée, 16,4 x 25,2 cm

collection Gilles Baratte

Au verso : « (…) l'on vient avec le rouleau imprégné de noir à rouler rapidement sur la partie que l'on veut recouvrir, partie préservée par un calque ajouré et le tour est joué ! Il arrive que le noir a tendance à couvrir complètement la partie sur le dessin un peu d'encre avec un pinceau assez doux et en séchant au buvard. »

Page de gauche :

Mathurin Méheut

Licornes

Lettre à Yvonne Jean-Haffen, Paris 27 nov. 1927, 30 x 40 cm

collection Maison d'artiste de la Grande Vigne – Ville de Dinan (LM 157)

Dans une lettre à Yvonne Jean-Haffen, Méheut utilise la technique du vélo, sorte de gouge avec des dents* qui permet de nuancer, d'aller plus vite dans la gravure en traçant plusieurs traits d'un même coup : « Chère madame, l'autre jour j'ai oublié de vous laisser quelques épreuves de ces essais sur Velo, sur papier Porcelaine. J'ai fait tirer ces essais chez Ruckert sur format et papier écolier et les voici… Ce soir lettre du "Patron" des Messageries qui en est enchanté, j'avais un peu peur, surtout que j'avais modifié les attributs qu'il imposait *Roues de gouvernail, Hélices, ancres anciennes et modernes.* La *Licorne* est déjà suffisamment empoisonnante aussi j'ai été heureux de n'avoir pas les autres attributs comme accessoires. Il y a des trucs roulants pour le Velo, si cela vous intéresse ce sera avec grand plaisir que je vous donnerai les tuyaux soit pour le bois soit pour le papier Porcelaine. »

*L'outil utilisé par Méheut, conservé au musée, a cinq dents.

Comme
matériel. des
encres d'imprimerie, Lorilleux
ou autres. que l'on broye à
l'essence de façon à obtenir
une pâte assez liquide. avec
un ou deux essais l'on arrive
très bien à la consistance voulue)

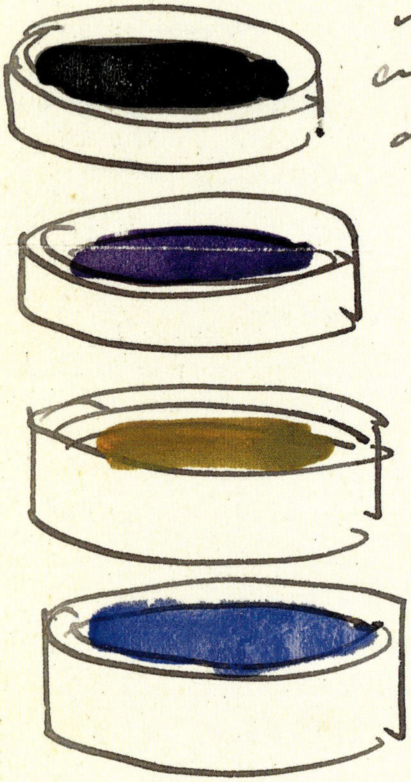

2 cuvettes. pour les bains.
noire et blanche. pour les tons
clairs l'on se sert de la noire
où l'on juge mieux de l'effet
et inversement pour les tons foncés.

quelques brosses plates.

L'on commence par remplir
presque jusqu'au bord. ~~la~~ [illegible] d'eau la

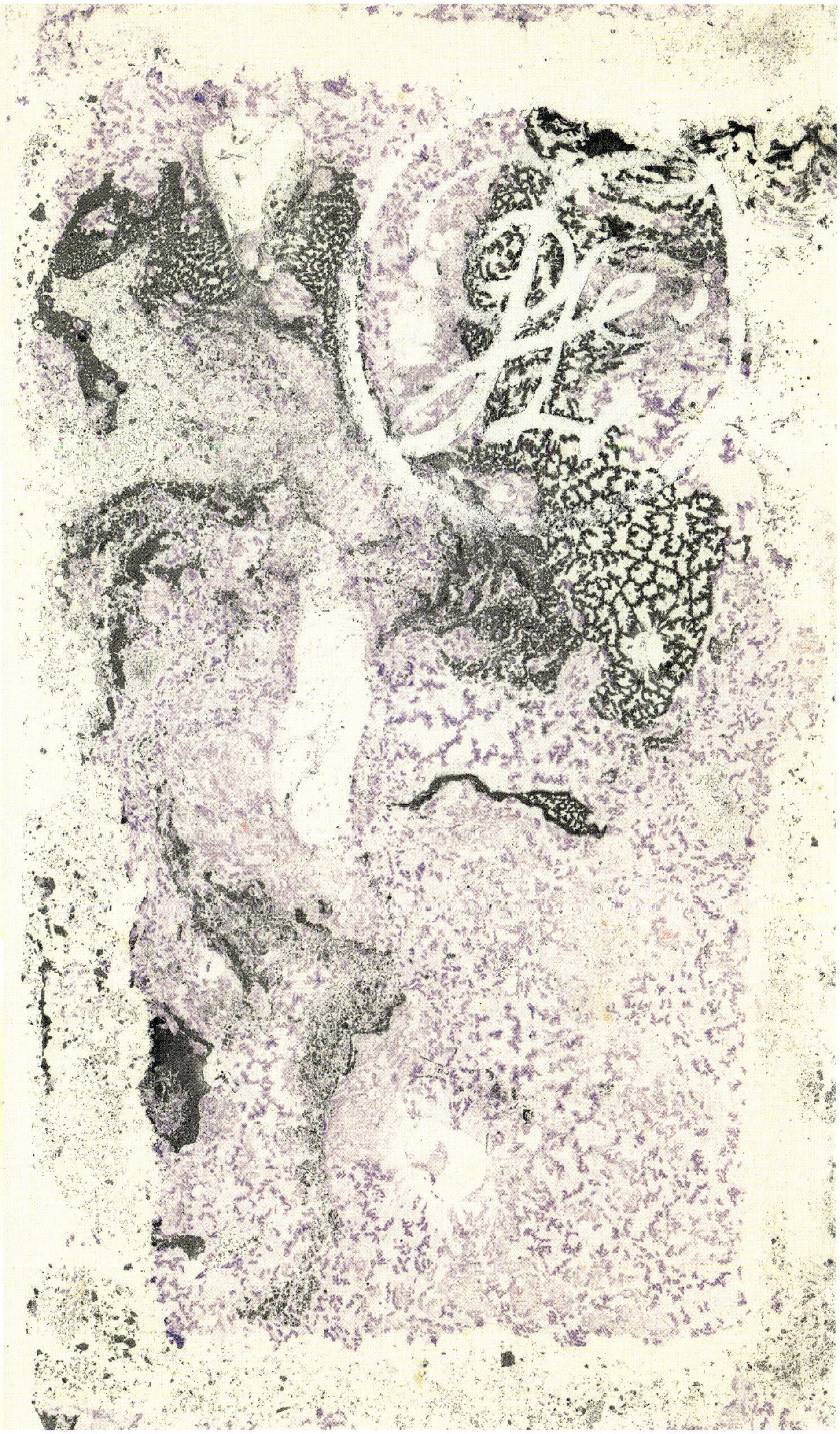

Mathurin Méheut

Lettre à Jeanne Dutilh, non datée, 16,4 x 25,2 cm

collection Gilles Baratte

Dans sa lettre Méheut s'amuse de la simplicité de ce procédé d'impression. Au verso : « (...) et l'on vient avec les brosses jeter sur la surface la couleur dissoute à l'essence de térébenthine ; celle-ci s'étend d'une façon imprévue et l'on n'a plus qu'à venir faire la fameuse "trompette" d'une feuille de papier que l'on applique bien à plat et que l'on retire en la retrainant (?) rapidement, le tour est joué. L'on s'amuse follement à ce petit manège (...) et avec B... nous avons passé une partie de la nuit à ce manège, il a été très amusé du procédé lorsque vous aurez fait quelques essais si ça vous chante je vous apprendrai tous les trucs et tous les perfectionnements de ce procédé un peu sommaire... Dans toute imprimerie vous trouverez de ces encres de couleur Lorilleux ou Gé... peu importe la marque du reste, l'essence doit être plus difficile à trouver ! Tant qu'aux cuvettes un saladier suffit... »

Mathurin Méheut chez le lithographe
photographie
musée Mathurin Méheut, Lamballe

MATHURIN MÉHEUT (1882-1958)

Biographie sélective sur la gravure et les livres illustrés par l'artiste.

1910 : expose pour la première fois des gravures sur bois au Salon de la société nationale des beaux-arts (série *Animaux*) et à la 9e exposition internationale d'art de Munich.

1912 : enseignant à l'école Boulle.

1913 : exposition de gravures sur bois au musée des Arts décoratifs[1] (pavillon de Marsan, Louvre) ainsi qu'au Salon des artistes français[2] ; enseignant à l'école Estienne : travaux avec les élèves pour la création de lettrines dans *La Mer* de Jules Michelet ; publication de sa première eau-forte dans la *Gazette des beaux-arts* : *Roscovites au pardon* de 1912.

1919 : nommé professeur à l'école Boulle.

1919-1921 : série de huit gravures en taille d'épargne suite à son séjour dans le Pays bigouden.

1 Celles pour lesquelles nous sommes sûrs : *Roscovites au pardon, Charbonniers en forêt, Crabe, Gode chassant, Cigognes.*

2 Idem : *Bannisseurs de mort, Goémoniers.*

1921 : exposition de ses gravures au musée des Arts décoratifs (pavillon de Marsan, Louvre) ; enseignant à l'école Estienne de janvier à octobre. Il est le professeur de Louis-Joseph Soulas, entré à l'école en 1918. Ce dernier a fait sa scolarité de quatre années, section gravure sur bois, et sort en 1922. Il bénéficie de l'enseignement de Méheut (dessin) pendant toute la période où ce dernier y est présent.

1923 : début d'une collaboration avec Mornay, éditeur à Paris de livres illustrés destinés aux bibliophiles, collection « Les beaux livres » de 1919 à 1934.

vers 1924 : membre de la Société de la gravure sur bois originale (S.G.B.O.). En tant que membre, il participe à plusieurs imagiers et série de cartes postales édités par cette société.

1925 : dépôt à l'Office national de la propriété industrielle (ONPI), actuel Institut National de Propriété Industrielle (INPI), de son premier brevet de gravure.

1928 : Méheut participe au recueil de *Chansons populaires françaises de 1870 à nos jours* que la S.G.B.O. publie sous la direction de Charles Miguet en 1932 : 40 chansons illustrées par des graveurs (Soulas, Quillivic...).

1929 : publication dans la série *Artistes du livre*, éditée par Henry Babou, étude critique de Hesse avec gravures de Méheut.

1929 : publication de la revue *La petite illustration.*

1930 : expose au Salon de la société des artistes français. Dans le catalogue de l'exposition sont mentionnés des « B. *de voy. 1913* ».

1931 : expose au Salon du livre d'art international les gravures sur bois pour *Raboliot* de Maurice Genevoix et les dessins coloriés au pochoir pour *Regarde.*

1944 : dépôt de deux brevets sur des techniques de gravure à l'ONPI : techniques proches du cliché-verre : combinaison entre la peinture ou dessin et la photographie ; il s'agit d'une méthode pour graver, peindre ou dessiner sur une surface transparente comme le verre, du papier fin ou un film, et imprimer l'image résultante sur un léger papier sensible dans une chambre noire.

1948 : dépôt d'un brevet à l'ONPI pour un outil de gravure.

GEORGES BELTRAND (1881-1969)

Georges Beltrand en permission en 1918
photographie
collection fils de G. Beltrand

Fils et élève du graveur Tony Beltrand (1847-1904), frère de Jacques (1874-1977), Camille (1877 -1951) et Marcel (1886-1910), tous graveurs également.

avant 1908 : école artistique et apprentissage du vitrail ; participe à la création des vitraux de Notre-Dame-de-Fourvières.

1907 : expose à la Bibliothèque Nationale, en collaboration avec son frère Camille, un portrait d'Hélène Fourment d'après Rubens.

1914 : engagé volontaire dans les Corps Francs en 1914, devient sergent, puis est enrôlé au camouflage par l'intermission de Georges Mouveau.

1935-1960 : travaille pour la Banque de France où il grave les billets et de nombreux projets, que ce soit pour la France ou ses colonies et pour quelques pays d'Europe.

Quelques éditions bibliophiles :

Il interprète à de nombreuses reprises des dessins en bois gravés pour l'illustration d'ouvrages le plus souvent seul mais il collabore plusieurs fois avec ses frères et à deux reprises avec Soulas.

1909 : Ducroq (Georges), *Les matins lumineux*, Bibliothèque de l'Occident, Paris ; compositions de Georges Cornélius gravées sur bois par J. C. G. M Beltrand.

1913 : François d'Assise (Saint), *Les petites fleurs*, Jacques Beltrand, Graveur-Imprimeur-Éditeur, Paris, illustrations en couleurs par Maurice Denis, gravées sur bois par Jacques, Marcel, Camille et Georges Beltrand.

1925 : Denis (Maurice), *Carnet de Voyage en Italie* ; gravé en collaboration avec Jacques et Camille.

1926 : Poe (Edgar), *Le Scarabée d'Or* ; planches couleur gravées par Georges Beltrand.

1933 : Dorgelès (Roland), *Les Croix de bois*, Éditions Mornay, Paris ; 67 bois en couleurs gravés par Louis-Joseph Soulas, Georges Beltrand et Gasperini, d'après les illustrations de Georges Pavis.

1936 : Brimont (Renée de), *Ariane*, Les Cent une, Paris, illustrations par Henri Deluermoz gravées par Georges Beltrand.

1937 : Daudet (Alphonse), *Lettres de mon moulin*, Ferroud Éditeur, Paris ; 57 bois en couleurs gravés par Paul Baudier, Georges Beltrand et Louis-Joseph Soulas d'après les illustrations de Pierre Gandon.

1946 : Toulet (Paul-Jean), *Les Trois Impostures*, Creuzevault, Paris, gravures de Laboureur interprétées sur bois par Georges Beltrand.

1947 : Flaubert (Auguste), *Madame Bovary*, F. Ferroud, Paris, illustrations de Fred Money gravées sur bois par Georges Beltrand et Georges Régnier.

1958-1959 : Genevoix (Maurice), *Roman de Renart*, Vialetay, Paris, illustrations de Paul Jouve gravées sur bois par Jacques, Camille et Georges Beltrand.

LOUIS-JOSEPH SOULAS (1905-1954)

De notoriété internationale, Louis-Joseph Soulas s'orientera d'abord vers la gravure sur bois avant de faire une grande carrière de buriniste. S'inspirant principalement de sa Beauce natale, il gravera plus de six cents planches et illustrera une trentaine d'ouvrages de grands auteurs comme Maurice Genevoix, Vercors, Jules Romains...

Louis-Joseph Soulas au travail (gravure au burin)
vers 1950, photographie
collection C. et A. Soulas

1905 : naît à Orléans d'une famille d'agriculteurs de la Beauce.

1917 : école de dessin des Gobelins à Paris.

1918 : entre à l'école Estienne pour y apprendre la gravure sur bois avec Léon Jouenne.

1923 : la gravure des illustrations du roman d'Anatole Le Braz *Le Gardien du feu*, en collaboration avec Mathurin Méheut, qui fut également son professeur, marque le début de sa carrière.

1925 : au service militaire, rencontre André Jacquemin, qui grave le cuivre, principalement à l'eau-forte et à la pointe sèche. Soulas va s'initier à cette technique, nouvelle pour lui, mais plutôt qu'à l'eau-forte, il gravera le cuivre au burin, comme il a appris à graver le bois, et va acquérir très vite une grande maîtrise dans cette discipline.

1928 : fonde, avec onze autres graveurs, « La jeune gravure contemporaine » ; est membre de la Société des peintres-graveurs français, du Salon d'automne, des Indépendants, de la Société nationale, du Salon national indépendant.

1932 : le Conseil supérieur des beaux-arts pour la gravure lui décerne une bourse nationale de voyage.

1933 mai : épouse Simone Domergues.

1933 : reçoit le Grand prix du ministère des Affaires étrangères.

1934 : reçoit le Grand prix de la gravure à l'Exposition internationale de Varsovie. Dès cette date, ses œuvres sont présentes dans de nombreux musées, tant en France qu'à l'étranger (Boston, Honolulu, Philadelphie, San Francisco, Londres, Helsinki...), ainsi qu'à la Chalcographie du musée du Louvre.

1938 : obtient le prix de la Jeune gravure ; est choisi pour représenter la gravure française à la Biennale de Venise.

1939 : est nommé directeur de l'école des beaux-arts d'Orléans peu avant le début de la guerre ; est mobilisé et fait prisonnier en Poméranie, d'où il sera rapatrié en 1941.

1946 : membre du jury pour l'attribution du prix de Rome de gravure, ainsi qu'en 1948 et 1952.

1950 : reçoit des mains de Maurice Genevoix, la croix de Chevalier de la Légion d'Honneur.

BIBLIOGRAPHIE

Livres et catalogues

Avermaete (Roger), *La Gravure sur bois moderne de l'Occident*, Paris, Dorbon Aîné, 1928, rééd. Vaduz, Quartzo Press, 1978.

Baranger (Léon), Simon (André L.), *Almanach du Franc Buveur*, Paris, Le Livre, 1926, in-octavo, 2 gravures sur bois.

Beauchamp (Paul Marais de), *Les Grèves de Roscoff : étude sur la répartition des êtres dans la zone des marées*, Klincksieck, Paris, 1914, 74 phototypies.

Berthault (Léon), *Fantôme de Terre-Neuve*, Flammarion, Paris, 1903, couverture et 13 lithographies.

Châteaubriant (Alphonse de), *La Brière*, Mornay, Paris, 1924, 93 compositions gravées sur bois par Méheut et Soulas.

Caudron (Virginie), *Les Épreuves du musée : les techniques de l'estampe à travers la collection du musée de Gravelines*, Musée du dessin et de l'estampe originale, Gravelines, 2007.

Delouche (Denise), Stoop (Anne de), Le Tiec (Patrick), *Mathurin Méheut*, Le Chasse-Marée, Douarnenez, 2004.

Dorgelès (Roland), *Les Croix de bois*, Éditions du livre, Monte Carlo, 1947, 22 illustrations en noir et 12 lithographies en couleur par Méheut.

Genevoix (Maurice), *Raboliot*, Cercle parisien du livre, Paris, 1928, 25 illustrations et 5 hors-texte en couleur gravés sur bois par Georges Beltrand.

Griffol (François), *Chan'nik*, éditions de l'Arbalète, Paris, 1934, 15 ill. en noir.

Le Braz (Anatole), *Le Gardien du feu*, Mornay, Paris, 1923, 68 gravures sur bois par Soulas.

Le Braz (Anatole), *La Légende de la Mort chez les Bretons armoricains*, Paris, Honoré Champion, 1928, T. 1, p. 289.

Le Braz (Anatole), *Au pays des pardons*, Albert Richard, Paris, 1937, 52 compositions en couleur gravées sur bois par Georges Beltrand.

Le Stum (Philippe), *Impressions bretonnes : la gravure sur bois en Bretagne (1850-1950)*, Palantines, Musée départemental breton, Quimper, 2005.

Le Stum (Philippe), *La Bretagne dans la gravure sur bois (1850-1950)*, (thèse de doctorat, dir. Marianne Grivel), Paris IV- Sorbonne, 2014.

Loti (Pierre), *Pêcheur d'Islande*, Calmann-Lévy, Paris, 1948, jaquette en couleur et 2 dessins en noir.

Méheut (Maryvonne), *Mathurin Méheut, neuf gravures d'épargne*, Brest, 1978.

Michelet (Jules), *La Mer*, typographie de l'école Estienne, Paris, 1914, 26 gravures sur bois.

Savignon (André), *Les Filles de la pluie*, Mornay, Paris, 1934, 51 zincographies par Méheut.

Soulas (André et Catherine), *Louis Joseph Soulas (1905-1954) l'œuvre gravé, catalogue raisonné*, 2016.

Stoop (Anne de), *Mathurin Méheut, un peintre illustrateur*, musée Mathurin Méheut, Lamballe, 2003.

Vercel (Roger), *Sous le pied de l'archange*, Au Moulin de Pen-Mur, Paris, 1947, 72 bois et 5 hors-texte en deux tons.

Florilège Saint-Pol-Roux, L'amitié pour le livre, Saint-Lô, 1943, 23 bois en noir.

Revues diverses

Aubert (Fred), « Les Bois de Méheut pour *La Brière* » in *La Bretagne touristique*, n° 36, 15 mars 1925, p. 50-51, 8 illustrations en noir.

Audin (Marius), « Les étapes de la gravure sur bois », *Bulletin officiel des maîtres imprimeurs de France*, Union syndicale des maîtres imprimeurs de France, Paris, 1933, 1 illustration couleur.

Baron (Roger), « Portalis (1841-1912) », in *La Gazette des Beaux-Arts*, février 1890, p. 127-128.

Beraldi (Henri), *Exposition de la gravure sur bois à l'École nationale des Beaux-Arts*, catalogue, Paris, Librairie de l'Art ancien et moderne, 1902, p. 45.

Clouzot (Henri), « L'Art du livre et Mathurin Méheut » in *Synthèse*, n° 7, juillet 1936, pp 71 à 74.

Delouche (Denise), « Les Beltrand et la Bretagne », in *ArMen*, n° 123, août 2001.

Deville (Jacques), « Un livre vrai, *Le Gardien du feu* et l'illustration de Mathurin Méheut », in *L'art du livre et le livre d'art*, janvier 1924.

Dupouy (Auguste), « Mathurin Méheut », in *La Bretagne touristique*, n° 26, 15 mai 1924, p. 118.

Geffroy (Gustave), « Mathurin Méheut », in *Art et décoration*, novembre 1913, 133-156.

Méheut (Mathurin), « Pour illustrer Le Braz » in *La Bretagne*, n° 134, mars 1936, p. 70-71, 1 illustration en noir.

Sandy (Isabelle), « Le Dieu noir » in *La petite illustration*, n° 431 à 433, du 25 mai au 8 juin 1929, 24 pages pour chaque numéro, avec 7, 6 et 7 illustrations.

Vaillat (Léandre), « Mathurin Méheut », in *L'Art et les Artistes*, septembre 1913, p. 259-267.

Valotaire (Marcel), « Mathurin Méheut décorateur de livres », in *Byblis*, été 1924, p. 45-48.

« La Mer », in *Art et décoration*, janvier 1910, p. 1-20, mai 1910, p. 141-152 et deuxième semestre 1910, p. 161-176.

Autres

Chansons populaires françaises de 1870 à nos jours, Société de la gravure sur bois originale, Paris, 1932, 4 bois gravés par Méheut.

www.ljsoulas.fr

REMERCIEMENTS

Cet ouvrage a été publié à l'occasion de l'exposition
« Mathurin Méheut, impressions gravées »
au musée Mathurin Méheut, Lamballe, du 8 avril au 30 décembre 2017

Textes : Philippe Le Stum, Denise Delouche, Virginie Caudron

Notices d'œuvres : Chrystèle Rozé

L'exposition a été réalisée par le Groupement d'intérêt public Musée Mathurin Méheut dont les membres sont le Conseil départemental des Côtes-d'Armor, Lamballe Terre et Mer, la Ville de Lamballe et l'Association Les Amis de Mathurin Méheut.

Avec le concours financier du Ministère de la Culture et de la Communication - Direction Régionale des Affaires Culturelles de Bretagne.

Le musée Mathurin Méheut et Locus Solus remercient chaleureusement tous ceux qui ont contribué à la réalisation de l'exposition et du catalogue.

Nous remercions tout particulièrement Philippe Le Stum (docteur en histoire de l'art, conservateur en chef du patrimoine et directeur du musée départemental breton, Quimper), Denise Delouche, (historienne de l'art, docteur en lettres et spécialiste de l'histoire et de la peinture en Bretagne), Virginie Caudron (directrice du musée du Dessin et de l'Estampe originale, Gravelines) et Catherine et André Soulas pour leurs conseils scientifiques.

Nous tenons à exprimer toute notre gratitude aux personnes qui nous ont aidés dans nos recherches, aux institutions et aux collectionneurs :

Pascal Aumasson, directeur du musée des beaux-arts de Brest métropole – Gilles Baratte – Françoise Berretrot, directrice du musée des beaux-arts de Vannes – Frédéric Bonnor, responsable des musées municipaux, Ville de Dinan – Céline Chanas, directrice du musée de Bretagne, Rennes – Dominique Filippi, Muriel Riochet, Institut national d'histoire de l'art – Gaëlle Gestin-Ligonnière, CPE, École Estienne – Estelle Guille des Buttes-Fresneau, conservatrice en chef du musée de Pont-Aven – Maître Grannec commissaire priseur, Brest – Hôtel des ventes Piasa, Paris - Yves Plusquellec – Florence René, adjointe du patrimoine service Culture et Patrimoines Ville de Dinan – Maître Philippe Rouillac, Vendôme – Mathilde Pintault, adjointe au conservateur responsable de la politique de collecte, Archives de Paris – Sarah Toulouse, directrice adjointe, responsable du département patrimoine, Bibliothèque de Rennes Métropole, Fonds Henri Pollès – Catherine Troprès, régisseur des collections au musée départemental breton, Quimper – et tous ceux qui ont souhaité garder l'anonymat.

Nous remercions la Ville de Lamballe et Lamballe Terre et Mer pour l'aide de ses services techniques.

Pour leur participation à la préparation de l'exposition, nous remercions l'équipe du musée Mathurin Méheut : Élisabeth Even, responsable du service des publics et Linda Le Pen, chargée de l'accueil et de la boutique.

CRÉDITS ICONOGRAPHIQUES

Copyright Adagp, Paris, 2017, pour les œuvres de Mathurin Méheut, de Louis-Joseph Soulas et Henri Rivière

Musée départemental breton / Serge Goarin : p.15d, 18b, 22b, 38h, 85h, 85m

JLM photo, Lamballe : p.4, 9, 14, 17d, 18h, 23h, 24h, 25, 26h, 26d, 30g, 30d, 34h, 35g, 38b, 39h, 50g, 54b, 57b, 67b, 68d, 69, 71b, 72h, 73, 74, 76h, 77b, 80, 86, 87, 88b, 91, 92, 94, 108

Emmanuel Rousseau : p.15g, 16d, 17g, 19h, 23b, 27h, 82, 93, 97

Musée Mathurin Méheut, Lamballe : p.16g, 24b, 26g, 33g, 33d, 34b, 35d, 36, 37h, 37b, 41, 43, 44, 45h, 45g, 45d, 46h, 46g, 46d, 47, 48g, 48d, 49h, 49b, 50g, 50b, 51h, 51b, 53g, 53d, 54h, 56, 57h, 58b, 59, 60hg, 66, 67h, 67b, 70, 71h, 72b, 75, 76m, 76b, 77h, 77m, 78h, 78b, 79, 83b, 88h, 89, 90, 95, 99, 100-101, 102

Bibliothèque de Rennes Métropole – Fonds Henri Pollès : 83h

Bibliothèque de l'Institut national d'histoire de l'art : p.10, 11, 12, 13, 21, 22h, 85b

Musée des beaux-arts de Brest métropole : p.19b, 27b, 31, 32

C. et A. Soulas : p.39b, 42, 52h, 52b, 60hd, 60b, 61h, 61b, 62, 63h, 63b, 64h, 64b, 65

Maison d'artiste de la Grande Vigne, Ville de Dinan : p.7, 55, 58h, 98

Port-musée, Douarnenez : p.28-29

Studio 102, Versailles : p.35h

Photo Studio Burgevin, Orléans : p.105

Musée national de la Marine/A. Fux : p.33b

Tony Beltrand : p.104

Dans la même collection :